道路交通安全学

(第2版修订)

过秀成 主编

东南大学出版社
·南京·

内容简介

本书介绍了道路交通安全与驾驶员、车辆、道路、交通环境的关系,阐述了交通事故再现,交通事故调查与分析,交通安全评价与事故预测,交通安全法规、教育及管理规划,交通事故防治工程技术,交通安全审计等基本理论与基本方法。书中除列出必要的案例分析外,各章后附有复习思考题与习题。

本书可作为交通工程、交通运输、安全工程等本科专业的教材及其他相关专业教学参考书,也可供交通、城建、公安等部门技术人员参考使用。

图书在版编目(CIP)数据

道路交通安全学/过秀成主编. —南京:东南大学出版社,2011.12(2019.12重印)
ISBN 978-7-5641-3196-8

Ⅰ.①道… Ⅱ.①过… Ⅲ.①公路运输—交通运输安全 Ⅳ.①U491

中国版本图书馆 CIP 数据核字(2011)第 259735 号

东南大学出版社出版发行
(南京四牌楼2号 邮编210096)
出版人:江建中
网 址:http://www.seupress.com
电子邮件:press@seupress.com
全国各地新华书店经销 虎彩印艺股份有限公司印刷
开本:787 mm×1092 mm 1/16 印张:20.25 字数:505千字
2011年12月第2版 2019年12月第5次印刷
ISBN 978-7-5641-3196-8
定价:46.00元

本社图书若有印装质量问题,请直接与读者服务部联系。电话(传真):025-83791830

修订前言

交通安全问题是当今世界上一个严重的社会问题,全世界每年因道路交通事故死亡的人数逾124万人,我国每年交通事故死亡人数仍居全球前列,道路交通安全形势依然十分严峻。因此,分析道路交通事故的发生、发展、分布规律和特征,建立健全法制、教育、工程、环境、管理等方面的事故防控体系是十分必要的。

1991年作者自编教学讲义,在东南大学交通工程专业开设"交通安全学"课程,并于1995年及1999年两次进行了修改与补充。2001年6月作为教材由东南大学出版社正式出版,2004年8月结合公路设计的新规范及《道路交通安全法》对部分内容作了修订,2011年出版了第2版。

本书是在2011年修订基础之上的再版,书中总结了作者多年教学体会与科研实践经验,吸收了国内外有关交通安全方面的最新研究成果,增加了道路交通安全效果评价方法、高速公路改扩建交通安全评价、交通事故数据采集与管理、交通事故估计方法、交通事件管理等内容,完善了从交通安全影响因素特性分析、事故分析与安全评价到安全改善的规划、管理、法规、教育以及工程技术的道路交通安全教学体系,重点阐述道路交通安全的基本理论、方法与技术,力求反映系统性、综合性和实用性的特点。

全书由过秀成教授主编,主要参编人员为:侯佳、过利超;张春波、张宁、沈佳雁、陈永茂、祝伟、姜玉佳、刘超平、巩建国、王恺等参与了相关章节的研讨与修订。感谢吴才锐、刘迎、孔德文、过秀英在资料整理和文稿编排中所做的工作。

在本书的编写过程中参考了大量国内外文献与书籍,未能与原著作者一一取得联系,引用与理解不当,敬请谅解。在此谨向原著作者表示衷心的感谢!

由于作者本人水平所限,书中难免有错漏之处,恳请读者批评指正。

电子邮箱 seuguo@163.com

过秀成
于东南大学交通学院大楼328室
2015年3月

目 录

第一章　绪论 ………………………………………………………………… 1
　第一节　概述 ……………………………………………………………… 1
　第二节　道路交通安全研究介绍 ………………………………………… 10
　第三节　本书主要内容 …………………………………………………… 12

第二章　交通参与者与交通安全 …………………………………………… 14
　第一节　驾驶员特征 ……………………………………………………… 14
　第二节　其他交通参与者特征 …………………………………………… 32
　第三节　驾驶员行为与交通安全 ………………………………………… 38

第三章　车辆与交通安全 …………………………………………………… 47
　第一节　汽车性能与交通安全 …………………………………………… 47
　第二节　汽车主被动安全技术 …………………………………………… 64

第四章　道路与交通安全 …………………………………………………… 71
　第一节　道路线形与交通安全 …………………………………………… 71
　第二节　道路横断面与交通安全 ………………………………………… 81
　第三节　交叉路口与交通安全 …………………………………………… 84
　第四节　路面与交通安全 ………………………………………………… 88

第五章　交通环境与交通安全 ……………………………………………… 91
　第一节　交通条件与交通安全 …………………………………………… 91
　第二节　交通设施与交通安全 …………………………………………… 97
　第三节　道路景观与交通安全 …………………………………………… 107

第六章　交通事故再现技术分析 …………………………………………… 110
　第一节　交通事故现场勘查 ……………………………………………… 110
　第二节　事故分析基础知识 ……………………………………………… 117
　第三节　典型汽车事故再现分析 ………………………………………… 122
　第四节　道路交通事故仿真 ……………………………………………… 142

第七章　道路交通事故统计分析 … 146
- 第一节　数据采集与管理 … 146
- 第二节　事故统计分析方法 … 155
- 第三节　事故的分布规律 … 170
- 第四节　高速公路及特大交通事故特征分析 … 173
- 第五节　事故多发点鉴别与成因分析方法 … 176

第八章　道路交通安全评价 … 190
- 第一节　道路交通安全评价指标与方法 … 190
- 第二节　道路交通安全效果评价方法 … 202
- 第三节　高速公路改扩建道路交通安全评价 … 205

第九章　道路交通安全法规与管理 … 220
- 第一节　道路交通安全法规 … 220
- 第二节　道路交通活动参与者职责 … 227
- 第三节　道路交通事故处理 … 230
- 第四节　道路交通安全管理规划 … 245
- 第五节　道路交通安全教育 … 250

第十章　道路交通事故防治工程技术 … 256
- 第一节　道路设施安全改善设计 … 256
- 第二节　平面交叉口安全技术 … 260
- 第三节　交通安全管控措施 … 267
- 第四节　交通稳静化设计 … 271
- 第五节　工程措施的经济分析 … 278

第十一章　交通安全审计 … 288
- 第一节　概述 … 288
- 第二节　道路规划及可行性研究的交通安全审计 … 291
- 第三节　道路设计阶段的交通安全审计 … 295
- 第四节　道路施工阶段的交通安全审计 … 306
- 第五节　道路运营阶段的交通安全审计 … 311
- 第六节　交通安全审计效益分析 … 314

参考文献 … 316

第一章 绪 论

第一节 概 述

自从人类的交通行为出现,交通事故就伴随而生,而在当今的汽车交通时代,交通事故已经成为一个严重的社会问题。美国著名学者乔治·威伦研究了美国和世界上其他一些国家中的交通、消防与犯罪问题,在他的著作《交通法院》中写道:"人们应该承认,交通事故已成为今天国家最大的问题之一。它比消防问题更严重,这是因为每年因交通事故死伤的人数比火灾更多,遭受的财产损失更大;它比犯罪问题更严重,这是因为交通事故跟整个人类有关,不管是强者还是弱者,富人还是穷人,聪明人或是愚蠢人,每一个男人、女人、孩子或者婴儿,只要他们在街道或者在公路上,每一分钟都可能死于交通事故"。人们称交通事故为"无休止的交通战争"、"文明世界的第一大社会公害"等。在许多国家,由交通事故引起的人员伤亡比火灾、水灾、意外爆炸等造成伤亡的总和还要大得多。在经济损失方面也是如此,例如美国的火灾经济损失占交通事故经济损失的13%左右,我国的火灾经济损失只占交通事故经济损失的10%左右。自1899年发生第一起有记录的车祸以来,全世界已经有3600多万人死于交通事故。2009年,世界卫生组织发布首份《道路安全全球现状报告》(Global Status Report On Road Safety),称全世界每年死于交通事故的人数约为127万,其中46%都是行人、自行车或者摩托车驾驶者,这相当于每年有一个特大城市被摧毁;2 000万至5 000万人因被碰撞受到非致命伤害,这些伤害是造成全球残疾的一项重要因素。低收入和中等收入国家的注册车辆不到全世界注册车辆总数的一半,但90%的道路交通死亡事故发生在这些国家。道路交通伤害是5岁至44岁人口的三大死因之一。除非立即采取有效行动,道路交通伤害预计将成为全世界第五大死因。减少道路伤亡人数和死亡率将能减少痛苦,促进增长,并有助于节约资源从事更有益的活动。

一、国内外道路交通事故概况

1. 世界各国道路交通安全发展趋势

回顾世界上道路交通事故与汽车的演变过程,可以发现20世纪60年代末至70年代初之前,世界各国交通事故总的来看是上升的。20世纪70年代中叶的石油危机波及世界各国,由于燃料不足致使汽车出行减少,且车速受到限制,许多国家从60年代开始,实行了综合治理交通和减少交通事故的措施,取得一定的后期效果,使交通事故上升的势头得以抑制。此后,各国汽车保有量和车辆行驶里程都有较大幅度的增长,但由于加强了交通安全管理,欧美以及日本等发达国家交通事故持续下降。发展中国家因长期受经济条件的限制,道路及交通安全设施建设缓慢,不能满足交通量剧增的要求,且由于国民交通意识普遍较弱、驾驶人员素质较低、交通管理手段落后等原因,20世纪70年代以后,大多数国家的道路安全设施没有得到有效改善,交通事故持续增长。

表1-1列出2008年世界部分国家交通事故统计情况。一般认为,以国家拥有人口数作社会指标,或以机动车拥有量作交通指标来计算事故率,可以反映出道路交通安全的实际水平。图1-1所示为2008年各国交通事故四项数据对比。

表1-1 世界部分国家道路交通事故统计表(2008)

国家	事故数量(起)	死亡人数(人)	万车死亡率(人/万车)	10万人口死亡率(人/10万人)
中国	265 204	73 484	4.33	5.56
美国	5 811 000	37 261	1.46	12.25
德国	318 711	4 477	0.81	5.4
西班牙	84 427	3 100	1	6.8
英国	176 819	2 538	0.74	4.3
法国	73 145	4 275	1.13	6.7
日本	832 454	5 155	0.65	4.04
韩国	209 683	5 870	2.93	12.11

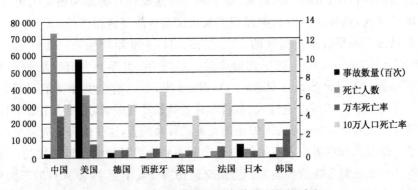

图1-1 2008年各国交通事故四项数据对比

2. 我国道路交通事故概况

我国的道路交通事故是随着国民经济的发展而逐步上升的,在社会经济状况的影响下有一定的波动。1990年后随着国家改革开放的深化,国民经济实力不断增强,汽车工业和交通运输业迅速发展,机动车拥有量急剧增加,驾驶员人数激增,道路交通事故死亡人数急剧增长。道路交通事故已经成为近年来最影响中国公众安全感的重要因素之一,仅次于刑事犯罪和公共秩序混乱。我国1990年至2012年的道路交通事故统计结果如表1-2所示。图1-2为1990年到2012年我国道路交通事故的总体态势,事故次数、死亡人数、10万人口死亡率均在2002年达到高峰,2002年以后呈现比较明显的下降趋势,万车死亡率则保持逐年递减。

表 1-2　我国 1990—2012 年道路交通事故统计结果

年份	事故次数（起）	死亡人数（人）	受伤人数（人）	直接经济损失（元）	10 万人口死亡率（人/10 万人）	万车死亡率（人/万车）
1990	250 297	49 371	155 072	363 548 114	4.3	33.4
1991	264 817	53 292	162 019	428 359 749	4.6	32.2
1992	228 278	58 729	144 264	644 929 636	5	30.2
1993	242 343	63 508	142 251	999 070 121	5.4	27.2
1994	253 537	66 362	148 817	1 333 827 223	5.5	24.3
1995	271 843	71 494	159 308	15 226 656 245	5.9	22.5
1996	287 685	73 655	174 447	1 717 685 165	6	20.4
1997	300 000	73 861	190 128	1 846 158 453	6	17.5
1998	346 192	78 068	222 721	1 929 514 015	6.3	17.3
1999	412 860	83 529	286 080	2 124 018 089	6.6	15.5
2000	616 974	93 493	418 721	2 668 903 994	7.4	15.6
2001	760 000	106 000	549 000	3 087 872 586	8.3	15.5
2002	773 137	109 381	562 074	3 324 381 078	8.5	13.7
2003	667 507	104 372	494 174	3 369 146 852	8.1	10.8
2004	517 889	107 077	480 864	2 391 410 103	8.2	9.9
2005	450 254	98 738	469 911	1 884 011 686	7.6	7.6
2006	378 781	89 455	431 139	1 490 000 000	6.8	6.2
2007	327 209	81 649	380 442	1 200 000 000	6.2	5.1
2008	265 204	73 484	304 919	1 010 000 000	5.6	4.3
2009	238 351	67 759	275 125	914 368 329	5.1	3.6
2010	219 521	65 225	254 075	926 335 315	3.15	4.89
2011	210 812	62 387	237 421	1 078 730 349	2.78	4.65
2012	204 196	59 997	224 327	1 174 896 013	2.50	4.45

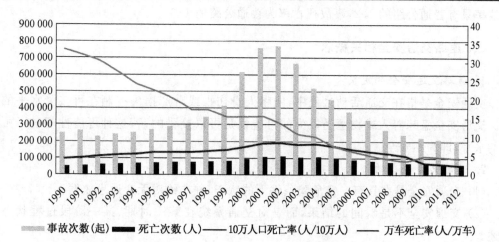

图 1-2　我国 1990—2012 年道路交通事故发展情况

相对于道路交通安全状况相对较好的国家,我国的道路交通事故的各项指标仍然偏高,总体上具有以下几个特点:

(1) 与世界其他各国相比,我国的道路交通安全形势显得更为严峻,年道路交通事故发生次数、伤亡人数等指标一直处于世界前列。美国2009年发生道路交通事故549.7万起,死亡3.39万人,平均每162起事故死亡1人,而我国2009年发生道路交通事故23.8万起,死亡6.78万人,平均每3.5起事故就有1人死亡。此外,我国交通事故致死率相对较高,接近20%,而大部分发达国家交通事故致死率处于1%~4%。

(2) 机动车保有量急剧增加,公路通车里程快速增长,城市化进程快速推进,随着经济社会的发展,社会的开放性、人员的流动性不断增强,道路交通运行和交通安全管理面临诸多新情况、新问题。2012年全国机动车保有量达到2.4亿辆,比2011年增加1577万辆。机动车保有量的急剧增长,驾车出行增多,交通流量增加,客观上增加了交通事故多发的不确定、不安全因素;2012年全国公路通车总里程继续保持高速增长,高速公路通车里程突破9万km;城郊结合地区、新城区的交通设施快速建设与交通模式的急剧转型导致的交通安全问题日益凸显。

(3) 机动车驾驶员尤其是低驾龄驾驶员为交通事故主要责任主体,交通事故伤亡者多为弱势道路使用群体。2012年,低驾龄驾驶人肇事导致死亡人数所占比例同比增加2.8个百分点,其中高速公路低驾龄驾驶肇事死亡人数同比增加4.2%。低驾龄驾驶人因违反交通信号灯的死亡人数同比增加17.7%。2012年,驾驶摩托车死亡人数占总人数的18.58%,非机动车死亡人数占16%,步行死亡人数占25%,驾驶摩托车、非机动车及步行受伤的人数占总数的60%。

(4) 高速公路事故率远高于普通公路。2012年我国高速公路共发生事故8 896起,占公路总事故的4.36%。每公里事故数为0.097起,是普通公路的3倍多,2012年,我国高速公路事故导致6 144人死亡,占公路事故总死亡人数的10.24%,每百公里事故死亡率为6.68人,为普通公路每百公里事故死亡率的7倍多。而欧美国家高速公路事故率平均为普通公路的30%~50%,事故死亡率为普通公路的40%~70%。日本高速公路的伤亡事故率只有普通公路的1/2,事故死亡率为普通公路的1/3。

二、道路交通安全相关概念

1. 道路交通安全的定义

交通安全是指在交通活动过程中,能将人身伤亡或财产损失控制在可接受水平的状态。交通安全意味着人或物遭受损失的可能性是可以接受的,若这种可能性超过了可接受的水平,即为不安全。

2. 道路交通安全的特点

(1) 交通安全是在具有一定危险条件下的状态,并非绝对无交通事故发生。

(2) 交通安全不是瞬间的结果,而是对交通系统在某一时期、某一阶段过程状态的描述。

(3) 绝对的交通安全是不存在的,交通安全与不安全只是一个相对的概念。

(4) 不同的时期与地域,可接受的损失水平是不同的,因而衡量交通系统是否安全的标准也是不同的。

3. 交通事故的定义及构成

道路交通事故是指车辆驾驶人员、行人、乘车人以及其他在道路上进行与交通有关活动的人员,因违反《中华人民共和国道路交通安全法》和其他道路交通管理法规规章的行为、过失造成人员伤亡或者财产损失的事故。

从定义中可以看出,构成交通事故必须具有六个缺一不可的要素,即车辆、在道路上、在运动中、发生意外、造成意外的原因是非不可抗拒力及有后果。

(1) 车辆

车辆包括机动车和非机动车。凡行人走路自己发生意外所造成的伤亡不属交通事故。

(2) 在道路上

所谓道路,即不包括厂区、校园、庭院内的道路。事故位置含义指事态发生时车辆所在的位置,而不是用事态发生后车辆所在的位置来判定是否在道路上。

(3) 在运动中

在运动中指定义中的行驶过程中。停放过程应理解为交通单元的停车过程,还是处在运动中。交通单元之间静止状态的停放时间所发生的事故(如停车后装卸货时发生的伤亡事故)不属于交通事故;停车后溜车发生事故,在公路上属于交通事故,在货场里则不算交通事故;停放在路边的车,被过往车辆撞了发生事故,也是交通事故。所以关键是相关车辆是否运动。

(4) 发生意外

发生意外指发生有碰撞、碾压、刮擦、翻车、坠车、爆炸、失火等其中的一种或几种现象。若没有事态,如正常行驶的客运班车上的旅客,由于心脏病发生死亡则不算交通事故。

(5) 造成意外的原因是非不可抗拒力

造成意外的原因是非不可抗拒力是指所造成的事态不是因为人力无法抗拒的自然原因,如地震、台风、山崩、流石、泥石流、雪崩等原因造成的事故。行人自杀也是人力无法抗拒的,不属于交通事故。机件故障(转向节、前桥、横拉杆等折断)造成事态是人为原因造成的,应算交通事故。

(6) 有后果

有后果指要有人、畜伤亡或财产损失的后果,如乘员的头部与树枝碰撞发生的事故;会车时两车的乘员相碰撞致伤;汽车拖带的挂车脱钩造成的事故;汽车行驶中轮胎甩出造成的事故等均属于交通事故。没有后果的不属交通事故。

像轮胎夹的石头甩出、车轮压石头飞起、无轨电车的杆子头落下等发生事故,是属于无法预测、无法防范的意外原因造成的事故,也属于交通事故。

4. 道路交通事故的现象

道路交通事故的现象,也称道路交通事故的形式,即交通参与者之间发生冲突或自身失控造成肇事所表现出来的具体形态,可分为碰撞、碾压、刮擦、翻车、坠车、爆炸和失火等七种。

(1) 碰撞

碰撞指交通强者(相对而言)的正面部分与他方接触。碰撞主要发生在机动车之间,机动车与非机动车之间,机动车与行人之间,非机动车之间,非机动车与行人之间,以及车辆与其他物体之间。

根据碰撞时的运动情况,机动车之间的碰撞可分为正面相撞、迎头相撞、侧面相撞、追尾相撞、左转弯相撞和右转弯相撞。

(2) 碾压

碾压指作为交通强者的机动车对交通弱者如自行车和行人等的推碾或压过称为碾压。

(3) 刮擦

相对交通强者的车辆侧面与他方接触,称为刮擦。刮擦与碰撞的判断均从强者着眼,不管弱者,若有强者正面的部分接触即为碰撞。也有的不考虑强者或弱者,而是从违章行驶车辆进行判断的,即违章车辆是侧面接触称刮擦,违章车辆是正面部分接触称碰撞。

机动车之间的刮擦,根据运动情况分为会车刮擦和超车刮擦。

(4) 翻车

两个以上的侧面车轮离开地面,称为翻车,指车辆没有发生其他事态而造成的翻车。翻车一般分为侧翻和大翻两种。两个车轮离开地面的称为侧翻,四个车轮均离开地面的称为大翻,也称 90°、180°、270°、360°、720°翻车。

(5) 坠车

坠车通常理解为车辆掉下去,如车辆坠入桥下、山涧均为坠车。坠车与翻车的区别主要看车辆驶出路外翻车的全部过程中是否始终与地面接触,如始终与地面接触,不论翻得多深或情况多么严重均属翻车。如果有离开地面的落体过程,便可认为是坠车。

(6) 爆炸

由于把爆炸物品带入车内,在行驶过程中因为振动等原因引起爆炸造成事故,称为爆炸。行驶中由于轮胎爆炸引起的事故,不应理解为爆炸。

(7) 失火

车辆在行驶过程中由于人为的、车辆的原因引起火灾,称为失火。引起火灾的原因很多,人为的原因如吸烟、明火、违反操作规程等;车辆的原因如发动机回火、排气歧管或排气管子过热,并且其上有可燃物、电路系统漏电产生火花等等。像一辆客车在行驶中由于转向节折断、轮胎后移、挤坏油箱起火,就事故现象应认为是失火。

道路交通事故发生的现象有的是单一的,有的是两种以上并存的。对两种以上并存的现象,一般采用按现象发生时间的先后顺序加以认定,如刮擦后翻车认定为刮擦,碰撞后失火认定为碰撞等;也有按主要现象认定的,如碰撞后碾压认定为碾压。

5. 道路交通事故的分类

对道路交通事故进行分类,目的在于分析、研究、预防和处理交通事故,同时也便于统计和从各个角度寻找对策。根据分析的角度、方法不同,对道路交通事故的分类也不同。

(1) 按事故责任分类

根据交通事故的主要责任方所涉及的车种和人员,可将交通事故分为机动车事故、非机动车事故和行人事故三类:

① 机动车事故

机动车事故是指事故当事方中,汽车、摩托车、拖拉机等机动车负主要以上责任的事故。在机动车与非机动车或行人发生的事故中,如果机动车负同等责任,由于机动车相对为交通强者,而非机动车或行人则属于交通弱者,也应视为机动车事故。

② 非机动车事故

非机动车事故是指自行车、人力车、三轮车、畜力车等按非机动车管理的车辆负主要以上责任的事故。在非机动车与行人发生的事故中,如果非机动车一方负同等责任,由于非机动车相对为交通强者,而行人则属于交通弱者,也应视为非机动车事故。

③ 行人事故

行人事故是指在事故当事方中,行人负主要责任以上的事故。

(2) 按事故后果分类

根据道路交通事故造成的人身伤亡或财产损失的程度或数额,可将道路交通事故划分为轻微事故、一般事故、重大事故和特大事故四类。

① 轻微事故是指一次造成轻伤1人至2人,或者财产损失机动车事故不足1 000元,非机动车事故不足200元的事故。

② 一般事故是指一次造成重伤1人至2人,或者轻伤3人以上,或者财产损失不足3万元的事故。

③ 重大事故是指一次造成死亡1人至2人,或者重伤3人以上10人以下,或者财产损失3万元以上不足6万元的事故。

④ 特大事故是指一次造成死亡3人以上,或者重伤11人以上,或者死亡1人同时重伤8人以上,或者死亡2人,同时重伤5人以上,或者财产损失6万元以上的事故。

(3) 按事故原因分类

根据原因的不同,可将道路交通事故分为主观原因造成的事故和客观原因造成的事故两类:

① 主观原因造成的事故

主观原因是指造成交通事故的当事人本身内在的因素,如主观过失或有意违章,主要表现为违反规定、疏忽大意和操作不当等。

违反规定是指当事人由于思想方面的原因,不按交通法规规定行驶或行走,致使正常的道路交通秩序混乱,发生交通事故。如酒后开车、非驾驶员开车、超速行驶、争道抢行、违章超车、超载、非机动车走快车道和行人不走人行道等原因造成的交通事故。

疏忽大意是指当事人由于心理或生理方面的原因,如心情烦躁、身体疲劳都可能造成精力分散、反应迟钝,表现出瞭望不周,采取措施不当或不及时,没有正确地观察和判断外界事物而造成的失误。也有的当事人凭主观想象判断事物,或过高地估计自己的技术,引起行为不当而造成了事故。

操作不当是指当事人技术生疏、经验不足,对车辆、道路情况不熟悉,遇有突然情况惊慌失措,引起操作错误,如有的驾驶员制动时想踩制动踏板却踩到加速踏板,有的骑自行车人遇到紧急情况不知停车等。

② 客观原因造成的事故

客观原因是指引发交通事故的车辆、环境、道路方面的不利因素。

(4) 按事故对象分类

按发生交通事故的对象,可将交通事故分为车辆间的、车辆与行人的、机动车与非机动车的、车辆自身的和车辆对固定物的等五类。

① 车辆间的交通事故是指车辆之间发生刮擦、碰撞而引起的事故。碰撞又可分为正面碰撞、追尾碰撞、侧面碰撞、转弯碰撞等;刮擦可分为超车刮擦、会车刮擦等。

② 车辆与行人的交通事故是指机动车对行人的碰撞、碾压和刮擦等事故,包括机动车闯入人行道,以及行人横穿道路时发生的交通事故。其中,碰撞和碾压常导致行人重伤、致残或死亡;刮擦相对前两者后果一般比较轻微,有时也会造成严重后果。

③ 机动车与非机动车的交通事故,由于我国的交通组成主要是混合交通,因而这类事故在我国主要表现为机动车碾压骑自行车人的事故。

④ 车辆自身的交通事故是指机动车没有发生碰撞、刮擦等情况下由于自身原因造成的事故。例如,车辆由于行驶速度太快,或车辆在转弯及掉头时所发生的翻车事故,以及在桥上因大雾天气或因机器失灵而产生的机动车坠落的事故等。

⑤ 车辆对固定物的交通事故是指机动车与道路两侧的固定物相撞的事故,其中固定物包括道路上的作业结构物、护栏、路肩上的水泥杆(灯杆、交通标志等)。

(5) 按事故发生地点分类

交通事故发生地点一般是指发生事故的道路等级。在我国,公路可分为高速公路、一级公路、二级公路、三级公路和四级公路这五个等级;城市道路可分为快速路、主干路、次干路和支路这四个等级。另外,还可按在道路交叉口和路段所发生的交通事故来分类。

除上述五种主要分类方法外,其他分类方法还有:按伤亡人员职业类型分类;按肇事者所属行业分类;按肇事驾驶员所持驾驶证种类、驾龄分类等。

6. 道路交通事故的特点

道路交通事故具有随机性、突发性、频发性、社会性及不可逆性等特点。

(1) 随机性

交通工具本身是一个系统,当它在交通系统中运行时则牵涉一个更大的系统。在交通系统这样的动态大系统中,某个失误就可能引起一系列其他失误,从而引发危及整个系统的大事故,而这些失误绝大多数是随机的。

道路交通事故往往是多种因素共同作用或互相引发的结果,其中有许多因素本身就是随机的(如气候因素),而多种因素正好凑在一起或互相引发则具有更大的随机性,因此道路交通事故的发生必定带有极大随机性。

(2) 突发性

道路交通事故的发生通常没有任何先兆,具有突发性。驾驶员从感知危险至交通事故发生这段时间极为短暂,往往短于驾驶员的反应时间与采取相应措施所需的时间之和。或者即使事故发生前驾驶员有足够的反应时间,但由于驾驶员反应不正确、不准确而操作错误或不适宜,也会导致交通事故。

(3) 频发性

由于汽车工业的高速发展,车辆急剧增加,交通量增大,造成车辆与道路比例的严重失调,加之交通管理不善等原因,造成道路交通事故频繁,伤亡人数增多,道路交通事故已成为世界性的一大公害。

(4) 社会性

道路交通是随着社会和经济的发展而发展的客观社会现象,是人们客观需要的一种社会活动,这种活动是人们日常生活和工作必不可少的。在目前现代化的城市中,由于大生产带来的社会分工越来越细,人际间的协作和交往也越来越密切,使人们在道路上的活动日趋频繁,成为一种社会的客观需求。

道路交通事故是伴随着道路交通的发展而产生的一种现象,无论何时,只要人参与交通,就存在涉及交通事故的危险性。道路交通随着社会的发展不断地进行演变,从步行到马车到今天的汽车时代。这个过程不仅表明人们对道路交通的追求意识和发展意识,也证明了道路交通事故是随着社会和经济的发展而发展的客观存在的社会现象,即道路交通事故具有社会性。

(5) 不可逆性

道路交通事故的不可逆性是指其不可重现性。事故是人、车、路组成的系统内部发展的产物,与该系统的变量有关,并受一些外部因素的影响。尽管事故是人类行为的结果,但却不是人类行为的期望结果。

7. 交通安全与交通事故的关系

(1) 交通安全与交通事故是对立的,但事故并不是不安全的全部内容,而是在安全与不安全的矛盾斗争过程中某些瞬间突变结果的外在表现。

(2) 交通系统处于安全状态并不一定不发生事故,交通系统处于不安全状态,也未必一定会发生事故。

8. 道路交通系统与安全

道路交通系统是一个由人、车、路和环境四大要素构成的动态系统(图1-3),人、车在道路和环境中的运动构成了道路交通,即人、车、路和环境相互独立的四大要素相互作用、相互依赖构成了道路交通这一特定的动态系统。其中"人"包括驾驶员、骑车人、行人等;"车"包括机动车和非机动车;"道路"包括公路和城市道路;"环境"包括交通管理、路侧自然环境、人工环境等。系统中,驾驶员从道路交通环境中获取信息,这种信息综合到驾驶员的大脑中,经判断形

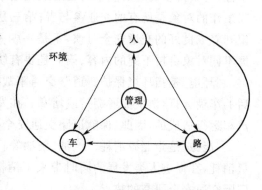

图 1-3 道路交通系统

成动作指令,指令通过驾驶操作行为,使汽车在道路上产生相应地运动,运动后汽车的运行状态和道路环境的变化又作为新的信息反馈给驾驶员,如此循环反复,完成整个行驶过程。

道路交通作为动态的开放系统,其安全既受系统内部因素的制约,也受系统外部环境的干扰,与人、车辆、道路、环境等因素密切相关,系统内任何一个要素的变化都会对整个道路交通产生影响,道路交通事故就是系统在运动过程中不协调或失衡造成的。

第二节 道路交通安全研究介绍

一、道路交通安全学的学科性质

道路交通安全学是一门"五 E"科学,"五 E"指的是法规(Enforcement)、工程(Engineering)、教育(Education)、环境(Environment)、能源(Energy)。

在我国,"法规"是指维护交通秩序,保障交通安全的交通规则、交通违章罚则以及其他有关交通安全的法律等。交通法规是交通安全的核心,对交通安全起保证作用。交通法规必须具备三大条件:一是交通法规的科学性,即交通法规的制定应根据交通工程理论和实际的交通条件以及经济、社会状况;二是交通法规的严肃性;三是交通法规的适应性。

"工程"是指交通工程,包括三个方面的内容:一是研究和处理车辆在街道或公路上的运动,研究其运动规律;二是研究和处理为使车辆到达目的地的方法、手段和设施,包括道路设计、交通管理和信号控制等;三是研究和处理车辆安全运行需要的维持车辆与固定物之间的缓冲空间。

"教育"是指安全教育,包括学校教育与社会教育两种。学校教育是对在校学生进行交通法规、交通安全和交通知识教育。社会教育是通过报刊、广播、电视、广告等方式,广泛宣传交通安全的意义和交通法规,同时对驾驶员定期进行专业技术知识、守法思想、职业道德、交通安全等方面的教育。交通安全教育也有五大条件:第一是交通安全教育的科学性,着重讲授交通安全中的交通工程基本原理,带有启发性;第二是安全教育的普及性,其工作的对象是所有的交通参与者;第三是安全教育的长期性,要提高人们的交通安全意识和养成良好的交通安全习惯,不是一朝一夕所能达成的;第四是安全教育的灵活性,根据不同对象讲授不同的内容;第五是要有统一的交通安全教育机构。

"环境"是指环境保护。道路交通事故的发生本身会对环境造成破坏,同时会阻碍其后的车辆运行,诱发交通拥挤或堵塞。在发达国家,80%以上的噪声污染及废气污染是由汽车运行造成的,因此,保障道路交通安全是道路交通环境保护的重要措施。

"能源"是指能源消耗。汽油、柴油等石化能源的大规模使用,造成不可再生能源的大量消耗,在促进人类发展的同时带来了消极的影响。交通事故与能源消耗的关系一直是国际交通安全研究的热点。

二、道路交通安全研究的内涵与外延

道路交通的规划、设计、施工、管理与评价的目标是提供一个安全、通畅、低公害、节能、高效的人、物流通系统。这是一个动态系统,交通安全就建立在系统的动态平衡上,系统内任何因素的不可靠、不平衡、不稳定都可能导致种种的冲突与矛盾,产生危险或隐藏危险,即不安全或存在不安全因素。已经发生的、将要发生的或可能发生的一切不平稳系统的因素,系统内相互联系相互制约的关系,所处环境及反馈影响,对道路交通运行系统形成定向控制决策的工作,均属交通安全学研究范畴。所以它是以软科学、软技术为主

导,以硬科学、硬技术做支持的研究工作。

交通安全研究的内涵主要是对安全问题的发生、过程、结果进行调查、统计、分析、模拟、预测,对人、物流通过程中系统质点的冲突与矛盾事先形成对策,实现有效控制,实现道路交通系统动态平衡。这种研究与规划、道路、运输、环境等从各个方面配合形成交通质量的全面保障。

交通安全研究的外延可涉及许多学科,是一种综合性的应用研究,可以在工程技术(如土木工程、汽车工程、电子工程、机械工程、自动化工程等)、信息技术、通信技术、材料科学、计算技术、数学、力学、应用数学、实验科学、预测科学、对策与决策、人体工程、心理科学、系统工程、管理工程、物理学、化学、人文学、医学、文学、广告学、新闻学、哲学等领域中展开应用研究,形成交通安全科学技术的组成。随着社会生产力水平、装备水平及技术能力的提高与交通工具主体的变化,交通安全研究的内容不断丰富。

三、道路交通安全研究与相关学科关系

1. 道路交通安全研究与交通工程学的关系

道路交通安全与交通工程学都是研究道路交通系统中人、车、道路和环境的基本特性、相互依存关系和相互作用的交叉学科,两者的研究范围基本相同,区别在于研究的重点及目的不同。交通工程学研究的重点是交通流、交通生成及其规律、道路通行能力等,目的主要在于保障道路交通系统畅通,提高道路网络通行效益。道路交通安全研究的重点是道路交通系统的安全性、可靠性、系统控制、安全保障措施等,目的主要在于提高道路交通系统的安全性及可持续发展,兼顾畅通及效益。

2. 道路交通安全研究与交通心理学的关系

交通心理学是心理学在交通运输领域中的应用和延伸,作为道路交通安全研究的基础知识,主要从心理学角度研究道路交通违法、交通事故原因以及人在交通违法、交通事故发生过程中和发生时的心理状态、群体特点及组织行为规律等,试图发现人的因素与道路交通违法及事故发生的内在联系,进而从心理学角度提出如何有效地进行交通安全教育、疏导人的不正常心理、矫正不良态度、干预不安全行为,在交通组织、驾驶作业、交通设备、驾驶环境等方面制定预防措施和实施符合人机工程原理的设计,避免交通参与者的不当行为,预防交通事故发生。

3. 道路交通安全研究与行为学的关系

行为学是研究人类行为规律的科学,在道路交通安全研究领域中处于基础学科的地位。在道路交通安全研究中,应用行为学的知识,研究道路交通系统中各交通参与者的行为特征,辨析社会群体的行为规律和后果,进而提出合理的预防措施,对于减少人的行为失误,防止交通事故发生具有重要的作用。

4. 道路交通安全研究与道路工程学的关系

道路工程学是从事道路的规划、勘测、设计、施工、养护等的一门应用科学和技术,是道路交通安全研究领域的基础学科之一。道路的规划、设计以及路基、路面、桥隧、附属设施和排水、养护质量等均会对道路交通安全产生影响,道路交通安全研究需要具备道路工程中有关道路几何线形、道路结构、道路景观及安全设施等方面的知识。

5. 道路交通安全研究与车辆工程的关系

车辆工程是研究各种工程车辆的理论、设计及制造技术的学科。道路交通系统四要素之一的车辆,是道路交通安全研究的重要对象,车辆工程为道路交通安全领域中车辆的安全性研究提供了最基本的知识,是道路交通安全研究领域的基础学科之一。车辆的结构与装置、制动性能、操纵性能、通过性等均对道路交通安全有影响,道路交通安全研究应具备车辆工程中有关汽车制动性、操纵稳定性、汽车安全装置与结构及汽车安全监测设备等方面的知识。

6. 道路交通安全研究与统计学的关系

统计学知识是道路交通安全研究中需要经常利用的工具,为了预防和正确处理交通事故,必须客观、全面地认识交通事故现象。应用统计学的知识,对道路交通事故进行统计分析,查明交通事故总体的现状、发展方向以及各种影响因素对事故总体的作用和相互关系等,以便从宏观上定量地认识交通事故现象的本质和内在规律性。

第三节 本书主要内容

道路交通安全所涵盖的范围很广,一般而言,只要是以降低交通事故次数、减轻事故严重程度、提升道路交通安全水平为目的以及预防、预报、应对道路交通系统中紧急事件的科技问题,都应纳入道路交通安全的研究范畴。

本书主要介绍道路交通安全的基本原理、道路交通事故分析技术、道路交通安全保障手段三个方面,系统地介绍交通参与者、车辆、道路、交通环境与交通安全的关系,交通事故再现技术分析与统计分析,交通安全评价与事故预测,交通安全审计,交通安全法规、教育、设计和管理等内容,重点阐述道路交通安全的基本理论、基本原理、基本方法与基本技能,力求反映其系统性、综合性和实用性的特点。全书共分为十一章:

第一章为绪论,主要介绍我国与国外部分国家的道路交通事故的发展与现状,界定道路交通安全的基本概念,分析道路交通安全学的学科性质,阐述道路交通安全的研究进展。

第二章至第五章是对道路交通安全基本原理的探讨和分析。其中,第二章是对交通参与者与交通安全关系的分析,详细讨论驾驶员的基本生理心理特征及驾驶员行为与交通安全的关系,分析行人与骑车人的基本生理心理特征。

第三章介绍了车辆与交通安全的关系,详细阐述了影响交通安全的汽车性能与结构,汽车的主动与被动安全技术。

第四章介绍道路与交通安全的关系,全面分析了道路线形、横断面、交叉路口、路面与交通安全的关系。

第五章介绍交通环境与交通安全的关系,详细讨论交通条件、交通设施、道路景观与交通安全的关系。

第六章和第七章介绍道路交通事故分析的基本技术。其中,第六章介绍道路交通事故的再现技术,主要介绍交通事故现场勘查的程序与内容,交通事故再现分析的基础知识,重点讨论典型汽车事故的再现分析方法,对交通事故仿真进行简单分析,介绍了常用的交通事故仿真软件。

第七章是对道路交通事故的统计分析,主要介绍交通事故数据采集的内容与方法,事故统计分析的基本指标与方法,事故的分布规律等,并对基于事故统计数据的事故多发点鉴别与成因分析方法进行讨论。

第八章至第十一章是对道路交通安全保障手段的讨论和分析。其中,第八章为道路交通安全评价与事故预测,主要介绍道路交通安全评价的指标与方法,交通事故预测的目的、程序与基本模型。

第九章为道路交通安全法规与管理,介绍了道路交通安全管理规划,阐述了道路交通安全法规的重要性、作用及道路安全法规体系及其主要内容,重点介绍了《中华人民共和国道路交通安全法》的条例内容及适用范围,阐述了道路交通活动参与者的职责,介绍了道路交通事故处理的程序和方法,讨论了道路交通安全教育的内容与形式。

第十章为道路交通事故防治工程技术,从道路设施安全改善设计、平面交叉口安全技术、交通安全管控措施、交通稳静化设计几个方面介绍了事故防治的设计方法和工程技术,给出了工程措施的经济分析的基本方法。

第十一章为交通安全审计,重点介绍道路规划及可行性研究阶段、设计阶段、施工阶段、运营阶段交通安全审计的内容与程序,并讨论交通安全审计的直接与间接效益。

复习思考题

1-1 交通事故的定义与特点是什么?包括哪些类别?
1-2 交通事故包括的现象有哪些?
1-3 交通安全的定义是什么?与交通事故有怎样的关系?
1-4 简述道路交通安全研究的内涵与外延。
1-5 简述我国道路交通安全现状及发展趋势。

第二章　交通参与者与交通安全

交通安全与所有交通参与者都有直接关系,尤其是与作为交通强者的机动车驾驶员的关系更加密切。在汽车的行驶过程中,驾驶员的感知、判断和操纵三者中任何一项行为出现失误,均可能引起交通事故。本章分析了驾驶员在道路交通中的行为规律和个性特征,介绍了行人、骑车人的交通特征及相关的事故分布,分析了驾驶员的驾驶适宜性、事故心理以及典型违章行为。

第一节　驾驶员特征

一、驾驶员个性特征

1. 性别差异

性别差异一般而言,男性为外倾型(心理活动表现外在、开朗、活泼、善交际),积极、富有正义感和意志决定能力。女性为内倾型(深沉、文静、反应迟缓、顺应困难),直观、情绪不定。具体表现为:

(1) 开车时,男驾驶员多强行超车,东张西望,而女驾驶员这种现象较少。
(2) 男驾驶员对超车往往采取不在乎的态度,女驾驶员则很慎重。
(3) 连续行车时间较短时女驾驶员的肇事率低,若时间一长则恰恰相反。
(4) 遇到紧急情况时差别较大。例如在遇到正面冲撞之前的一刹那,多数男驾驶员想方设法摆脱,而女驾驶员则恐慌,手足无措。
(5) 从驾驶形态看,女驾驶员在超速车道上常用低速,充分表现为本位性,一旦发生事故,又以为对方可给予某种协助,表现为依赖性。
(6) 男驾驶员反应时间短,女驾驶员则长。

2. 年龄差异

年龄差异对驾驶员进行一般情况和紧急情况下的驾驶考试表明,在一般情况下驾驶,年龄大者(不超过45岁)得分高,事故少;在紧急情况下驾驶,年龄在20~25岁者得分高,事故少,年龄大者成绩差。

22~25岁间的男驾驶员,反应时间短,对夜间眩光后的恢复时间,年龄越小越快。年轻驾驶员视力恢复时间为2~3 s,年龄超过55岁时,恢复时间大约为10 s。45岁以上男驾驶员的身体素质、神经感觉、精力等均有衰退和驾驶机能低落之表现。

各年龄组驾驶员的交通事故情况如表2-1所示,年龄与交通事故的关系如表2-2所示。

表 2-1 被调查驾驶员的交通事故情况

年龄组	被调查驾驶员 A(%)	发生事故 B(%)	相对事故率 (B/A)
29 岁以下	15.2	23.9	1.6
30~45 岁	49.3	41.0	0.8
46~65 岁	32.0	31.1	1.0
65 岁以上	3.5	4.0	1.1
合计	100	100	1.0

表 2-2 年龄与交通事故的关系

年龄(岁)	<20	20~24	25~29	30~39	40~49	50~59	60~69	>70	合计
责任驾驶员人数	1 358	5 628	7 640	17 426	15 513	8 226	3 154	821	59 766
无责任驾驶员人数	1 381	8 037	14 054	35 960	33 225	15 457	4 399	806	113 319
责任率(%)	98	70	54	48	47	53	72	101	53

3. 气质差异

气质是人典型、稳定的心理特点。古希腊著名医生希波克拉特观察到不同的人有不同的气质。他认为人体内有四种体液：血液、黏液、黄胆汁和黑胆汁。机体的状态决定于四种体液的混合比例，由于某种体液占优势而产生某种气质。

多血质（血液占优势），其特征是活泼、好动、敏感、反应迅速、喜欢与人交往、注意力容易转移、兴趣容易变换等。

胆汁质（黄胆汁占优势），其特征是直率、热情、精力旺盛、情绪易冲动、心境变换剧烈等。

黏液质（黏液质占优势），其特征是安静、稳重、反应缓慢、沉默寡言、情绪不易外露、注意力稳定但又难于转移、善于忍耐等。

抑郁质（黑胆汁占优势），其特征是孤僻、行动迟缓、体验深刻、善于觉察到别人不易觉察到的细小事物等。

了解人的气质对于安全教育、驾驶员培训、组织交通运输业务等均有重要意义。例如对多血质驾驶员要加强踏实、专一、不开快车等方面教育，对胆汁质驾驶员要注意进行耐心、细心方面的教育。

二、驾驶员视觉特性

驾驶员在行车中，有 80% 以上的信息是依靠视觉获得的，在行车中不断注视前方、转动眼球、收集情报，人的眼睛所能见到的范围局限在 180° 以内的视野空间。视力根据视角的大小而变化，因此，驾驶人员在行驶中，在可视范围内必须不断变换注视点以便有效地收集情报。

行驶中，驾驶人员的视觉判断能力与车辆速度有关，速度变化时，对于车外环境的判别能力也发生变化。视觉的判断能力在行驶中与静止时完全不同，车辆高速行驶时，驾驶人员因注视远方，因而视野变窄。实验表明，速度为 40 km/h 时，视野低于 100°；70 km/h

时,视野低于 65°;100 km/h 时,视野低于 40°。因此,设计行驶速度较高的道路,特别是高速道路,道路两旁必须要有隔离措施,而且不许行人或自行车走在车行道旁,以免发生危险。另一方面,驾驶人员在驾驶中观察事物时,视线焦点随着速度的增加而距离愈远,实验表明,速度为 20 km/h 时,眼睛至焦点为 67 m;40 km/h 时,为 200 m;60 km/h 时,为 335 m……掌握这些特点,对研究交通安全是十分必要的。

1. 视力

视力也叫视敏度,是指分辨细小的或遥远的物体或物体的细微部分的能力。视觉敏锐度的基本特征就在于辨别两物体之间距离的大小。视力分为静视力、动视力和夜间视力三种。

(1) 静视力

静视力就是静止时的视力。视力的测定,以能识别的最小两点所形成的视角为标准,目前采用由 1909 年第 11 次国际眼科学会制定的缺口环(C 字形环)作为测定视力标准的仪器。这个缺口环,其底色为白色,环为黑色,环的外径为 7.5 mm,环宽和缺口均为 1.5 mm(见图 2-1)。在距离为 5 m 的情况下能辨认出此缺口,则视力为 1.0。这时对于缺口的视角为 1′。若视角为 2′时能看清缺口,则视力为 0.5。视角为 5′时能看清缺口,则视力为 0.2,依此类推。我国规定,对于驾驶人员的视力要求是两眼均为 0.7 以上(可戴眼镜)。日本规定对于领取普通驾驶执照的要求两眼视力在 0.7 以上,大型车辆及 3.5 t 以下的小型车辆和 40 km/h 以上的机器脚踏车的驾驶人员则要求其两眼视力均在 0.8 以上(包括矫正视力)。在美国,各州的视力标准不一样,一般要求最低视力为 0.5(不包括矫正视力)。

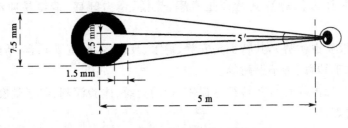

图 2-1 视力的国际测定方法

(2) 动视力

动视力是指人和视标处于运动(其中的一方运动或两方都运动)时的视力。动视力随车辆行驶速度的变化而变化,速度提高动视力降低,见图 2-2。一般来说,动视力比静视力低 10%~20%,特殊情况下比静视力低 30%~40%。例如,以 60 km/h 的速度行驶的车辆,驾驶人员可看清离车 240 m 处的交通标志;可是速度提高到 80 km/h 时,则连 160 m 处的交通标志都看不清。

驾驶员的动视力随客观刺激显露的时间长短而变化,当目标急速移动时,视力下降情况如图 2-3 所示。当照明亮度为 20 lx,目标显露时间长达 1/10 s 时,视力为 1.0,当目标显露的时间为 1/25 s 时,视力下降为 0.5。一般来讲,目标作垂直方向移动引起的视力下降,比目标作水平方向移动所引起的视力下降要大得多。动视力还与年龄有关,年龄愈大,动视力与静视力之差愈大。

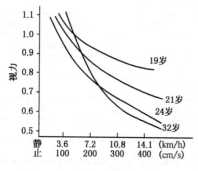
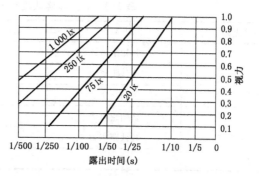

图 2-2 动视力与速度的关系　　图 2-3 刺激露出时间与视力

(3) 夜间视力

视力与亮度有关,亮度加大可以增强视力。在照度为 0.1~1 000 lx 的范围内,两者呈线性关系。黄昏对于驾驶人员来说是最坏的时刻,因为黄昏时,光线较暗,而汽车开头灯时,其视度与周围的亮度相关不大,因此,驾驶员不易看到周围车辆和行人。另外,夜间的视力与驾驶人员的年龄有关,年龄愈大,夜间视力愈差。20~30 岁之间的驾驶人员夜间视力最好。夜间视力还与速度有关,速度增加,视力下降。

夜间汽车开头灯运行时,应注意以下几种关系:

① 驾驶人员夜间视力与物体大小的关系

在白天,大的物体即使在远处也可以确认。但在夜间,由于汽车头灯所照的距离愈远,照度愈低,因此,在远处,即使是大的物体也不易看见。

② 驾驶人员夜间视力与物体高度的关系

汽车在会车时要将行驶光束变成会车光束(一般会车光束比行驶光束低),这时处于低位置的物体比高位置的物体容易被发现,而且看得较清楚。

③ 驾驶人员夜间视力与物体对比度的关系

在夜间,亮度、对比度大的物体比对比度小的物体容易确认。实验指出,有两个对比度分别为 88% 和 35% 的物体,如汽车在白天行驶,对比度小的物体比对比度大的物体的视认距离降低 53%;如汽车在夜间行驶,汽车开大光灯时视认距离降低 75%,开小光灯时视认距离降低 80%。由此可见,夜间行驶,物体的对比度显得特别重要。

④ 夜间物体对比度与认知及确认距离的关系

如用国际视标缺口环进行实验,夜间汽车开头灯行驶中,确认有视标时,其距离为认知距离,能确认视标缺口方向的距离为确认距离。对比度大时,认知距离与确认距离之差较大,如表 2-3 所示。也就是说,此时驾驶人员有较充分的时间应付各种事变,这样就比较安全。对比度小时,认知距离与确认距离相差甚微,从认知有"物"到确认是"何物"的时间太短,这是极不安全的。

⑤ 夜间物体的可见度与物体颜色的关系

夜间行车时,驾驶人员对于物体的可见度,因物体的颜色不同而不同。红色、白色及黄色容易辨认,绿色次之,蓝色最不容易辨认。

表 2-3 认知和确认距离与对比度大小的关系

光源	距离(m)	对比度为 88% 的视标	对比度为 35% 的视标
大光灯	认知距离 A	70.4	20.3
	确认距离 B	60.5	17.0
	A—B	9.9	3.3
小光灯	认知距离 A	43.3	9.7
	确认距离 B	25.5	8.0
	A—B	17.8	1.7

⑥ 夜间行车时,驾驶人员对行人的辨别

分三种情况:一是夜间行车中对行人的辨别;二是夜间会车时对行人的辨别;三是如何确定行人的位置。在讨论这三种情况时,我们假设没有路灯,仅依赖汽车的头灯,夜间行车时对行人的辨别如图 2-4 所示。

由图 2-4 可知,要认知右侧路肩上是否有物,如用小光灯,对白色物体,当行驶的车辆离此物体的距离在 80 m 左右时即可认知。对黑色物体,则要近到 43 m 才能认知。要认知此物体为人时,则距离还要近,穿白衣服者为 42 m,穿黑衣服者为 20 m。如欲判断此人员是否向车道走来,穿白衣服者为 20 m,穿黑衣服者为 10 m 之内。由此看来,夜间行人因穿衣服颜色的不同,驾驶人员能看清的距离也不同。为使夜间驾驶人员能迅速发现在路旁或者在路上作业的人员,有些国家规定,夜间在道路上的作业人员必须穿黄色反光安全服。

夜间会车时,驾驶人员由于受对向车头灯的影响,可见度降低。降低的程度与对向车头灯的光轴方向、对向车与行人的位置以及对向车头灯对驾驶人员与行人所成的角度等因素有关。

假设行人穿黑色衣服,如欲认知此人,无对向车时的认知距离为 43 m,有对向车由行人的后方渐渐接近时,认知距离则逐渐缩短(见图 2-5)。

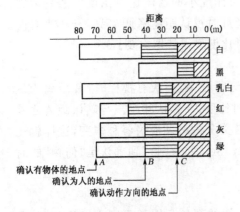

图 2-4 夜间行车用小光灯时对人的辨认

A—认知有物体的地点;B—确认为人的地点;
C—确认动作方向的地点

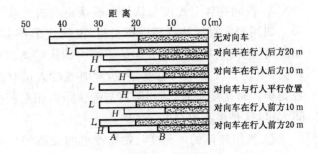

图 2-5 夜间会车时对人的辨认

(实验车—用小光灯;行人—穿黑衣服)
A—确认有物体的地点;B—确认为人的地点
L—对向车用小光灯;H—对向车用大光灯

在道路中心线上的行人比在路侧上的行人容易被驾驶人员发现,但在市区,会车时情况刚好相反,这是因为行车中的驾驶人员当自己的车辆与对向车会车时,其视线一般沿对向车头灯光轴的偏中心线一侧,由于晃眼,不容易看清中心线附近的人和物。因此,夜间在中心线上站立的人最危险。

2. 暗适应与亮适应

从一般经验得知,由亮处到暗处,由于视觉的习惯性,视力需要恢复,我们称眼睛的这种特性叫暗适应。同理,由暗处到亮处,视力也需要恢复,这种特性叫亮适应。暗适应比亮适应所需要的时间要长。入暗室时,大约需经过 15 min 才开始适应,要完全适应则需要 30 min 以上。而亮适应的时间却一般只要几秒到 1 min(见图 2-6)。眼睛由于瞳孔活动和网膜的灵敏度对亮暗适应起调节作用,因此,我们的眼睛即使在几万 lx 的白天或是 0.1 lx 的夜间也能有效。不过,当汽车运行在明暗急剧变化的道路上时,由于视觉不能立即适应,则容易发生视觉危害。为了防止视觉危害,必须减少由亮到暗而引起

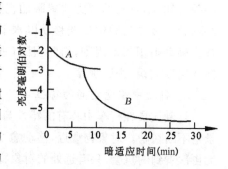

图 2-6 暗适应曲线

的落差,通常慢慢减低照明度,这叫缓和照明。国外一些城市,在城区与郊区的交界处往往将路灯的距离慢慢拉长,直到郊区人烟稀少的地方才不设置路灯,这样才不致使由城内开车到郊区的人感到由亮突然变暗,从而达到交通安全的目的。又如在道路的隧道入口处附近,这时虽说隧道内有 1 100 lx 左右的照明,但在白天,隧道入口前的照度几乎到几万 lx,这时驾驶人员驾驶车辆进入隧道,由于明暗反差过大,眼睛不能适应,发生 10 s 左右的视觉危害,从而可能发生交通事故。如果行车时速为 100 km/h,10 s 左右的视觉危害,相当于在 260 m 的距离内驾驶人员的眼睛不能适应,故应采取相应的措施。而在出口处,因为是暗到亮,这个视觉危害时间只有 1 s 左右。

3. 晃眼

晃眼主要是指光在眼球内的角膜与网膜之间的媒质中产生散射而引起的反应。光源晃眼会使视力下降,其下降的程度与影响光的强度成正比,与影响光的距离的平方成反比。晃眼又可分为连续性晃眼和间断性晃眼两种。汽车在夜间行驶时所遇到的晃眼主要是间断性晃眼,这通常是由于对向车头灯而引起,这种间断性晃眼叫生理性晃眼或称危害性晃眼。另外一种晃眼是由于街道照明(路灯)而引起的,是连续的。这种晃眼主要是给驾驶人员一种不愉快的感觉,我们称这种晃眼叫心理性晃眼。

晃眼与下列因素有关:①光源的亮度;②光源外观的大小;③光源对视线的位置;④光源周围的亮度;⑤视野内光束发散度的分布;⑥对眼睛部分的照度;⑦眼睛的适应性。

对于汽车头灯所引起的晃眼,从实验得出:①对于驾驶人员所感觉到的晃眼的程度,无论是动态实验还是静态实验,在距离上并无多大差异;②根据静态实验,感觉到晃眼的距离为 100 m±25 m。

为了预防对向车头灯晃眼,世界各国正在研究有效的办法。根据日本的研究,戴防眩眼镜或服用防眩药物均有相当效果。另外,对道路照明可采用防眩网,在中心隔离带植树

以遮断对向车的头灯光线,在汽车上装置设有偏振玻璃的前灯等办法,都对防止晃眼有一定的效果。

4. 视野

驾驶人员在驾驶车辆时,注视前方,两眼能够看到的范围称视野。驾驶人员的头部和眼球固定时能够看到的范围作为静视野,仅将头部固定不动眼球自由转动时能够看到的所有范围称为动视野。动视野比静视野左右方向约宽15°,上方宽10°,下方宽度相同。由经验得知:①双眼的视野比单眼的视野宽;②目标物(对象物)的速度越快,则动视野越窄;③驾驶人员在驾驶中视线移动以水平方向的移动最为圆滑,几乎成直线,而垂直或斜向的视线移动则相当不规则,斜向视野(视线为斜向所成的视野),无论上下左右各方,都是目标物速度愈快,视野愈窄。

5. 行驶中视觉空间的特性

驾驶人员在行车中具有的特性与静止时不同。相对于行车中的驾驶人员来说,周围的景色不断在动。对象物愈近,移动愈快。在一定距离内的对象物虽可确认,但一旦错过,则无再次看到的机会,只有远处的对象物,好像看来是不动的,驾驶人员可以从容眺望。

驾驶人员眼睛的注视点变化时需要时间,比如驾驶人员眼睛由注视车上的速度表到注视路面上的对象物,这段时间约需1 s,而将眼睛注视固定于对象物需 $1/10 \sim 3/10$ s。

国外对于高速道路上的交通标志,有下列实验结果:驾驶人员初次看到的地名,自305 m处可以看清楚的交通标志上的文字的高度至少要48 cm。驾驶人员行驶在高速道路上,其注视点常置于305~610 m之间。驾驶速度愈快,其注视点愈向前移,同时也愈有集中一点的趋势,视野因而变得愈狭窄,这时,视野由180°收拢到注视点的周围。

驾驶人员在行车中总是习惯于把注意力集中于路面,即使在路旁等处有杂散的景物也很难转移驾驶人员注意力。因此,如要在道路上吸引驾驶人员的注意力,则必须顺道路的行进方向设置突出的对象物,道路的垂直面上有对象物时极为醒目,而水平面上则不显著。

根据实验,速度与注视点的距离为:①行驶速度为40 km/h时的注视点在汽车前方约180 m的路面上;②行驶速度为72 km/h时的注视点在汽车前方约360 m的路面上;③行驶速度为105 km/h时的注视点在汽车前方约600 m的路面上。

速度越快,注视点越向远处移动,视野越狭窄。结果,驾驶人员的目光变成"山洞视",与催眠术经常利用的视野限制相类似,从而导致道路催眠。道路交通工程师为了防止这种情况发生,在道路的平面线插入曲线,以使驾驶人员的注视点强制移动,以避免道路催眠。

另一方面,随着速度的增加,离行驶中车辆近的景物呈现出模糊现象,为了能使驾驶人员看清标志,必须将交通标志置于距离驾驶人员相当远的地方。根据实验,行驶速度为64 km/h时,只能看清24 m以外的物体;行车速度为96 km/h时,只能看清30 m以外的物体。要想识别比上述距离还近的物体,几乎是不可能的。如果物体在420 m以外则因过于细小,要确认详细情况也几乎不可能。驾驶人员在时速超过96 km/h时,视角为40°,距离为30~420 m,可称为是有意义的空间,在此区间内行驶的时间为15 s左右。速度再增加时,驾驶人员对于空间的认识能力则显著减退。因此在高速行驶时,路旁的交通标志过分细密而繁杂,对于驾驶人员的确认则失去意义,粗大而简单的形态反而容易确认。

一般来说,驾驶人员所以能认知物体的移动,在于对象物的位置与大小,而且必须随时有所变化。假若对象物变化太小,而且又缺少确认的辅助设备和措施,在这种情况下,则因驾驶人员总是直视前方,对象物难以判断。国外一些城市中,在一些行人横过马路或街道的地方设置黄闪光以示行人优先,其目的是有助于驾驶人员的确认。

根据经验,多数驾驶人员在高速行驶时除反应迟缓之外,对自己车辆速度的判断比实际车速要低。因此,如若接近一个对象物体时,驾驶人员估算的时间往往比车辆的实际行驶时间要长,这对于交通安全是很不利的。

收费岛前,从高速道路上来的车辆车速很快,但驾驶人员自己感觉到的速度比实际的车速慢,因而可能产生减速不足的问题,容易发生交通事故。为此,需在收费岛前设置路面交通标示,如图2-7所示。图2-7中的尺寸参见表2-4。

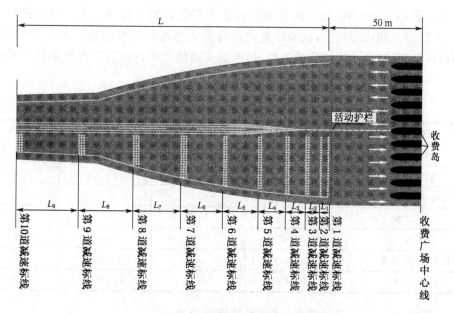

图2-7 收费广场减速标线设置示例(单位:m)

表2-4 减速标线设置间隔

减速标线(道)	第1道	第2道	第3道	第4道	第5道	第6道	第7道	第8道	第9道	第10道	第11道
间隔(m)	$L_1=5$	$L_2=9$	$L_3=13$	$L_4=17$	$L_5=20$	$L_6=23$	$L_7=23$	$L_8=28$	$L_9=30$	$L_{10}=32$	$L_{11}=32$
标线重复次数	1	1	2	2	2	2	3	3	3	3	3

6. 色觉

对人的视觉有色彩感的波长在380~780 nm之间,因此,我们称这段波长的电磁波为可见光线。

(1) 色的物理性质

光源色:由光源本身所发出的分光光谱所形成。

透过色：由透明物体所透过的和所吸收的分光光谱所形成。

表面色：表面色又称反射色，由物体表面反射的分光光谱所形成。

对交通有重要意义的还有一个概念叫色彩。色彩有色相、色调变化和色品度三种性质。色相是色彩的性质，红、黄、蓝为色彩的基本色；色调变化即眼睛所感觉到的颜色的深浅及亮度；色品度指色彩的鲜艳程度以及颜色光泽的强度。

（2）色彩在生理和心理上的作用

色与大小的关系：色的亮度高的物体，看起来觉得小一些。

色与进退关系：我们可以把色分为前进色与后退色。比如红蓝两种颜色的物体与观察者保持等距离，但在观察者看来，似乎红色物体离观察者要近些，蓝色物体要远些。因此，我们把红、黄色叫前进色，把蓝、绿色叫后退色。另外，亮度高看起来距离近，亮度低的看起来距离远。在各种天气条件下，不同颜色光的视认性也不同。

表 2-5 表明从 4.5 km 远的地方来辨认各种颜色的光所需的亮度。将红色光与绿色光比较，无论是夜间或者白天，认知红色光所需要的亮度只有绿色光的 1/2。无论在什么样的环境条件下，红色光的视认性最好，这也是交通信号中将红色光作为禁行信号的科学依据。

表 2-5 在各种气候条件下不同颜色的视认性(lx)

气候条件	红	橙	白	绿
夜间、天晴	1.0	2.0	2.5	2.8
夜间、小雨	1.2	2.1	3.0	3.2
夜间、阴天、有雾	3.2	4.1	3.1	5.9
夜间、大雨	8.9	33.5	13 260	33.5
夜间、小雪	222.0	835.0	1 556.0	567.0
白天、天阴、有雾	2 000.0	2 111.0	3 222.0	4 000.0
白天、天晴	4 778.0	7 556.0	11 111.0	10 000.0

色与温度：红色系统感到暖和，蓝色系统感到寒冷。

色与安全感：亮度大的配置在上方而亮度小的配置在下方时具有安全感。

色与轻重：亮度大的看起来有轻的感觉，亮度小的看起来有重的感觉。

色与亮度大小：亮度大的，光的反射强，感觉明亮。

色与刺激：一般认为，暖色为刺激色，冷色为沉静色。

色与适应的关系：冷色暗适应差，暖色暗适应强。

色与对比效应：将绿色纸片分别放在红色和灰色纸上，前者看起来更鲜艳些。

色与波长：暖色光的波长长，冷色光的波长短。

（3）色彩调和与安全色彩

色彩调和在交通安全上的意义为：提高视认性、引起注意（如表示危险物等的安全标志）和提高识别能力。

由于色彩具有心理性和生理性效果，因此色彩调和可提高安全感、转变气氛、调节情绪以及带来沉静感等。

根据色彩的心理性和生理性效果,对于交通标志的易读性为黄底黑字、白底绿字、白底红字、白底蓝字、蓝底白字、白底黑字。黄底红字虽不易读认,但最能引起驾驶人员的注意。

7. 交通视觉干扰

交通视觉干扰是指交通所需要的情况以外的视觉要素。例如在一些城市街道上的商标广告以及夜晚的霓虹灯等,对驾驶人员辨认路旁的交通标示等交通情报是有妨碍的,因而不利于交通安全,我们称这些商标、广告以及霓虹灯等为交通视觉干扰。交通视觉干扰还可能延长驾驶人员的反应时间。因此,一般在设置交通标示时应尽量远离商标、广告。另外还应加强对驾驶人员的训练,以提高他们对交通标示的视认能力。

三、驾驶员听觉特性

1. 基本概念

听觉是人类和许多动物共同具有的感觉现象之一。人的听觉是借助于耳朵来实现的,是对一定频率范围内声音刺激的感觉。

频率为 16~20 000 Hz 的机械波为声波,听觉是个体对声波物理特征的反映,当空气振动波到达我们耳内时,就产生听觉。听觉有音高、响度和音色的区别。音高是声音的高低,由声音的振动频率所决定;响度是指声音的强弱,由声波的振幅所决定;音色是由不同的发音体所发出的不同声音,由波形决定。三者的组合变化,可传输不同的声音信号。

声音可分为乐音和噪音,乐音是周期性的声波振动,对人体无害;噪音是不规则的声波,且没有周期性,对人体有害。汽车噪音分为车内噪音和车外噪音。对驾驶人来说,影响较大的是车内噪音,主要来自发动机、吸排气、冷却风扇、轮胎及空气系统的噪音。驾驶人长期处于噪音环境中,听力会逐渐发生退行性及萎缩性变化,甚至听觉感受器会发生器质性病变,有的发展为噪声性耳聋。此外,噪音对驾驶人的危害还表现在其他方面,比如视觉运动反应时间延长、中枢神经系统功能下降、彩色视野缩小、视觉清晰度下降等。研究表明,当车内噪音超过 95 dB 时,车祸会大幅度增加。要避免和减轻噪音对驾驶人的危害,需要对交通环境进行综合治理,需要从汽车工程角度加以改进,以使驾驶人能够掌握车辆正常行驶的整体噪音,一旦汽车机件工作状况异常时,能够及时发现声音的变化并找到故障所在。

2. 机动车驾驶人的听觉

在交通活动中,听觉的重要性仅次于视觉,它对视觉可以起到重要的补充作用。听觉反应快、准确性高,具有全方位性,能及时引起警觉,然后通过视觉进一步确认。也就是说,在行车过程中,听觉起到了收集信息的作用,一旦听到异常响声,会立即引起警觉,再由视觉去观察确认具体目标。

在汽车工程设计中,一些警告装置和信号反馈转置设计成声音形式实现其功能,这种信息传递方式在某种程度上比视觉传递信息有更高的可靠性。在驾驶人视觉收集信息已经大大"超载"的情况下,开发听觉收集信息无疑有助于减轻驾驶人眼睛负担,使其听觉通道也得到利用,增加其他感觉通道的工作量,可以减小驾驶人疲劳感,对保证行车安全有积极的意义。

在车速的判断中,听觉起着重要作用。有研究者做过这样的实验,在行驶中,让坐在驾驶人旁边的被试者对车速进行主观判断。判断方式有四种:一是通常情况;二是遮眼,只用耳朵听;三是堵住耳朵,只凭眼睛看;四是遮眼塞耳。结果发现,第一种情况误差最小,第四种误差最大,第二种优于第三种,即眼睛看不如耳朵听的准确性高。

在驾驶室内装备收录机或无线电联络装置等,也都是对听觉通道的利用。驾驶人在长途驾车中,特别是在单调的公路上行驶时易感到疲劳,行车中播放适宜的音乐,有助于减轻驾驶疲劳和改善行车的单调,同时还能在一定程度上遮蔽噪音,对安全行车起到有益的作用。

机动车驾驶人的听力在一定条件下也会出现下降,比如长期连续行车、体力消耗过大,外界噪音刺激过重,车辆部位松动而发出刺耳、颤抖声音过多等,都会使听觉器官出现疲劳。在这种情况下,机动车驾驶人听觉能力下降,觉察不出有可能造成后果的危险声响。所以,机动车驾驶人一旦感觉疲劳,就要适时休息。同时,要经常检查身体,使听力保持在两耳各为音叉测距 50 cm 并能辨别方向,低于这个数值就不适合继续开车,应积极治疗恢复。

四、驾驶员反应特性

1. 信息处理过程

操作汽车,就是由驾驶人员介于汽车(车内环境)与道路(车外环境)之间对汽车实行操作,由人和驾驶装置组成人—机控制系统。驾驶人员的主要信息来源是道路即车外环境,而且信息内容瞬息万变,因此驾驶人员驾驶车辆必须适应车外环境的变化,所以,我们也可以称这个系统叫人—机调节系统。这个系统对信息进行处理,其处理过程如图 2-8 所示。

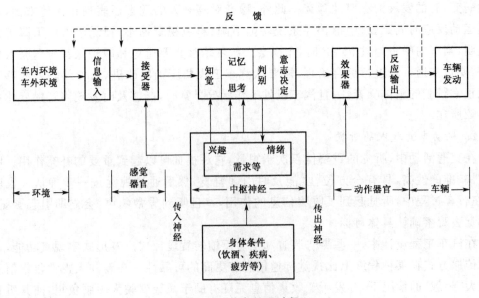

图 2-8 信息处理过程

图 2-8 表示由环境获得信息,由接收器(感觉器官,主要是视觉、听觉、触觉等)经传入神经传递到信息处理部(中枢神经),在此与既定的计划相对照,加以思考判断,进行意志决定。然后由传出神经传递到效果器(手、脚等运动器官),从而使汽车开始发动,这时如效果器在响应上有偏差,导致汽车发动响应异常,则必须重新把此信息返回到中枢神经进行修正,然后再传递到效果器,由效果器执行修正后的命令。上述操纵的特性是按一般情况说的,实际上,对于驾驶人员来说,他的情绪、身体条件、疲劳程度以及疾病、药物等与人、机调节系统有密切的关系,对情报处理正确与否与响应特性有很大的影响。可以这样说,驾驶人员的操作特性是非线性的,不但决定于驾驶人员本身,而且与环境条件相互作用。

2. 反应时间的定义

人由眼睛等感觉器官获得情报传入大脑,经大脑处理后发出命令而产生动作,这一段时间称为反应时间。因为神经对刺激的传递需要时间,大脑的处理过程也需要时间,这两个时间之和就构成反应时间。反应时间又分为简单反应时间和选择反应时间。

例如,对于一种刺激,只需要做一个动作即可,这个动作所需要的时间叫简单反应时间。对于两种以上的刺激,需按既定方式,采取一个以上的动作所需要的时间叫选择反应时间。一般简单反应时间较短,如表 2-6 所示。

表 2-6 简单反应时间

感觉	反应时间(s)
视觉	0.15~2.00
听觉	0.12~0.16
触觉	0.11~0.16

在驾驶车辆时有一个特别重要的概念就是制动反应时间。这个时间是指驾驶人员接受到某种刺激后,脚从加速踏板移向制动踏板的过程所需要的时间。制动反应时间包括:①反射时间(从制动要求到脚开始动作时间);②脚从加速踏板到制动踏板的时间;③脚踏板到制动开始的时间。另外还有一个概念叫做制动所需要的时间,如图 2-9 所示。

一般来说,根据室内模拟试验,制动反应时间为 0.6 s 左右,室外实际车辆运行中制动反应时间为 0.52~1.34 s。

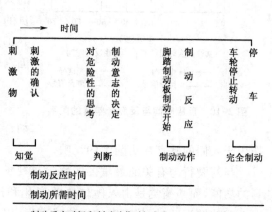

图 2-9 制动反应时间和制动所需要的时间

3. 反应时间的特性

(1) 反应时间与刺激的种类有关

在各类刺激中,以音刺激的反应时间最短,如表 2-7 所示。

(2) 反应时间与反应运动系统的种类有关

无论左手或右手,都比脚反应快,如表 2-8 所示。

(3) 反应时间与显示的刺激性质有关

从经验得知,两种颜色对比鲜明时,反应时间短;两种颜色色彩接近时,反应时间长,而且反应时间的长短因刺激强弱程度的不同而不同。

表 2-7 反应时间与刺激的关系

感觉（刺激种类）	触觉	听觉	视觉	嗅觉
反应时间(s)	0.11～0.16	0.12～0.16	0.15～0.20	0.20～0.80

表 2-8 反应运动系统的种类与反应时间

运动器官	反应时间(ms)	运动器官	反应时间(ms)
左 手	144	右 手	147
左 脚	179	右 脚	174

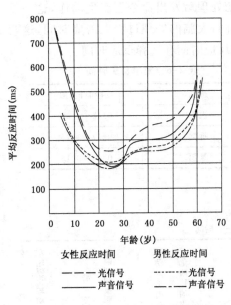

图 2-10 反应时间与反应者年龄的关系

4. 反应时间与反应者的年龄和性别有关

一般来说，儿童、老人、女人的反应时间较长，如图 2-10 所示。

五、驾驶员心理特性

不是所有的人都适合从事驾驶工作，也不是所有的人都具备与驾驶工作相适应的心理条件。在驾驶员中，总有一些人比其他人更易发生交通事故。驾驶人员肇事的代价，也非从事一般行业的人由于失误而造成的后果所能比拟。汽车驾驶员的工作是与接受大量信息，对其进行综合分析并迅速采取行动相联系的。为此，对人体的心理因素做出客观的评价，具有非常重要的意义。

1. 感觉与知觉

驾驶员认识周围环境是从最简单的心理活动——感觉开始。感觉是客观事物的个别属性作用于人们的感官在头脑中的反映。

与驾驶行为有关的最重要的感觉有视觉、听觉、平衡觉、运动觉等。视觉和听觉是眼、耳的功能，而平衡觉是由人体位置的变化和运动速度的变化所引起的。人体在进行直线运动或旋转运动时，其速度的加快或减慢，以及体位的变化都会引起前庭器官中感觉器的兴奋而产生平衡觉。运动觉是由于机械力作用于身体肌肉、筋腱和关节中的感觉器而产生兴奋的结果。大脑皮层中央前面是运动觉的代表区。运动觉为我们提供关于身体运动状况的情报。

由于感觉是客观世界的主观印象，因此产生感觉必须具备两个条件：一是客观外界的刺激事物，并且要有足够的强度，能为主体所接受；二是主观的感觉能力。显然，为了能更好地感知交通信息，保证行车安全，就必须提高驾驶员对各种信息的感受性。

知觉是比感觉更为复杂的认识形式。知觉是在感觉的基础上，对事物各种属性的综合反映，它是同时参与知觉的不同感觉器官以某种优势的器官为基础，并综合了两个或若干个感觉器官的感知结果。在实际生活中,人们都是以知觉的形式来直接反映客观事物。

与驾驶有关的最重要的知觉有空间知觉、时间知觉和运动知觉。

(1)空间知觉。空间知觉包括对对象的大小、形状、距离、体积、方位等的知觉。空间知觉是通过多种感觉器官协同活动而实现的。驾驶员的空间知觉是非常重要的一种知觉,行车、超车、会车都要依靠空间知觉,没有空间知觉是无法驾驶机动车辆的。正确的空间知觉是驾驶员在驾驶实践中逐渐形成的。

(2)时间知觉。时间知觉是对客观事物运动和变化的延续和顺序性的反映。人们总是通过某种衡量时间的标准来反映时间的。这些标准可能是自然界的周期性现象,如太阳的升落、昼夜的交替、季节的变化等;也可能是机体内部一些有节律的生理活动,如心跳、呼吸等;也可能是一些物体有规律的运动,如钟摆等。人们常常有过高地估计较短的时间间隔和过低地估计较长的时间间隔的倾向。

(3)运动知觉。人对物体在空间位移的知觉,称之为运动知觉。运动知觉和运动的速度以及空间知觉、时间知觉有密切的联系。非常缓慢的运动,我们很难感知它,而极迅速的运动,也同样不容易为人感知。在一般条件下,人感觉速度的极限,水平线性加速度为 $12\sim20$ cm/s^2,垂直线性加速度为 $4\sim12$ cm/s^2,角加速度为 $0.2°/s^2$。驾驶员在估计车速时,是根据先前行驶的速度来估算当时的速度的。当减速时,驾驶员则会低估自己的速度,而在加速时则又会高估自己的速度,而且速度估算的准确性是随工作年龄而增加,同时,年老的驾驶员趋于低估速度而年轻的驾驶员则趋于高估速度。

2. 注意

注意就是人们心理活动对一定事物对象的指向和集中。指向是在每一瞬间把心理活动有选择地指向于一定的对象,而同时离开其余的对象。集中是把我们的心理活动贯注于某一事物对象,表现为全神贯注、聚精会神、凝视、倾听等。被注意到的事物,就被感知得比较清晰、完整、正确;未被注意到的事物,就被感知得模糊。例如,汽车驾驶员在行车中,虽然道路拥挤且交通组成复杂,但只要集中精神,注意来车、行车和交通信号等情况,能清楚地认识到与行车完全有关的各种变化,不受各种干扰的影响,就能保证行车安全。

注意可分为两类,即无意注意和有意注意。无意注意是事先没有预定的目的,也不需要作意志努力的注意,主要是由事物的外部特点所引起的,如强烈的光线、一声异响、一声尖叫、浓郁的气味、新奇的外形、万绿丛中一点红等。行车途中,车外环境不断变化,如果不能控制无意注意是十分危险的。有意注意是有预定目的的,必要时还要作一定意志努力的注意。它主要是由于安全行车所必须的条件而引起的,而且强烈或新奇。例如,必须注意交通信号和交通标示,注意车辆、行人的动态,转弯时注意对方来车等。这些都是有目的、有意识的注意,要求一定的意志努力去达到,否则就会发生交通事故。

无意注意可以变为有意注意。例如,在行车中驾驶员听到底盘后轴部分有异响,这就无意中引起了驾驶员的有目的、有意识的注意倾听异响发出的部位和原因,以便采取措施,避免机件事故的发生。有意注意也会转化为无意注意,因为仅靠有意注意,驾驶员容易疲倦。如果驾驶汽车不只是完成运输任务,而且怀有浓厚兴趣,又能发现一些新的操作要点等,那么有意注意就会转化为无意注意。这样,两种注意不断交替转化,汽车驾驶员就可以把注意长期持久地集中在安全行车上。

注意具有范围、分配、集中、稳定性和转移等特性。注意范围是指注意的同一时间内能清楚地把握客体的数量。例如在有路标设置的情况下，驾驶员可捕捉的道路信号数量有限，对较为复杂路标设置的了解往往不全面。其中包括在交通量较大的交叉路口，往往难以注意到所有物体和来往车辆行人，驾驶压力较大。因此，要使驾驶员的注意范围得到发展，必须通过专门的训练和日常的实践。注意分配是指人的任何活动中，可以在注意中心的同时把握住几个客体，即将注意分配到同时进行的两种以上的对象或活动上。注意分配的条件是在同时进行的两种以上的活动中，只能有一种是不太熟悉的，成为注意中心，需要集中注意去感知或思考，而其余动作都已达到相对"自动化"程度，因此可以同时准确的操作。

汽车驾驶活动的现实条件，要求注意分配。汽车驾驶活动注意分配的技能是通过驾驶实践逐渐培养出来的。新驾驶员开车上路时感到十分紧张，目不暇接，手忙脚乱，就是因为他的操作技能尚不熟练，未达到"自动化"的程度，加之需要了解和处理路面情况，以致对某些情况视而不见，造成险情甚至造成事故。

注意的集中是指注意对于对象的集中程度或注意的强烈性。这种集中性表现在注意倾注于一个对象，注意的抗干扰性，注意不因无关刺激的影响而离开对象。驾驶员驾驶车辆时，应当具有良好的注意集中性，将注意集中到驾驶活动上，不受外界的干扰。如果驾驶员不具备这种职业素质，注意力容易分散，往往会造成险情和事故。集中与注意的范围、注意的分配是密切相关的。注意的客体越少，必须分配注意的活动种类越少，则越是容易强烈地集中。对于驾驶员的注意集中而言，当其注意对一个客体集中时，必须与充分的注意范围以及必需的客体间注意的分配相结合，才能安全行驶。否则将会因为注意太集中，导致注意范围的狭窄，得不到足够的危险信号，以致发生交通事故。

注意的稳定性是指在一定的时间内把注意保持在某一活动或对象上。这是注意的时间特征，注意的这一特征取决于神经过程的强度、活动的性质、对事情的态度、已形成的习惯等等。试验表明人的注意不可能长时间地集中于客体，而是经常变化的。在不长的时间间隔(1～5 s)内，注意的经常变化，并不影响在完成复杂而有趣的活动时的稳定性。但是，观察表明，经过 15～20 min 的注意变化，便会导致注意不随意地离开客体，这对驾驶员来讲是非常危险的。因此驾驶员每隔 10～15 min 应当适当转移一下注意活动，以缓和一下有意注意的压力。

注意的转移，是有意地把注意从一个客体转移到另一个客体。转移和注意的分散不同，它是有意识的。人在分心时，改换注意对象是不随意的，转移注意时是有自己目的的。驾驶员的注意转移是非常重要的，交通环境瞬息万变，灯光信号、交通标志，各种车辆的活动和行人的运动，汽车的运转状态，都是驾驶员的主要注意客体，驾驶员必须不断随着行车的需要转移自己的注意，不善于有效、及时地转移注意，就有可能造成事故。

注意的上述特点是相互密切联系的。行车安全不仅取决于驾驶员是否存在注意的个别特点，而且取决于驾驶活动中是否把它们正确地结合起来。

3. 记忆

在生活过程中，我们每个人都常会获得大量的信息，有看到、听到的，也有触觉到的。我们得到的印象即使经过一段时间，也不会从自己的知觉中完全消失。而使我们得以储存过去经验的心理过程,就叫做记忆过程。离开了这一过程,就不可能在实际上把握现实。

驾驶员具有特别有效的记忆能力,这种记忆的品质,主要表现在记忆的范围、速度、准确性、持久性和完备性。其中,记忆的完备性是最有价值的记忆品质,它可以确保在必要时再现所需的材料。有时,在时间紧迫的情况下,驾驶员必须运用自己的知识和动作复杂的技能。在这种情况下,驾驶员能否采取及时有效的措施,在很大程度上取决于其记忆的完备性。记忆的效率不是固定的,很多原因能使其受到影响并发生变化。研究结果证明,工作 6 h 以后,驾驶人员的记忆会有明显减退,因此应避免长时间疲劳驾驶。

4. 思维

要预见事态的发展必须全面分析、概括事实,得出结论,用于其他类似的事实。这个从个别到一般,再从一般到个别的往返过程,是在一个复杂的心理认识过程中实现的,这个复杂的心理过程就是思维。

思维的第一个重要特征是概括性。人们通过思维获得的信息,是对来自各种事物的大量感性材料进行加工制作的结果。这种信息是这些事物某些最本质特征的概括的形态。思维的第二个重要特征是能够间接地反映客观现实。

人的思维是在概念基础上进行的。概念是思维的一些元素,这些元素的结合能使思维发生变化,能使思维过程以不同的形式进行。任何概念都有其独特的内容(本质特征的总和)和规模(具有总的本质特征和形成一个概念的事物数量),任何思维过程都是解决人的认识和实践活动中产生的某一问题的过程。由于表象和概念之间的基本联系引导出一种表象或概念,称为联想。联想能反映现实世界中事物之间的各种本质联系和相互关系。这些联系在人们意识上的反映是以判断的形式进行的。

判断是一种最简单的思维活动,它反映事物或现象及其特征之间的联系,是对某一事物加以肯定或否定的思维形式。思维的一种复杂的形式是推理,即由若干个判断推导出一个新的判断的思维形式。推理分为归纳推理(从个别判断推导出普遍判断)和演绎推理(从一般判断得出个别结论)。概念和以概念为基础的判断及推理,要使用一些思维程序来形成,即分析、综合、比较、抽象、具体和概括等。

驾驶员的训练越多,他的专业知识就越丰富,因为随着时间的推移,驾驶员逐渐依据分析、综合、比较的方法来工作。思维过程越严谨,侥幸的心理就越少,所采取的措施也就越正确。

5. 情绪与情感

人在活动中会对自己周围的世界表现出自己的态度,这种态度总是以带有某些色彩的体验形式表现出来,如高兴、忧愁、愉快、失望、悲伤、害怕、恐惧、苦恼等,这就是各种形式的情绪和情感。情绪一般是指与人的生理需要相联系的态度体验,如防御反射、食物反射等无条件反射引起的高级、复杂的体验。人的情绪可以根据其发生的速度、强度和延续时间的长短,分为激情、应激和心境等三种状态。

激情是一种猛烈的、暴发性的、短暂的情绪状态。猛烈指强度,暴发性指突然发生,短暂指来得快、过去得也快。引起激情的原因很多,一般来说与一个人生活中的重大事件有关,还有对立意向冲突和过度抑制,都会引起激情。处于激情状态下的人,其心理活动特点是：认识范围变得狭窄，理智分析能力受到抑制，意识控制作用大大减弱，已不能约束自己的行为，不能正确评价自己行为的意义和后果。驾驶员对于不良激情要加以控制，可采取转移注意力的方法，把能量消耗到别的事物上去。

应激是在出乎意料的紧急情况下所引起的情绪状态。例如驾驶员在行车途中，突然发现行人横穿马路，或正在急转弯时突然间闯出一辆没有鸣号的汽车，驾驶员刹那间的反应就是应激。在这些突然出现的情况面前，驾驶员有时过于紧张，做不出避让动作，甚至会做出错误的反应。所以熟练驾驶技能和良好的驾驶习惯，会使驾驶员在紧急情况下意识地做出恰当的避让动作以避免事故的发生，减少事故的损失。

心境是一种微弱而持久的情绪状态，对人的活动有很大影响。积极舒畅的心境使人心情振奋，朝气蓬勃，勇于克服困难，提高工作效率。消极沮丧的心境使人萎靡不振，懒散无力，无精打采。驾驶员在心境不佳时，常常不能集中精力，反应迟钝，因此应尽量保持乐观的心态和积极的情绪。

对于驾驶员来说，情感中的道德感、理智感、美感均具有重要的意义。道德感是一个人对人们的行为和对自己本人行为的情绪态度。道德感的特点是它们有积极作用，是完成工作、做出高尚行为的内部动机。驾驶员应该具有礼貌、谦让、尊重他人的道德感。理智感是人在智力活动过程中所产生的体验。当驾驶员认识了安全行车的规律，成功地通过交通环境复杂地段的体验，会推动他进一步努力思考、总结规律，从而更有效地完成任务，保证交通安全。美感是根据美的需要，按照个人所掌握的社会上美的标准，对客观事物进行评价时所产生的体验。一个人只有具备对美好事物有良好美感时，才能成为一个高尚的人，才会为别人的幸福和方便牺牲自己的个人利益。如驾驶员应为他人着想、关心交通"弱者"，以道路交通井然有序、各种交通方式和谐共处为美。

6. 意志

意志是一种自觉的、具有确定目的的、与克服某些困难相联系的心理活动。驾驶员在驾驶工作中，为了达到安全行车的目的，充分发挥自己的体力和智力克服困难，正确地处理路面情况，冷静地应付交通矛盾冲突。

每一个驾驶员都有着自己独特的个性意志特征。人的基本意志特征有坚定的目的性、果断性、顽强性以及自制力和独立自主精神等。坚定的目的性是善于提出和达到具有社会意义的目的所表现的个性意志特征。驾驶活动应以安全行车为目的，这样才能意志坚定，坚持原则，自觉地做到遵纪守法。果断性是指迅速而又准确地选择目的和确定其达到的方法所表现出来的个性的意志特征。果断的人能全面而又深刻地考虑行动的目的，以及达到的方法，在危急情况下坚定的采纳一种实现目的的方法，在现有条件下取得尽量好的效果。汽车驾驶员在行车中遇到情况，必须敏捷迅速、灵活机智、果断地采取预防措施，才能确保行车安全。自制力是指能够抑制住妨碍达到目的的心理和行为所表现出来的个性意志特征。驾驶员在复杂、恶劣的条件下行车，应克服不良情绪，保持良好的心境，才能最大限度的保障安全。独立自主精神是善于按照自己的创见达到目的和要求的个性的意志特征。有独立自主精神的人善于自主的发现问题、解决问题，积极坚持自己的观点。驾驶员在行车过程中，需要积极的自主的做出判断和决定，不能优柔寡断，丧失掌控事态发展的良机。

六、驾驶员生物节律

人体内的功能活动常按一定的时间顺序,周而复始的发生变化,由于这种变化具有节律性,故称为生物节律。生物节律理论是研究人的生理机能及工作能力变化的一门学科,出现于 19 世纪 60 年代初期。人体生物节律理论认为,人体内存在着多种生理—生物循环,其中以体力循环、情绪循环和智力循环对人的工作能力影响最大,人自出生时就有自己的连续不断的循环规律,这是人类的自然属性。

现代医学认为,任何人自出生之日起,其体力、情绪和智力就分别以 23 天、28 天、33 天的周期呈现正弦往复运动,直至生命结束。在每一个周期内分别经过高潮期、临界期和低潮期,生物节律曲线如图 2-11 所示。这些节律都从 0(即人的出生日期)开始,先进入高潮期,然后从高潮期向低潮期变化,然后又从低潮期向高潮期变化。它们之间的过渡时期称为临界期,高潮期与低潮期的时间是相等的,临界期一般为临界点前后一至两天。

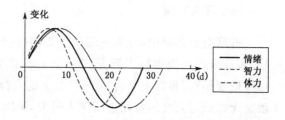

图 2-11 体力、情绪和智力生物节律曲线图

(1) 23 天的体力周期波动,它反映人在体力状况、抗病能力、身体各部分的协调能力以及动作速度和生理上的一些变化等。

(2) 28 天的情绪周期波动,它反映人的合作性、创造性,对事物的敏感性、情感、精神状态和心理方面的一些机能变化规律等。

(3) 33 天的智力周期波动,它反映人的记忆力、敏捷性,对事物的接受能力、思维的逻辑和分析能力等。

当人体的三个循环处于高潮期时,体力旺盛,精力充沛,情绪乐观,智力发达,思维敏捷,工作效率高。在低潮期恰好相反,体力衰落,耐力下降,情绪低落,心神不宁,反应迟钝,智力抑制,工作效率较差,特别是在临界日体力生理变化剧烈,各器官协调机能下降,差错频繁发生。如果有两个以上生物节律周期都在同一天达到临界期,则影响更为明显。

生物节律的理论鼓励人们去研究交通事故与生物节律的关系。1971 年,日本东京和大阪警察厅分别报告,在他们所调查的汽车交通事故中,发生在驾驶员临界日的事故分别占到 82% 和 70%。美国密苏里州南方大学的哈罗德·威尔斯教授对 100 起汽车交通事故研究发现,有 55% 的事故发生在驾驶员临界日。我国学者对四川、陕西、上海等地近几年发生的 490 起与驾驶员相关的重大交通事故研究表明,属于驾驶人临界期发生的事故占 76.73%。

以上研究表明,道路交通事故的发生与驾驶员的生物节律有着内在的联系。虽然尚无明显证据证明交通事故与生物节律之间存在着必然的联系,但是如果能用生物节律理论确定出驾驶员工作能力变化的规律,并据此调整驾驶员的休息和劳动,对防止和减少交通事故将会起积极的作用。前苏联图拉市交通局的一个汽车场利用生物节律理论来安排驾驶员的工作,14 个月中事故下降 42.9%。当然,不可能把处于生物节律低潮期的驾驶员全部安排休息,但可以采取一些"刺激"来激发驾驶员的情绪,达到减少事故的目的,如可以采取饮浓茶、药物调理、放松训练等方法缓解驾驶员低潮期的不适应症状。日本电信服务公司采用了插红旗的办法,当邮递员处于生物节律临界期时,在他们驾驶的摩托车挡泥板上插上小红旗,用以警告驾驶员注意,收到了较好的效果。莫斯科出租汽车公司采用临界期不出车,低潮期发红色的行车证以提醒驾驶员注意的方法,使事故发生率下降45%。

第二节　其他交通参与者特征

一、行人特征

道路交通系统中,行人交通是重要的组成部分。根据南京市2008年居民出行调查发现,步行出行比例占到了四分之一以上。日本东京的交通调查显示居民购物出行中有70%依靠步行,步行上学占60%以上。这充分说明,步行在人们的交通出行方式中所占比重很大。对行人交通特征进行深入研究,采取必要的管理和控制措施,有效地处理好城市行人交通问题,是减少交通拥堵和交通事故,保证交通安全的重要途径。

1. 行人交通特性

行人交通具有两个基本参数:步幅和步行速度。二者大小与年龄、性别、身体状况、心理状态、出行目的、行程距离、道路状况、天气因素等有关,其中,年龄和性别是两个最基本的因素。

一般妇女、老年人和儿童步幅较小,男性中青年人步幅较大。男性行人步幅在0.5～0.8 m的占95%,男性中青年步幅在0.7～0.8 m的人数远超过步幅为0.5～0.6 m的人数;男性老年行人则相反,步幅在0.5～0.6 m的占多数;女性行人步幅在0.5～0.8 m的也占94%以上,但在0.5～0.6 m的人数远多于0.7～0.8 m的人数。

我国行人步行速度的平均值,一般变化于0.7～1.7 m/s。我国规范上,行人步行速度人行道上采用1 m/s,人行横道采用1～1.2 m/s,天桥采用1 m/s,码头、车站附近天桥采用0.5～0.8 m/s是合适的。

2. 行人过街一般特征

(1) 行人过街行为方式

行人过街有单人穿越和结群穿越之分。根据实际情况,单人穿越街道,一般有三种情况。第一种情况是待机过街,即行人等待汽车停驻,或车流中出现足以过街的空隙再行过街。第二种情况是抢行过街,即车流中空隙虽小,过街人冒险快步穿越。第三种情况是适时过街,即行人走到人行横道端点,恰巧遇到车流中出现可过街的空隙,不需等待,随即穿越。

(2) 行人过街的危险程度

行人过街的危险程度与过街人数有关。人行横道上人多,容易引起驾驶人的注意,安全程度大;反之则危险程度大。实验也证明,汽车在人行横道处的停驻率,与人行横道上的人数有关。如当穿越人数为一人,路上有一辆汽车时,在穿越开始一侧,汽车停驻率为

17.2%；在对侧为 30.6%。当穿越人数增至 5 人时，穿越开始一侧为 55.5%，对侧为 66.7%。穿越人数增多，道路两侧汽车的停驻率均增高。一般情况下，车辆一停，穿越行人开始过街。此时，后继车会从停驻车的左侧通过，由于先行车停在前面挡住视线，造成视觉死角，致使行人极易与后继车发生冲突。另外，行人过街时，往往先根据左侧来车情况决定过街，同时也要注意马路中线另一侧右前方车辆的动向，考虑跨越中线的处境。因此，有时可能被左侧来车致伤。

（3）行人过街等待时间

行人利用车流间隙过街的等待时间长短取决于汽车交通量、道路宽度和行人条件。交通量大，可穿越间隙少，行人等待过街时间就长；反之则短。道路比较宽，则行人过街等待时间就比较长，反之则比较短。女性较男性的等待时间长，年龄大者过街等待时间长。在同一天的不同时刻，行人的过街等待时间也有差异，上下班时间等待时间较短，非上下班时间，等待时间较长。

随着等候时间的延长，行人的焦虑也越来越严重，冒险穿越的倾向性也逐渐增大。交通运行的混乱以及造成行人过街不安全的因素都与行人强行穿越有关，当不发生强行穿越时，行人过街很少会影响到交通运行秩序和人身安全。强行穿越现象普遍存在，其中相当部分原因是由于行人需等待的时间已超出了行人可接受的程度。N. Rouphail 等人在《行人和自行车设施通行能力分析报告》中指出：强行穿越的行人所占的比例，随着平均行人过街延误值的增加而增加，且无信号控制路口行人所能承受的延误值普遍小于有信号控制路口。

（4）行人过街时的速度

不同性别、年龄的行人过街速度与步幅不同。男性过街速度一般为 1.25 m/s，女性为 1.16 m/s，老年人一般为 1.0 m/s，中青年 1.28 m/s，儿童为 1.19 m/s。一些研究还发现，单人步行速度为 1.29 m/s，但人们结伴而行时，速度为 1.17 m/s。行人的出行目的不同，其过街速度就不同，如上班的步速较快，而购物休闲等个人生活方面的出行目的，步行速度较慢。

3. 行人交通心理特征

行人在参与交通时，本身既无任何防护装置，又是完全依靠自己的体力行走的交通参与者，是交通的弱者。行人对步行的质量要求是最基本的，即希望能舒适、迅速、方便地到达目的地。行人交通往往具有侥幸、贪利、集团和从众的心理特征。

（1）侥幸心理

行人往往过高的信赖机动车驾驶人遵守交通规则行驶，表现为即使听到鸣笛或者汽车驶近身边也不避让。当机动车躲避或刹车不及之时，行人易受伤害。

（2）贪利心理

行人只要可能避开车辆碰撞就会不遵守交通规则，在人行横道外斜穿、快步抢行，或者在机动车流中危险穿行，将自己置身于十分危险的境地的同时，也会极大地干扰其他车辆通行。

（3）集团心理

行人单独过马路时一般都小心翼翼，而当多人同时穿越时，则会感到人多力量大，在心理上会产生一种盲目的安全感。尤其是走在人群中间的人,更少考虑躲避车辆的问题。

(4) 从众心理

如当行人横穿道路时,看到别人抄近路或闯红灯而没有人管,自己受到影响,也会不顾交通规则,与机动车抢行。这样极易造成交通秩序混乱,影响交通安全。

4. 行人交通事故

(1) 事故发生率

由于采用不同的行人安全管理措施和策略,不同国家行人交通事故死亡率不尽相同,图 2-12 列出了部分国家行人交通事故死亡人数比重,根据图 2-12 可见,美国行人死亡率最低,其次为荷兰、加拿大、法国,而英国最高。图 2-13 显示,工业发达国家中的大城市行人交通事故死亡率却相差不大,柏林最高为 70%,东京由于设置了 1 000 多座行人天桥故其死亡率最低,约为总量的 40%。而国内的交通事故死亡率较为稳定,以南京为例,2006 年至 2008 年三年内平均每年发生事故次数处于 300~400 之间,死亡人数在 160 人左右,且近三年的统计数据表明行人事故三项指标均有明显的下降趋势。

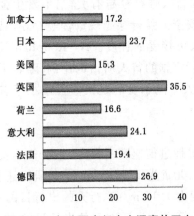

图 2-12 部分国家行人交通事故死亡人数比重(%)

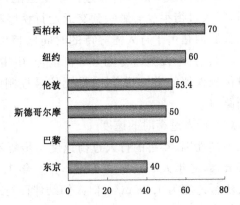

图 2-13 部分城市行人交通事故死亡人数比重(%)

(2) 地点分布

行人交通事故多发生在行人比较集中处,如过街横道、出入巷口和交叉、转向等交通情况比较复杂的路段或交叉口附近。美国对部分城市夜间行人事故的统计表明,交叉口附近事故次数约占 70.5%,人行道上约占 12.0%。而我国部分城市的统计表明,行人交通事故主要发生在路段和过街横道上,在交叉口处的行人交通事故的发生次数相对较少。图 2-14 描述了国内某城市 2008 年行人交通事故地点分布情况,从中可以看出发生在交叉口的占 11%,发生在路段行人过街横道的高达 82%,主要原因归于交叉口有信号灯控制以及司机提高了警惕性,加强了管理,降低了车速,且行人遵守交通规则意识较强,而路段却恰恰相反。同时在路段上,不同的物理隔离设施设置情况对交通事故的发生也存在显著的影响,图 2-15 是该城市 2008 年的不同路幅行人交通死亡事故统计资料,表明四幅路的安全效果明显好于其他形式的路幅种类。

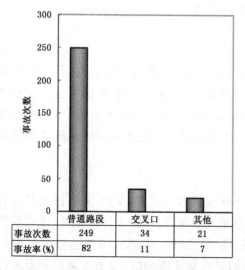

图 2-14 国内某城市行人交通事故地点分布

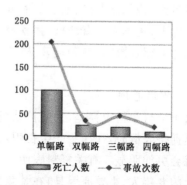

图 2-15 行人交通死亡事故在不同路幅上的分布

(3) 年龄分布

行人交通事故同年龄有密切关系。根据近几年的统计,北京市行人交通事故统计中,61岁以上老人死亡人数占交通事故死亡总数的 15.7%。上海市行人交通事故统计中,60岁以上老人步行死亡率占 27.4%。合肥市步行交通事故的死亡人数统计中,中老年人占 27.2%。行人交通事故中少年儿童的死亡率也很高,江西赣州地区为 36%,广东省为 33%,重庆市为 32.4%,上海市较低,约占 10%。图 2-16 为日本行人伤亡的数据资料,曲线表明同国内的情况相似,儿童和老人交通事故发生率明显高于青年人和中年人。目前我国许多城市已进入老龄化的时期,要特别关注老年人交通事故的预防。

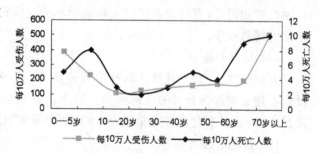

图 2-16 日本行人伤亡事故的年龄分布

二、骑车人特征

在非机动车交通方式中,自行车交通占有重要地位。我国是世界上自行车拥有量最多的国家,自行车交通在给人们生活带来方便的同时,也存在很多安全问题,自行车交通事故占总交通事故的比例相当大。骑车人和行人在交通事故中处于弱势地位,一旦与机动车发生交通事故,很容易受到伤害。

由于自行车状态完全由骑车人进行调节和控制,个体差异很大。其速度除与道路条件、各种交通环境和自行车状态有关外,主要与人的体力和辅助动力功率有关。正常情况下,体力大小因人而异,不同年龄、性别和健康状况的体力差异很大。自行车平均骑行速度约为 15.4 km/h,自行车的行驶半径为 10 km 左右,行驶时间以 0.5 h 内为宜;电动自行车受电池容量限制,一般能在平坦道路上连续行驶 2 h 左右。

1. 骑车人交通心理表现

(1) 求快心理

虽然出行目的各不相同,但选择自行车出行时省时、省力的到达目的地,是一种普遍的心理需要,特别是上班、上学等时间受限的出行情况,骑行求快心理更加明显。在求快心理支配下,骑车人常有冲抢、猛拐、疾驶等盲目求快的行为,在自行车车流中,这种心理有意无意地相互影响,就使骑车人产生一种竞争心理驱使下的超越心理,容易造成交通事故。

(2) 畏惧心理

由于自行车稳定性差、无防护装备,骑车人遇到快速驶过的机动车、来来往往的自行车或是拥挤人群时,往往会产生畏惧心理,特别是骑行技术不佳或力不从心时,这种畏惧心理就会更加明显。有关资料表明,自行车交通事故最危险的是 15～18 岁的青少年和 65 岁以上的老年人,主要原因是,在紧急情况下,他们更容易惊慌失措,失去正常的判断和控制能力。

(3) 离散心理

骑车人希望选择一个相对安全、宽敞、方便的出行空间,自行车行驶的不稳定性和无防护性决定了骑车人倾向于选择较宽敞的路面和人、车较少的地方骑行,所以自行车在道路上的分布呈现离散的特点。特别是在没有交通指挥管理的情况下更是如此,骑车人各自独行互相避让,有时会占用行人和机动车的正常行驶空间,在道路狭窄拥挤处容易扰乱正常的交通秩序。

(4) 从众心理

人们一般认为,只有自己的行为与多数人一致时,心理上才感到安全踏实,骑车人的畏惧心理会刺激骑行者的合群倾向。骑车人在从众心理作用下的合群行为,能有效减少畏惧心理,甚至改变其在交通行为中的传统"弱势"心理。

(5) 其他心理特征

自行车缺乏类似汽车驾驶室的有效"屏蔽"外界干扰的防护,骑车人注意力极易分散。而且,气候的异常,对骑车人的心理影响很大。如雨天骑车人很少顾及路上的交通情况,穿雨衣者视野狭小、听觉受限、行动不便,对道路交通情况不能及时了解,都容易导致事故发生。

2. 自行车交通事故的情形

在我国许多城市和地区,自行车交通事故已经相当严重,而且有进一步恶化的趋势。一般自行车交通事故的发生有下面几种情形。

(1) 正常行驶中的碰撞

自行车的蛇形运动轨迹使其即便是在正常行驶状态下也有与其他车辆发生碰撞的可能。当自行车与机动车同方向行驶时,容易发生尾随性碰撞或侧面刮擦;当自行车逆行进入快车道时,容易与机动车迎头对撞。这两种碰撞,在城区,大多数是自行车拥挤时,或是骑车人冒险进入机动车道时,发生在自行车与机动车混行的道路上;在郊区,多发生在路面较窄,机动车会车时,由于驾驶人未注意避让引起的。

(2) 横穿道路时的碰撞

自行车在行驶中常常表现出很强的随意性,骑车人横穿道路时的突然猛拐,可能与上、下行两个方向的机动车辆碰撞。在这种情况下,机动车驾驶人对突然出现的自行车缺少思想准备,常常来不及采取相应的安全措施。这类事故多发生在中央无隔离设施的道路上。

(3) 支干路交叉口碰撞

在城市道路中,干支路交叉口特别是一些胡同里弄和道路的交叉口,由于建筑遮挡,视野严重受限,如果自行车突然冲出,极可能在与主路上的其他车辆相撞。如在美国、英国和丹麦,这类事故占自行车事故总数的17%左右。在我国的城市中,胡同、里弄和支路与主干道的交叉处,大多缺少交通控制设备,即使有也往往是对机动车有效,而对自行车的约束很小。因此,应当重视对此类事故的防控。

(4) 自行车左转弯时的碰撞

自行车在路段上或交叉路口上左转弯时,主要是与同方向直行或右转弯的机动车相撞。特别是在实行两相位信号控制或无信号控制的路口,由于双方不注意避让或抢行而造成相撞事故。

(5) 公共电车、汽车进出站与自行车碰撞

由于城市中的公共电车、汽车站,设置于道路右侧边缘,在道路不很宽的情况下,一般都要侵占自行车道。在公共电车、汽车停靠站或起步进入机动车道时,会与自行车多次交叉或交织,影响自行车的行驶路线。在相互躲闪、超越或争抢路线的过程中,常常发生事故。

(6) 自行车的其他碰撞

自行车与自行车的相撞,自行车与其他非机动车相撞,自行车与行人相撞,也是道路上常见的现象。特别是在没有自行车专用车道时,这种碰撞更加频繁。

3. 骑车人交通违法行为表现

由于骑车人对自行车的行驶状态具有完全而主导的控制地位,所以骑车人的行为表现在自行车交通事故中起着决定性的作用。常见骑车人的交通违法行为有下面一些表现。

(1) 危险骑行

这类违法行为的主要表现是超速行驶、互相追逐、双手离把、攀扶车辆和逆向行驶等。有的骑车人为了图省力、求快速而攀扶车辆,借用车辆带动自己行驶。当车辆突然制动时,骑车人由于惯性向前冲撞,常常出现被车辆后轮碾轧、摔倒及与左右两侧车辆碰撞的情况。部分骑车人因目的地就在附近,不想绕道而逆向行驶。这样骑行容易与正常行驶的非机动车发生碰撞,在没有机非分隔带的情况下会干扰机动车行驶,导致严重事故发生。

(2) 违法转弯

在自行车违法行为中,以违法转弯最为突出。自行车违法转弯的主要有下面一些表现。

① 提前转弯:还没有进入路口就开始转弯,有人提前 30～50 m,有人甚至提前 100 m。

② 不伸手示意:转弯前没有任何表示,特别是在人多、车多的上下班高峰时和没有交通警察指挥的路口。

③ 突然转弯：骑行中，突然转弯或者改变骑行轨迹，不给他人特别是汽车驾驶人反应的时间。

(3) 违法乘载

骑车人在自行车两旁挂载重物或骑车带人，增加了自行车的不稳定性，容易分散骑车人的注意力，若遇到险情，很难及时采取制动措施。特别是用自行车运载超宽、超重货物时，自行车重心偏高，造成了自行车蛇形轨迹宽度过大，容易被行驶的车辆刮擦，也容易伤及其他的骑车人和行人。

(4) 侵占机动车道或人行道

骑车人侵占机动车道，干扰了机动车正常行驶，易与行驶的车辆发生碰撞，引发交通事故。在本来设置非机动车道的路段上，有的骑车人占用人行道逆行，容易与行人发生冲撞，影响正常交通秩序。

(5) 不符合骑车条件

身体有缺陷者，如手脚不灵便，耳聋听不见机动车、非机动车发出的声音信号，或者是色盲对交通信号无反应者，他们易使机动车驾驶人造成错觉而做出错误判断。不满 12 岁的儿童骑车，缺少交通安全常识，再加上他们身体尚未发育成熟，四肢长度不够，骑行时臀部离开坐垫，用两脚跳跃式蹬车，自行车左右摇摆，更增加了自行车的不稳定性。一遇到情况，他们常常不知所措，且容易摔倒，危险性极大。

第三节　驾驶员行为与交通安全

一、驾驶适宜性

由于个体差异的存在，对于不同性质的工作，不同的人存在一个适宜性的问题。影响驾驶员驾驶适宜性的因素很多，不能仅采用单一指标对其进行评判。

1. 驾驶适宜性

适宜性是指人具有可能圆满完成某一工作的素质，而素质是指圆满完成某一工作所必需的最低限度的生理、心理特征和技能。归纳起来，适宜性有以下几种理解：

(1) 指执行作业所必备的身体、心理最低特性。

(2) 从事故灾害角度来说，指某人在作业上所发生的错误、灾害或事故频度低于其所属集团的平均数时，所具备的特征。

(3) 对于某一作业，在一定时间内完成的作业量超过集团的平均数，或作业量相等，能在比集团平均时间更短的时间内完成时，可以说具有适宜性。

事故倾向性的存在，引出了一部分人适宜搞汽车驾驶工作，有另一部分人不适宜搞驾驶工作的所谓驾驶适宜性理论。驾驶适宜性，是指人具有可能圆满完成汽车驾驶工作必备的素质。驾驶员的驾驶适宜性，是由驾驶员的先天素质和后天学习的技能构成的，二者是相对稳定而又相互弥补的。实际上驾驶技能的差别取决于驾驶员的先天素质，即心理、生理状态。

人的行为是在动机支配下，由人的心理、生理状态决定的。以往在分析事故成因时，大多仅以驾驶员"责任心不强"、"操作失误"等为结论,很少研究和分析操作失误是怎样由驾驶员的心理、生理状态造成的。

既然驾驶员的心理、生理状态与行车安全关系密切,了解驾驶员心理、生理规律及其对操纵车辆的影响就十分必要。心理、生理规律是指人的认识、情感、意志等心理变化过程和能力、性格以及人体机能等心理生理特征。在汽车驾驶中,驾驶员内因受其心理、生理支配,外因受车辆、道路和交通环境影响,外因只能通过内因起作用,所以,如果管理人员和培训人员能了解这些规律,在学员培训、运输调度、运行管理等各个环节,掌握每个驾驶员的心理特点,有针对性的教育和管理驾驶员,则驾驶员就能自觉地进行心理训练,克服自身心理活动上不适宜开车的各种缺陷,达到优秀驾驶员的水平。

2. 驾驶适宜性的评价指标

驾驶员自身的素质将决定其驾驶适宜性,考虑到汽车驾驶过程对驾驶员的要求,可将其评价指标筛选为下面九项。

(1) 速度估计:指人对物体运动速度快慢的估计能力,反映了驾驶员对速度及空间的估计水平,即时-空判断水平,从而影响到驾驶员在驾驶过程中对车辆运行距离的判断。该指标可以通过速度预测检查机测试驾驶员的速度估计情况,根据测试值给出原始评价等级分。

(2) 复杂反应判断:指人体对外界刺激在一定时间内做出正确应答的判断能力,可以通过选择反应检查机进行测试,测试时一般需在有外界干扰和无外界干扰两种环境下分别进行。根据记录的反应时间及错误反应次数给出原始评价等级分。该指标反映了驾驶员对外部刺激的判断及操作反应水平,这一反应水平对驾驶员的驾驶过程影响相当大,是驾驶适宜性的重要评价指标。

(3) 操纵机能:指人注意的稳定性、注意分配和注意转移的能力,可以通过处置判断检查机进行测试,根据记录的指标值给出原始评价等级分。该指标反映了驾驶员在操作过程中各种操作动作的灵活性及协调性,与驾驶员本身素质、年龄、性别、精神状态及操作熟练程度等因素有关。

(4) 夜间视力:指人眼在黑暗环境下辨别物体的能力。

(5) 动视力:指在一定速度下所测得的驾驶员视力,一般来说,随车速的增加,视力下降是人眼固有的生理特征,这一特征与驾驶过程的要求相抵触,不过从医学角度,在同一车速下,不同的人眼视力下降的程度会有所差别。

(6) 深视力:指人眼对物体深度运动的相对距离和空间位置的感知能力。

(7) 人格:指个体经常性地、稳定地并带有一定倾向性地表现出来的心理特征的总和。

(8) 危险感受性:指个体对外部环境潜在危险的主观认知和评价及其相应的准备行为。

(9) 安全态度:指个体在认知事态和判断危险的行为抉择时所表现出来的心理倾向性。

3. 驾驶能力

驾驶员驾驶能力高对于驾驶汽车是有益的,然而那些能力分数高的人通常也具有一些抵消能力优势的特征。这里,我们主要讨论驾驶员的经验特征。

驾驶员第一次开车时,总是感到驾驶操作好像是一件很复杂的任务,要保证车辆在道路上的适当位置行驶,既要控制加速和减速,又要注意其他车辆、行人、信号和标志等。研究表明,要保证车辆安全行驶,驾驶员必须掌握大约1 500个不同的知觉-运动动作。

驾驶教育课程的基本任务是帮助驾驶员认识驾驶汽车的复杂性。现在,全国各地都开设驾驶员培训学校,大部分学习课程是为了掌握各种操作程序的自动化,如变速、刹车和专项,比较难以掌握的是信息搜集任务。驾驶员的主要任务之一是搜集信息,如自己车辆的位置,其他车辆的位置,驾驶员利用这些信息控制车辆在道路交通中的位置而安全驾驶,要完成好这种知觉-运动任务,驾驶员应学习怎样进行驾驶观察。观察是指应用感觉器官去感知道路交通系统中的事物,例如,用眼睛观察行人动态、用耳朵听其他车辆的喇叭声。

对驾驶员在道路上行车的观察研究发现,新驾驶员总是紧盯前方和行驶车道的右边,而有经验的驾驶员注意左右观察,而且从反光镜中获取的信息比新驾驶员多。在驾车的开始阶段,几乎所有驾驶员的注意力都集中在保持车辆位置方面,逐渐地认识到还要不断的监视道路边缘才能防止汽车驶出道路,积累一些经验之后,就学习依靠边缘视觉来保证车辆行驶的位置,进一步就把注意力集中在道路上以增加有效的信息处理时间。当特别要求注意道路标志时,没有经验的驾驶员遗漏标志更多些。对交通事故的深入调查分析表明,新驾驶员关心的是能够正确地控制车辆在车道上的位置,没有经验的驾驶员更容易因为控制方式不当而造成交通事故。然而,技术高和有经验的驾驶员情况究竟如何呢?这里的关系很复杂。新手感到危险后就采取许多防止危险的操作,而有经验者却经常做出一些危险操作,这样,技术高的优势就被削弱了。

二、驾驶员事故心理

交通事故的直接原因主要是驾驶人员观察、判断和操作方面所发生的错误,一般包括两个方面:一是思想麻痹大意,速度过快,车与车之间没有保持安全距离等,这是驾驶人员行动方面的错误;二是驾驶人员的身体、生理、精神和情绪等状态以及年龄、经验等内在原因,如饮酒、疲劳等均属于这一方面。

1. 观察错误

在驾驶车辆时,驾驶人员观察的作用十分重要,美国印第安纳大学卫生研究所对交通事故的成因进行过分析,得出的结论是:由于观察错误所引起的交通事故所占比重最大,占48.1%;其次是因判断错误所引起的占36.0%;因操作错误所引起的占7.9%;因打瞌睡等引起的占0.9%;因其他原因引起的占7.1%。

日本人平尾在20世纪70年代初期,对105起事故(66起车对行人的事故与39起车对车的事故)中车辆速度与发现对向车的距离进行详细分析之后得出的结论是81%属于观察错误,19%属于判断与操作错误。

2. 判断错误

在驾驶中的判断,是处理已观察到的情报和进行意志决定的过程,比如驾驶人员在行车中要调整自己的车与前面车的车头间隔及速度,决定超车或合流等。但是,对于所出现的情况,驾驶人员所进行的判断往往与实际情况有出入,比如驾驶人员判断的车头间隔往往比实际的间隔小。美国人洛克威于1972年对12名驾驶人员进行了两个实验,每个实验做了140次观察,观察结果如表2-9所示。

表 2-9 对车头间隔的判断

项目	速度(km/h)	80			112		
实验1	实际的车头间隔(m)	30	91	152	30	91	152
	驾驶人员判断的车头间隔(m)	21	55	85	15	40	64
试验2	所指定的车头间隔(m)	30	91	152	30	91	152
	驾驶人员调整的车头间隔(m)	27	55	73	18	40	55

由于判断错误所引起的交通事故,大都是因为驾驶人员自己主观的危险感与实际的危险有差距。在判断的过程中,由于驾驶人员的认知能力、知识水平和经验等(这些可以称为驾驶人员对于交通事故的预测体系)的不足造成错误的判断。

3. 操作错误

操作错误主要是不能正确地踏制动踏板或加速踏板,或者是对方向盘转动过度或不足。一般来说,由于操作错误引起的交通事故比由于观察和判断错误所引起的交通事故少得多。驾驶人员所发生的操作错误以女性驾驶人员为多。英国的道路交通研究所的研究表明,由于操作错误引起的交通事故的发生率,女性驾驶人员比男性驾驶人员要高。

三、驾驶员违章

1. 超速行驶

所谓超速行驶,是指车辆的行驶速度超过一定道路条件下允许的行车速度,而不应简单地理解为高速行驶。例如,20 km/h 的速度可能适宜在城市道路上行驶,而 80 km/h 的速度可能适宜在高速公路上行驶。然而,在拥挤的城市道路上,20 km/h 的速度又可能太快。在不同的道路条件下,驾驶员做出的决策是不同的。在汽车性能和道路条件改善的情况下,人们总是倾向于高速行驶,车辆超速行驶的违章行为非常普遍,当到达弯道或遇到意外情况需要减速的时候,往往无法立刻降低车速,事故因此而发生。

车速的快慢对事故发生的可能性及其严重性有着直接的影响,超速行驶所带来的危害是多方面的,归纳起来主要有以下几点:

(1) 超速行驶使车辆发生机械故障的可能性大大增加,直接影响驾驶员操作的稳定性,很容易造成爆胎、制动失灵等机械故障事故。

(2) 超速行驶过程中,如遇紧急情况,驾驶员往往措手不及,容易造成碰撞、翻车等事故,而且由于冲击破坏力大,多为恶性事故。

(3) 超速行驶使驾驶员视力降低,视野变窄,判断力变差,一旦遇到紧急情况,采取措施的时间减少,使发生事故的可能性大大增加,而且会加重交通事故造成的后果。

(4) 超速行驶时,驾驶员精神紧张,心理和生理能量消耗量大,极易疲劳。

(5) 超速行驶使驾驶员对相对运动速度的变化估计不足,从而造成措施迟缓,影响整个驾驶操作的及时性和准确性。

(6) 超速行驶使车辆的制动距离增长,车速每增加一倍,制动距离约增加四倍,特别是在重载和潮湿路面上,制动距离更长,一旦前车突然减速,极易造成追尾事故。

(7) 在弯道上行驶时,车速越高,横向离心力越大,从而使操作难度增加,稍有不慎,车辆就会驶入别的车道,造成交通事故。

2. 疲劳驾车

疲劳是经过体力或脑力劳动后全身机能下降的一种现象。驾驶员长时间在速度快,噪声大,驾驶姿势单调,注意力高度集中,身体肌肉处于紧张的状态下行驶,在条件恶劣的道路状况和环境下行驶,或者长时间得不到及时的恢复和调剂,驾驶员的身体就会发生生理和心理机能下降的现象,这种现象就是驾驶疲劳。驾驶员在行车过程中,要连续用脑接收信息、判断和处理情况,脑比其他器官需要更多的氧。长时间驾驶车辆,脑部会感到供氧不充分而疲劳,感觉迟钝,知觉减弱,调节筋肉收缩的机能衰退。若再继续工作下去,神经中枢为保卫自己将自动的遮断感觉刺激的机能,从而使驾驶员的注意力变得散漫,不愿再做麻烦的动作,省略正规的运行操作。这个过程是不知不觉产生的,并且司机的健康状态愈好,愈会产生这种情况,甚至导致驾驶员在开车时打盹。

如果疲劳过甚或休息不充分,日久则可能发生疲劳的积累,这时工作能力的降低便多少带有持久性特征。疲劳的第一个显著标志是驾驶汽车的自动化能力丧失。驾驶员们都知道,当睡意袭来时,每个驾驶动作都必须经过思考,这显然是很不利的。简言之,就是驾驶员已无力对自己的动作负责。如果不能战胜疲劳,他就会入睡,单人驾驶时尤其是如此。头痛、萎靡不振、四肢无力、打哈欠、少言寡语等,都可能是疲劳的表现形式。疲劳是许多重大交通事故的根源,由交通事故统计资料可知,驾驶员疲劳影响反应速度,是造成死亡事故的重要原因之一。

引起驾驶疲劳的原因是多方面的,有生活上的原因(如睡眠、生活环境等);工作上的原因(如车内环境、车外环境、运行条件等);社会原因(如人际关系、工作态度、工资制度等)。其中,睡眠不足、驾驶时间过长和社会心理因素对驾驶疲劳的影响最大。

(1) 睡眠与驾驶疲劳

睡眠不足是引起驾驶疲劳的重要因素。在睡眠严重不足的情况下,驾驶员保持注意力集中的时间较短。此外,睡眠时间不当或睡眠质量不高,也会引起疲劳。白天,人的觉醒水平高,深夜到凌晨觉醒水平低,人的这种昼夜节律难以改变,见图 2-17。

图 2-18 是由于瞌睡而发生事故的时间分布,从这两个图中明显地看出,觉醒水平低的时间,恰是瞌睡事故发生率最高时间。

(2) 驾驶时间与疲劳

长途或长时间驾驶是造成驾驶疲劳的主要原因之一。驾驶和乘车的疲劳感可按身体症状、精神症状和神经感觉分成五个阶段:

$0 \sim 2 h$ 为适应新驾驶工作的努力期;$2 \sim 4 h$ 是驾驶的顺利期;$6 \sim 10 h$ 为出现疲劳期;$10 h$ 以后为疲劳的加重期,其神经感觉症状明显加强;$14 h$ 以后为过度劳累期,身体及神经感觉症状急剧加重。

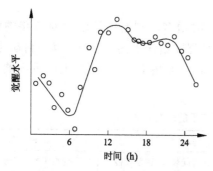
图 2-17 人体昼夜觉醒水平图

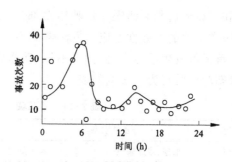
图 2-18 瞌睡事故的时间分布

(3) 驾驶员身体条件与疲劳

驾驶疲劳与驾驶员的年龄、性别、身体健康状况、驾驶熟习程度等有着密切的关系。一般年轻驾驶员容易感到疲劳,但也容易消除疲劳;而老年驾驶员疲劳的自我感觉较年轻人差,但消除疲劳的能力较弱;在同样条件下,女驾驶员行车较男驾驶员易疲劳;技术熟练的中年驾驶员,驾驶时感到很轻松,观察与动作准确,不易疲劳,而新驾驶员驾驶时精神紧张,多余动作多,易疲劳。

(4) 车内外环境与疲劳

驾驶室内的温度、湿度、噪声、振动、照明、粉尘、汽油味、乘坐的姿势与坐垫的舒适性等,对大脑皮层有一定的刺激,超过一定的限度都会导致驾驶员过早疲劳。一般驾驶室的温度控制在17℃以下较适宜。噪声如果超过 90 dB,会使人头晕、心情急躁,超过 120 dB 会使人晕眩、呕吐、恐惧、视觉模糊和暂时性的耳聋。车内环境对疲劳的影响很大,所以,新型汽车均在积极改善驾驶室的环境。

车外环境,如道路是长直路段且景观单调,交通混乱、拥挤,或山路险峻等,易使驾驶员过早疲劳。

据国外人员研究,工作一天后,不同年龄的驾驶员,对红色信号的反应时间有不同程度的增加,如表 2-10 所示。

表 2-10 不同年龄的驾驶员疲劳前后对红色信号的反应时间

年龄(岁)	疲劳前的反应时间(s)	疲劳后的反应时间(s)
18~22	0.48~0.56	0.60~0.63
22~45	0.58~0.75	0.53~0.82
45~60	0.78~0.80	0.64~0.89

表中数据为不同年龄的驾驶员反应能力在一天内的波动情况,说明了长时间开车出现疲劳后会使感觉迟钝,反应时间延长,失误率增加。对复杂刺激(同时存在红色和声音刺激)的反应时间也增加了,有的甚至增长 2 倍以上。

疲劳后,动作准确性下降,有时发生反常反应(对较强的刺激出现弱反应,对较弱的刺激出现强反应)。动作的协调性也受到破坏,以致反应不及时,有的动作过分急促,有的动作又过分迟缓。有时,做出的动作并不错,但不合时机。在制动、转向方面,表现得最为明显。

同时,疲劳后判断错误和驾驶错误都远比平时增多。判断错误多为对道路的畅通情况、对潜在事故的可能性及应付方法考虑不周到,驾驶错误多为掌握转向盘、制动、换挡不当。严重者可发生手足发抖,脚步不稳,动作失调,肌肉痉挛,对驾驶产生严重影响。不同疲劳状态对驾驶行为的影响如表 2-11。

表 2-11 不同疲劳状态下的驾驶行为

行为	正常状态	疲劳状态	瞌睡状态
控制车速	加速、减速敏捷	加速、减速时间较长,速度较慢	速度变换很慢或干脆不变
行车方向控制	能迅速、正确地作出判断,并不断地调节操作动作	不能及时迅速地作出调节性操作动作甚至产生错误动作	停止操作
身体动作	操作姿势正常,无多余动作	较多的身体动作,如揉搓颈或头、伸懒腰、吸烟、眨眼	睡眠、身体摇晃

3. 酒后驾车

饮酒会影响人的中枢神经系统,导致感觉模糊,判断失误,反应不当,工作能力下降,从而危及行车安全。虽然交通法规中早有明文规定严禁酒后驾驶车辆,但因饮酒而造成的重大交通事故仍然不断发生。为此,必须使驾驶员深入了解饮酒对安全行车的危害,并加强对驾驶员饮酒驾车的监督和取缔。

酒类的主要成分是酒精。一般白酒中含酒精 45%~65%,果酒中含 18%~48%,啤酒中含 2%~5%。人们饮酒后,酒精便很快被胃壁和肠壁迅速吸收,溶解在血液中,通过血液的循环溶透到人体各组织中,一般在饮酒后 5 min 可在血液中发现酒精,30 min 后被人体全部吸收。

由于酒精本身是一种中枢神经麻醉剂,所以当它进入人体后,会影响中枢神经正常的生理功能,使人在心理和生理方面发生许多变化。主要表现在以下几个方面:

(1) 饮酒使人的色彩感觉功能降低、视觉受到影响。驾驶员 80% 左右的信息是靠视觉获得的,而在这 80% 左右的信息中,绝大部分都是有颜色的,当色彩感觉降低后,就不能迅速、准确地把握环境中的动态信息,使感觉输入阶段的失误增加。

(2) 饮酒对人的思考、判断能力有影响。有人让驾驶员饮酒后驾驶汽车做穿杆试验,结果发现平时优秀的驾驶员在试验时也不能正确判断车宽和杆距的关系,穿杆时连续失败,当血液中酒精浓度达到 0.94% 时,判断力会降低 25%。

(3) 饮酒后人的记忆力降低。对外界事物不容易留下深刻印象,即使留下印象的事物也因酒精的影响而容易忘掉。

(4) 饮酒后人的注意力水平降低。据实验研究,当酒精进入人体内后,注意力易偏向于某一方面而忽略对外界情况的全面观察,注意的支配能力大大下降。行车过程中,注意力如果不能合理分配和及时转移,必然会影响对迅速多变的交通环境的观察,以致可能丢掉十分有用的道路信息,使交通事故发生的概率增大。

(5) 饮酒后人的情绪变得不稳定,往往不能控制自己的语言和行为。这是因为酒精对人的中枢神经系统的麻醉作用,使大脑皮层的抑制功能降低,一些非理智的、不正常的兴奋得不到控制,因而表现出感情冲动、胡言乱语、行为反常。在驾驶车辆时,则可表现为胆大妄为、不知危险,出现超速行驶、强行超车等违章行为,极易发生交通事故。

(6) 饮酒后人的触觉感受性降低,即触觉的感觉阈限值提高了。汽车行驶时,驾驶员不能及时发现故障,增加了危险性。

德国一项研究表明,血液中酒精含量与交通事故之间存在着一定的关系,如表2-12。

表2-12 血液中酒精含量与交通事故之间的关系

血液中酒精含量(%)	交通事故(%)			血液中酒精含量(%)	交通事故(%)		
	死亡	受伤	财产损失		死亡	受伤	财产损失
0.00	1.00	1.00	1.00	0.08	4.42	3.33	1.77
0.01	1.20	1.16	1.07	0.09	5.32	3.87	1.90
0.02	1.45	1.35	1.15	0.10	6.40	4.50	2.04
0.03	1.75	1.57	1.24	0.11	7.71	5.23	2.19
0.04	2.10	1.83	1.33	0.12	9.29	6.08	2.35
0.05	2.53	2.12	1.43	0.13	11.18	7.07	2.52
0.06	3.05	2.47	1.53	0.14	13.46	8.21	2.71
0.07	3.67	2.87	1.65	0.15	16.21	9.55	2.91

用人驾驶模拟器研究驾驶员饮酒后的驾驶操作情况,发现当血液中酒精浓度为0.08%时,操作失误增加16%,血液中酒精浓度进一步增加时,驾驶员连方向盘都控制不了,判断力明显下降。当血液中酒精的含量超过0.1%时,驾驶能力下降15%,尤其在夜晚,车辆发生事故的机会显著增加。

4. 服药后驾车

许多国家的交通法规中,对服用药物后驾车的说法都不大明确,人们很少认识到药物对交通行为的影响,但在医学界一般都知道,所有药物对驾驶能力都有潜在的危险,常见的危险就是刺激中枢神经系统和压抑中枢神经系统。不同的药物和剂量对驾驶员生理状态甚至体重等都可能产生不同的影响,而这些副作用也可能影响驾驶操作。

据有关统计表明,服药后驾驶的驾驶员发生交通事故的比率要比未服药者高出4倍。服药后驾驶已成为引发交通事故的重要因素之一。

有些药物会改变驾驶员对外界的反应力,如镇静剂、催眠药和具有兴奋作用的药物。镇静剂和安眠药服后会产生麻醉和催眠作用。有的人对此很敏感,夜间服用,第二天还精神不振,困倦思睡,对周围事物反应迟钝。因此,驾驶员在开车前都不应该服这类药物。兴奋的药物服后可使大脑处于兴奋状态,易激动,不能控制自己的情绪,严重的对事物会产生幻觉,在这种情况下开车很危险。

链霉素等抗生素也有一定的副作用。驾驶员口服链霉素1g以上时,最好不要立即开车。卡那霉素会使人产生头晕、耳鸣、恶心等副作用,使人体机能失去平衡,开车时就容易发生事故。抗过敏药物如异丙嗪、苯海拉明等有头晕、困倦、思睡等副作用,驾驶期间是禁用的。特别应引起重视的是,目前广泛用于治疗感冒等常见病的解热镇痛药,如阿司匹林、对乙酰氨基酚、非那亚汀、安乃静等,服后会使人感到乏力,注意力减退,反应灵敏性下降。

有时候,驾驶员同时受到两种以上药物的影响。两种以上药物一起对驾驶员知觉、心理和运动功能的影响有三种情况:加成,各种药物影响的总和;对抗,一种药物的影响抵消另一种药物的影响;协和,两种以上药物的总影响大于各种药物影响的总和。

　　驾驶员必须用药时最好在医生指导下服用。对于抗过敏药、安眠镇静药等,服用后一段时间内不可驾驶。因为这类药物在体内排泄较慢,作用完全消失所用的时间较长,有时前天晚上服用(如苯巴比妥、安定等)第二天上午还可出现嗜睡、头昏脑涨、思想不集中以及全身倦怠等不良反应,不利于安全驾驶。因此,驾驶员服药前应仔细阅读药品说明书,特别注意用量、禁忌征和不良反应,不可超量用药,以尽量避免药物在血液中的浓度峰值期间驾驶。去医院看病时,应主动告诉医生自己的职业,以便医生开处方时避开对驾驶员可能产生不良影响的药物。

复习思考题

2-1　试简述驾驶员的信息处理过程?

2-2　请简述骑车人的交通特征?

2-3　驾驶员驾驶适宜性的评价指标有哪些?

2-4　试分析高速行车易发生交通事故的原因。

第三章 车辆与交通安全

汽车是道路交通系统的重要组成要素,与交通安全有着密切的关系。虽然在交通事故原因统计中,直接因车辆问题引起的事故不超过 10%,但并不意味着车辆因素对于交通安全的影响不大。车辆的结构和性能如果进一步得到完善和提高,按规定进行安全检验,使车辆具有完好的技术状况,在某些情况下是可以防止驾驶员失误发生的,即使发生事故,也有可能减轻事故的损失。从这个意义上来说,汽车的安全性对交通安全有着非常重要的影响。

汽车的安全性分为被动安全性和主动安全性。汽车被动安全性是指发生交通事故后,汽车本身减轻人员受伤和货物受损的性能。汽车被动安全性又可以分为内部被动安全性和外部被动安全性。汽车的主动安全性是指汽车本身防止或减少道路交通事故发生的能力,主要取决于汽车的制动性、行驶稳定性、操作稳定性、动力性及驾驶员工作条件等。

第一节 汽车性能与交通安全

一、汽车的动力性

汽车动力性是汽车使用性能中最基本的一种性能。动力性能的好坏,直接影响运输效率的高低,同时也影响道路交通的畅通与安全。汽车动力性研究是其他性能研究的基础。

1. 汽车的动力性指标

衡量汽车动力性的主要指标有:

(1) 最高车速 v_{max}(km/h)。

(2) 加速性能,包括汽车的加速度 a(m/s^2)、加速时间 t(s)和加速距离(m)。

(3) 最大爬坡度 i_{max}(%)。

加速时间是衡量汽车加速性能最主要的指标,通常用原地起步加速时间和超车加速时间来评定。

原地起步加速时间是指汽车以Ⅰ挡起步,并以最大加速强度迅速换至高挡,使汽车达到某一预定距离或车速所需的时间。

超车加速时间是指汽车用最高挡或次高挡,由某一中等车速全力加速至某一高速所需的时间。因为超车时,汽车与被超车辆并行,容易发生交通事故,所以超车加速时间越短,则行程就越短,在道路上行驶时就越安全。

最高车速是指满载汽车在良好水平路面能达到的最高行驶速度。

最大爬坡度指的是汽车满载时用Ⅰ挡所能爬上的最大坡度,用100 m水平距离所升高的高度表示。

2. 汽车的驱动力

汽车的各种运动状态,就是各种外力作用的结果。这些外力有推动汽车运动的驱动力(牵引力)F_k和阻碍汽车运动的各种阻力$\sum F$。只有当$F_k \geqslant \sum F$时汽车才能行驶。

(1) 驱动力的产生

汽车发动机产生扭矩M_e,经传动系减速增扭传到驱动轮后为M_t,其大小为

$$M_t = M_e i_g i_0 \eta_t \tag{3-1}$$

式中 M_e——汽车发动机扭矩;

M_t——汽车驱动轮扭矩。

图3-1表示动力传递过程。

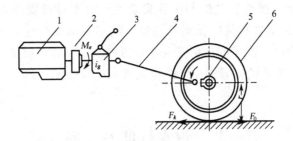

图3-1 汽车动力传递简图

1—发动机;2—离合器;3—变速器;4—万向传动装置;5—减速器;6—车轮

在扭矩作用下,驱动轮与地面接触面上存在一个向后的圆周力F_0,其大小为

$$F_0 = \frac{M_t}{r} \tag{3-2}$$

根据作用与反作用定律,地面给车轮一个反作用力F_k,指向汽车运动方向。其大小为

$$F_k = F_0 = \frac{M_t}{r} = \frac{M_e i_g i_0 \eta_t}{r} \tag{3-3}$$

(2) 影响驱动力大小的因素

由式(3-3)可知,在传动比确定以后,影响驱动力大小的是下面几个因素。

① 发动机特性

发动机输出的有效扭矩M_e随发动机转速n变化而变化,且与发动机功率N_e和油耗g_e呈一定关系。根据这种随转速而变化的关系可得到发动机转速特性曲线。发动机节气阀部分开启(或高压油泵处于部分供油位置时)所显示的特性,称为部分负荷特性曲线。该曲线显然是无穷多的。当发动机节气阀全开(或高压油泵处于最大供油量位置)时所显示的特性称为发动机外特性,其曲线见图3-2。

② 传动系统机械效率 η_t

传动系统的功率损失,包括液力损失和机械损失两部分,一般消耗功率的8%～10%。

③ 车轮半径 r

现代汽车都装有弹性轮胎,在负载情况下会产生形变,式(3-3)中的车轮半径 r 是指滚动半径。假设车轮没有切向变形,且作纯滚动,车轮滚过 n 圈,经过路程 s(m),则滚动半径 r(m)为

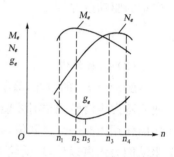

图 3-2 发动机外特性曲线

$$r = \frac{s}{2\pi n} \quad (3-4)$$

3. 汽车行驶阻力

汽车在行驶中所遇到的阻力有滚动阻力 F_f、空气阻力 F_w、上坡阻力 F_i 和加速阻力 F_j。

(1) 滚动阻力 F_f

车轮滚动时,轮胎与路面都要产生变形,形成汽车运动的阻力。它主要由三部分形成:轮胎变形、路面变形、轮胎与路面的摩擦。

影响滚动阻力的因素与车重有关,车重越大,轮胎变形与地面变形也越大,滚动阻力也越大。滚动阻力还与路面条件和轮胎结构、轮胎气压和行驶速度有关。

(2) 空气阻力 F_w

空气阻力由两部分组成,一是空气对汽车表面的摩擦阻力,二是压力阻力。后者又可分为两种情况,一种是汽车前部对抗汽车前进的正压;另一种是车身后部和拐角处空气变得稀薄而引起涡流,产生将汽车吸住的负压(如图3-3所示)。

(3) 上坡阻力 F_i

当汽车上坡行驶时,重力沿坡道斜面的分力起着阻碍汽车行驶的作用,此称为上坡阻力(如图3-4所示)。

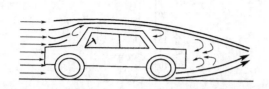

图 3-3 汽车与空气相对运动时流线分布状态示意图

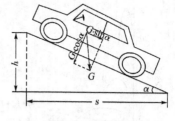

图 3-4 上坡阻力

(4) 加速阻力 F_j

汽车加速时,产生的惯性阻力称之为加速阻力。

4. 汽车行驶的驱动与附着条件

汽车正常行驶必须满足两个条件,即驱动条件和附着条件。

(1) 驱动条件

为了使汽车行驶,驱动力必须大于所有阻力之和。欲使其不减速或不停车,必须满足

汽车的驱动条件,即

$$F_k \geqslant F_f + F_w + F_i + F_j \tag{3-5}$$

（2）附着条件

驱动力 F_k 的增加,除了采用开大节气阀（油门）或换低速挡以外,还必须在驱动轮和地面不发生滑转现象时才能实现。因此,汽车行驶还必须满足附着条件。轮胎与地面的切向作用力有一个极限值,越过这个极限,车轮就会滑转。这种现象说明,汽车行驶除受驱动能力约束以外,还受轮胎与路面的附着力限制。

$$F_\varphi = Z\varphi \tag{3-6}$$

式中　φ——附着系数,它与轮胎结构和路面状况及车轮滚动状况有关;
　　　Z——驱动轮上的法向反作用力。

因此,汽车行驶的必要条件是:$F_k \leqslant F_\varphi$

$$F_f + F_w + F_i + F_j \leqslant F_k \leqslant F_\varphi \tag{3-7}$$

5. 驱动平衡图与动力因数

驱动力 $F_k = F_f + F_w + F_i$ 时,汽车处于匀速行驶状态。此公式反映了各项阻力和驱动力间的关系,所以又把它称为驱动平衡方程式。图3-5是一个具有四变速挡位的驱动平衡图。

由图3-5中可以看到,驱动曲线和行驶曲线的交点,即为最高车速。显然,在没有达到最高车速时,驱动力曲线和行驶阻力曲线之差值即可用来爬坡、加速或牵引（图中虚线 $F_f + F_w + F_i$）。若继续维持原来车速,则可减小油门,使驱动力与总阻力达到新的平衡。

驱动平衡图可用来评价一部汽车的动力性,但不能用来比较两部不同类型汽车的动力性。图3-6画出了两辆总重不同的汽车驱动力图。罗马数字表示7 t的汽车,阿拉伯数字表示4 t的汽车。显然,7 t汽车的各挡驱动力均比4 t汽车要大,但尚不能得出第一辆车比第二辆车动力性好的结论。

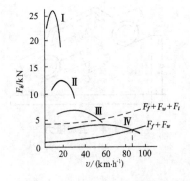

图3-5　四挡位驱动平衡图

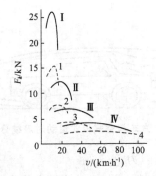

图3-6　两辆总重不同的汽车驱动力图

对于总重、外形不一样的汽车,其驱动能力的评价尺度是动力因数 D：

$$D = \frac{F_k - F_w}{G} \tag{3-8}$$

不同的汽车,只要有相等的动力因数,便能克服同样的坡度和产生相同的加速度。因此,它是一个十分理想的特性参数。

二、汽车的操纵稳定性

汽车的稳定性是指汽车在行驶过程中,经受各种外部干扰后尚能自行尽快恢复原行驶状态而不致发生失去控制、甚至侧翻和侧滑等现象的能力。

汽车的操纵性是指汽车能正确地按照驾驶员的要求,维持或改变原行驶方向的能力。

实际上,汽车的稳定性和操纵性是密切相关的,操纵性的丧失将导致汽车的侧滑或侧翻,稳定性的丧失往往使汽车失去操纵性而处于危险状态,因此一般把操纵性和稳定性统称为汽车的操纵稳定性。

影响汽车操纵稳定性的因素有:

① 汽车本身结构参数,如汽车的轴距、轮距、重心位置、轮胎的特性、前后悬架的形式、前轮定位角及转向参数的影响。

② 使用因素,驾驶员反应快、技术熟练、动作敏捷、体力好就能及时准确地采取措施,从而使汽车的运动状态趋于稳定;反之,如果驾驶员的反应迟钝,判断错误,就可能导致稳定性的破坏、操纵性的丧失。

③ 地面的不平度、坡度、车轮与地面的附着情况、风力、交通情况等外界条件。

1. 汽车的纵向稳定性

汽车的纵向稳定性是指上(或下)坡时,汽车抵抗绕后(或前)轴翻车的能力。

随着运动状态的改变,当汽车前轮的法向反作用力变为零时,前轮的偏转不能确定汽车的运动方向而造成操纵失灵;当后轮的法向反作用力为零时,对于后轴驱动的汽车,将失去行驶能力。上述两种情况都会使汽车的稳定性受到破坏。

2. 汽车的横向稳定性

汽车的横向稳定性是指汽车抵抗侧翻和侧滑的能力。

(1) 汽车在横向坡道上直线行驶

汽车在横向坡道上直线行驶时,其受力情况见图 3-7。当坡度 β 值增大到重力通过右侧车轮中心,而左侧车轮的法向反作用力等于零时,则车辆发生侧翻。显然此时

$$Gh_g \sin\beta = G\frac{B}{2}\cos\beta$$

$$\tan\beta = \frac{B}{2h_g} \qquad (3-9)$$

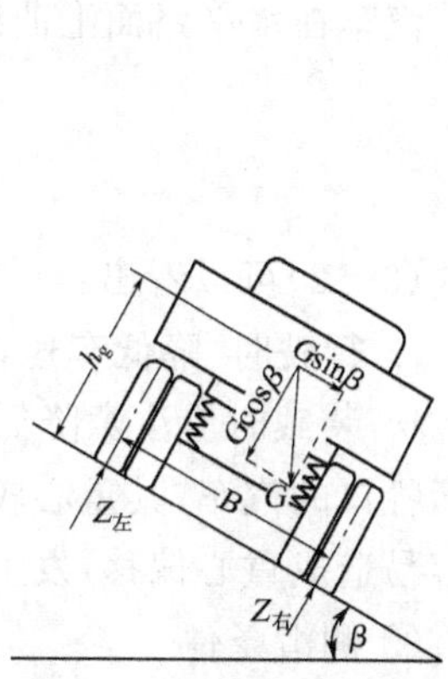

图 3-7 汽车在横向坡道匀速直线行驶受力图

β 为汽车不发生侧翻的极限角,所以为了防止侧翻,汽车的重心应低,轮距应宽。

在横向坡值为 β' 时,也可能发生侧滑,此时

$$G\varphi_{侧}\cos\beta' = G\sin\beta'$$
$$\tan\beta' = \varphi_{侧} \qquad (3-10)$$

式中 $\varphi_{侧}$ 为轮胎同地面间的侧向附着系数。

为保证安全,一般认为,与其发生侧翻,不如发生侧滑,即希望

$$\tan\beta > \tan\beta'$$

即

$$\frac{B}{2h_g} > \varphi_{侧} \tag{3-11}$$

(2) 汽车在水平路面上曲线行驶

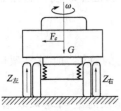

图 3-8 汽车在水平路面作曲线运动受力图

汽车的侧翻和侧滑也可能发生在水平路面上的曲线行驶中。

① 侧翻条件

当汽车在水平路面上作曲线行驶时,作用在汽车上的力如图 3-8。

设曲率半径为 R,则作用在汽车重心上的离心力 F_c 为

$$F_c = \frac{Gv^2}{gR}$$

离心力对外侧车轮接地中心的力矩为汽车的侧翻力矩,而重力对外侧车轮接地中心的力矩为汽车的稳定力矩。

侧翻时,离心力矩大于重力矩,即

$$\frac{Gv^2}{gR}h_g \geqslant G\frac{B}{2}$$

汽车在水平路面上曲线行驶时不发生侧翻的最高车速为

$$v_{\max} = \sqrt{\frac{BgR}{2h_g}} \tag{3-12}$$

从式(3-12)可以看出:

a. 行驶时,降低车速,加大转弯半径是防止侧向翻车的主要措施。

b. 装载时应注意降低重心高度,并捆绑牢固。值得提出的是某些客车及以货代客或装运牲口的汽车,其重心较高,在离心力较大的情况下,乘客或牲口会不自觉地向外倾斜,而容易造成重心偏移,发生侧翻。

② 侧滑条件

汽车在水平路面上做曲线运动时,发生侧滑的临界条件是

$$F_c = G\varphi_{侧}$$

即

$$\frac{Gv^2}{gR} = G\varphi_{侧}$$

故不发生侧滑的临界车速为

$$v_{\varphi\max} = \sqrt{\varphi_{\text{侧}}\, gR} \tag{3-13}$$

为了使侧滑发生在侧翻之前,则要求

$$v_{\varphi\max} < \sqrt{\varphi_{\text{侧}}\, gR} < \sqrt{\frac{BgR}{2h_g}}$$

即

$$\varphi < \frac{B}{2h_g} \tag{3-14}$$

$\frac{B}{2h_g}$ 为汽车的横向稳定系数,它取决于轮距 B 和重心高度 h_g。B 越大,h_g 越小,汽车稳定性越好。为了利用重力平衡于路面的侧向分力来抗衡汽车曲线运动的离心力,在公路弯道处常修筑成一定的横向坡度,从而提高汽车在曲线运动时的稳定性和平衡车速。

3. 侧滑对稳定性的影响

侧滑,特别是后轴侧滑,对行驶安全有很大影响,有相当多的严重交通事故都是由侧滑引起的。

图 3-9(a) 为前轴发生侧滑。图上前轴中点速度为 v_A,后轴中点速度 v_B,v_B 仍沿纵轴线方向,此时汽车将会产生回转运动,其瞬时回转中心为速度 v_A 的垂线和 v_B 延长的交点 O。汽车作回转运动产生了作用于重心 C 的离心力 F_c,其侧向分力可削减侧滑,使汽车处于稳定状态。v_A 仍沿纵轴线方向。汽车也会产生绕 O 点的回转运动,作用于重心的离心力 F_c 的侧向分力会加剧侧滑,而后轴侧滑加剧又增大离心力,形成恶性发展,汽车将会产生急剧回转。因此,后轴侧滑会出现极不稳定的状态。

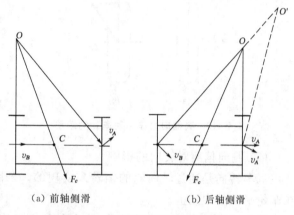

(a) 前轴侧滑　　(b) 后轴侧滑

图 3-9　汽车前后轴侧滑运动简图

为了消除侧滑,驾驶员必须在前轮不抱死的情况下,朝后轴侧滑的方向转动方向盘,使汽车回转半径变大(如图 3-9(b) 中虚线所示),从而使离心力减小。若前轮转到与后轮方向平行,则离心力 $F_c = 0$,一旦产生侧滑的原因消失,侧滑就会自动停止;若将方向盘多转过一些角度,则会产生反方向的离心力,侧滑会更加迅速地停止,甚至会形成与原方向相反的侧滑运动。

4. 轮胎的侧偏特性对汽车转向的影响

把驾驶员对汽车的操纵和外力对汽车的作用称为输入,而将汽车所作出的反应叫响应。

输入可分为角输入(如转向盘以一定的角度维持不变)和力输入(地面侧向力的干扰等)。汽车的响应可分为稳态响应和瞬态响应。稳态响应指方向盘角度不变,汽车作圆周运动,它是评定汽车操纵性能的重要指标。

(1) 轮胎的侧偏特性

对于刚性车轮,当侧向力 F_y 小于车轮与地面间的侧向附着力时,车轮同地面间没有滑动,车轮沿 C-C 方向行驶,如图 3-10 所示。

对于弹性车轮,只要有侧向力,即使很小,轮胎也会产生侧向变形,从而使汽车偏离原行驶路线。图 3-11 中,车轮在侧向力作用下将沿着 a-a 路线滚动,与原来行驶路线 c-c 形成一夹角 δ,δ 称为侧偏角。

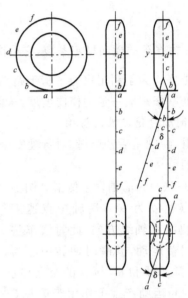

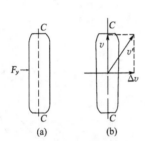

图 3-10 有侧向力作用时车轮的滚动

图 3-11 轮胎的侧向偏离现象

(2) 侧向偏离对转向的影响

汽车转向是通过转向轮的偏转来实现的。若刚性车轮转向,则车轮的速度矢量应处在车轮平面的中线上。

欲使汽车转向时保持纯滚动,汽车各轮必须绕同一瞬时转向中心回转,如图 3-12 所示。由图得出关系式:

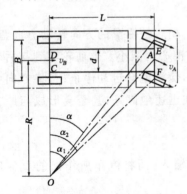

图 3-12 装有刚性车轮的汽车转向简图

$$\tan\alpha_1 = \frac{OD}{ED} = \frac{R+\frac{d}{2}}{L}$$

$$\tan\alpha_2 = \frac{OC}{FC} = \frac{R-\frac{d}{2}}{L}$$

故

$$\tan\alpha_1 - \tan\alpha_2 = \frac{d}{L} \approx \frac{B}{L} \quad (3-15)$$

式中　α_1,α_2——左右车轮的偏转角度(°);

R——瞬心 O 到汽车纵轴线的垂直距离(m);

d——左右转向轮转向节主销的中心距(m);
L——轴距(m);
B——轮距(m)。

式(3-15)为保证车轮转向时只有滚动而无滑动的转角关系式。汽车在结构上靠选择恰当的梯形机构近似保证上述关系的实现。

汽车转向时,从瞬时转向中心 O 到汽车纵轴线的垂直距离定义为转向半径 R。由图3-12 中的几何关系可得出

$$R = \frac{L}{\tan\alpha} \tag{3-16}$$

当 α 较小时,可近似认为 $\tan\alpha \approx \alpha$,故

$$R = \frac{L}{\alpha} \tag{3-17}$$

弹性车轮的侧向偏离,使汽车的实际转向特性同刚性车轮的转向特性有明显区别。当汽车上作用有侧向力时(假定侧向力为作用在重心上的曲线运动惯性力),前后车轮分别产生 δ_A 和 δ_B 的侧向偏离角,在同一轴上的两个车轮的偏离角可视为相等,则这时的汽车的转向特性如图 3-13 所示。

由于车轮的弹性偏离,后轴中点 B 的速度矢量与汽车纵轴线成 δ_B 的夹角,而前轴中点 A 的速度矢量同纵轴线成 $\alpha - \delta_A$ 的夹角(α 为转动时前轮偏转造成前桥中点 A 的速度矢量同纵轴线的夹角)。同刚性车轮相比,瞬时转向中心 O 移动到新位置,从 O

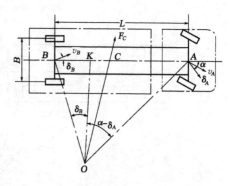

图 3-13 装有弹性车轮的汽车转向简图

点引出纵轴线的垂线并交于 K 点,OK 为车轮产生侧向偏离时的转向半径,用 R' 表示,可以明显看出,有了车轮的弹性偏离之后,汽车的转向半径发生了变化。

分析图 3-13 的几何关系,可得出

$$\tan\delta_B = \frac{BK}{OK} \qquad \tan\alpha(\delta_B) = \frac{AK}{OK}$$

将上述两式相加,得

$$OK = R' = \frac{BK + AK}{\tan\delta_B + \tan\alpha(\delta_B)}$$

考虑到偏离角 δ 较小,且 $BK + AK = L$,故可近似认为

$$R' = \frac{L}{\alpha + \delta_B - \delta_A} \tag{3-18}$$

① 中性转向

当 $\delta_A = \delta_B$ 时,装有这种轮胎的车轮同刚性车轮一样,转向半径 $R' = R$,我们称它为中性转向或正常转向。具有中性转向特性的汽车在行驶时,在侧向力作用下,前后车轮均产生偏离的反方向转 δ 角,并在回正后保持它的位置,汽车就可维持直线行驶。

② 过度转向

当 $\delta_A > \delta_B$ 时，车轮的转向半径 R' 便小于刚性车轮的转向半径 R，这种转向称为过度转向，其运动简图如图 3-14 所示。

具有过度转向特性的汽车，在侧向力 F_y 的作用下绕瞬时转向中心 O' 做曲线运动。惯性力 F_c 的侧向分力 F_{cy} 和汽车所受侧向力 F_y 的方向相同，使轮胎的偏离更加严重，转向半径变得更小。在某些情况下，即使偶然的侧向力 F_y 消失，在 F_{cy} 的作用下，其转向半径会越来越小，曲线运动造成的惯性力则越来越大，彼此互相影响，最后使汽车丧失操纵性和稳定性。

③ 不足转向

当 $\delta_B < \delta_A$ 时，转向半径 R' 大于刚性车轮的转向半径 R，这种转向称为不足转向，它的运动简图如图 3-15 所示。

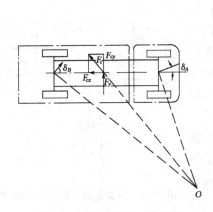

图 3-14 过度转向运动简图

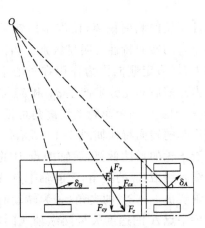

图 3-15 不足转向运动简图

在侧向力 F_y 的作用下，由于轮胎的侧向偏离角 $\delta_B < \delta_A$，汽车将绕瞬时转向中心 O 做曲线运动。瞬心 O 和过度转向时的瞬心 O' 方向相反，惯性力的侧向分力 F_{cy} 的作用方向与侧向力 F_y 的作用方向相反，因此便减少了轮胎的侧向偏离。在 F_y 消失之后，F_{cy} 可使汽车自动恢复直线行驶。

一辆汽车具有何种转向特性，可用下述方法试验测定：

令汽车作圆周运动，驾驶员使方向盘保持某一固定转角，通过加速改变作用在汽车重心的侧向力。若汽车的转向半径越来越大，那么可认为这种汽车具有不足转向特性；若汽车的转向半径保持不变，那么可认为这种汽车具有中性转向特性；若汽车的转向半径越来越小，那么这种汽车一定具有过度转向特性，如图 3-16 所示。

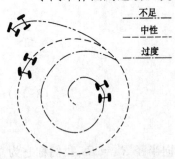

图 3-16 三种转向特性的测定

适度的不足转向特性的汽车具有良好的操纵稳定性，因此几乎所有的汽车都具有这种特性，而不应具有过度转向特性。具有中性转向特性的汽车会因本身或外界使用条件的变化（如轮胎气压不符合规定标准、重心纵向偏移过量、过载)而转变成过度转向。人们已习惯于驾驶具有不足转向特性的汽车,如果转向特性突然改变,在出现危险情况时,汽车可能失去控制而造成不应有的事故。具有不足转向的汽车,在转向时需相应地将方向盘多转过一些角度,增加了驾驶员的劳动强度,同时因为过大的不足转向使前轮侧偏角过大,增加了滚动阻力及轮胎的磨损。

5. 转向轮的振动及其稳定效应

(1) 转向轮的振动

高速行驶的汽车,转向轮往往会产生振动。转向轮的振动有两种形式:前轮的上下跳动与前轮围绕主销的摆动,其中后者对汽车的操纵稳定性影响最大。

下面是振动的原因。

① 弹性跳动:由于左右悬架和车轮的弹性,车轮可能在垂直方向上下跳动。

② 回转仪效应:当旋转车轮的轴线在垂直平面上产生上下偏转时,必然相应地发生车轮在水平方向的偏转,这种现象称为回转仪效应。在汽车设计中常采用独立悬架避免回转仪效应。

③ 转向轮质量的不平衡:当车轮旋转时,不平衡质量所产生的惯性力会引起车轮的跳动。当左右车轮的不平衡质量相差180℃时,转向轮的受迫振动最为厉害。为了避免车轮质量不平衡而引起的车轮振动,必须对车轮进行动平衡。一般高速小轿车对此要求严格。翻新轮胎不平衡度要比原装轮胎大得多,故转向轮不宜装用。

④ 前悬架与转向传动机构运动关系不协调:如图3-17所示,悬架的前支点为铰链,后支点可以前后摆动,方向机固定于前轮之后。由于前轴固定在钢板弹簧上,在外力作用下,前轴轴心以 O_1 为中心沿 $A-A$ 弧线运动(O_1 约处在钢板弹簧的前1/8长度附近),但球关节 D 则以 O_2 为中心沿 $B-B$ 线摆动。因此,当车轮向上跳时,前轴及主销向前移,而转向节臂与直拉杆接点则向后移,引起车轮向右偏转。反之当车轮下跳时,使转向轮向左偏转。为了减少或消除转向传动机构与悬架的运动干涉,在设计中可使 O_1、O_2 尽可能重合,如图3-18所示。

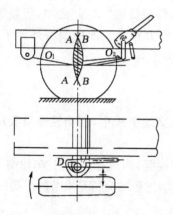

图3-17 转向轮悬架与转向传动机构运动干涉简图

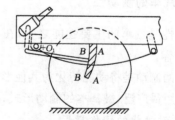

图3-18 转向机前置时悬架和转向转动机构运动简图

(2) 转向轮的稳定效应

转向轮的稳定效应,指转向轮能保持直线行驶位置,或转向轮偏转时又自动返回直线行驶位置的能力。具有一定稳定效应的车轮,可以减轻驾驶员的劳动强度,提高汽车行驶的稳定性。

转向轮的稳定效应,主要由汽车构造中已述及的主销内倾、主销后倾、前轮外倾以及轮胎的侧向偏离所造成的回正力矩所形成。

现代汽车由于前轮重量和轮胎弹性的增加,弹性偏离引起的回正力矩也相应增大。当偏离角为 $4°\sim5°$ 时,稳定力矩可达 $200\sim250$ kN/m。试验表明:偏离角为 $1°$ 时所引起的回正力矩相当于主销后倾角 $5°\sim6°$ 所引起的回正力矩,故目前有逐渐减少主销后倾角的趋势。

6．操纵稳定性对道路交通安全的影响

汽车设计时,若不考虑汽车的稳态转向特性,对于过度转向或中性转向的汽车,在转向时,若驾驶员未能及时调整转向盘转角并降低车速,则会导致汽车失控而造成交通事故。

汽车的瞬态响应运动状态应随时间及时变化,否则会发生方向盘已经转动而车辆迟迟没有反应的现象,驾驶员会感到汽车转向不灵敏,不能"得心应手"地进行操作,当遇到紧急情况时,因转向不灵而无法应对,易造成交通事故。

汽车转向系统使用后因其磨损而使各零件间隙变大,使前轮定位失准,悬架和转向机构不协调,因而使直线行驶的汽车出现摆头现象。摆头不仅加剧零部件的磨损,驾驶员操作疲劳,更严重的是使人感觉汽车操纵性差,行车安全感极差。

为了减轻驾驶员的劳动强度,汽车应具有转向轻便性。转向力要在规定的范围内,若转向力过大,会增加驾驶员的劳动强度,在急转弯或紧急避让时会造成转向困难或不能完成转向动作,对汽车安全行驶有很大的影响。若转向力过小,会使转向发飘,驾驶员路感降低,对安全运行也不利。

总之,汽车的操纵稳定性差,就不能准确响应驾驶者的"转向指令",而且在汽车受外界干扰后难以迅速恢复原来的行驶状态。操纵稳定性差可能引起汽车摆头、转向沉重、转向甩尾、高速发飘、斜行、不能自动回正等现象,使汽车行驶的安全性变差,极易出现交通事故,严重影响交通安全。操纵稳定性好的汽车应该在驾驶员的"掌握"之中,行驶起来得心应手,完全遵从驾驶员的操纵意愿,且操纵起来并不费力费神。即使偶有外界干扰,例如横向风、不平路面等,应能维持原来行驶方向安全行驶。

三、汽车的制动性

制动性是汽车的主要性能之一,在车辆安全检验和交通事故中,制动性是重要的检查与分析内容。

汽车的制动是将动能转化为其他形式能量(热能、声能等)的过程。目前,车轮制动器是汽车上使用最广泛、最基本的制动形式,故车轮制动器制动过程的分析是本节的主要内容。

1．制动性能的评价指标

汽车的制动性能主要由下列四方面评定。

（1）制动效能

制动效能包括制动距离、制动减速度、制动力、制动时间。

① 制动距离:它反映出驾驶员从踩着制动踏板到汽车完全停止所经过的距离。

② 制动减速度：在给定的初速度开始制动，到汽车安全停止，在这一过程中速度的减少强度，称为制动减速度。减速度越大，制动效果越好。

用制动减速度评定制动性能的优点是：它受初速度影响较小；受路面的不平度影响较小；测量仪器——减速度计的结构简单，使用方便，价格便宜。

但用制动减速度评定汽车的制动性能有以下不足：制动系反应时间那一段的情况检查不出来，减速计受制动时车辆前倾的影响，使测量精度降低；试验结果的重复性差；受路面的附着系数影响大，如果路面附着系数较低，车辆达到附着极限时，减速度就不会再升高，不能反映出各车轮的动力及其分配情况。

③ 制动力：在制动过程中各车轮所受的制动力——制动器所产生的阻力。它不但表明汽车的减速度，还反映出各车轮的制动力及其分配情况。它是对汽车性能最本质的检验方法。在检测站中，所用的制动试验台，大部分都是测定制动力的。

④ 制动时间：从驾驶员踩着制动踏板到汽车安全停止所经过的时间称为制动时间。它是一个间接评价制动性能的指标，一般很少作为单独的评价指标。但它作为一个辅助的检验指标，有时（如各车轮的制动协调）还是不可缺少的。

(2) 制动效能的恒定性

制动效能的恒定性是指制动过程中，制动器的抗热衰退能力、水湿恢复能力等。

(3) 制动时汽车的方向稳定性

制动时汽车的方向稳定性是指汽车在制动过程中不发生跑偏、侧滑以及失去转向能力等。

(4) 操纵轻便，反应灵敏性

操纵轻便，反应灵敏性是指操纵省力，在制动过程中制动力迅速而平稳地增加；放松踏板时，制动迅速解除，在行驶中不出现自行制动现象等。

2. 汽车的制动距离

(1) 制动过程分析

图 3-19 是在制动过程中，制动减速度 a 和制动时间 t 的关系曲线。

驾驶员反应时间 t_1，是从看到制动信号起到踩着制动踏板所需时间，通常为 0.3～1 s。

制动器反应时间 t_2'，是制动系克服系统内残余压力或制动蹄回位弹力，消除蹄片到制动鼓间隙直至产生地面制动力所需的时间。制动力增长时间 t_2'' 是制动器制动力 F_μ 增大至最大值 F_φ 所需时间。$t_2' + t_2'' = t_2$，此称为制动器起作用时间，其值对一般液压制动为 0.2～0.25 s，气压制动为 0.3～0.9 s。

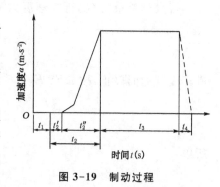

图 3-19 制动过程

在持续制动时间 t_3 中，车轮呈拖滑状态，其减速度 a 基本不变。

制动解除时间 t_4，是放松制动踏板至制动力消失的时间，此时减速度为零。t_4 虽对制动距离没有影响，但对动力性和操纵稳定性有影响，所以规定 t_4 不得超过 0.3 s。

从以上分析可知，制动过程分为四个阶段。在研究汽车制动性能时，一般所说的制动距离是指 $t_2 + t_3$ 这段时间里汽车所驶过的距离。

(2) 制动过程各阶段行驶距离与减速度

① 驾驶员反应阶段

该阶段车辆不形成减速度,它所行驶的距离 s_1(m)是

$$s_1 = v_0 t_1 \tag{3-19}$$

式中　t_1——驾驶员反应时间(s);

　　　v_0——汽车初始行驶车速(km/h)。

影响驾驶员反应时间的因素很多,例如驾驶员的年龄、疲劳程度、技术水平、健康状况、心理特点、性格素质、道路和气候条件等。

② 制动器起作用阶段

这个阶段的时间分为制动器反应时间 t_2'。在 t_2' 时间里,汽车不形成减速度,它所行驶的距离仍是时间与初速度的乘积(气压制动 $t_2' \approx 0.2 \sim 0.5 \text{ s}$,液压制动 $t_2' \approx 0.03 \sim 0.05 \text{ s}$)。在 t_2'' 中,制动器已经起作用,汽车已形成减速度(但不是匀减速)。t_2 一方面取决于驾驶员踏下制动踏板的速度,更重要的是受制动器结构形式的影响。所以,在 t_2 时间内汽车行驶的距离 s_2(m)可按式(3-20)估算:

$$s_2 = v_0 \left(t_2' + \frac{t_2''}{2} \right) \tag{3-20}$$

③ 持续制动阶段

在这个阶段里,制动达到极限强度,制动减速度可近似地取为常数。设制动力为 F,制动距离为 s,则制动式:

$$A = Fs = Z\varphi s = G\varphi s。$$

若汽车总重为 G,行驶速度为 v,则汽车的动能:

$$E = \frac{mv^2}{2} = \frac{Gv^2}{2g}$$

汽车因制动而停止,故 $A = E$,即

$$G\varphi s = \frac{Gv^2}{2g}$$

所以

$$s_3 = \frac{v^2}{2g\varphi} \tag{3-21}$$

若将速度 v 的单位"km/h"化成"m/s",即

$$s_3 = \frac{v^2}{254\varphi} \tag{3-22}$$

若考虑道路的纵向坡度,则

$$s_3 = \frac{v^2}{254(\varphi \pm i)} \tag{3-23}$$

式中　i——道路纵向坡度,用百分数表示。上坡取"＋"号,下坡取"－"号。

综上所述,总制动距离为各阶段距离之和,即

$$s_{总} = \left(t_1 + t_2' + \frac{1}{2}t_2''\right)\frac{v}{3.6} + \frac{v^2}{254(\varphi \pm i)} \quad (\text{m}) \tag{3-24}$$

为了便于使用,把制动距离用经验公式简化计算(见表3-1)。

表 3-1　制动距离经验计算公式

机动车类型	适用于在用车辆检验 车辆荷载:空载 气压制动系:气压表 指示气压不大于 0.6 MPa 液压制动系脚踏力: 有加力装置,不大于 0.35 kN 无加力装置,不大于 0.60 kN	适用于新车出厂检验 车辆荷载:满载 气压制动系:气压表 指示气压不大于额定工作气压 液压制动系踏板力: 有加力装置,不大于 0.40 kN 无加力装置,不大于 0.70 kN	公式中相应的减速度(单位:m/s²)
小型汽车	$s = 0.05v_0 + \frac{v_0^2}{190}$	$s = 0.055v_0 + \frac{v_0^2}{190}$	7.4
中型汽车	$s = 0.055v_0 + \frac{v_0^2}{160}$	$s = 0.06v_0 + \frac{v_0^2}{160}$	6.2
大型汽车	$s = 0.06v_0 + \frac{v_0^2}{142}$	$s = 0.07v_0 + \frac{v_0^2}{142}$	5.5
方向盘式拖拉机带挂车	$s = 0.08v_0 + \frac{v_0^2}{105}$	$s = 0.11v_0 + \frac{v_0^2}{105}$	4.0

注:表中 s 为制动距离(m);v_0 为制动初速度(km/h)。小型车辆总重小于 4.5 t,中型车辆总重 4.5～12 t,大型车辆总重大于 12 t。此表仅供参考。

3. 制动时汽车方向的稳定性

汽车制动过程中维持直线行驶的能力或按预定弯道行驶的能力,称为制动时汽车方向的稳定性。制动过程中表现为制动跑偏和制动侧滑,则称为不稳定现象。

(1) 制动跑偏

制动跑偏的原因有三条:

① 汽车左右车轮特别是转向轴左右轮制动器制动力不相等。

② 前轮定位失准、车架偏斜、装载不合理或受路面的影响。

③ 制动时悬架导向杆系与转向系拉杆在运动学上的互相干扰。

其中前两条原因是制造、调整的误差或使用不当造成的。汽车究竟向左还是向右跑偏,要根据具体情况而定,因此是非系统性的。第三个原因是设计造成的,制动时总向一个方向跑偏,因此是系统性的。第二条中的三个因素,不但会造成制动跑偏,同时也会造成汽车行驶跑偏。

(2) 制动侧滑

制动时发生侧滑对汽车的稳定性带来极其不利的影响,特别是高速行驶的汽车,发生侧滑后引起汽车的剧烈回转运动。

经过大量的试验,人们认识到制动时若后轴比前轴先抱死滑拖,就有可能发生后轴侧滑;若使前后轴同时抱死或前轴先抱死而后轴不抱死则可防止后轴侧滑。因此后轴侧滑

是最危险的。

4. 影响汽车制动性的因素

(1) 制动时的轴荷分配

制动时,由于重心前移,前轴负荷增加,后轴负荷减少。前已述及,目前一般汽车前后轮制动器制动力 F_μ 之比为一常数。因此,对于给定载重量和重心位置不偏移的汽车,也只能在某一种路面上使前后轮同时抱死滑拖,即同时使制动器制动力 $F_\mu = F_\varphi$。而在其他路面上,不是前轮先抱死滑拖,就是后轮先抱死拖滑。

(2) 车轮制动器

车轮制动器的材料、结构形式和制造精度及调整等,对制动性均有影响。

(3) 制动初速度

制动初速度越大,制动距离就越长。同时,制动初速度越大,通过制动器转化产生的热能越大,温度越高,对摩擦片材料的热衰退影响越严重,摩擦系数下降越大,轮胎与路面之间的温度也越高,因而使制动距离加长。

(4) 道路附着系数

附着系数 φ 值限制了最大制动力,制动距离随着 φ 值变化而成反比变化。

(5) 汽车的装载

汽车装载的变化,将改变汽车重心位置而导致汽车的制动性能变化。实践证明,对载重量 3 t 的汽车,如果超载 1 t,制动距离要增大 0.5~1 m。

(6) 驾驶技术

驾驶员的技术熟练程度、反应的快慢程度,对汽车的制动距离影响也很大。实践表明,许多事故是由于驾驶员的反应太慢而造成的。经验证明,在 φ 值较低的滑溜路面,为了防止车轮抱死而导致制动效果变坏,在制动时迅速交替地踏下和放松制动踏板,可提高制动效果。

5. 车轮的防抱

最佳的制动性能应该是同时使所有车轮达到并维持滑动率 S 在 10%~20% 之间,即处于纵向附着力最大、侧向附着力也很大的半抱半滚运动状态。如此,便可提高制动减速度,缩短制动距离,使汽车在制动时有良好的防后轴侧滑能力,并且保持较好的转向能力。

为全面满足制动过程中汽车对制动的要求,目前在国外已研制了多种自动防抱装置。防抱装置一般包括传感器、控制器与制动压力调节器三个部分。制动过程中,控制器不断分析传感器测出的车轮运动参数,若判断出车轮即将出现抱死时,立即给制动压力调节器发出减低分泵油压信号,以减少制动器制动力;松开制动器后,车轮转速增加,控制器又下令再制动,分泵压力重复上升,重新制动。为适应 F_φ 的不断变化,这种压力升降循环要有足够高的频率。

防抱死系统一般常用运动参数有:车轮角减(或加)速度与车轮半径的乘积、车轮角速度减少量、汽车减速度等。

6. 制动性对道路交通安全的影响

汽车的制动性是汽车主动安全性能之一。重大交通事故通常与制动距离太长、紧急制动时发生侧滑及前轮失去转向能力等情况有关。制动跑偏、侧滑及前轮失去转向能力是造成交通事故的重要原因。例如我国某市市郊一山区公路,根据两周(雨季)发生的七起交通事故分析,发现其中六起是由于制动时后轴发生侧滑或前轮失去转向能力造成的。西方一些国家的统计表明,发生人身伤亡的交通事故中,在潮湿路面上约有 1/3 与侧滑有关;在冰雪路面上有 70%～80% 与侧滑有关。根据对侧滑事故的分析,发现有 50% 是由制动引起的。因此汽车制动性是汽车安全行驶的重要保障。

四、汽车的通过性

在一定的载重下,汽车以足够高的平均车速通过各种坏路和无路地带(松软地面、沙漠、雪地、沼泽等)以克服各种障碍(陡坡、侧坡、台阶、壕沟等)的能力称为汽车的通过性。在农林区、矿区、建设工地使用的车辆和军用汽车一般都要具备良好的通过性,而用于城市的小汽车、公共汽车等因为行驶的道路条件较好,所以对通过性的要求不很突出。汽车通过性常用单位车重的挂钩牵引力来评价。在松软的地面上,土壤对驱动轮的推力和车轮遇到的土壤阻力之差称为挂钩牵引力。挂钩牵引力是汽车越野行驶的一种贮备,可用以克服坡道、不平路面的阻力。

汽车驱动轮的数目决定附着重量和驱动轮胎与松软地面的接触面积。为了提高土壤推力,越野汽车的车轮都是驱动轮,并采用低压、越野花纹和较大尺寸的轮胎。为了充分利用地面提供的挂钩牵引力,越野汽车应有较大的驱动力,这可通过提高发动机性能和增加副变速器等来达到。采用液力变扭器、高速差速器、独立悬挂等,都能提高汽车的通过性。另外汽车的通过性还与汽车的几何参数有直接关系。汽车的几何参数包括最小离地间隙 c、接近角 γ_1、离去角 γ_2、纵向通过半径 P、最小转弯半径 R 等(图 3-20)。

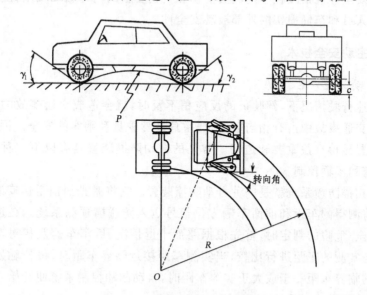

图 3-20 汽车通过性的几何参数

1. 最小离地间隙

汽车除车轮以外底盘的最低点与地平面之间的距离,称为最小离地间隙。大多数汽车底盘的最低点在后轴主减速器的下沿。

2. 接近角与离去角

从汽车前面的突出最低部位引出一直线与前轮外圆相切,该切线与地平面构成的夹角,称为接近角。从汽车后面的突出最低部位引出一直线与后轮外圆相切,该切线与地面构成的夹角,称为离去角。接近角和离去角过小将导致通过性不良。

3. 纵向通过半径

纵向通过半径是在汽车侧视图上作出的与前后轮及两轴间最低点相切的圆的半径。汽车的纵向通过半径越小表明它能够无碰撞地越过小丘、拱桥的能力越强。

4. 最小转弯半径

汽车转弯时,当转向盘转到最大极限时,外侧前轮所滚过的轮迹中心至转向中心的距离,称为最小转弯半径。汽车的最小转弯半径表明了汽车在最小面积内回转的能力。

第二节 汽车主被动安全技术

汽车安全技术分为汽车主动安全技术和汽车被动安全技术两个方面。

汽车主动安全技术是汽车上避免发生交通事故的各种技术措施的统称,目的是"防止事故"。目前常用的汽车主动安全技术包括汽车自动防撞、汽车驱动防滑控制、轮胎气压检测报警、车辆巡航控制、制动防抱死和安全辅助驾驶等。

汽车被动安全是指发生事故后,汽车本身减轻人员受伤和货物受损的性能,即汽车发生意外的碰撞事故时,如何对驾驶员、乘员及货物进行保护,尽量减少其所受的伤害和损坏。汽车被动安全性包括减轻车内成员受伤和货物受损的内部被动安全性及减轻对事故所涉及的其他人员和车辆损伤的外部被动安全性。

一、汽车主动安全技术

1. 汽车自动防撞装置

在汽车高速行驶情况下,驾驶员的反应稍不及时,就会造成交通事故的发生,其中追尾事故在道路交通事故中占有相当数量,严重危及驾驶员和乘客的安全。因此,研究和推广汽车防撞装置显得日益重要和迫切。常见的自动防撞装置具有以下三种功能:环境监测、防碰撞判定和车辆控制。

汽车激光扫描防撞系统就是一种自动防撞装置。它将激光扫描雷达安装在车辆前端的中央位置,将测得的车距和前面车辆方位信号送入防碰撞预测系统。在进行追尾碰撞危险程度即安全/危险的判定时,首先根据路面干湿情况、后车车速及相对车速计算出临界车距,然后与实测的车距进行比较,当实测车距接近临界车距时,报警触发信号就会产生,当计算出的临界车距等于或大于实测车距时,自动制动控制系统便开始启动。

2. 汽车驱动防滑控制系统

汽车驱动防滑控制系统(Traction Control System,简称 TCS)的作用是在汽车加速时自动地控制驱动力、转向力,使轮胎的滑移量处于合理的范围之内,从而保持汽车行驶的稳定性。驱动防滑控制系统由车轮速度传感器、TCS 控制器、加速踏板控制器、加速踏板执行机构 TCS 制动执行机构、TCS 指示器、TCS ON/OFF 指示器等构成。车轮速度传感器分别安装在各个车轮上,用于检测各车轮的转速。TCS 控制器根据从车轮速度传感器等输入的信号,综合判断车轮的滑移状态、路面状态和行驶状态,并把信号传送到 TCS 制动机构和发动机加速踏板控制器,进行最优 TCS 控制。此外,与防抱制动控制电路互相协调,实现 TCS 与 ABS 紧密的综合控制。

TCS 系统利用传感器检测车轮和转向盘转向角度,如果检测到驱动轮和非驱动轮转速表过大,系统立即判断驱动力过大,发出指令信号减少发动机的供油量,降低驱动力,从而减小驱动轮轮胎的滑转率。系统通过转向盘转角传感器掌握驾驶员的转向意图,然后利用左右车轮速度传感器检测左右车轮速度差,从而判断汽车转向程度是否和驾驶员的转向意图一样。如果检测出汽车转向不足(或过度转向),系统立即判断驱动轮的驱动力过大,发出指令降低驱动力,以便实现驾驶员的转向意图。

3. 轮胎气压检测报警装置

轮胎气压不仅对车辆的行驶稳定性和燃油经济有重大影响,而且当轮胎气压显著下降时,极有可能发生轮胎破裂爆炸,引发重大交通事故。

轮胎气压检测报警装置主要由速度传感器、报警灯、调置开关、停车灯开关及控制单元 ECU 等组成,通过直接测量获得实际轮胎气压信号,通过车轮速度传感器测得的车速获得轮胎振动频率及扭转弹性常数信号。车辆行驶过程中,当实际轮胎气压信号与理想轮胎气压相差较大时,轮胎气压检测报警装置立即向驾驶者发出报警信号。

4. 车辆巡航控制系统

车辆巡航控制是指汽车的定速控制。在汽车中采用巡航控制系统,可使汽车在发动机功率允许范围内,不用调整加速踏板的位置便可按照驾驶员的要求,自动地适应外界阻力的变化,保持一定速度的行车状态。

图 3-21 是一种典型的闭环汽车电子巡航控制系统原理图。图中 ECU 有两路输入信号:一路是车速传感器测得的实际车速信号;一路是驾驶员按所需车速调定的指令车速信号。ECU 将这两种信号进行比较,由减法得出两信号之差,即误差信号,再经放大、处理后成为油控制信号,送至供油执行器,调节发动机供油数量,使实际车速恢复到驾驶员设定的车速并保持恒定。

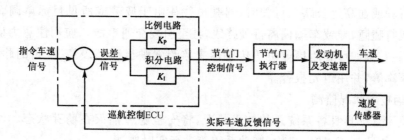

图 3-21　汽车电子巡航控制系统原理

5. 汽车防抱死制动系统

汽车防抱死制动系统(Anti-lock Braking System,简称 ABS),是一种机电液一体化装置。它在传统制动系统的基础上,采用电子控制技术,实现制动力的自动调节以期获得最有效的制动效果,并大大提高车辆主动安全性。ABS能够利用轮胎和地面之间的峰值附着性能,提高汽车抗侧滑性能,充分发挥制动效能,同时增加汽车制动过程中的可控性。减少事故发生的可能性,是一种具有防滑、防锁死等优点的安全制动控制系统。

汽车防抱死制动系统基本工作原理是将车轮的滑移率控制在最大地面附着系数对应的滑移率附近,使汽车获得较高的纵向和侧向附着力,从而避免汽车在急制动时因车轮抱死出现制动效能下降、甩尾、转向失灵等不安全现象,减少事故的发生。

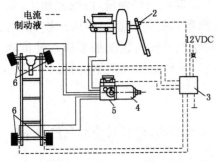

图3-22 国产某型轿车防抱死制动系统(ABS)的组成及布置

1—制动主缸;2—制动灯开关;
3—电子控制装置(ECU);4—电动机;
5—液压控制装置;6—轮速传感器

国产某型轿车的制动防抱死装置如图3-22,该装置为四个轮速传感器四通道式设置形式。四个轮速传感器分别将各车轮的信号传给电子控制器,经电子控制器运算得出各车轮的滑移率,并根据滑移率控制各轮缸油压。当滑移率在8%~35%时,车辆的纵向附着力的侧向附着力都较高。将这一附着区域内的汽车制动的有关参数预先输入到防抱死制动系统(ABS)的控制系统,电子控制器(ECU)可随机地根据实际制动工况进行判断,给执行机构发出动作指令,使车轮的滑移率控制在这一最佳工作范围内,即各车轮制动到不抱死的极限状既不"跑偏"又不"甩尾"。

6. 安全辅助驾驶系统

(1) 车辆辅助驾驶系统技术概述

车辆安全辅助驾驶系统研究的目的就是使车辆在较差的环境中能够识别路况信息,并能够辅助驾驶员安全行车。从车辆安全辅助驾驶系统当前的发展状况来看,基于视觉的环境感知、多传感器的融合和自动驾驶等技术是其今后的发展趋势。

(2) 车辆安全保障技术

安全监测与预警主要指借助传感器和报警系统,监测车辆驾驶员状况、车辆隐患、特殊环境等,以帮助驾驶员增进安全驾驶状态的各项技术。

① 驾驶员注意力监视

长途行驶或在高速公路上行驶时,驾驶员往往由于疲劳或所见目标单调而造成注意力不集中或打瞌睡,导致车辆偏离行驶路线,甚至引发交通事故。应用注意力监测可有效解决此类问题,例如可利用摄像机等传感器来监测驾驶员面部表情、眼睛的睁开程度、眼皮眨动的频率等,并用声光报警。

② 车辆技术状况监测

及时监测汽车自身各系统总的技术状况,将安全隐患消灭在萌芽状态。例如对发动机运转状况、轮胎气压、转向机构、制动系统等进行实时监测。

③ 驾驶员视觉增强

现今的视觉感知技术已能够实现在特殊天气或环境条件(如夜间,雨、雪、雾天气,弯道,上下坡,视觉盲点等)下使驾驶员具有良好的"视野"。红外传感器在这方面具有很强的优势,其最大的特点就是能够在夜间和各种能见度低的恶劣天气下探测到路况信息。

目前红外传感器已广泛应用于多种车辆的夜视和后视报警系统。

④ 防撞安全预警

全面监测车辆当前状态及周边其他车辆等障碍物的情况,如有碰撞等安全隐患,则警告驾驶员。例如,当车道前方有其他车辆或障碍物时,该系统将自动监测并及时发出警告,以便驾驶员提前做相应的处理。

二、外部被动安全技术

1. 汽车与行人的碰撞分析

(1) 小客车与行人的碰撞

在小客车与行人的碰撞过程中,首先行人的腿部撞到汽车保险杠上,然后骨盆与发动机罩前端接触,最后头部撞到发动机罩或前风窗玻璃上。这时行人被加速到车速,这就是"一次碰撞";车速越高,头部撞击点越靠近前风窗玻璃,随后由于汽车制动使行人与汽车分离,行人以与碰撞速度相近的速度撞到路面上,这是"二次碰撞";在有的事故中还发生行人被汽车碾压,这是"三次碰撞"。

汽车与行人碰撞过程中,人体的损伤部位可以覆盖全身,但主要部位是头部和下肢。研究表明,行人头部和下肢在汽车与行人碰撞造成的损伤中各占约30%。因此,降低汽车前部在与行人碰撞过程中对行人头部和下肢造成的伤害非常重要。

(2) 载货汽车与行人的碰撞

载货汽车与行人相撞造成的伤亡远比小客车严重,这是因为一次碰撞中,无论是长头还是平头驾驶室的载货汽车,都不可能存在小客车事故中的行人身体在发动机罩上翻滚过程,而是在很短的时间内行人被加速到货车速度,易于造成行人的伤亡。同时,驾驶室上突出的后视镜、驾驶员踏板以及保险杠也容易使行人受伤。

另外,在不同的碰撞过程中,行人的身材和姿势存在较大的差异,行人与汽车的初始接触部位也存在较大的差异,致使行人的身体尤其是头部与汽车的撞击部位范围很广,从发动机罩前端到风窗玻璃再到顶盖都可能成为撞击区域。因此,提高汽车与行人碰撞的安全性需对整个汽车前部不同区域采取不同的措施。

2. 减轻行人伤害的结构措施

(1) 保险杠及其改进措施

设计合理的保险杠应该不仅考虑到内部被动安全性,而且也应顾及外部被动安全性。为此,要求一切在公路上行驶的车辆前后均应装有保险杠。从减轻事故中受伤程度看,行人与保险杠的碰撞部位在膝盖以下为好,因此,希望将保险杠降低。但保险杠过低,会加大头部在发动机罩或风窗玻璃上的撞击速度。所以保险杠高度取为 330~350 mm 是合适的,可以保证大部分行人的碰撞部位发生在膝盖以下。为了降低保险杠对行人腿部造成的伤害,可以采取的措施是降低保险杠的刚性、改进保险杠的吸能性能、优化保险杠与汽车主梁的连接。另外,加宽保险杠的界面高度、适当增加保险杠与发动机罩前端的距离、采用刚度在高度方向上变化的保险杠、保险杠下边缘比上边缘适当前移都将对行人腿部有较好的保护效果。

(2) 发动机罩的结构及其改进措施

从安全角度出发,发动机罩前端圆角半径应大一些,机罩高度低一些。降低发动机罩的刚性可以降低行人头部与发动机罩的撞击力。例如,减小发动机罩外板的厚度,改变发动机罩内、外板截面形式等。但是发动机罩的整体刚性不能太低,否则发动机罩在汽车行驶过程中会产生振动。另外,仅仅降低发动机罩的刚性,会进一步增加头部撞击发动机罩下面的硬物的可能性。为解决上述问题,一种较好的解决方案是采用可变性的发动机罩支撑结构。该结构可以在行人与发动机罩发生碰撞时产生一定的压溃变形,从而在不过分降低发动机罩整体刚性的情况下,降低发动机罩对行人产生的伤害。

(3) 改善汽车前端造型

老车型发动机罩前端高度较高,边缘轮廓较硬,对行人的保护效果较差。近年来推出的新车型多采用流线型造型,从而可以对行人的大腿、骨盆及腹部产生较好的保护效果。

3. 行人安全防护的新技术

(1) 采用汽车前保险杠安全气囊和前风窗玻璃安全气囊

据统计,在50%以上的汽车碰撞事故中,驾驶员在碰撞发生前均采取了紧急制动措施,但由于制动距离不够,导致事故发生。因此,如果利用传感器技术在汽车碰撞前检测到碰撞即将发生而将前保险杠安全气囊释放出来,则行人将不会直接与刚度很大的汽车前部结构发生碰撞,而是首先与气囊接触,从而有效地保护行人。

(2) 采用自动弹出式发动机罩

自动弹出式发动机罩是在汽车保险杠与行人碰撞的瞬间,有传感器检测到碰撞信号,迅速控制发动机罩后端向上开启一定距离(或前后同时弹出一定距离),从而有效增加发动机罩与发动机舱中零部件之间的间隙,避免行人头部与硬物接触。该方法已在一些运动型轿车上得到应用。

(3) 采用电子行人发射器和接收器

为了使驾驶员能够尽早发现行人并采取相应的措施,研究人员研制了一套电子行人发射器和接收器,行人随身携带一个小型的发射器,在可能与汽车发生碰撞的情况下开启发射器,通过安装在汽车上的接收器提醒汽车驾驶员注意行人,尽量避免事故的发生。该方法的效果取决于行人和汽车是否能正确携带、安装和使用发射器和接收器,推广应用尚有一定困难。

三、内部被动安全技术

在汽车碰撞中,减轻驾驶员和乘客受伤程度的被动安全技术大同小异,因此,下文所提到的乘员泛指驾驶员和乘客。

1. 乘员与汽车内部结构的碰撞分析

汽车发生碰撞事故一般是指汽车和外部事物之间的碰撞,称为一次碰撞。乘员与汽车内部结构的碰撞,称为二次碰撞。

汽车发生碰撞时,乘员的伤害主要是由以下几种原因造成的:

① 在碰撞时,汽车结构发生变形,汽车构件侵入乘员生存空间,使乘员受到伤害。

② 碰撞时,由于汽车结构破坏等原因,使得乘员的部分身体或全部身体暴露在汽车

外面而受伤。

③ 在碰撞作用下,汽车的速度急剧减小,这使乘员由于惯性作用继续前移与汽车内部结构(如转向盘、仪表板等)发生碰撞而造成伤害。

由此可见,提高汽车的被动安全性,要从汽车结构设计和乘员保护系统两方面入手。汽车结构设计要考虑车身、车架、坐椅、转向柱、内饰等的合理设计,乘员保护系统则应考虑使用安全带、安全气囊等安全装置。

2. 减轻乘员伤害的结构措施

(1) 安全车身

汽车碰撞时,车体结构的安全作用是在吸收汽车动能的同时减缓乘员移动的过程,并保证乘员有生存的空间,即安全车身结构应包括"经得住碰撞的车身"和"吸收冲击的汽车前部及后部"。其设计原则是:使乘员舱具有较大的刚度,在碰撞时减少变形;使前部发动机舱和后部行李舱刚度相对较小,以便在猛烈撞击时产生变形吸收能量。

(2) 安全坐椅

汽车坐椅是汽车中将乘员与车身联系在一起的重要内饰部件,它直接影响到整车的舒适性和安全性。在汽车交通事故中,坐椅在减少乘员损伤中起到重要的保护作用。首先,在事故中它要保证乘员处在自身的生存空间内,并防止其他车载体(如其他乘员、货物)进入这个空间。其次,要使乘员在事故发生过程中保持一定的姿态,使其他约束系统能充分发挥保护效能。因此,安全坐椅应具有在事故发生时能最大限度地减轻对驾驶员及乘员造成伤害的能力,其次还要满足舒适性、低成本、质量轻及美观耐用的要求。

(3) 吸能转向柱

汽车发生正面碰撞时,布置在汽车前部的转向柱在碰撞力的作用下要向后(即驾驶员胸部方向)运动,同时,驾驶员受惯性的影响有冲向转向盘的运动。这些运动的能量应通过转向柱以机械的方式予以吸收,防止或减少其直接作用于驾驶员身上,造成人身伤害。因此,要求转向柱除了能满足转向功能外,在汽车发生正面碰撞时,能够有效地吸收碰撞能量。防止或减少碰撞能量伤害驾驶员的转向柱称为能量吸收式转向柱。

能量吸收式转向柱有网状管柱式、波纹管式、弯曲托架式等多种形式,其工作的基本原理是当转向轴受到巨大冲击时,转向轴产生轴向位移,使支架或某些支承件产生塑性变形,从而吸收冲击能量。

3. 减轻乘员伤害的安全装置

汽车发生事故时,对乘员的伤害是瞬间发生的。为了防止在极短的时间内对乘员造成伤害,汽车必须安装安全设备。汽车被动安全设备主要包括坐椅安全带和安全气囊系统。坐椅安全带用于减轻二次碰撞的危险性,安全气囊系统则作为坐椅安全带辅助用具,为乘员提供更好的安全保障。

(1) 安全带

安全带是将乘员身体约束在坐椅上的安全装置,用以避免车辆发生碰撞事故时,乘员身体冲出坐椅发生二次碰撞,以降低发生碰撞事故的受伤率和死亡率。安全带作用主要是约束正面碰撞、追尾碰撞及翻车事故中人体相对于车体的运动,尤其可以减少乘员头部和胸部的伤害。

汽车坐椅安全带按固定点数分类,主要有两点式、三点式和四点式。两点式安全带包括腰带和肩带。腰带仅限制乘员的腰部;肩带仅限制乘员上躯体。三点式安全带是将腰带和肩带连接在一起,也称为腰肩连续带。四点式安全带是在两点式安全带上在装两根肩带而成。四点式安全带对乘员保护性能最好,但实用方便性还存在一定问题,目前多用于赛车上。汽车坐椅安全带按卷收器的类型分类,主要有无锁式(NLR)、手调式、自锁式(ALR)、紧急锁止式(ELR)、预紧式和限力式。紧急锁止式安全带是目前我国使用最广泛的一种安全带,它要求安全带对织带的拉出加速度、汽车减速度及汽车的倾斜角度敏感。预紧式安全带是近年来发展起来的一种安全带,这种安全带是在普通安全带的基础上增加预紧器构成的,当碰撞达到一定强度时,预紧器启动,带动锁扣回缩,使安全带缩短。限力式安全带也是近年来发展起来的一种安全带。当发生碰撞时,安全带会发出很大的拉力限制乘员的运动,有时可能达到伤害人体的程度。限力式安全带增加限力机构,防止拉力过大对人体造成伤害。

(2) 安全气囊

安全气囊系统(Supplemental Restraint System,SRS)的原意是辅助约束系统,就是辅助保护乘员,它的基本前提是佩戴安全带。因为汽车前部因发生碰撞会产生很大的冲击力,即使佩戴了安全带,驾驶员的脸部也会撞击在转向盘上,乘员的头部则会撞到风窗玻璃上,安全气囊系统可弥补佩戴安全带后仍不能固定身体、保护不足的缺陷。

安全气囊主要由控制装置、气体发生器和气囊组成,其中控制装置又包括传感器、电子控制系统及触发装置。其工作原理为:安全气囊平时折叠收容于转向盘中央及仪表板下部。在汽车发生碰撞事故时,传感器感受汽车碰撞强度,电子系统接收并处理传感器的信号。当判断有必要打开气囊时,立即由触发装置发生点火信号触发气体发生器,气体发生器收到信号后迅速产生大量气体,并充满气囊,使得乘员能够与一较柔软的吸能缓冲物件相接触,而不是与汽车的内饰件猛烈碰撞。依靠气袋的排气孔节流阻尼来吸收碰撞能量,从而达到减少伤害保护乘员的目的。

根据保护的乘员位置不同可把气囊分为驾驶员气囊、副驾驶员气囊和其他乘员气囊等几种。根据保护碰撞的方式不同又可将其分为正碰撞气囊、侧碰撞气囊及其他气囊等。目前驾驶员及副驾驶员的正碰撞气囊已经得到广泛应用,侧面碰撞气囊的应用也越来越广泛,装备对全车乘员进行各种碰撞保护的气囊系统将是乘员保护系统的发展趋势。

复习思考题

3-1 制动稳定性能评价指标有哪些?
3-2 影响汽车制动性能的因素有哪些?
3-3 试分析汽车纵、横稳定性的条件。
3-4 轮胎的哪些特性与汽车安全行驶相关?
3-5 简述驱动防滑控制系统和防抱死制动系统的组成及工作原理。
3-6 减轻行人和乘员伤害的被动安全技术有哪些?

第四章 道路与交通安全

道路是汽车交通的基础和载体,道路条件对交通安全有着重要影响,与道路交通安全相关的道路特性主要有道路几何线形、横断面、交叉口、路面等,本章主要论述其与交通安全的关系。

第一节 道路线形与交通安全

线形是指立体描述道路中心线的形状。其中平面描述的道路中心线形状称为平面线形,立体描述的道路中心线形状称为纵断面线形。线形的好坏,对交通流安全畅通具有极其重要的作用。如果道路线形不合理,不仅会造成道路使用者时间和经济上的损失,降低通行能力,而且可能诱发交通事故。

道路几何线形要考虑与地形及地区的土地使用相协调,同时要使道路线形连续,并和平面、纵断面两种线形以及横断面的组成相协调,更要从施工、维修管理、经济条件和交通运行等角度来确定。

一、平面线形与交通安全

1. 直线

直线是最常用的线形,具有现场勘测简单、前进方向明确、距离短捷的优点。对于公路来说,直线部分景观单调,对驾驶员缺乏刺激。长直线段容易使驾驶员行车单调乏味、分散注意力、增加疲劳感,降低反应能力,影响行车安全,因此并非理想的线形;同时直线长度也不宜过短。

我国规定当设计速度≥60 km/h 时,同向曲线间的最小直线长度(以 m 计)以不小于行车速度(以 km/h 计)的 6 倍为宜;反向曲线间最小直线长度(以 m 计)以不小于行车速度(以 km/h 计)的 2 倍为宜。

2. 平曲线半径

受自然条件、村镇以及其他因素的影响,道路会出现许多弯道。如图 4-1 所示,当汽车驶入弯道时,会出现离心运动现象,产生离心力,若汽车行驶速度较快且弯道半径小时,就可能发生横向翻车或滑移。因此,为保证行车安全,在不同等级的道路上规定了相应的弯道(平曲线)最小半径。

图 4-2 表示直路和弯道,A、B 两头都是直线,A 为平曲线的起点,B 为平曲线的终点,L 为平曲线的长度,R 为平曲线的半径。半径越大,弯道就越平顺,车辆行驶就越顺当;半径越小,弯道就越急促,车辆行驶就越不顺当。

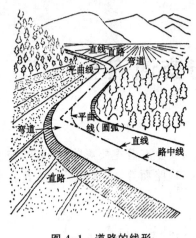

图 4-1 道路的线形

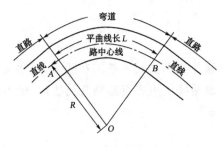

图 4-2 平曲线半径

汽车行驶在半径为 R 的圆曲线上，车的自身质量为 m，车速为 v，受到的离心力为 F_c，则

$$F_c = \frac{mv^2}{R} \tag{4-1}$$

由式(4-1)所知，半径与车速的平方成正比，车速大，半径就大；车速小，半径就小。按照车速把平曲线的半径规定一个最小的限度，即平曲线最小半径。表 4-1 列出了各级公路的最小平曲线半径。

表 4-1 不设超高最小平曲线半径(m)

设计速度 (km·h^{-1})	120	100	80	60	40	30	20
$i_{路拱} \leqslant 2.0\%$	5 500	4 000	2 500	1 500	600	350	150
$i_{路拱} > 2.0\%$	7 550	5 250	3 350	1 900	800	450	200

3. 缓和曲线

缓和曲线是设置在直线与圆曲线之间或圆曲线与圆曲线之间的一种曲率连续变化的曲线。汽车由直线段驶向曲线段时，其转弯半径由无限大变为某一定值，与汽车行驶轨迹的连续性不相吻合；两个转弯半径不同的曲线段连接也是如此。这种现象会造成行车的不安全。为了缓和这种曲率的变化，保证行车安全平顺，需要在其间设置缓和曲线段，使车辆在正常转弯行驶时减少对道路摩擦力的需求，增强道路交通的安全性。此外，曲线段还存在超高加宽问题，由直线段的路拱、定宽路面改变为超高、加宽路面也需要缓和段来实现其间的过渡。

缓和曲线按线形分为三次抛物线、双扭曲线和回旋曲线等。驾驶员按一定速度转动转向盘，按一定车速行驶时则曲率按曲线长度缓和地增大或减少，轮机顺滑的轨迹刚好符合回旋曲线，因此我国用回旋曲线较多。

设 R 为平曲线半径，则其倒数称为曲率。回旋曲线就是曲率按曲线长度成相同比例

增大的曲线,其关系为

$$\frac{1}{R} = CL \tag{4-2}$$

式中　C——常数；

　　　L——曲线长度。

按照设计速度,最小缓和曲线长度如表 4-2 所示。考虑到驾驶员的视觉条件,设置回旋曲线时,应取大于表 4-2 的数值。

表 4-2　最小缓和曲线长度

设计速度(km·h^{-1})	120	100	80	60	40	30	20
缓和曲线长度(m)	100	85	70	50	35	25	20

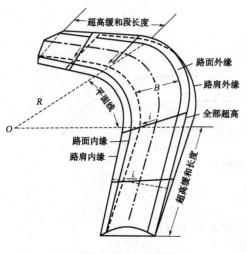

图 4-3　道路超高

4. 弯道超高

汽车在弯道上行进时,会受离心力的作用,向圆弧外侧推移。该离心力的大小,与行车速度的平方成正比,与平曲线的半径成反比。所以,车辆在较小半径的弯道上,开得越快,车身被离心力推向弯道外侧的危险就越大。为预防这种危险情况的发生,驾驶员必须小心谨慎,降低车速。同时,道路工程部门在设计与施工中需要把弯道的外侧提高,使路面在横向朝内一侧,有个横坡度(即横向倾斜程度),来抵挡离心力的作用,即道路超高,如图 4-3 所示。道路超高规定在 2‰～6‰ 之间。

圆曲线半径根据设计速度(km/h)按下式计算：

$$R = \frac{v^2}{127(i+f)} \tag{4-3}$$

如果用式(4-3)来考虑横向力平衡时,可得出：

$$f_g = \frac{v^2}{R} - gi \tag{4-4}$$

式中　f_g——作用于汽车的横向加速度；

　　　v——设计速度(m/s)。

若这个值大,就产生显著的横向摆动,给人以不舒服的感觉,所以尽量把超高 i 取大一些。但是,汽车如果以低于设计速度的速度行驶时,反而会在重力作用下,沿横断面斜坡向内侧下滑。为保证在弯道部分停车时,汽车不发生向内侧滑移,甚至翻车,其超高又不能太大。在曲线部分,除曲率半径非常大和有特殊理由等情况外,都要根据道路的类别和所在地区的寒冷积雪程度,以及设计速度、曲率半径、地形状况等设置适当的超高。

5. 弯道加宽

汽车在弯道上安全行驶所需要的路面宽度,较直线段上要宽些,所以弯道上的路面应

当加宽,如图4-4。图中,R为平曲线半径,L为汽车前挡板至后轴的距离,则单车道路面所需要增加的宽度 W 为

$$W = \frac{L^2}{2R} \tag{4-5}$$

如果是双车道路面,则对式4-5中求得的 W 值加倍,再加上与车速有关的经验数值 $0.1v/\sqrt{R}$(v：km/h),即双车道拐弯处路面所需增加的宽度为

$$W_{双} = \frac{L^2}{R} + \frac{v}{10\sqrt{R}} \tag{4-6}$$

加宽值 W 是加在弯道的内侧边沿,并按抛物线处理,如图4-5所示。这样既符合汽车的行驶轨迹,有利于车辆顺当行驶,又改善了路容。

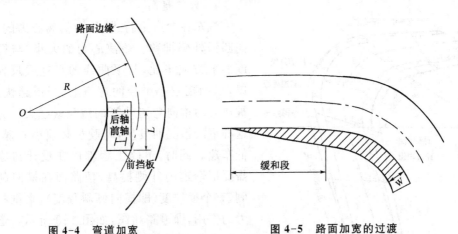

图4-4 弯道加宽　　　　图4-5 路面加宽的过渡

由上可见,平曲线的半径 R,是弯道的一个重要数据,平曲线的半径 R 的倒数 $1/R$ 称作平曲线的曲率,表示曲线弯曲的程度。半径 R 越小,曲率 $1/R$ 越大,曲线弯曲的程度越大;反之,半径 R 越大,曲线弯曲的程度越小。

6. 曲线转角

与曲线长度相关的曲线转角也可以作为道路交通安全的影响因素,两者之间的关系可用下式表示：

$$\alpha = 0.01CCR \times L \tag{4-7}$$

式中　α——曲线转角；

　　　CCR——曲率变化率(°/100 m)；

　　　L——曲线长度。

当曲线转角在0°～45°之间变化时,亿车事故率与转角的关系近似成抛物线形,即随着转角的增大事故率在逐渐降低,当转角增大到某一数值时事故率降到最低点(即抛物线的极值点),此时随着转角的继续增大事故率又开始上升,变化规律明显。

当路线转角为小偏角时,事故率明显偏高,其原因是小偏角曲线容易导致驾驶员产生急弯错觉、不利于行车安全。当转角值在15°～25°之间时,事故率最低,交通安全状况最好。

二、纵面线形与交通安全

纵面线形主要是指表示道路前进方向上坡、下坡的纵向坡度和在两个坡段的转折处插入的竖曲线两类。

汽车的爬坡能力是限定纵坡大小的一个因素。由于各种汽车构造、性能、功率不同,它们爬坡能力也不一样,纵坡大小对载重汽车的影响比小汽车显著得多。汽车在陡坡上行驶,必然导致车速降低。若陡坡太长,爬坡时会使汽车水箱出现沸腾、汽阻,以致行车缓慢无力,甚至导致发动机熄火;机件磨损增大,驾驶条件恶化,发生交通事故;或由于汽车轮胎与道路表面摩擦力不够而引起车轮空转打滑,甚至有向后滑溜的危险。沿长陡坡下行时,由于需长时间减速、制动,也会造成制动器发热失效或烧坏,从而导致交通事故。因此,对于较大纵坡的坡度及坡长必须加以必要的限制和改造。

1. 最大纵坡

纵向坡度的标准值,要在经济容许的范围内,按尽可能少地降低车辆速度的原则来确定,与其他路段一样,需要努力保证与设计车速一致的行驶状态。具体地说,纵向坡度的一般值,按小客车大致以平均行车速度可以爬坡;普通载货车大致按设计车速的 1/2 速度能够爬坡的原则来确定。

《公路工程技术标准》(JTG B01—2003)对公路的最大纵坡所作的规定如表 4-3 所示。

表 4-3 最大纵坡

设计速度($km \cdot h^{-1}$)	120	100	80	60	40	30	20
最大纵坡(%)	3	4	5	6	7	8	9

2. 纵坡长度

在翻山越岭连续上坡的路段,机动车在较长的坡道上行驶,发动机容易过热,引起故障。在连续下坡时,车速越来越快,存在不安全因素,特别在雨天或有冰雪时,更有滑溜的危险。

《公路工程技术标准》(JTG B01—2003)对公路的不同纵坡的最大坡长所作的规定如表 4-4 所示。

表 4-4 不同纵坡最大坡长(m)

设计速度($km \cdot h^{-1}$)		120	100	80	60	40	30	20
纵坡坡度(%)	3	900	1 000	1 100	1 200			
	4	700	800	900	1 000	1 100	1 100	1 200
	5		600	700	800	900	900	1 000
	6			500	600	700	700	800
	7					500	500	600
	8					300	300	400
	9						200	300
	10							200

《公路工程技术标准》(JTG B01—2003)对各级公路纵坡的最小坡长规定如表 4-5。

表 4-5　最小坡长

设计速度(km·h^{-1})	120	100	80	60	40	30	20
最小坡长(m)	300	250	200	150	120	100	60

高速公路、一级公路当连续陡坡由几个不同坡度值的坡段组合而成时,应对纵坡长度受限制的路段采用平均坡度法进行验算。

3. 竖曲线

在起伏转折(即变坡)的地方,与平面上的折线一样,插进一条圆弧,以便车辆得以安全通过,这种圆弧称竖曲线,也可叫做圆形曲线,通常采用二次抛物线,如图 4-6 所示。

表示竖曲线大小的指标有长度、半径和曲率。竖曲线的曲率是根据曲线长度和纵向坡度的变化量来决定。严格地说,二次抛物线的曲率在曲线各点上不相同,但作为竖曲线应用的范围内其差别很小,所以实际应用中,不妨看做曲率一定的圆弧曲线。

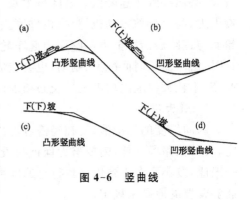

图 4-6　竖曲线

《公路工程技术标准》(JTG B01—2014)对竖曲线半径和长度的规定如表 4-6 所示。

表 4-6　竖曲线最小半径和最小长度

设计速度(km/h)	120	100	80	60	40	30	20
凸形竖曲线最小半径(m)	11 000	6 500	3 000	1 400	450	250	100
凹形竖曲线最小半径(m)	4 000	3 000	2000	1 000	450	250	100
竖曲线最小长度(m)	100	85	70	50	35	25	20

一般说来,凸形竖曲线路段的交通事故率要比水平路段高,小半径凸形竖曲线的事故率要比经过改善设计后的竖曲线路段事故率高很多。竖曲线的频繁交换会影响行车视距,严重降低道路安全性能,尤其在凸形竖曲线路段,视距受限大大增加交通事故率。如在凸形竖曲线后面存在一个急弯,由于凸形竖曲线遮挡视线,驾驶员往往来不及反应,极易造成交通事故。

在白天或夜晚照明充分的情况下,凹形竖曲线的视距并不是影响道路交通安全的关键因素,但是在夜晚没有照明的道路上,凹形竖曲线必须考虑视距问题,因为道路线形的水平曲率会使车头灯光不能沿路线线形的前进方向,仅能侧向照射路面,这种情况即使将凹形竖曲线展平也不会有明显改善。另外,凹形竖曲线上方的跨线结构物,往往会造成视距障碍,形成安全隐患。

三、道路综合线形协调与交通安全

道路线形是由直线和各种曲线连接而成的。在行车时,驾驶员需要观察了解前方的道路交通情况,以适应新的行车条件。由于驾驶员顺着直线或某种曲线扫视时,习惯于使视线平顺地向前,因此为保证行车安全,道路几何线形的组合应该自然流畅。如果道路几何线形组成部分的尺寸变化过大,驾驶员就会在驾驶汽车过程中缺乏足够的思想准备,容易造成交通事故。《公路路线设计规范》规定:设计速度大于或等于 60 km/h 的公路线形设计,必须注重平、纵面的合理组合,及其驾驶者对视觉和心理方面的要求。

1. 技术标准应相互协调

道路全线的各项技术标准最好能够一致,这意味着道路全线均可满足同一最大的行车速度值,车辆在道路上行驶就比较安全可靠,易于操作。如果必须变更标准,应该在两种标准之间设置过渡地段,使驾驶员能够逐渐适应变化。

2. 线形连接应协调

线形连接与驾驶员行车心理、生理特性和视觉及反应有密切关系。若行车速度变化幅度大,对于驾驶员来说,易于发生交通事故。根据驾驶员行车特性,线形连接应协调以下几点:

(1) 在高填方的曲线路段,由于驾驶员对曲线大小难以判断准确,行车会偏离车道,冲到路下,酿成车祸,因此应沿曲线外侧加设护栏、路警桩、诱导视线。

(2) 两个同向曲线之间插入一个短直线,称为断背曲线。这种线形,行车条件差,容易使驾驶员产生错觉而导致事故。因此,应避免出现断背曲线。

(3) 直线不宜过长。直线过长会使行车单调,容易使驾驶员思想不集中,反应迟钝,不利于安全行车。

(4) 应避免采用由很多短坡路段连在一起的线形。因为在这种线形的道路上行驶,驾驶员只能看见凸出的部分,看不见凹下隐藏的地方,视线断断续续,行车不畅通,超车视距不好,发生事故的可能性大。

3. 平曲线与竖曲线的组合

平曲线与竖曲线组合不良,即使两者都分别符合设计规定,也常常会成为道路交通安全的隐患,根据实际经验,应注意避免以下几种组合形式:

(1) 避免在凸形竖曲线顶部或凹形竖曲线底部设小半径平曲线起点。前者会使驾驶员视线失去引导,驾驶员爬上坡顶才发现转变,来不及采取措施;后者会造成视觉误差,形成不必要的加速行驶,很不安全。

(2) 避免在凸形竖曲线顶部和凹形竖曲线底部设反向平曲线拐点。

(3) 避免在长直线路段上采用凹形竖曲线。驾驶员沿凹形竖曲线行车,因视线错觉,会造成不必要的加速。

(4) 在一个平曲线内有几个变坡点,或在一个竖曲线内有几个平曲线时,会使视线不平衡,驾驶员易发生判断错误。

(5) 线形的连接和平曲线与竖曲线组合,在城市市区道路上,问题并不突出,但对于郊区公路尤其是山区公路有重要意义,必须对这类路段加以改造。对暂时不能改造的路段,应采取相应的交通管制措施,保证交通安全,防事故于未然。

四、视距与交通安全

视距是驾驶员在道路上能够清楚看到的前方道路某处的距离,是道路几何设计的重要因素。有足够的视距,对于行车安全、行驶速度以及通行能力都很重要。视距是导致交通事故的一个因素,是因为驾驶员发现前方有障碍物就要在其前面停住车(停车视距),或者前方来车需要错开行驶(错车视距),以及在两车道的道路上,要超越其他车辆,就要跨越到另一车道上行驶(超车视距)的情况存在。因此,足够的视距和清晰的视野,是保证安全行车最重要的因素。

1. 停车视距

驾驶员在行驶过程中,看到同一车道上的障碍物时,从开始刹车至到达障碍物前安全停车的最短距离,称为停车视距。停车视距由三部分距离组成,即驾驶员在反应时间内车辆行驶的距离(l_1)、开始刹车至停车的制动距离($l_制$)和安全距离(l_0),如图4-7所示。

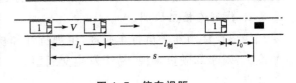

图4-7 停车视距

驾驶员从发现并确认障碍物,到踩上制动踏板,这段时间叫做驾驶员的反应时间,记作 t_0。

从踏下制动踏板到制动生效,这段时间叫做制动生成时间(即车辆反应时间,或称制动延迟时间),记作 t_1。

制动生效时,车辆开始产生减速度,直到车辆停止为止,这段时间可记作 t_2。

今设制动前汽车的行驶速度为 v_0(km/h),车轮在道路上的附着系数为 φ,重力加速度为 g,安全距离为 l_0,并且把 v_0 的单位由 km/h 化为 m/s(1 km/h=$\frac{1}{3.6}$ m/s),则由运动学的原理可知停车视距为

$$D = \frac{v_0}{3.6}t_0 + \frac{v_0}{3.6}t_1 + \frac{1}{2}t_2\frac{v_0}{3.6} + \frac{v_0^2}{2g\varphi \times 3.6^2} + l_0 \tag{4-8}$$

由于 t_0 为驾驶员的反应时间,t_1 为汽车反应时间,不妨合并称为反应时间,即

$$t = t_0 + t_1$$

t 为 1～2.5 s,而 t_2 仅有零点几秒,略去式(4-8)右端中的第三项,得

$$D = \frac{v_0}{3.6}t + \frac{v_0^2}{2g\varphi \times 3.6^2} + l_0 \tag{4-9}$$

式中,l_0 一般取 5～10 m。等号右边的第一项,称作反应距离,第二项称作制动距离,l_0 称作安全距离,所以

停车视距 = 反应距离 + 制动距离 + 安全距离

若取 $t=2.5$ s, $g=9.8$ m/s^2,反应距离和制动距离分别为记 s_1 和 s_2,则

$$s_1 = \frac{v_0}{3.6}t = 0.694\,v_0 \tag{4-10}$$

$$s_2 = \frac{v_0^2}{2g\varphi \times 3.6^2} = 0.003\,94\,\frac{v_0^2}{\varphi} \tag{4-11}$$

沥青或混凝土干燥路面和湿润路面上的制动距离和停车视距见表4-7、表4-8所示。

表4-7 干燥路面上的制动距离和停车视距

设计车速 (km·h^{-1})	运行车速 v_0 (km·h^{-1})	φ	反应距离(m) $s_1 = 0.694 v_0$	制动距离(m) $s_2 = 0.00394 \dfrac{v_0^2}{\varphi}$	停车视距 D(m)(不含 l_0)
120	102	0.50	70.79	81.98	152.77
100	85	0.52	58.99	54.74	113.73
80	68	0.55	47.19	33.12	80.31
60	54	0.58	37.48	19.81	57.29
50	45	0.59	31.23	13.52	44.75
40	36	0.61	24.98	8.37	33.35
30	30	0.64	20.82	5.54	26.36
20	20	0.65	13.88	2.42	16.30

表4-8 湿润路面上的制动距离和停车视距

设计车速 (km·h^{-1})	运行车速 v_0 (km·h^{-1})	φ	反应距离(m) $s_1 = 0.694 v_0$	制动距离(m) $s_2 = 0.00394 \dfrac{v_0^2}{\varphi}$	停车视距 D(m)(不含 l_0)
120	102	0.29	70.7	141.3	212.0
100	85	0.30	58.9	94.8	153.7
80	68	0.31	47.1	58.7	105.8
60	54	0.33	37.4	34.8	72.2
50	45	0.35	31.2	22.8	54.0
40	36	0.38	24.9	13.4	38.3
30	30	0.44	20.8	8.1	28.9
20	20	0.44	13.8	3.5	17.3

2. 会车视距

两辆汽车在同一条行车道上相向行驶，发现时来不及或无法错车，只能双方采取制动措施，使车辆在相撞之前安全停车的最短距离，称为会车视距。会车视距一般为停车视距的两倍。会车视距由两相向行驶车辆的司机反应距离（l_1、l_2）、制动距离（$l_{制1}$、$l_{制2}$）、安全距离（l_0）组成，如图4-8所示。

图4-8 会车视距

3. 错车视距

汽车在行驶中同迎面车辆在同一条车道上行驶，而从来车左边绕至另一车道并与对面来车平面上保持安全距离时两车所行驶的最短距离，称为错车视距。在公路等级较低的单车道上行驶或不分上下行的城市道路上行驶时，对错车视距要有严格的要求。错车视距由反应距离、绕行距离、来车在绕行时间内所行驶的距离和安全距离组成,如图4-9所示。错车视距包括第一辆车的反应距离(l_1)及让车绕行距离(l_2)、第二辆车在此时间内行驶的距离(l_3、l_4)和安全距离(l_0)。

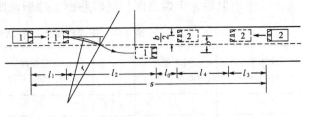

图4-9 错车视距

4. 超车视距

汽车绕道到相邻车道超车时,驾驶员在开始离开原行车路线能看到相邻车道上对向驶来的汽车,以便在碰到对向驶来车辆之前能超前并驶回原来车道所需的最短距离,称为超车视距。超车视距有不等速和等速两种情况。

(1) 不等速超车视距

当后车速度高于前车,以行驶时的车速超越前车时,超车时两车的间距 l_2 等于两车制动距离之差 $l_{制1} - l_{制2}$,加上汽车1的反应距离 l_1,如图4-10所示。

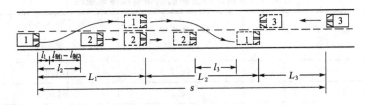

图4-10 不等速超车视距

(2) 等速超车视距

后车尾随前车行驶,即车速相同,判断认为有超车可能时,加速转入对向车道进行超越。超车视距由四部分组成,即后车加速进入对向车道所行驶的距离 d_1;后车进入对向车道进行超车至超过前车又回到原车道上行驶的距离 d_2;超车完成后与对向来车的距离 d_3;在超车过程中对向来车行驶的距离 d_4,如图4-11所示。

图4-11表明,超越车从开始加速到进入对面车道,这段时间所走过的距离为 d_1。在对面车道内行驶 $\frac{1}{3}d_2$ 距离时,发现迎面来车,会车视距为 $D_{超min}$。经判断,若继续超越,可能与迎面来车相撞,就暂时放弃超车,回到原来的车道内;倘若确有把握不会碰撞,就继续行进,直到完成超车。图示的是后一种情况,超越车又经过 $\frac{2}{3}d_2$ 的距离,结束超车。即超越车在对面车道上行驶的总距离为 d_2。回到原车道时,它与迎面来车之间的距离为 d_3。为了安全,一般规定 d_3 在30~100 m之间,d_4 为超越车走过 $\frac{2}{3}d_2$ 时迎面来车所驶过的距离。

《公路工程技术标准》(JTG B01—2003)对各

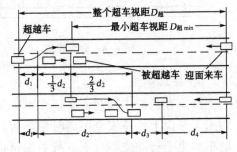

图4-11 加速超车视距

等级公路视距的规定如表 4-9 所示。

表 4-9　停车视距与会车视距

公路等级	一级公路			二级公路		三级公路		四级公路
设计速度(km·h^{-1})	100	80	60	80	60	40	30	20
停车视距(m)	160	110	75	110	75	40	30	20
会车视距(m)	—	—	—	220	150	80	60	40
超车视距(m)	—	—	—	550	350	200	150	100

一级公路应满足停车视距的要求；二级公路应满足会车视距的要求，会车视距的长度不应小于停车视距的两倍。对于不能满足视距的地方，可以采用设立交通标志或强制分道行驶等措施，以确保交通安全。

第二节　道路横断面与交通安全

道路横断面根据道路的使用功能及预测交通量和环境条件，由行车道、路肩及中间带、紧急停车带、变速车道等设施组成，寻求道路最佳的功能、安全性、环境影响、经济效益和道路美化效果。道路横断面形式、车道、路肩及路基设置的正确与否直接影响到交通安全状况。

一、道路横断面形式

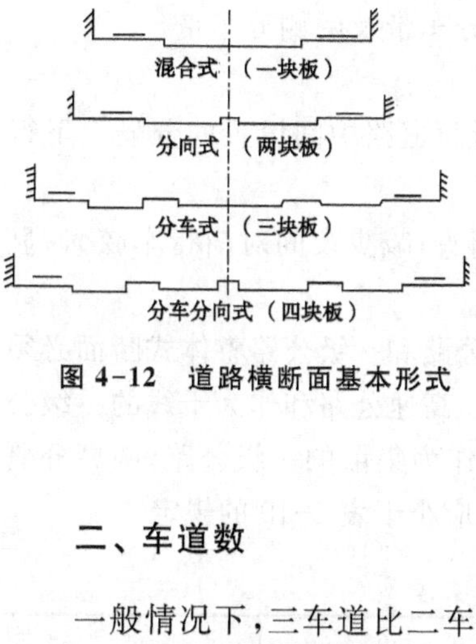

道路横断面指沿道路宽度方向，垂直于道路中心线的断面。城市道路横断面的组成包括道路建筑红线范围以内的各种人工结构物，如行车道、人行道、分隔带、绿化带等。公路横断面一般包括行车道、路肩、边沟、护坡、挡墙等组成部分。横断面设计对于满足交通需要，保证交通运输的通畅和安全，适应各项设施的要求，及时排除地面积水，以及合理安排地上杆线和地下管线，都具有十分重要的意义。横断面形式有混合式、分向式、分车式和分车分向式。道路横断面基本形式见图 4-12。

图 4-12　道路横断面基本形式

二、车道数

一般情况下，三车道比二车道交通事故率高，四车道与三车道近似，之后随着车道数的增加交通事故率反而减少。三车道公路对行车安全最不利，当交通量相对较小时，发生事故的可能性还不算太高，当交通量增加时，交通事故相对数也会随着交通量的增加而迅速提高，因为此时车辆往往冒险利用中间车道实现超车，一旦超车失败，车辆很难回到原来的车道上，发生事故的可能性大幅增加。

对于四车道公路，设立中央分隔带将减少对向行车冲突，降低车道数安全影响系数，进而减少交通事故数；当中央分隔带与立体交叉相结合时，对向行驶和转弯分向行驶都没有冲突点，车道数安全影响系数较低，安全条件大有改善。

三、车道宽度

当车道宽度小于 4.5 m 时,随着车道宽度的增加,交通事故率明显降低。机动车双车道路面若宽度大于 6 m,其事故率较 5.5 m 时要低得多。美国的标准车道宽度规定为 3.65 m,我国则规定大型车道为 3.75 m,小型车道为 3.5 m(公共汽车停靠站或路口渠化段车道宽度可为 3～3.2 m)。但如果车道过宽,例如大于 4.5 m,则由于有些车辆试图利用富余的宽度超车,反而会增加事故。划有车道标线的公路,由于规定车辆各行其道,其事故率降低。

四、分车带

分车带是道路行车上纵向分离不同类型、不同车速或不同行驶方向车辆的设施,以保证行车速度和行车安全。分车带由分隔带及路缘带组成,常用水泥混凝土路缘石围砌,也可用水泥混凝土隔离墩或铁栅栏,还可以在路面上划出白色或黄色标线,以分隔行驶车辆。

分车带对解决机动车与机动车和机动车与非机动车的分离,提高道路通行能力,保证交通安全具有十分重要的作用。但如果设计不科学,也会导致交通事故的发生。如有的公路单向有两条机动车道,中央设置了分车带,在分车带上设置了路灯杆。但由于分车带没有设置路缘带,经常发生大型车挤上了中央分车带,小型车又撞在电线杆上,致使车毁人亡、路灯杆折断的重大交通事故。"三块板"路有许多优越性,但若三块板路隔离带断口太多,自行车和行人会任意横穿,再者由于道路条件好,机动车车速很高,往往来不及采取措施而发生交通事故。

分车带按其在横断面上的不同位置与功能,分为中间分车带及两侧分车带。

1. 中央分车带

中央分车带指高速公路,一级公路及城市二、四块板断面道路中间设置的分隔上下行驶交通的设施,包括两条左侧路缘石带和中央分隔带。

中央分隔带的作用:分隔上下行车流;杜绝车辆随意调头;减少夜间对向行车眩光;显示车道的位置,诱导视线;为其他设施提供场地。

我国《公路工程技术标准》(JTG B01—2014)规定,高速公路和一级公路整体式断面必须设置中间带。中间带由中央分隔带和两条左侧路缘带组成。高速公路和作为干线的一级公路,中央分隔带宽度应根据公路项目中央分隔带功能确定;作为集散的一级公路,中央分隔带宽度应根据中间隔离设施的宽度确定;左侧路缘带宽度不应小于表 4-10 的规定。

表 4-10 左侧路缘带宽度

设计速度(km/h)	120	100	80	60
左侧路缘带宽度(m)	0.75	0.75	0.50	0.50

注:设计速度为 120 km/h、100 km/h,受地形、地物限制的路段或多车道公路内侧车道仅限小型车辆通行的路段,左侧路缘带可论证采用 0.50 m。

分离式断面中央分车带宽度宜大于 4.5 m。此时中央分车带宽度可随地形变化而灵活运用,不必等宽,且两侧行车道亦不必等高,而应与地形、景观相配合;中央分隔带应做成向中央倾斜的凹形;行车道左侧设置左侧路缘带。当行车道与中央分隔带均用水泥混凝土修筑时,分隔带应用彩色路面以示区别。城市道路采用狭窄分隔带时,常在其上嵌以路钮与猫眼。

中央分车带的宽度一般情况下应保持等宽度。当宽度发生变化时,应设置过渡段。中央分车带过渡段以设在回旋线范围内为宜,其长度应与回旋线长度相等;中央分车带宽度较宽时,过渡段以设在半径较大的圆曲线范围内为宜。

2. 两侧分车带

两侧分车带是布置在横断面两侧的分车带,其作用与中央分车带相同,只是布置的位置不同。两侧分车带常用于城市道路的横断面设计中,它可以分隔快车道与慢车道、机动车道与非机动车道、车行道与人行道等。

五、路肩

路肩既可起到保护路面的作用,又可以作为行驶车辆的侧向余宽,也可以停放发生故障的车辆。在我国混合交通条件下,路肩还可供行人、自行车等通行使用。

一般说来,路肩宽时较安全。我国公路工程技术标准规定,路肩宽度应符合表 4-11 规定。

表 4-11 路肩宽度

公路等级(功能)		高速公路			一级公路(干线功能)	
设计速度(km/h)		120	100	80	100	80
右侧硬路肩宽度(m)	一般值	3.00 (2.50)	3.00 (2.50)	3.00 (2.50)	3.00 (2.50)	3.00 (2.50)
	最小值	1.50	1.50	1.50	1.50	1.50
土路肩宽度(m)	一般值	0.75	0.75	0.75	0.75	0.75
	最小值	0.75	0.75	0.75	0.75	0.75
公路等级(功能)		一级公路(集散功能)和二级公路		三级公路、四级公路		
设计速度(km/h)		80	60	40	30	20
右侧硬路肩宽度(m)	一般值	1.50	0.75	—	—	—
	最小值	0.75	0.25			
土路肩宽度(m)	一般值	0.75	0.75	0.75	0.50	0.25(双车道) 0.50(单车道)
	最小值	0.50	0.50			

注:1. 正常情况下,应采用"一般值";在设爬坡车道、变速车道及超车道路段,受地形、地物等条件限制路段及多车道公路特大桥,可论证采用"最小值"。
2. 高速公路和作为干线的一级公路以通行小客车为主时,右侧硬路肩宽度可采用括号内数值。

六、路基高度与边坡

路基高度是指路堤的填筑高度和路堑的开挖深度,是路基设计标高和地面标高之差。在公路上,由于路基较高,容易发生翻车事故,翻车事故所造成的死亡率高于道路交通事故的平均死亡率,因为事故一旦发生均较为严重。尤其在高速公路上,设计标准通常倾向于"高设计标准"——高路基,而道路上行驶车速非常快,因此一旦车辆失控,冲出路侧护栏,翻到至高路基底部,就会造成车毁人亡的严重事故。

路基边坡是为了保证路基稳定,在路基两侧做成的具有一定坡度的坡面。路基边坡过陡是导致事故急剧增加的另一因素。车辆在坡度大的陡坡上发生意外时,事故类型接近于坠车。如果减小坡度,使路基边坡变缓,发生事故的车辆可以沿缓坡行驶一段距离,减小冲撞程度,从而减轻事故的严重性。如果采用矮路基或缓边坡,失去控制的车辆一般不会因驶出路外而翻车,事故的严重性大大降低。

第三节 交叉路口与交通安全

交叉路口是道路网络中道路与道路、道路与铁路或道路与其他交通设施的交叉点,交叉路口和路段是道路的两个重要组成部分。一般来说,交叉路口可分为无控制交叉路口、标志控制交叉路口、信号控制交叉路口、环岛交叉路口和立体交叉路口,前三种称为平面交叉路口(以下简称平交路口)。据1976年日本的交通事故统计,交通事故中的人身事故与平交路口有关的占58%,其中城市占60%,乡村占40%。美国的交通事故有一半以上发生在平交路口,德国农村的交通事故36%发生在平交路口。城市的交通事故60%~80%发生在平交路口及其附近。这是因为各种交通流在此发生相互干扰和冲突,因而交叉路口(尤其是平交路口)往往是交通事故的高发点。

一、平面交叉口

1. 平交路口的交通冲突

平交路口既是"意志决定点",也是一个可能产生冲突的点。车辆通过平交路口,有可能与同一交通流、横断交通流和对向交通流中的车辆以及在人行横道上的行人发生冲突。一般来说,平交路口的基本冲突可以分为交叉、合流与分流三种形式。图4-13是十字交叉路口双向交通流的基本冲突形式。

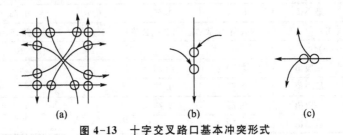

图4-13 十字交叉路口基本冲突形式

(a) 交叉冲突点;(b) 合流冲突点;(c) 分流冲突点

交叉:包括横断与交织,交通流从两个不同的方向进入交叉路口,然后按两个不同的方向离开交叉路口,这时一个方向的交通流与另一方向的交通流产生一个交叉点。

合流:两个或两个以上方向的交通流汇合成一个方向的交通流。

分流:交通流由一个方向分成两个或两个以上不同的方向。

在平交路口,交通流的交叉点、合流点和分流点的数目随着交叉路口支数的增加而急剧增加,如表4-12所示。

表4-12 交通流的交叉点、合流点和分流点的数目

交叉道路条数	冲突点	合流点	分流点	合计
三路交叉	3	3	3	9
四路交叉	16	8	8	32
五路交叉	49	15	15	79
六路交叉	124	24	24	172

表 4-12 只考虑了机动车交通流的交叉、合流与分流,未考虑自行车与自行车、自行车与机动车以及自行车与行人、机动车与行人的交叉、合流与分流。如考虑后者,则冲突点还要增多。

十字交叉路口的基本冲突如图 4-14 所示。图中是具有两个车道双向交通流的两条道路的交叉路口,允许运行车辆左右转弯,其中交叉冲突点 16 个,合流冲突点 8 个,分流冲突点 8 个,共 32 个冲突点。

如果是错位式交叉路口,则交叉冲突点、合流冲突点和分流冲突点都是 6 个,如图 4-15 所示。

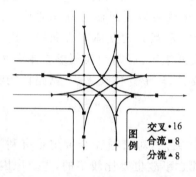 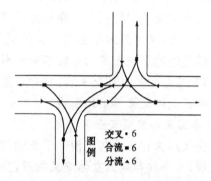

图 4-14　十字交叉路口的基本冲突点　　图 4-15　错位式交叉路口的基本冲突点

实际上,冲突的发生与冲突的种类,每个冲突交通流中的车辆数目、车辆到达冲突点的时间间隔都与交通流中车辆的速度有关。

冲突车辆交通流的相对速度是引起冲突的重要因素。相对速度是冲突车辆交通流速度矢量之差。两个同方向、同速度的车辆,在交通流中发生冲突的可能性最小。而两个反方向的车辆,在交通流中发生冲突的可能性最大,因为前者相对速度小,后者相对速度大。

冲突交通流的相对速度小有两个好处:第一,冲突的发展过程比较慢,有一个识别判断的时间,尽管这个时间相当短;第二,在碰撞的情况下,由于碰撞的两物体(如车辆)的相对速度小,因此,碰撞时的冲量也小,危险性也就比较小。此外,当相对速度小时,横穿或合流都比较方便,因为驾驶人员可以选择一个比较短的空隙时间来完成横穿或合流运动。

2. 环形交叉口

环形交叉路口是平面交叉路口的一种类型,它适用于多条道路交汇的交叉口。环形交叉的主要优点是驶入交叉口的各种车辆,不论左、右转弯或直行都不需要停车,按照逆时针方向环绕中心岛单向行驶,可连续不断地通行,避免了周期性的交叉阻滞;其次,交叉行驶的车辆以较小的交织角向同一方向交织行驶,避免了交叉路口冲突点;再次,在环道上行驶的车流方向一致,有利于渠化交通,从而使交通组织简便,尤其对多条道路相交的交叉口或畸形交叉口,效果更好。

但环形交叉路口对左转弯车辆不利,由于受环道上交织能力的限制,其通行能力不高。特别是具有大量非机动车交通和行人交通的交叉口不宜采用环交。因为环交不仅增加了大量非机动车和行人通过交叉口时的行程,更重要的是,环道的外侧和进出口处将被大量车流和人流包围,使机动车进出环岛时遇到很大困难,影响车辆连续通过,造成交通阻塞,甚至发生交通事故。

二、立体交叉口

立体交叉是两条道路在不同平面上的交叉。通过空间分离的方法,两条道路交通可互不干扰,各自保持原有的行车速度通过交叉口。

1. 立体交叉的分类

立体交叉按交通方式和交叉道路的相互关系,分为分离式立体交叉和互通式立体交叉两大类。分离式立体交叉为一条道路直接跨越(或穿越)另一条道路所形成的立体交叉,相交道路互不连接,消除了相交道路间车辆的冲突点和交织点。

互通式立体交叉则将相交道路用匝道连接,车辆可以通过匝道互相通行。根据车辆互通的完善程度,又可分为半互通式立体交叉和完全互通式立体交叉两种。这些立体交叉按照左转匝道的不同布置和左转车辆的不同交通组织,可归纳为菱形立体交叉、简易立体交叉、部分苜蓿叶式立体交叉、苜蓿叶式立体交叉、环形立体交叉、三岔路口喇叭形立体交叉和定向式立体交叉等多种形式。

2. 立体交叉与交通安全

立体交叉因为它减少甚至消除了交通流的冲突点,对交通安全肯定是有利的。但从实际情况看,在一些互通式立体交叉附近,交通死亡事故也是比较多的,主要原因有:①驾驶员不熟悉立体交叉的路线和行驶方法而发生交通事故,或一遇立体交叉总想抄近路走,违反交通法规而发生交通事故。②互通式立体交叉的右转弯匝道往往是交通事故多发点,特别是机动车与非机动车混行的苜蓿叶形立体交叉的匝道事故多;机动车与非机动车混行的环形立体交叉的环岛,也易发生交通事故。③机动车通过立交桥时,一般速度很快,当驶过立交桥后,若行人、自行车横穿道路,汽车刹车不及,就容易发生交通事故。防止上述交通事故的方法是在行人、自行车可能横穿的地方采取高隔离的措施。

其中道路交通事故与立体交叉出入口匝道有密切相关,表 4-13 对比列出了美国道路交通事故与立体交叉出入口匝道的关系。从表中可以看出,无论城市道路还是公路,事故率都随着立体交叉进出口匝道间距的减少而增加,而且驶出匝道的交通事故明显多于驶入匝道,这一点与上述高速公路的研究结果相同。由于城市道路交通量大,车辆类型多,加上又有非机动车和行人的干扰,交通运行情况复杂,因此城市道路立体交叉的交通事故明显多于公路立体交叉。当出入口匝道间距从 0.2 km 增加到 8 km 时,对于公路立体交叉而言,出口一侧的交通事故率(次/百万车公里)会降低 20%,入口一侧降低 100%;对于城市道路立体交叉而言,出口一侧的交通事故率(次/百万车公里)会降低 90%,入口一侧降低 60%。

表 4-13 交通事故与立体交叉出入口匝道的关系

道路种类	出、入口匝道间距 d(km)	出口		入口	
		事故数(次)	事故率(次/百万车公里)	事故数(次)	事故率(次/百万车公里)
城市道路	$d<0.2$	722	131	426	122
	$0.2 \leqslant d < 0.5$	1 209	127	1 156	125
	$0.5 \leqslant d < 1.0$	786	110	655	105
	$1.0 \leqslant d < 2.0$	280	75	278	84
	$2.0 \leqslant d < 4.0$	166	63	151	59

续 表

道路种类	出、入口匝道间距 d(km)	出口		入口	
		事故数(次)	事故率(次/百万车公里)	事故数(次)	事故率(次/百万车公里)
城市道路	4.0≤d<8.0	19	69	200	75
	d≥8.0	—	—	—	—
公路	d<0.2	160	76	117	80
	0.2≤d<0.5	459	75	482	82
	0.5≤d<1.0	559	69	560	72
	1.0≤d<2.0	479	69	435	64
	2.0≤d<4.0	222	68	169	51
	4.0≤d<8.0	46	62	52	40
	d≥8.0	—	—	—	—

三、平面交叉口间距

平面交叉位置的选定应考虑公路网规划、地形和地质条件、经济与环境因素等。平面交叉形式应根据相交公路的功能、等级、交通量、交通管理方式和用地条件等确定。平面交叉范围内相交公路线形的技术指标应能满足视距、平面交叉连接部衔接等的要求。

一级公路作为干线公路时,应优先保证干线公路的畅通,适当限制平面交叉数量;一级公路作为集散公路时,应合理设置平面交叉,减少对主线交通的干扰,且应设置齐全、完善的交通安全设施。二级公路的平面交叉,应作渠化设计。三级公路的平面交叉,当转弯交通量较大时应作渠化设计。

另外,交叉口间距的大小也是影响交通安全的因素。间距过小,会影响交叉口间车辆变换车道进行平顺的交织,会影响过境直行车辆快速行驶的效能;若间距过长,分流车辆在相当长的路段内得不到分流,导致路段交通量增加,而在交叉口处,转弯交通量较大,会降低主线道路的通行能力和行车安全性。因此,平交口的间距应按相交道路的使用性质、交通流量和流向等因素分析确定。

平面交叉的最小间距主要是从车辆运行的交织段长度、附加左转弯车道及减速车道长度、交通运行和管理、平面交叉间距与事故率的关系等方面结合调研资料经综合分析后确定。应强化平面交叉最小间距的保证措施,如加设辅道、合并部分交叉口、增设立交以及在上游合并支路等,以保证平面交叉口的交通安全。

根据其对行车安全通行能力和交通延误等的影响所确定一、二级公路平面交叉的最小间距应符合表4-14规定。

表 4-14 平面交叉最小间距

公路等级	一级公路			二级公路	
公路功能	干线公路		集散公路	干线公路	集散公路
	一般值	最小值			
间距(m)	2 000	1 000	500	500	300

第四节 路面与交通安全

路面是道路的行车部分,是在路基上用不同材料铺成的一层或数层的层状结构物。路面按力学特性分为柔性和刚性两类。

各种沥青路面与碎石都属于柔性路面。它是一种与荷载保持紧密接触且将荷载分布于土基上,并借助粒料嵌锁、磨阻和结合料的黏结等作用而获得稳定的路面。它具有一定的抗剪和抗弯能力,在重复荷载作用下容许有一定的变形。柔性路面是以路面的回弹弯沉值作为强度指标,利用弯沉仪测量路面表面在标准试验车后轮的垂直静载作用下轮隙回弹弯沉值,以此用来评定路面强度。

水泥混凝土路面属于刚性路面,它具有较大的刚性与抗弯能力,是能直接承受与分布车辆荷载到路基的路面结构。承载能力取决于路面本身的强度。如铺设适当的基层可为刚性路面提供良好的支承条件。

路面的设计首先要求其具有足够强度的路面结构,以承受车轮的直接荷载并传递到路基中,保证路面使用的稳定性和耐久性。从人体的感受而言,还需提高路面行车质量,给车辆提供安全、快捷、舒适的行车条件。特别对于我国的一级公路,汽车经常以 100 km/h 的速度高速行驶,为获得良好的舒适性与安全性,要求路面具有越来越高的平整性和抗滑性。

一、路面强度

路面强度主要指路面整体对变形、磨损和压碎的抵抗力。路面强度愈高,耐久性愈好,则愈能适应较大的行车密度和复杂的车辆组成,保证行车安全及行车舒适。因此,路面应具有足够的强度,在行车和自然因素的作用下,不产生不允许的变形、过多的磨损和压碎现象。

二、路面稳定性

路面强度受到温度、湿度的作用而发生变化。例如碎石路面在干燥季节易松软、扬尘;沥青路面在高温时会变软而产生轮辙和推移等病害,低温时易变脆、开裂,不仅造成行车不舒适,而且极易影响行车安全。又如路基中若含水分过多,在春融季节,路面强度会降低,在车辆作用下发生路面翻浆现象,严重地影响道路交通。为了保证路面使用的全气候性,应使路面强度随气候因素变化的幅度尽量减小,具有足够的稳定性。

三、路面平整度

平整度是路面表面的平整程度,是路面质量的重要指标之一,主要反映车辆对路面质量的要求。当路面平整度较差时,行车阻力加大,车辆颠簸震动,直接影响行车平稳性、乘客舒适性、降低行车速度,容易导致事故的发生。

路面不平整主要表现为两方面:一是形成波浪或搓板;二是有坑槽或凸起。车辆在形成波浪或搓板的路面上行驶时,会出现上下起伏、摆动,造成驾驶员心理紧张,身体劳累,这时易出现操纵失误，车辆偏离正常轨迹，造成交通事故。车辆在通过有坑槽、凸起路段时，极易造成轮胎和钢板的突然损坏，导致车辆失控而诱发事故。

四、路面抗滑性

路面抗滑性反映的是路面安全方面的使用性能。影响路面抗滑性能的因素有路面表面特征（细构造和粗构造）、路面潮湿程度和行车速度。当道路表面的抗滑能力小于要求的最小限度时（纵向摩阻系数，水泥混凝土路面为 0.5～0.7，沥青混凝土路面为 0.4～0.6，沥青表面处治及低级路面为 0.2～0.4，干燥路面数值取高限，潮湿时取低限），车辆行驶中稍一制动就可能产生侧滑而失去控制。特别是道路表面潮湿或覆盖冰雪时，发生侧滑的危险性增大，在弯道、坡路和环形交叉处，尤其容易发生滑溜事故。路面的表面结构对抗滑能力也有一定的影响，如果路面骨料在车辆行驶下已磨得非常光滑，道路抗滑能力降低，即使在干燥路面上，也会出现滑溜现象。另外，渣油路面不仅淋湿后会很滑，气温高时导致路面变软，也会很滑，在这种情况下，可采用压力预涂沥青石屑、路面打槽、设置合适的排水系统、限制车速、设置警告标志等方法保障交通安全。

路面摩擦系数又称路面抗滑系数。汽车在水平面上行驶或制动时，路面对轮胎滑移的阻力与轮载的比值称为路面摩擦系数，即

$$f = \frac{F}{P} \tag{4-12}$$

式中　f——路面摩擦系数；
　　　F——路面对轮胎滑移的阻力；
　　　P——车轮的荷载。

按摩擦阻力的作用方向，摩擦系数分为纵向、横向摩擦系数。摩擦系数的大小取决于路面类型、道路表面的粗糙程度、路面干湿状态、轮胎性能及其磨损情况等，并与轮载的大小成反比，与接触面积无关。

路面摩擦系数是衡量路面抗滑性的重要指标。为保证汽车安全行驶，路面必须要有较大的摩擦系数。我国采用一定车速下的纵向摩擦系数或制动距离作为路面抗滑能力的指标。

考察事故原因，单纯因路滑造成的事故仅占一定比率，加大路面的摩擦系数虽可减少事故与损害程度，却不能根除事故。反之，若摩擦系数过大，则行驶阻力大、耗油量大、车速降低且舒适性差。因此，路面防滑也要综合地从安全、迅速、经济上考虑。

五、路面病害

1. 沥青路面

（1）泛油

如果油石比过大，矿料用量不足，在气温高时就会形成泛油，轻则形成软粘面，重则形成"油海"。油粘在轮胎上，降低了行车速度，增加了行驶阻力。在雨天时多余的沥青降低了路面防滑性能，影响行车安全。

（2）油包、油垄

如果石料级配不当，油量过大，路面在车辆水平力的作用下就会推移变形，形成油包、

油垄。车辆制动或启动时摩擦力较匀速行驶时要大,故这种病害多发生在路口、停靠站的路面上,油包、油垄严重影响行车的舒适性,同时也加快了机件的磨损。

（3）裂缝

由于施工不良等原因造成路基沉陷,路面整体性不好;或由于沥青材料老化、沥青质量低、油石比过小等原因,路面出现龟裂、网裂或纵横裂缝,影响路面的平整度,干扰车辆正常行驶。

（4）麻面

麻面主要是由于施工方法不同、油石比小、搅和不均匀等因素造成的,严重时可使行车颠簸,对于自行车交通影响更大。

（5）滑溜

石料的磨光、磨损或泛油等原因会形成路面滑溜,危及行车安全,对道路交通影响很大。

2. 水泥路面

水泥路面主要是接缝的病害,如挤碎、拱起、错台、错缝等。由于水泥混凝土接缝处理不当,可能造成整个水泥板拱起的现象,不仅路面完全破坏,严重时还会影响交通,造成阻塞和发生事故。

复习思考题与习题

4-1 平曲线与竖曲线组合设计中应避免哪些组合以保证交通安全?

4-2 道路横断面设计中如何保证交通安全?

4-3 简述平面十字交叉路口的基本冲突形式和基本冲突点情况。影响立体交叉口交通安全的因素有哪些?

4-4 简述路面平整性和抗滑性与交通安全的关系。

第五章 交通环境与交通安全

在人、车、路、环境构成的道路交通系统中,交通环境是交通活动的基础条件和关键要素,对交通安全有明显的影响。分析交通环境与交通安全的关系,掌握影响交通安全的主要交通环境因素,通过完善交通设施、加强交通管理、改善道路景观等,能够有效减少交通事故的发生。影响交通安全的交通环境因素主要有交通条件、交通设施和道路景观。

1. 交通条件

交通量、交通组成以及车速等交通条件决定了车辆、非机动车、行人之间的相互作用方式以及发生冲突的可能性与强度,对交通运行的安全性有明显的影响。同时道路交通安全保障措施的制定实施也要充分考虑路段的交通运行情况,因此应明确交通条件与交通安全的关系。

2. 交通设施

交通设施能够提醒和引导驾驶员合理操作、及时避险,可以有效分离交通冲突,规范交通秩序,引导车辆运行轨迹,防止车辆冲出车道,夜间防眩、照明,从而使驾驶员保持安全行驶。交通设施的缺失、误导或者信息过载都会造成安全隐患。

3. 道路景观

良好的道路景观可为驾驶员、乘客及各种道路使用者提供一个舒适优美的道路环境,使道路使用者心情愉快,处于最佳精神状态,减少驾驶疲劳,保证行车安全,并能与自然环境和社会环境相协调,体现社会文化内涵和文化价值。

第一节 交通条件与交通安全

一、交通量

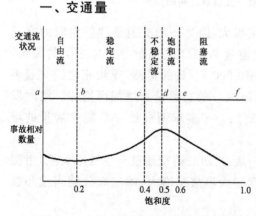

图 5-1 交通事故与交通饱和度的关系

公路交通量大小与交通事故的发生有着非常密切的关系,根据交通事故的定义可知,当道路上交通量为零时在理论上不会存在交通事故。交通量与交通流饱和度直接相关,而交通流饱和度影响交通事故的频率和严重程度,因此,交通事故与交通量的大小有密切关系。一般认为,交通量越小,事故率越低;交通量越大,事故率越高。但实际情况并不完全符合这种规律,图 5-1 为交通事故率与饱和度的

关系,交通量对事故率的影响分为以下几种情况:

a 点表示交通量很小时,车辆之间的间距较大,驾驶人基本上不受同向行驶车辆的干扰,可以根据个人习惯选择行车速度。绝大多数驾驶人都能保持符合车辆动力性、经济性、制动性和安全性的行驶车速,只有当个别驾驶人忽视行驶安全而冒险高速行车,遇到视距不足、车道狭窄或其他紧急情况时,来不及采取措施才会发生交通事故。

$a \to b$ 表示当道路上的交通量逐渐增加时,驾驶人不再单凭自己的习惯驾车,必须同时考虑与其他车辆的关系。而且由于对向来车增多,使得驾驶行为更加谨慎,因而交通事故相对数量有所下降。

$b \to c$ 表示当道路上的交通量继续增大时,在道路上行驶的车辆大部分尾随前车行驶,形成稳定流。在这种情况下,超车变得比较困难,因而与超车有关的事故也有所增加。

$c \to d$ 表示当交通量进一步增大,形成不稳定流。此时,超车的危险越来越大,交通事故相对数量也随交通量的增加而增大。

$d \to e$ 表示当交通量增加到使超车成为不可能时,车辆间距已大大减小,交通流密度增大,形成饱和交通流。由于饱和交通流的平均车速低,因此事故相对数量也降低。

$e \to f$ 表示如果交通量进一步增加,则产生交通阻塞。这时,车辆只能尾随前车缓慢行驶,使道路的服务水平大幅度下降的同时,交通事故也大为减少。

当交通量没有达到饱和状态,交通流都处于稳定流阶段,也即对应着上图中的 $b \to c$ 阶段,当交通量再继续增长的时候,交通事故数量可能会有所上升。图 5-2 为某条高速公路交通事故与交通量之间的关系。

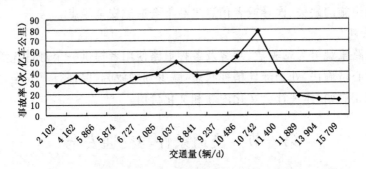

图 5-2 某条高速公路交通事故与交通量之间的关系

要详细调查交通量对事故率的影响程度难度很大,因为一起交通事故发生时的交通量一般难以准确把握,因此通常研究年平均日交通量 AADT 与事故率 AR 之间的关系。由英国的事故调查数据可知,对于日交通量超过 10 000 辆/日的道路,导致死亡的交通事故率随交通量的增加而降低,但导致受伤的交通事故率随交通量的增加而增加。同时发现,对于单个车辆事故,AR 随交通量的增加而降低;对于多车辆事故,AR 随交通量的增加而增加。

表 5-1、图 5-3、表 5-2、图 5-4 是某省部分一级、二级公路交通量-事故率关系,由图可见,该省一级公路还是处于稳定流,随着饱和度增大事故率增大,而二级公路当饱和度大于 0.5 时,随着交通量增大事故率逐渐降低。

表 5-1 某省部分一级公路交通量-事故率关系

一级公路	事故数	里程(km)	交通量(pcu/d)	亿车公里事故率
G104	510	356	8 707	12.43
G205	182	322	9 444	4.14
G310	94	238	18 035	16.28
G311	3	21	19 466	7.96
G312	871	326	20 365	19.27
G328	239	223	25 349	28.88

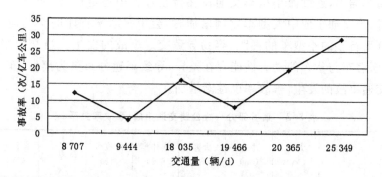

图 5-3 某省部分一级公路交通量-事故率关系

表 5-2 某省部分二级公路交通量-事故率关系

二级公路	事故数	里程(km)	交通量(辆/d)	亿车公里事故率
S240	84	49	3 587	34.37
S122	131	94	7 839	21.31
S123	77	95	9 557	23.24
S229	495	221	12 773	48.04
S230	124	155	14 112	33.28
S246	9	20	21 356	17.88
S247	25	41	21 473	10.21

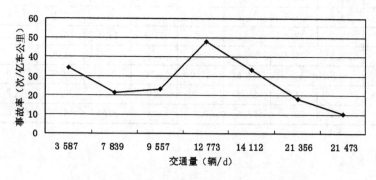

图 5-4 某省部分二级公路交通量-事故率关系

二、交通组成

我国道路交通组成比较复杂,混合交通是我国道路交通的一个显著特点。混合交通的存在,致使交通流运行复杂化。不同车型之间相互干扰,机动车、非机动车及路边行人互相影响,交通事故时有发生,因此,混合交通的交通组成对道路交通安全的影响较大。

表5-3、表5-4是某省部分一级、二级公路交通组成-事故率关系,虽然事故率出现数值反复的现象,但从总体上看,是事故率随大型车、货车的比例增加而逐渐增大,主要由于交通流中小型车居多,连续流小型车交通流在行驶过程中稳定性强,而且视距条件好,因此事故率较低,当交通组成中大型车比例增加时,会干扰原来有序的交通流,同时大型车会遮挡紧随其后行驶的小型车的视距,容易导致交通事故的发生。当交通组成中货车比例增加时,由于客车与货车的动力性能存在差异,导致车速分布更为离散,车速方差变大,也容易导致交通事故的发生,事故率也逐渐增加。

表5-3 某省部分一级公路交通组成-事故率关系

公路	小货(%)	中货(%)	大货(%)	小客(%)	大客(%)	拖挂车(%)	拖拉机(%)	人力车畜力车(%)	自行车(%)	亿车公里事故率
G104	10.0	18.6	17.5	23.9	10.0	11.6	7.5	0.3	0.7	19.27
G205	9.6	16.4	14.7	25.5	9.5	17.0	5.9	0.2	1.3	7.96
G310	10.1	13.7	14.7	19.6	7.0	18.1	14.8	0.6	1.5	12.43
G311	10.4	14.2	18.4	11.8	10.4	29.3	3.4	1.3	0.7	4.14
G312	11.6	22.7	20.7	22.1	8.2	11.6	2.2	0.1	0.8	28.88
G328	9.7	11.4	14.5	34.0	12.0	9.7	4.6	3.2	0.7	16.28

表5-4 某省部分二级公路交通组成-事故率关系

公路名	小货(%)	中货(%)	大货(%)	小客(%)	大客(%)	拖挂车(%)	拖拉机(%)	人力车畜力车(%)	自行车(%)	亿车公里事故率
S240	8.9	14.0	28.9	28.7	7.3	6.6	4.0	0.9	0.7	34.37
S122	7.9	13.9	21.5	31.4	7.0	15.3	2.0	0.1	0.9	21.31
S123	12.2	12.5	12.2	34.0	4.3	11.3	11.3	0.2	2.1	23.24
S229	9.6	13.1	15.7	36.8	7.2	8.4	4.7	1.8	2.7	48.04
S230	6.6	8.2	11.0	57.2	12.0	3.3	1.7	0.0	0.0	33.28
S246	13.7	18.3	11.9	33.4	3.2	2.0	15.1	0.0	2.2	17.88
S247	10.6	17.2	23.7	22.5	0.6	2.9	22.4	0.0	0.0	10.21

三、车速

驾驶人必须时刻都能获得周围环境的信息,从而估计交通情况,决定下一步应采取的措施并付诸行动,所有这些过程都需要一定的时间。但是,随着车速的提高,驾驶人可以支配的时间明显较少。当观察和判断的时间减少时,驾驶人做出错误决定的可能性就会相应增加,从而导致交通事故发生的可能性变大。而且,车速的提高会缩短驾驶人采取避让措施的时间和距离,汽车发生碰撞时的速度通常也比较高,事故要更为严重。

表 5-5 为对某省部分二级公路实地调查得到的平均自由流车速,通过调查发现,二级公路小客车运行平均车速往往超过设计车速。同时,对不同的车型,因车辆动力性能的差异,自由流速度呈现几个梯度。以组成比率最大的小客车车速最高,平均自由流速度达 83 km/h,然后是大客车的平均自由流速度也达 73 km/h,此外,各类货车自由流速度基本在 65 km/h 左右,自由流车速最低的是机动三轮和摩托车,平均自由流车速分别在 55 km/h、40 km/h 左右,各类型车辆间运行速度差异很大,混合行驶易对安全性产生不良影响。

表 5-5 某省二级公路的平均自由流车速(km/h)

路段名称	小客	大客	小货	中货	大货	拖挂车	拖拉机	机动三轮车	平均
G104 滁州段	84.7	78.5	63.8	67.8	63.5	63.2	35.4	54.6	63.9
G104 明光段	80.8	72.5	51.2	60.3	64.3	62.7	31.2	52.3	59.4
G206 合肥段	82.7	66.5	60.7	64.1	63.6	63.8	29.7	53.6	60.6
G205 马鞍山段	70.6	61.5	56.3	62.8	55.5	65.3	28.8	47.4	56.0
S314 马鞍山段	83.6	74.9	57.1	65.8	63.2	—	31.5	48.7	60.7
平均	80.5	70.4	57.8	64.2	62.0	63.8	31.3	51.3	60.2

1. 车速控制与事故关系

原联邦德国在石油危机时,车速限制从 100 km/h 降至 80 km/h,交通死亡事故下降了 22%;石油危机后,车速限制恢复到 100 km/h,交通死亡事故上升了 12%。英国车速从 104 km/h 限制至 80.47 km/h 时,交通受伤事故减少了 10%;车速限制从 80 km/h 提高到 104 km/h 时,死亡和重伤事故增加了 7%。芬兰、瑞典等国也有类似统计。目前国内外交通研究者对事故与速度的关系进行了大量、广泛的分析研究,取得了比较一致的共识。车辆在公路上的运行车速特别是不同路段的速度差与事故率和事故严重程度息息相关。

2. 车速差与事故关系

事故的严重程度取决于碰撞时车速的瞬时变化 dv(尤其在 $0.1 \sim 0.2$ s 的范围内),当 dv 超过 $20 \sim 30$ km/h 时,发生严重事故的可能性开始增加;当 dv 超过 $80 \sim 100$ km/h 时,事故中便会有人员死亡。如果车辆发生正面碰撞,由于两辆车的制动距离都有限,行驶车速对 dv 和事故严重性的影响是最大的。在有行人的事故当中,当车辆与行人发生碰撞时的车速从 40 km/h 增加到 50 km/h 时,行人死亡的概率会增加 2.5 倍。即使驾驶人在发生碰撞之前采取制动措施,dv 也会随着碰撞速度增加而增加,而碰撞速度是随着初始速度的增加而增加的。因此,随着车速的提高,事故率和事故的严重程度一般都会提高。

双车道公路的平均速度、速度差与伤亡事故率的关系式如下:

$$r = 0.018\,02\,v_a + 0.018\,84\,v_d - 1.942\,94 \tag{5-1}$$

式中 r——伤亡事故率;

v_a——速度累计曲线中的 85% 位车速;

v_d——速度差，$v_d = v_{85} - v_{15}$。

在对大量的事故多发点(不包括道路交叉口)进行速度调查后发现速度、速度标准差与事故率关系并不十分密切，其回归公式为

$$r = 0.08273 v_b + 0.07502 v_s - 1.606 \tag{5-2}$$

式中　r——事故率；

v_s——速度样本方差；

v_b——平均车速。

其回归系数并不太高，但是当加入速度单位变化率 v_e 后，回归关系就比较密切，公式为

$$r = 0.01801 v_b + 0.2303 v_s + 0.2303 v_e - 11.07 \tag{5-3}$$

式中　v_e——平均速度在 100 m 长度上的变化值，为实际测量的换算值；

其他符号意义同上。

3. 车速离散性与事故关系

在高速公路车流中，车速的离散性(即个体行驶速度与平均车速的差值分布情况)对交通事故也有重大的影响。个别车辆与车流的平均车速相差越大，其发生交通事故的概率就越大，如表5-6、图5-5所示。

表5-6　高速公路车速与事故统计数据

高速公路	平均车速 (km·h^{-1})	车速标准离差 (km·h^{-1})	事故数量 (次/年)	交通量 (辆/年)	里程 (km)	亿车公里 事故率
成渝高速(重庆段)	87.61	17.16	206	7 708 800	114	23
石太高速	71.00	20.32	244	3 972 470	213.4	29
广佛高速	58.13	13.01	145	42 223 200	16	21
京石高速	93.00	26.63	1 065	8 719 852	269.6	45
沪宁高速(苏州段)	79.86	14.22	194	12 511 608	70.08	21
沈大高速	79.50	12.73	887	12 334 480	375	19
京津塘高速(北京段)	88.70	22.57	140	12 859 680	35	31

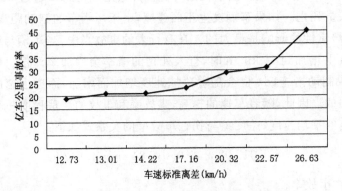

图 5-5　车速标准离差与亿车公里事故率关系曲线

由图 5-5 可以看出,事故率随着车速标准离差的增大而呈指数增长,即车速分布得越离散,事故率越高。该模型为车速管理提供了有力的依据,对车辆进行高速和低速限制,而且使二者的差值尽可能小,降低车速分布的离散性,从而降低事故的发生率。

第二节　交通设施与交通安全

道路交通设施属于道路的基础设施,是道路交通系统不可缺少的重要组成部分。功能齐全的道路交通设施是保证行车安全、防止交通事故、减轻交通事故后果的重要手段。

交通设施主要包括交通标志标线、交通信号灯、道路照明设施、防眩设施、安全护栏和道路绿化。下文将对这几种交通设施的类型、适用条件和设置原则等进行介绍。

一、交通标志与标线

交通标志包括设置于路旁或车行道上方的道路标志及嵌划于路面上的路面标线。所谓交通标志就是将交通指示、交通警告、交通禁令和交通指路等交通管理和控制法规用文字、图形或符号形象化地表示出来,设置于路侧或道路上方的交通管理设施。合理设置交通标志可以改善路网交通运行效率,提高交通安全性。交通标志必须要为道路使用者提供清晰的信息,让他们能很快、很容易地理解信息。很多国家交通标志通常与交通法规、特定的标准相一致,整个国家交通标志都保持一致。在我国,国家标准《道路交通标志和标线》是强制标准。

1. 交通标志

交通标志必须合理布设,这样驾驶员才能在需要的时候获得正确的信息。标志的设置不能太早或太晚,必须让驾驶员在需要的时候获得正确的信息,有足够的时间按照标志上的指示进行安全操作。

（1）交通标志的种类和作用

交通标志分为主标志和辅助标志两大类,是道路交通的向导。主标志分为指示标志、警告标志、禁令标志、指路标志、旅游区标志、道路作业区安全标志和告示标志七种;而辅助标志是附设在主标志下,起辅助说明作用的标志。警告标志是指警告车辆、行人注意道路交通的标志;禁令标志是指禁止或限制车辆、行人交通行为的标志;指示标志是指示车辆、行人应遵循的标志;指路标志是指传递道路方向、地点、距离信息的标志;旅游区标志是指提供旅游景点方向、距离的标志;道路作业区标志是指告知道路作业区通行的标志;告示标志是指告知路外设施、安全行驶信息以及其他信息的标志。

道路上设置合理的交通标志,能够有效地保护路桥,保障交通秩序,提高运输效率和减少交通事故,它是道路沿线设施不可缺少的组成部分。

（2）交通标志的要素

交通标志的三要素为颜色、形状和图符。

① 颜色

下面是交通标志颜色的基本含义。

红色:表示禁止、停止、危险,用于禁令标志的边框、底色、斜杠,也用于叉形符号和斜杠符号、警告性线形诱导标的底色等。

黄色或荧光黄色：表示警告，用于警告标志的底色。

蓝色：表示指令、遵循，用于指示标志的底色；表示地名、路线、方向等的行车信息，用于一般道路指路标志的底色。

绿色：表示地名、路线、方向等的行车信息，用于高速公路和城市快速路指路标志的底色。

棕色：表示旅游区及景点项目的指示，用于旅游区标志的底色。

黑色：用于标志的文字、图形符号和部分标志的边框。

白色：用于标志的底色、文字和图形符号以及部分标志的边框。

橙色或荧光橙色：用于道路作业区的警告、指路标志。

荧光黄绿色：表示警告，用于注意行人、注意儿童的警告标志。

人从远处能够看清楚颜色的顺序是红＞黄＞绿＞白，容易看清的牌面是（表面颜色/底色）黑/黄、红/白、绿/白、蓝/白、黑/白等。一般容易看清的配色如表5-7所示。

表5-7 交通标志配色

类 别	配 色
指示类	底色蓝、指示色白
指路类	底色蓝、指示色白
	底色绿、指示色白
警告类	底色黄、指示色黑
禁令类	底色白、指示色黑
	底色红、指示色白
旅游区类	底色棕、指示色白
道路施工安全类	黑黄相间
	红白相间
	底色蓝、指示色白
	底色黄、指示色黑

因此，我国新标准规定指示标志采用蓝色底、白色图符；警告标志采用黑色边、黄色底和黑色图符；禁令标志采用红色边、白色底和黑色图符（除解除禁止超车和解除限速标志外）；指路标志一般道路采用蓝色底、白色图符，高速公路采用绿色底、白色图符；旅游区标志采用棕色底、白色字符；而道路施工安全标志有多种：路栏采用黑黄相间的斜杠符号；锥形交通路标和道口标柱采用红白相间的条纹符号；施工区标志采用蓝色底、白色字，图案部分为黄色底、黑色图案；移动性施工标志采用黑色边、黄色底、黑色图案。而辅助标志则采用黑色边、白色底、黑色图符。

② 形状

将颜色和特殊的几何形状配合起来作为道路标志，对于视认性和迅速识别相当重要。道路标志的几何形状有三角形、圆形、叉形、倒三角形以及八角形等。

下面是交通标志形状的一般使用规则。

正等边三角形：用于警告标志。

圆形：用于禁令和指示标志。
倒等边三角形：用于"减速让行"禁令标志。
八角形：用于"停车让行"禁令标志。
叉形：用于警告标志"铁路平交道口叉形"标志。
方形：用于辅助标志，指路标志，指示标志，文字性警告、禁令和指示标志，告示标志等。

③ 图符

交通标志应使用本部分及 GB—5768.1 规定的图形。除另有规定外，图形可以单独、组合使用于不同标志中。若使用规定以外的图形，应附加辅助标志或文字的方式说明适用标志的含义。

道路交通标志的字符应规范、正确、工整。按从左往右、从上到下的顺序排列。一般一个地名不写成两行或两列。根据需要，可并用汉字和其他文字。标志上的汉字应使用规范汉字，如果标志上同时使用汉字和其他文字，除有特殊规定之外，汉字应排在其他文字上方。

除特殊规定外，指路标志汉字高度应符合表 5-8 的规定。汉字字宽和字高相等。字高可考虑设置路段的运行速度进行调整。

表 5-8　汉字高度与设计速度的关系

设计速度(km·h^{-1})	100～120	71～99	40～70	<40
汉字高度(cm)	60～70	50～60	35～50	25～30

指路标志的阿拉伯数字和其他文字的高度应根据汉字高度确定，其与汉字高度的关系应符合表 5-9 的规定。在特殊情况下，由于具体原因不能满足要求时，经论证字符高度最小不应低于规定值的 75%。

表 5-9　其他文字与汉字高度的关系

其 他 文 字		与汉字高度(h)的关系
拼音字母、拉丁字母或少数民族字母	大小写	$1/3h$～$1/2h$
阿拉伯数字	字高	h
	字宽	约 $0.6h$
	笔画粗	约 $1/6h$

指路标志的汉字或其他文字的间隔、行距等应符合表 5-10 的规定。

表 5-10　文字的间隔、行距等的规定

文 字 设 置	与汉字高度(h)关系
字间隔	$1/10h$ 以上
笔画粗	$1/14h$～$1/10h$
字行距	$1/5h$～$1/3h$
距标志边缘最小距离	$2/5h$

文字性警告、禁令标志的字高按表 5-8 确定，特殊情况下，警告标志的字高可以适当

降低,但最小不应小于表 5-8 字高下限值的 0.6 倍。辅助标志、告示标志的字高一般值可按表规定值的一半确定,但最小不应小于 10 cm。标志的汉字、拼音字母、拉丁字母、数字等采用道路交通标志字体。

(3) 交通标志的尺寸

交通标志的尺寸的选用一般与计算行车速度存在着一定的关系,可分别参见表 5-11 至表 5-13。

表 5-11 指示标志的尺寸与计算行车速度的关系

计算行车速度(km·h^{-1})	100~120	71~99	40~70	<40
圆形直径 D(cm)	120	100	80	60
正方形(边长)A(cm)	120	100	80	60
长方形(边长)$A×B$(cm)	190×140	160×120	140×100	—
单行线标志(长方形)$A×B$(cm)	120×60	100×50	80×40	60×30
会车先行标志(正方形)A(cm)	—	—	80	60

表 5-12 警告标志的尺寸与计算行车速度的关系

计算行车速度(km·h^{-1})	100~120	71~99	40~70	<40
三角形边长 A(cm)	130	110	90	70
黑边宽度 B(cm)	9	8	6.5	5
黑边圆角半径 R(cm)	6	5	4	3
衬底边宽度 C(cm)	1.0	0.8	0.6	0.4

表 5-13 禁令标志的尺寸与计算行车速度的关系

	计算行车速度(km·h^{-1})	100~120	71~99	40~70	<40
圆形标志	标志外径 D(cm)	120	100	80	80
	红边宽度 a(cm)	12	10	8	6
	红杠宽度 b(cm)	9	7.5	6	4.5
	衬边宽度 c(cm)	1.0	0.8	0.6	0.4
三角形标志 (减速让行标志)	三角形边长 a(cm)	—	—	90	70
	红边宽度 b(cm)	—	—	9	7
	衬边宽度 c(cm)	—	—	0.6	0.4
八角形标志 (停车让行标志)	标志外径 D(cm)	—	—	80	60
	白边宽度 b(cm)	—	—	3.0	2.0
	衬边宽度 c(cm)	—	—	0.6	0.4
矩形标志 (区域限制和解除标志)	长 a(cm)	—	—	120	90
	宽 b(cm)	—	—	170	130
	黑边框宽度 c(cm)	—	—	3	2
	衬边 d(cm)	—	—	0.6	0.4

指路标志的大小,除相关规定外,应根据字数、文字高度及排列情况确定。

使用文字性警告、禁令、指示标志,字高不应小于指路标志字高的规定;特殊情况下经论证文字性警告标志的字高可以适当降低,但最小不应小于表 5-8 字高下限值的 0.6 倍。警告、禁令、指示标志最小尺寸仅适用于城市里狭窄道路、分隔交通的隔离栏上,并应采用柱式支撑形式。

旅游指引标志尺寸由字高、字数和图形确定。旅游符号标志尺寸一般采用 60 cm×60 cm。

作业区标志一般为警告、禁令、指示、指路标志用于作业区的临时标志,尺寸根据作业区限制速度按照相应标志尺寸的规定确定。

辅助标志、告示标志的尺寸由字高、字数确定。字间隔、行距等按表 5-10 规定执行。如有需要可增加标志板的尺寸。

2. 道路交通标线

道路交通标线与交通标志具有相同的作用,它是将交通的指示、警告、禁令和指路等用画线、符号、文字等标示或嵌划在路面、缘石和路边的建筑物上,这也是交通管理必不可少的一种设施。

(1) 道路交通标线的分类

① 道路交通标线按设置方式可分为下面三类。

纵向标线:沿道路行车方向设置的标线。

横向标线:与道路行车方向交叉设置的标线。

其他标线:字符标记或其他形式标线。

② 道路交通标线按形态可分为下面四类。

线条:施画于路面、缘石或立面上的实线或虚线。

字符:施画于路面上的文字、数字及各种图形、符号。

突起路标:安装于路面上用于标示车道分界、边缘、分合流、弯道、危险路段、路宽变化、路面障碍物位置等的反光或不反光体。

轮廓标:安装于道路两侧,用以指示道路的方向、车行道边界轮廓的反光柱(或片)。

③ 道路交通标线按功能可分为下面三类。

指示标线:指示车行道、行车方向、路面边缘、人行道、停车位、停靠站及减速丘等的标线。具体可分为以下几类(见表 5-14)。

表 5-14 指示标线具体分类

纵向标线	可跨越对向车行道分界线、可跨越同向车行道分界线、潮汐车道线、车行道边缘线、左弯待转区线、路口导向线
横向标线	人行横道线、车距确认线
其他标线	道路出入口标线、可变导向车道线、停车位标线、停靠站标线、减速丘标线、导向箭头、路面文字标记、路面图形标记

禁止标线:告示道路交通的遵行、禁止、限制等特殊规定的标线。具体可分以下几类(见表 5-15)。

表 5-15　禁止标线具体分类

纵向标线	禁止跨越对向车行道分界线、禁止跨越同向车行道分界线、禁止停车线
横向标线	停止线、停车让行线、减速让行线
其他标线	非机动车禁驶区标线、导流线、网状线、专用车道线、禁止掉头(转弯)线

警告标线：促使道路使用者了解道路上的特殊情况，提高警觉准备防范应变措施的标线。具体可分以下几类(见表 5-16)。

表 5-16　警告标线具体分类

纵向标线	路面(车行道)宽度渐变段标线、接近障碍物标线、近铁路平交道口标线
横向标线	减速标线
其他标线	立面标记、实体标记

(2) 道路交通标线的颜色

道路交通标线的颜色为白色、黄色、蓝色或橙色，路面图形标记中可出现红色或黑色的图案或文字。道路交通标线的形式、颜色及含义见表 5-17。

表 5-17　道路交通标线的形式、颜色及含义

名称	含义
白色虚线	画于路段中时，用以分隔同向行驶的交通流；划于路口时，用以引导车辆行进
白色实线	画于路段中时，用以分隔同向行驶的机动车、机动车和非机动车，或指示车行道的边缘；画于路口时，用作导向车道线或停止线或用以引导车辆行驶轨迹；画为停车位标线时，指示收费停车位
黄色虚线	画于路段中时，用以分隔对向行驶的交通流或作为公交车专用车道线；画于交叉口时，用以告示非机动车禁止驶入的范围或用于连接相邻道路中心线的路口导向线；画于路侧或缘石上时，表示禁止路边长时停放车辆
黄色实线	画于路段中时，用以分隔对向行驶的交通流或作为公交车、校车专用停靠站标线；画于路侧或缘石上时，表示禁止路边停放车辆；画为网格线时，标示禁止停车的区域；画为停车位标线时，表示专属停车位
双白虚线	画于路口，作为减速让行线
双白实线	画于路口，作为停车让行线
白色虚实线	用于指示车辆可临时跨线行驶的车行道边缘，虚线侧允许车辆临时跨越，实线侧禁止车辆跨越
双黄实线	画于路段中，用以分隔对向行驶的交通流
双黄虚线	画于城市道路路段中，用于指示潮汐车道
黄色虚实线	画于路段中时，用以分隔对向行驶的交通流，实线侧禁止车辆越线，虚线侧准许车辆临时越线
橙色虚、实线	用于作业区标线
蓝色虚、实线	作为非机动车专用道线；画为停车位标线时，指示免费停车位

二、交通信号灯

交通信号控制是道路交叉口交通管理最有效的方法之一。交通信号是在道路空间上无法实现分离原则的地方，主要是在平面交叉口上，用来在时间上给交通流分配通行权的

一种交通指挥措施。交通信号灯可以有效分离各流向的交通流,减少交通冲突,提高交通安全性。为了保障交叉口车辆行驶安全性,信号灯设置必须有良好的可见性,信号相位应当尽可能简单。

交通信号灯是用手动、电动或电子计算机操作,以信号灯光指挥交通,在道路交叉口分配车辆通行权的设施。交通信号的作用是在时间上将互相冲突的交通流进行分离,使之能安全、迅速地通过交叉口。研究表明,无论是十字形交叉口还是T形交叉口,有信号控制的交叉口比无信号控制的交叉口的事故率低。

交通信号灯由红、绿和黄灯组成。红灯表示禁止通行,绿灯表示准许通行,黄灯表示警示,提醒驾驶员注意。红色的光波最长,穿透周围介质的能力最强。光度相同的条件下,红色显示最远,同时红色使人产生火与血的联想,有危险感以及兴奋与强烈刺激的感觉,因而选择红色灯光代表禁止通行的意思;从光学角度看,黄色光波仅次于红色,同样也使人感到危险,有警告或停止之意;绿色易辨认,能给人和平、祥和、安全之感,因而被用作允许通行的信号。

交通信号灯分为:机动车信号灯、非机动车信号灯、人行横道信号灯、车道信号灯、方向指示信号灯、闪光警告信号灯、道路与铁路平面交叉道口信号灯。

1. 机动车信号灯和非机动车信号灯

(1) 绿灯亮时,准许车辆通行,但转弯的车辆不得妨碍被放行的直行的车辆、行人通行。

(2) 黄灯亮时,已越过停车线的车辆可以继续通行。

(3) 红灯亮时,禁止车辆通行。

在未设置非机动车信号灯和人行横道信号灯的路口,非机动车和行人应当按照机动车信号灯的表示通行。红灯亮时,右转弯的车辆在不妨碍被放行的车辆、行人通行的情况下,可以通行。

2. 人行横道信号灯

(1) 绿灯亮时,准许行人通过人行横道。

(2) 红灯亮时,禁止行人进入人行横道,但是已经进入人行横道的,可以继续通过或者在道路中心线处停留等候。

3. 车道信号灯

(1) 绿色箭头灯亮时,准许本车道车辆按指示方向通行。

(2) 红色叉形灯或者箭头灯亮时,禁止本车道车辆通行。

4. 方向指示信号灯

方向指示信号灯的箭头方向向左、向上、向右分别表示左转、直行、右转。

5. 闪光警告信号灯

闪光警告信号灯为持续闪烁的黄灯,提示车辆、行人通行时注意瞭望,确认安全后通过。

6. 道路与铁路平面交叉道口信号灯

道路与铁路平面交叉道口有两个红灯交替闪烁或者一个红灯亮时,表示禁止车辆、行人通行;红灯熄灭时,表示允许车辆、行人通行。

三、道路照明设施

有30%～40%的交通事故发生在夜间,且夜间交通事故中重伤、死亡等重大事故所占比例较大,事故原因主要是提供给驾驶员安全行车所必需的视觉信息不足。

道路照明是防止夜间交通事故最为有效的手段之一。设置道路照明可使车速提高,减少运行时间,并使昼夜交通流的分布发生变化,吸引车辆在夜间行驶,有效地减轻白天高峰期的拥挤程度,提高道路的使用效率。合理的道路照明布局,也可以给驾驶员提供前方道路方向、线形等视觉信息,使照明设施具有良好的诱导性。合理的照明设计,还具有美化环境,改善景观的作用。在照明设计中,除应达到要求的照度外,还应具有良好的照明质量。照明设计的基本要求如下:

(1) 车行道的亮度水平(照度标准)适宜。
(2) 亮度均匀,路面不出现亮斑。
(3) 控制眩光,主要避免光源的直接眩光、反射眩光及光幕反射。
(4) 良好的视觉诱导性。
(5) 良好的光源光色及显色性。
(6) 节约电能。
(7) 便于维护管理。
(8) 与道路景观协调。

道路照明设置不当时可能造成下面一些问题。

(1) 不适当的视觉环境:道路照明不充分而引起的汽车事故,错车前照灯造成的眩光而引起的事故,隧道入口附近(隧道内的)的障碍物而引起的事故。

(2) 缺少信号设备,不清楚或辨认不清:由于信号灯的故障、太阳光反射引起的异常显示、信号不清楚等引起的事故。

(3) 大气混浊造成的视环境恶化:雾等造成的视环境恶化而引起的多重撞车事故等。

为避免以上事故的发生,必须让驾驶员得到障碍物的状况、信号、标志等视觉信息,而且必须使其内容能够被正确地认识和判断。视觉对象识别的基本因素为背景的亮度对比度、视对象的大小(视觉)及环境亮度。对道路的状况及障碍物等所能控制的,仅仅是其亮度。为了保证驾驶员能清楚地识别前方的道路状况以及障碍物,则应给予路面亮度所需照度。

用安装在灯杆上的路灯照明道路时,水平照度太高,有时反而会提高路面背景亮度,降低对比度,对提高行车安全作用不大。例如干燥的路面有较强的漫反射,路面照度太强会降低由汽车前照灯射的目标的对比度。而在一般路面上,路面反射基本不会到达驾驶员的眼内,从而减少对目标对比度影响。灯杆路灯照明不仅要照亮道路,更要照亮道路的周边,因为道路周边正是潜在的不安全的来源。事实上,降低路面的亮度而增加道路周围的亮度,驾驶员可能会觉得安全性降低,从而降低车速,结果反而可能更为安全。

为了顺利地传递视觉信息,除了必要的照度外,还要求在一定范围内形成的视野内的亮度是均匀的。另外,如果是隧道,白天,从较亮的外面看向隧道内部以及进入隧道入口,都要有个暗适应的过程。为了减少这一过程所需要的时间,就必须在入口部分设置比内部照度还要高的缓冲照明。视野内的亮度如极不均匀,对识别对象是非常不利的,特别对眩光问题。如在视野内经常出现高亮度的光源,则会因为感受眩光而随之产生不适和疲劳,容易造成交通事故。因此合理的道路照明是防止夜间交通事故的最为有效的手段。

四、防眩设施

防眩设施是在夜间行车时,为防止驾驶员受到对面来车前照灯眩目,而在道路上设置的一种保证行车安全并提高行车舒适性的构造物。防眩设施既要有效地遮挡对向车辆前照灯的眩光,又要满足横向通视好,能看到斜前方,并对驾驶员心理影响小的要求。如采用完全遮光,反面缩小了驾驶员的视野,且对驾驶产生压迫感。同时,无论白天或黑夜,对向车道的交通情况是行车的重要参照系,其中很重要的一点是驾驶员在夜间能通过对向车辆前照灯的光线判断两车的纵向距离,使其注意调整行驶状态。另外,防眩设施不需要很大的遮光角也可获得良好的遮光效果。所以,防眩设施不一定要把对向车灯的光线全部遮挡,而采用部分遮光,即允许部分车灯光穿过防眩设施。

道路上设置的防眩设施形式有植树防眩、网格状的或栅栏式的防眩网、扇面式的防眩栅及板条式的防眩板等。

(1) 植树防眩

中央分隔带的宽度满足植树需要时,可采用植树作为防眩设施,一般有间距型和密集型两种栽植方式。分隔带宽度须大于 3 m,一般采用间距型栽植,间距 6 m(种三棵,树冠宽 1.2 m)或 2 m(种一棵,树冠宽 0.6 m),树高 1.5 m。灌木丛亦具有遮光防眩作用。北京市试验观测结果表明,树距 1.7 m 时遮光效果良好,无眩光感,树距 2.5 m 时树挡间有瞬间眩光。故完全植树时,间距以小于 2 m,树干直径大于 20 cm 为宜。植树间距 5 m 时,应在树间植常青树丛两丛,可起防眩作用。若树种为落地松,树冠直径不小于 1.5 m,则树间不植树丛亦可有一定防眩效果。

(2) 防眩栅(网)

防眩栅系以条状板材两端固定于横梁上,排列如百叶窗状,板条面倾斜迎向行车方向。根据有关试验测定,与道路成 45°角时遮光效果最好。防眩网系以金属薄板切拉成具有菱形格状的网片,四周固定于边框上。

防眩栅(网)设置于分车带中心位置,应装饰为深色,以利于吸收汽车前灯灯光。设于中心带一侧时应考虑保证视距,并考虑两侧车行道的高度、超高的影响等,决定设于某一侧。为防止汽车冲撞,在起止两端的立柱上应贴敷红色或银白色反光标志,中间立柱顶上也需有银白色反光标志。中央分车带很窄时,应防止防眩栅(网)倾倒对行车的影响,故应考虑立柱间隔、采用的形式、柱基构造等,保证稳定安全。必要时应考虑风载的影响。设有防护栏的分车带防眩栅(网)可与护栏结合设计,上部为防眩设施,下部为防护栏,护栏部分须装饰为明显的颜色,以引起驾驶员注意。

(3) 防眩板

防眩板是以方形型钢作为纵向骨架,把一定厚度、宽度的板条按一定间隔固定在方形型钢上而形成的一种防眩结构。其主要优点为对风阻挡小、不易引起积雪、美观经济和对驾驶员心理影响小等。

五、护栏

护栏是防止车辆驶出路外或闯入对向车道而沿着道路路基边缘或中央隔离带设置的一种安全防护设施，在高等级公路和城市道路上有着广泛的应用，是一种重要的交通安全设施。

护栏的防撞机理是通过护栏和车辆的弹塑性变形、摩擦、车体变位来吸收车辆碰撞能量，从而达到保护车内人员生命安全的目的，因此从某种程度上说，护栏是一种"被动"的交通安全设施，同时护栏还具有诱导驾驶员视线、限制行人横穿等功能。

护栏的形式按设置位置可分为以下几种：

1. 路侧护栏

路侧护栏是指设置在公路路肩（或边坡）上的护栏，用于防止失控车辆越出路外，碰撞路边障碍物和其他设施。

2. 中央分隔带护栏

中央分隔带护栏是指设置于道路中间带内的护栏，用来防止失控车辆穿越中间带闯入对向车道，保护中间带内的构造物和其他设施。

3. 人行道护栏

人行道护栏是设置在危险路段，如城市道路上交通量大、人车需要严格分流、车辆驶出行车道将严重威胁行人安全、防止行人跌落等路段上用以保证行人安全的一种护栏形式。

4. 桥梁护栏

凡设置于桥梁上的护栏均称为桥梁护栏，即使是采用了与路段相同形式的护栏，仍称为桥梁护栏。桥梁护栏与桥梁栏杆是两种不同的结构物，前者的主要性能是可防止车辆突破、下穿或翻越桥梁，而后者则是一种可防止行人和非机动车掉入桥下的装饰性结构物。

在设置护栏时应注意如下几个要点：①使用柔性护栏减低事故严重性；②宽度受限时适当使用刚性护栏；③护栏结束处给予特殊设计；④在使用过程中定期维护。

六、道路绿化

道路绿化指路侧带、中间分车带、两侧分车带、立体交叉路口、环形交叉路口、停车场以及道路用地范围内的边角空地等处的绿化。进行道路绿化时，应处理好与道路照明、交通设施、地上杆线、地下管线等的关系，要综合考虑，协调配合。根据具体位置，可考虑乔木、灌木、草皮、花卉等综合种植。道路绿化应服从交通组织的要求，起到保持驾驶员良好视距和诱导视线的作用。

道路的绿化设施设置不当时，可能存在两个安全隐患，一是潜在的碰撞危险，二是可能会遮挡视距。季节性生长的树叶可能会遮挡道路标志和信号。行人在穿越无信号控制道路前，树木可能会影响行人的视线，导致行人做出不明智的判断。道路两边行道树距离道路过近时，可能会提高车辆侧撞或二次碰撞发生的概率。

第三节 道路景观与交通安全

一、道路景观的构成要素

道路景观是一种带状的人文和自然相结合的大地风景,属于大地景观的范畴。具体来讲,它主要是指由道路、附属设施、周边自然环境及人的活动等因素所构成的一个总的空间概念,它表示道路与其周边环境共同构成的一条带状大地环境,它反映了路域环境特征,是人文与自然环境相结合的建筑艺术。

以路权为界,道路景观可分为自身景观和沿线景观。自身景观包括公路线形(平、纵、横)、公路构造物(挡墙、护栏、路缘石、边沟、边坡、桥涵、隧道、互通等)、服务性设施(休息服务区、加油站、收费站、观景台和标志牌等)以及道路绿化等。沿线景观是指道路所处的外部行驶环境,是构成道路整体景观的主体,同时也是乘客在行驶过程中的主要观赏对象。道路自身景观可以通过景观设计等加以修饰,道路沿线景观只能在规划和设计阶段,通过选择与周围景观协调的路线来实现。

按客体构成要素,道路景观可分为自然景观和人文景观。自然景观主要指自然形成的地形、地貌(平原、山区、草原、森林、大海、沼泽等)、植物景观、动物景观、水体景观以及四季气象时令变化带来的景观。这些景观物又属于生态系统,故又可称生态景观。人文景观是指公路沿线的风土人情,沿线生活的人们用自己的智慧和双手创造的各种社会、民族、宗教、文化、艺术等特殊工程物(城镇、村寨、庙宇、水坝和大桥等)以及道路自身。

按使用者视点不同,道路景观可分为内部景观和外部景观。行驶在道路上或驻足于道路附属设施(停车场、服务区、观景台)内的驾驶员和乘客所见到的景观称为内部景观。从道路沿线居住地等其他道路以外的视点所看到的包括道路在内的景观称为外部景观。

按照不同的结合方式可以将其分为:道路线形要素的景观协调、道路与道路沿线的景观协调、道路与自然环境及社会环境的协调。道路景观所包括的具体内容如表 5-18 所示。

表 5-18 道路景观构成要素

类型	具体形式	内 容
道路线形要素的景观协调	视觉上的协调	视觉上,平面线形与纵断面线形各自协调、连续
	立体上的协调	平面线形与纵断面线形互相配合,形成立体线形
道路与道路沿线的景观协调	行车道旁边的环境	中央分隔带的绿化;路肩、边坡的整洁;标志清楚完整;广告招牌规则协调;商贩集中,不占道路
	构造物环境	对跨线桥、立体交叉、电线杆、护栏、隧道进出口、隔音墙等的设计有一定的艺术特色,体现一定的区域建筑特色
道路与自然环境及社会环境的协调	道路与自然环境、社会环境的协调	路线与沿线的地形、地质、古迹、名胜、绿化、地区风景间的协调;沿线与城市风光、格调的协调

二、道路景观对交通安全的影响

道路景观与交通安全之间是相辅相成,既相互促进又相互制约的辩证关系。优美舒适、功能科学合理的道路景观设计不仅能起到美化道路交通环境、保护自然环境的目的，也能对良好的交通安全环境起到积极地营造和辅助作用。同时，由于功能要求的差异，道路景观和交通安全二者之间又存在相互制约的方面，不合理的道路景观设施或施工养护行为会对交通安全造成不利的影响。

1. 道路景观对交通安全的促进作用

（1）延缓驾驶员疲劳和紧张

优美的道路景观，能够平缓心情，使驾乘人员心情舒畅，增添旅行乐趣。富有变化的景观对驾驶员视觉刺激则有助于减少烦躁，消除旅途疲劳，避免打盹或瞌睡现象的发生。从生理机能上讲，优美而富有变化的公路景观则能够使人体各个系统器官，特别是中枢神经系统、血液循环系统和内分泌系统的功能活动全部处于稳定的平衡状态之中，有利于安全稳定的驾驶。和谐的道路景观有助于缓解紧张，增加驾驶安全感。因此，对可能引起驾驶员恐惧或紧张的场景和场所利用景观进行装点和遮蔽，可以消除或减轻驾驶员的恐惧和紧张心理，促进交通安全。如隧道口采用隐蔽式的洞口，或者采用消除式手法使隧道与周边环境协调时，可以使驾驶员感觉自然舒适，减轻突兀结构物带来的压力。

（2）视线引导，防眩

在车辆行驶过程中，驾驶员的视野是随着道路前方情况而变化的，植物在立面上所形成的竖线条可作为视觉参考，引导驾驶员的视线。尤其是在黑暗、有雾或下雪时，可以使驾驶员识别道路线形和侧向界限，提高交通安全性。这主要体现在驾驶员视线方向，道路景观在空间范围内形成的类似引导线的视觉效果，这种效果比道路路面和路线本身给予驾驶员的引导要强烈和有效得多。因此，合理的中央分隔带绿化和路侧具有视线诱导性植物能够显著地提高驾驶员行驶的安全性。如在平面弯道外侧种植成行的乔木，能够使曲线的变化非常明显，更好地帮助驾驶员对路线走向形成正确的预期。此外，高速公路中央分隔带内的植物，在满足高度和密度要求的情况下具有良好的防眩作用，是首选的防眩技术方案。

（3）使线形走向更加明确

安全的重要方面是道路的线性走向要与驾驶员的心理预期一致。道路景观是提示公路线形的重要因素，特别是利用树木高度和位置来表示道路位置和线性的变化是很合理的方式，能够有效地避免驾驶员因变化反应不及而发生事故。在景观设计中如果能考虑在驾驶员 10 s 行程范围内，通过路侧植物和景观要素对道路线形进行提示或强调，就能够使驾驶员更有效地判断前方的走向，这对于安全具有十分明显的提升作用。

（4）缓解自然环境的明暗变化

在明亮的日光下，环境亮度可高达 8 000 cd/m²，虽然隧道内设有隧道照明，但与自然环境亮度相比，仍然存在巨大反差，由此形成的黑洞效应或白洞效应往往成为事故多发的促成原因。而通过洞外景观设计则可以有效降低洞外的环境亮度，具体的景观设计手法包括洞外尽量采用绿化植树减少环境光线的发射，在隧道口道路两侧设遮阳篷、遮光篷或种植高大的遮光树木等。通过这些措施可以在营造优美的道路景观的同时，有效地实现照度的过渡，提升隧道洞口处的安全性。

（5）改善交通环境

以绿色植物材料为主的道路景观绿化设施在道路环境保护中起着不可替代的作用，

同时对于改善道路交通环境、促进交通安全也起着显著的作用。如在沙漠地区，大风和沙暴会严重威胁到行车的安全，而通过植物固沙不但能改善路容路貌，防护路堤，而且还能提升交通安全水平。

2．道路景观对交通安全的制约作用

（1）分散驾驶员的注意力

与环境不和谐的、视觉冲击力强的道路景观会更多地吸引驾驶员的注意力，导致驾驶员驾驶时不够专注，从而增大发生交通意外的风险。如大面积生硬的浆砌护面墙和隧道洞门上加贴浮雕装饰，这些本用于大堂之内让人驻足品味的浮雕艺术品刺激着驾驶员的眼球，分散了注意力。

（2）遮挡视线，影响视距

公路路侧或高等级公路中央分隔带内的绿化植物或景观设施影响驾驶员的视线，使安全行车需要的视距条件得不到保障是最常见的不利于交通安全的典型问题。如弯道内侧，行道树距行车道过近，影响到驾驶员的视距和车辆安全行驶所需的横净距，就存在较高的事故危险。特别是当路侧行车道树过于靠近平交路口时，会遮挡相交道路，使驾驶员忽略平交路口尤其是小平交路口的存在。即使在交叉口设置了警告标志，行车道树的栽植也不利于驾驶员观察相交道路的交通状况，若支路上有车辆突然驶入主线，就极有可能导致严重的交通冲突，甚至引发事故。在有绿化的中央分隔带的公路上，如果中央分隔带绿化带设置过于靠近平交路口或距离中央分隔带开口过近，遮挡驾驶员的视线，也容易诱发交通事故。

在路侧和中央分隔带的视线净区内以及平交口的通视三角形内不宜采用高于驾驶员视高的道路景观元素。此外，树木遮挡交通指示牌，或是遮挡交通信号灯，阻碍驾驶员有效获取道路信息的现象也经常出现，这会降低道路管理设施的有效性，对安全造成不利影响。

（3）增加碰撞风险，加重事故严重程度

车辆在公路上行驶时，需要一个安全的路侧宽度，如果景观绿化的高大树木种植在路侧净区范围内，则会增加车辆碰撞树干的可能性，在树干直径大于10 cm时，则会加重事故的严重程度。

（4）视觉误导

景观绿化时，不当的路侧和中央分隔带绿化树的栽植容易误导驾驶员，尤其在平面曲线和凸形竖曲线相结合的路段。如竖曲线后方的绿化树有明显的开口，则容易给驾驶员造成前方直行的错觉。

复习思考题

5-1 影响道路交通安全的交通环境因素主要有哪些？

5-2 简述车速对交通安全的影响。

5-3 道路交通标志的种类有哪些？

5-4 简述道路景观的构成要素。

第六章 交通事故再现技术分析

道路交通事故再现分析是在交通事故现场勘查的基础上,以事故现场的车辆损坏情况、停止状态、人员伤害情况和各种形式的痕迹等为依据,应用数学、力学和工程学原理,对事故发生的全部经过做出推断的过程,属定量分析方法。事故再现的过程往往通过事故仿真的方式在计算机上进行动态模拟,以形象地显示道路交通事故的真实过程。

第一节 交通事故现场勘查

一、交通事故现场

现场勘查是处理交通事故的基础工作,是分析交通事故原因、鉴定交通事故责任的根本依据,是取得客观第一手资料的唯一途径,能否正确处理交通事故,与现场勘查的质量有直接关系。

交通事故现场是发生事故的地点,由遗留物体、痕迹、道路条件(交叉路、坡道、转弯、路面结构等)以及与事故有关联的房屋、车辆、树木、物体、人、畜和气候情况(昼夜、光线、晴雨、冰雪、风向)等因素构成的。根据现场的完整和真实程度一般可将现场分为五类。

1. 原始现场

原始现场即事故发生后,在现场的车辆和遗留下来的一切物体、痕迹仍保持着事故发生后的原始状况没有变动和破坏的现场。

2. 变动现场

变动现场也叫移动现场,即事故发生后,改变了现场原始状态的一部分、大部分或全部面貌的现场。

变动原因通常有下面几种。

(1) 抢救伤者:因抢救伤者变动了现场上的车辆和有关物体的位置。

(2) 保持不善:现场上的痕迹被过往车辆辗压和行人践踏、抚摸而模糊或消失。

(3) 自然影响:因下雨、下雪、刮风、冰雪融化等自然因素的影响,造成现场或物体上遗留的痕迹模糊不清或完全消失。

(4) 特殊情况:执行特殊任务的车辆或首长、外宾乘坐的车辆发生事故后,急需继续执行任务和为了首长和外宾的安全而使车辆离开现场或因其他原因不宜保留现场。

(5) 其他原因:如车辆发生事故后,当事人没有发觉,车辆脱离了现场。

3. 伪造现场

伪造现场应属于变动现场的范围,指与事故有关或被唆使的人员有意改变现场上车辆、物体、痕迹或其他物品的原始状态,甚至对某个机械进行拆卸或破坏,企图达到逃脱罪责或嫁祸于人的目的,而伪造的现场。

4. 逃逸现场

逃逸现场也是一种变动现场。交通肇事者为了逃避责任驾车潜逃而导致现场变动,其性质与伪造现场相同。

5. 恢复现场

事故现场撤销后,根据现场调查笔录等材料重新布置恢复的现场。恢复现场一般是根据事故分析或复查案件的需要而重新布置的,也可称为事故再现,是根据事故现场肇事车辆损坏的情况、停止状态、人员伤害情况和各种形式的痕迹为依据,参考当事人和目击者的陈述,对事故发生的全部经过做出推断的过程。

二、现场勘查的内容

1. 现场勘查的含义

交通事故现场是指发生交通事故的地点及与事故有关范围的空间场所。现场勘查可以概括为:对交通事故现场的情况(当事人、车辆、道路和交通条件)用科学的方法进行时间、空间、心理和后果的调查,把这些调查完整地、准确地记录下来的工作称为现场勘查。

时间调查:就是确定发生交通事故的时间坐标,是分析事故过程的一个重要参数。

空间调查:调查各有关物体(包括车辆、散落物、印迹、尸体等)的相对位置,用来确定车辆的相互影响。

后果调查:调查人员伤亡情况,致伤、致死的部位和原因,车辆损坏和物资损失情况。

生理心理调查:调查当事人的心理状态、身体与精神条件,以及生理方面对造成事故的影响因素等。

环境条件调查:调查车辆、道路、道路交通设施、道路安全防护设施和自然条件对事故的影响等。

2. 现场勘查程序

现场勘查程序主要有:尽快赶赴事故现场、采取应急措施、保护现场、现场勘查、确定并监护事故的当事人、询问当事人和调查证人、现场复核、处理现场遗留物、恢复交通,具体见图 6-1。

图 6-1 现场勘查程序图

3. 现场勘查方法

(1) 沿着车辆行驶路线勘查,这种方法必须是事故发生地点痕迹清楚。

(2) 从中心(接触点)向外勘查,这种方法适用于现场范围不大,痕迹、物体集中,中心明确的现场。

(3) 从外向中心勘查,这种方法适用于范围大,痕迹分散的现场。

(4) 分片分段勘查。这种方法适用于现场范围大,潜逃、伪造的现场。

4. 现场勘测工作

(1) 收取物证

物证是证明交通事故发生过程最客观的依据。收取物证是现场勘查最核心的工作,各种勘查工作的方法和手段均为收取物证服务。做好物证的收取,在于认识物证、发现物证,并用科学的手段和方法取得物证。

(2) 现场摄影

① 现场摄影的分类

方位摄影:拍摄确定现场的位置、全貌,反映现场轮廓,也就是要拍摄以肇事车辆为中心的周围环境情况,反映出事故现场的地形、路况、地面面貌、肇事车辆和其他物体的实际情况。如车辆、人、畜、建筑、铁路、山、树木、道路等相互关系,同时也反映出肇事的时间、气候情况,所以称为事故现场的方位摄影。

概况摄影:概况摄影包括整个事故现场,要求反映出现场的全貌和所发生事故的情况与伤害损失的概况。

中心摄影:主要是拍摄现场中心地段,以接触点为中心,拍摄与肇事接触的各个部位,以及与现场有关的部位,主要是说明重要物体特点、状况、痕迹、物体的联系,如被破坏的地方、遗留痕迹、物证的地方、尸体的位置等。

细目摄影:主要拍摄现场上发现的各种痕迹物证,用以反映这些痕迹和物证的大小、形状、特征等。主要包括:拍摄肇事车辆和其他物体接触部位的表面痕迹,反映出事故属于碰撞、碾压、刮擦、挤打、翻车、落水、坠车、爆炸、失火等情况;拍摄物体痕迹、尸体、尸体表面伤痕、尸体致死原因等微小物片物体,如肇事车辆刹车拖印痕迹,伤亡人员的伤痕,血迹及机械事故的机件损坏情况等;拍摄肇事车辆,如肇事车辆牌号、车辆厂牌;拍摄事故的后果,反映事故的损失伤亡、物资损坏等情况。

宣传摄影:有时为了宣传和收集资料的需要,也可以拍摄伤者,必要时可拍摄肇事人,可以运用技巧,突出反映某一个侧面,达到宣传教育的目的。

② 交通事故现场常见痕迹的拍照

碰撞痕迹:这种痕迹一般在外形上表现为凹陷、隆起、变形、断裂、穿孔、破碎等特征,一般只需选择合适的拍照角度即可表达出来,而凹陷痕迹特别是较小较浅的凹陷痕迹较难拍照。

刮擦痕迹:这种痕迹一般表现为被刮擦的双方表皮剥脱,互相粘挂,如接触点有对方车辆的漆皮或者被刮伤者的衣服纤维,人的皮肉、毛发等。

碾轧痕迹:碾轧痕迹在外形上一般表现为凹凸变化、变形、碾碎等特征,如轮胎碾轧松软潮湿泥土路,路面会形成凹凸变化的轮胎花纹印。机动车碾压非机动车时,会造成变形、断裂等痕迹。在拍摄时要注意反映出痕迹特点、旧性裂痕与新裂痕的区别。

渗漏痕迹:事故发生后,常发生车辆水箱、管道断裂,形成油、水渗漏痕迹。

其他痕迹：

机件断裂痕迹。一般都有陈旧裂痕的明显区别,能在现场拍照,应当即拍照,如不便拍照,可拆下后进行拍照。

血迹。拍照时主要应看血迹落在什么颜色的物体上,确定是否用滤色镜和加用何种滤色镜,如血滴落在黄土地或泥土粘污的油路上,均可用黄色滤色镜拍照,如血迹在黑色发亮的油路上,需加蓝色或绿色滤镜拍照。

刹车拖印。刹车拖印对判断肇事车辆运行位置、行驶速度、制动效能及采取措施情况上有着十分重要的作用。另外,刹车痕迹属于易破坏和消失的痕迹,因此,在现场痕迹拍照中,需优先并全力拍好,拍照重点应放在反映刹车印的起止点,特别是起点与道路中心线或路边的关系。同时,应反映刹车拖印的特征,如左右轮、前后轮拖印是否一致或拖印中断或变为压印,拖印呈直线或拖印有弧度、弯曲等。拍照时可以在拖印起点处用白灰或树枝等标记。

拍照刹车拖印一是要迅速赶到现场；二是要优先勘查和拍照刹车拖印；三是要进行认真观察和分析判断。

(3) 现场丈量

现场丈量必须准确,必要的尺寸不可缺,多余的尺寸不必要,在丈量前要认定与事故有关联的物体、痕迹,然后逐项进行,并做好记录。

① 勘查丈量现场痕迹

需要丈量的现场痕迹有下面几种。

刹车印迹：车辆制动后,轮胎与地面摩擦出现的炭黑拖印；有轨车辆制动后与道轨摩擦出现的金属光泽印迹。如果刹车痕迹是弧形时,应在痕迹起止间等分成四个距离五个点,分别量五个点至道路一边的垂直距离,然后量出刹车痕迹的长度。一般拖印距离比较容易测量,但是压印距离也很重要,也必须注意测量。

碰撞、碾压、刮擦、挤打等痕迹：车辆与车辆、车辆与人、车辆与畜、车辆与其他物体接触后双方留下的痕迹。

微小痕迹：车辆撞人后车身或其他物体某一部位上留有指纹、毛发、血皮、纤维或其他肉眼不易发现的微小痕迹。

遗留物：在现场上留下的轮胎花纹和刹车印,有车身颜色的漆皮、玻璃屑、脱落的汽车零件或泥土、物资或其他遗留物等。

车辆行驶方向的判断：

a. 车辆在行驶时,由于轮胎滚动对路面的作用,常使轮胎侧面的尘土、细砂等物质形成扇形,扇形展开面是车辆行驶的后方。

b. 车辆如果压折树枝、草棍等物,这些东西的断头常常指向行驶方向的后方。

c. 从车上滴下来的油点、水点的形状,尖端一般指向行驶方向。

d. 车辆经过水泡或污泥的地方,常会将水和污泥等带到干燥、清洁的路面上,留下水或泥土的痕迹,有这类痕迹路面的一方是行驶的方向。

e. 畜力车还可根据蹄迹的分布位置、形态,分析车辆行进的方向和牲畜种类。

② 丈量肇事接触部位

确定肇事接触点,对了解和处理事故起关键作用,接触点是形成事故的焦点,又是判定事故责任的重要证据。接触部位是多种多样的,要经过深思熟虑、全面细致地分析后,在确认无误的情况下才能丈量。通常要丈量车与车、车与人、车与畜和其他物体上的部位,接触部位距地面的高低,形状的大小(长、宽、深),标明在各个物体上的部位,接触点的受力方向、形状,要注意观察存留的毛发、血迹、皮肉、木屑、漆色等物证。

确定事故的接触点包括两个方面的内容:
  a. 接触点的空间位置,就是双方在什么部位最先接触的,即接触部位;
  b. 接触部位的平面位置,就是把接触部位投影到路面上的点,即接触点。

判定接触点的依据:
  a. 事故现场的物理(力和运动)现象,双方损坏的部位及受力情况;
  b. 事故现场的散落物,如车体下的泥土、玻璃碎片等;
  c. 刹车印迹;
  d. 运动学和动力学的理论(运动轨迹和碰撞损坏情况)。

在现场勘查工作中要确定以下五个基本点,即发现对方地点、感到危险地点、采取紧急措施地点、相撞地点和停止地点。前两个点由当事人供述,后三个点是客观存在,由现场勘查确定的。

发现对方地点,用以判断当事人的疏忽程度,可以用式(6-1)表示:

$$S = \frac{z - F}{z} \times 100\% \tag{6-1}$$

式中 S——疏忽程度;
   z——足以发现对方的距离(m);
   F——发现对方的距离(m)。

感到危险地点,用以确认当事人的判断是否正确。对于危险现象不感到危险,就是判断错误。

(4) 车辆检验

车辆的结构、技术性能和使用状况等与交通事故的形成有着密切的联系。因此,必须对事故车辆进行技术检验。其主要内容有下面几点。

① 载货和乘员情况:包括乘员人数、乘坐位置、货物的种类与重量、安放位置及捆绑固定情况等。不当的车辆装载,常使车辆的重心发生偏移,从而成为诱发事故的潜在因素,必要时应对重心进行测定。

② 操纵机构运用情况:包括所使用的变速器的挡位,驻车制动器操纵杆所处的位置,点火开关、转向灯开关及其他电器开关的位置等。

③ 安全装置技术状况:重点检查车辆的制动、转向、悬架、轮胎、灯光、后视镜及其他附属安全设备等是否齐全有效,是否合乎国家颁布的有关法规规定,对事故的形成有无影响。

④ 车辆结构特征:根据案情分析的需要,有时需记录下车辆的外廓尺寸、轮距、轴距、轮胎型号、最小转弯半径等参数。

⑤ 车辆使用性能:包括车辆肇事时的加、减速性能,汽车通过弯道而不产生侧滑和侧翻的最高行驶速度等。

⑥ 车辆破损情况:记录下破损部位的名称、位置、形态、程度及破损原因等。在检查断裂的转向拉杆等金属构件时,应注意分析是断裂诱发事故还是事故造成断裂。

(5) 道路鉴定

道路鉴定就是对事故地点的道路及通行条件进行全面的检测,以确定道路是否符合设计标准、是否存在失修和违章占用等情况、对事故的形成有无影响等。检测内容包括道路几何参数与路面附着系数的测量与测定,路面障碍物类型、尺寸和位置的确定,以及现场交通设施调查等。

(6) 当事人检查

检查事故当事人的身体状况,主要检查当事人是否酒后驾车、是否处于疲劳状态及其疲劳程度、在事故前是否服用过某些药物等。

鉴定事故当事人人体损伤的部位和程度,与事故的性质和原因有一定的联系,根据当事人身上的损伤情况,可判断其与车辆的接触部位、接触角度和接触状态。当交通事故造成人员伤亡时,应对其损伤进行检验,查明伤害部位、数目、形态、大小和颜色,损伤类型、特征与致伤物及伤残程度,致命部位及致死原因等,并写出鉴定结论。

(7) 绘制现场图

① 现场图的种类

现场草图:通常包括现场位置和周围的环境以及遗留有痕迹、物证的地点,运动的关系,事故的情况,给人以总观的印象。绘制现场草图虽然可以粗糙些,但内容必须完整、齐全,尺寸必须准确,这是绘制现场平面图的基础。

平面图:是以出事地点为中心,把痕迹、其他物体的相互关系,按比例绘制在图上。现场平面图是现场勘查的正式技术文件,可以做法律的依据,所以,绘制现场平面图必须十分认真、仔细、准确,不能有丝毫差错。

断面图:对有的事故现场,平面图已无法把其情况清楚地反映出来,比如翻到路外,用斜面的长度和标高,均不能确切地反映出斜坡情况,则用断面图加以补充,车辆的碰撞、刮擦痕迹也需用断面图表示。断面图可分为横断面和纵断面图,均以与道路的关系为准。纵断面图主要用来表示道路的纵坡宽。横断面图则可以明确地反映出现场的实际情况。

② 绘制现场图的要求

a. 在绘制现场图时,首先应对整个现场有个总的概念,才能把图布置好,绘得清楚、简单、准确,以防止遗漏。但是,也不能将现场上与事故无关的一切物体都绘入图内。

b. 现场图的比例可根据出事地点的大小灵活确定,通常用1:200的比例。

c. 图上应准确地表明事故以及物体和痕迹的原始位置,同时必须与现场勘查笔录记载的内容吻合。

d. 现场图上必须注明图的名称、测量方法、比例大小、方位、图例及其他说明、绘制的日期及绘图人的签字。

5. 现场勘查记录

(1) 现场勘查记录的内容

① 接到报案的时间,事故发生和发现的时间、地点,当时的气候,报案人与当事人的

姓名、职业、工作单位、住址及他们所叙述关于事故发生、发现的经过。

② 现场保护人员的姓名、职业、工作单位,到达现场时间、采取的保护措施及保护过程中发现的情况。

③ 现场勘查工作开始和结束的时间、当时的情况(气候、光线)。

④ 现场所在地点的位置及周围环境。

⑤ 记录现场情况属于哪一类现场,特别记明现场变动情况、变动原因或现场上所见的反常现象。

⑥ 记录现场丈量情况,如伤亡情况,车辆和其他物资损失情况,痕迹的详细情况,提出的痕迹、物证的名称和数量。

⑦ 说明现场拍照的内容、拍摄的数量等。

⑧ 说明绘制现场图的数量。

⑨ 现场技术鉴定材料情况,如车辆技术鉴定、道路鉴定、尸体检验情况。

⑩ 勘查现场的领导人和工作人员、法医签字。

(2) 现场勘查记录的要求

① 要使没有亲自参加勘查现场的人,能根据现场勘查记录记载的内容,对现场情况得到一个符合实际现场的概念。必要时,可以根据现场勘查记录恢复现场的原状。

② 现场勘查记录应详细地记载勘查所见的情况,不要叙述那些对事故没有意义的记载。在事故处理过程中需要了解现场上某一情况时,现场勘查记录能作为查考的依据。记录格式见表 6-1。

表 6-1 交通事故现场勘查笔录

事故时间			
事故地点			
勘查时间			

勘查人员姓名、单位:

勘查人员:　　　　　　　　　　　　　　　　　　　　　　　　记录人:

备注:

③ 保证笔录的客观性,能够客观、全面反映现场情况,起到证据作用,不准任何臆测记载。

④ 笔录的词句要确切,通俗易懂,不能用模棱两可的词句,如较近、不远、旁边、可能、大概等等字样。凡是多次勘查现场,都应依次制作补充笔录。

第二节 事故分析基础知识

一、附着系数

路面对车轮切向反作用力的极限值与路面对车轮的法向反作用力之比,称为附着系数。它决定于路面的种类和状况,决定于轮胎的弹性、胎面的花纹、轮胎气压及汽车行驶速度,其中路面的种类和状况影响最大,它也是衡量路面技术状况优劣的一项重要指标。附着系数大,表明路面技术状况好,抗滑能力强。根据车轮在路面上运动状态的不同,附着系数可分为纵向附着系数和横向附着系数。

1. 纵向附着系数

车轮沿其旋转平面方向运动时,道路的附着系数称为纵向附着系数,用 $\varphi_纵$ 表示。纵向附着系数的大小,直接影响汽车的制动效能和加速效能,在汽车的其他方面相同的情况下,附着系数 $\varphi_纵$ 越大,制动距离越短,加速时越不易打滑。

纵向附着系数的大小,主要取决于路面的种类、干湿状态以及轮胎的类型,见表 6-2。

表 6-2 纵向附着系数 $\varphi_纵$

路面		轮胎		
类型	状态	高压轮胎	低压轮胎	越野轮胎
沥青或混凝土路面	干燥	0.50~0.70	0.70~0.80	0.70~0.80
	潮湿	0.35~0.45	0.45~0.55	0.50~0.60
	污染	0.25~0.45	0.25~0.40	0.25~0.45
渣油路面	干燥	0.50~0.60	0.60~0.70	0.60~0.70
	潮湿	0.20~0.30	0.30~0.40	0.45~0.55
碎石路面	干燥	0.50~0.60	0.60~0.70	0.60~0.70
	潮湿	0.30~0.40	0.40~0.50	0.40~0.55
土路	干燥	0.40~0.50	0.50~0.60	0.50~0.60
	潮湿	0.20~0.40	0.30~0.45	0.35~0.50
	污染	0.15~0.25	0.15~0.25	0.20~0.30
积雪路面	松软	0.20~0.30	0.20~0.40	0.20~0.40
	压实	0.15~0.20	0.20~0.25	0.20~0.25
结冰路面		0.08~0.15	0.10~0.20	0.05~0.10
卵石路面	干燥	0.40~0.50	0.50~0.55	0.60~0.70

除此之外,它还受到车辆行驶速度、路面与轮胎摩擦程度、路面清洁度、外界和路面温度等因素的影响。随着车速的提高,或者路面磨损的增大,或者外界与路面温度的上升,或者路面的尘土、细砂、油垢等污染物的增多,$\varphi_纵$ 值减小。在干燥的路面上,旧胎的 $\varphi_纵$ 值高于新胎的 $\varphi_纵$ 值,但在潮湿的路面上则相反。

2. 横向附着系数

车轮沿着垂直于其旋转平面方向运动时的附着系数,称为横向附着系数,用 $\varphi_横$ 表示,横向附着系数的大小,对转弯时汽车的稳定性有直接影响。$\varphi_横$值越大,汽车转弯时越不易出现侧滑现象。

横向附着系数比纵向附着系数略大些,当某一路段的纵向附着系数已知时,其对应的横向附着系数可按式(6-2)估算:

$$\varphi_横 = 0.97\varphi_纵 + 0.08 \tag{6-2}$$

二、滚动阻力系数

车轮滚动阻力与车轮负荷之比,称为滚动阻力系数,用 f 表示。车辆自由运行时,滚动阻力系数越大,滑行距离越短。

滚动阻力系数通常用试验方法测定,其数值受下列因素的影响。

轮胎气压:在硬路面上,轮胎气压降低,滚动阻力增大,低压胎要比高压胎的滚动阻力系数大些。相反,在软路面上行驶时,适当降低轮胎气压,却可减小滚动阻力系数。

轮胎的结构与材料:轮胎的帘布层较少,胎体较薄,材料好,滚动阻力系数较小。另外扁平断面轮胎的滚动阻力系数在高速时较普通轮胎要小;而子午轮胎在各种车速时均有较低的滚动阻力系数,旧轮胎较新轮胎滚动阻力系数小。

行驶速度:汽车的行驶速度对滚动阻力系数也有影响,当车速在 50 km/h 以上时,滚动阻力系数变化不大;而当车速在 100 km/h 以上时滚动阻力系数增长较快。

路面类型与状态:坚硬、平滑而干燥的路面,其滚动阻力系数最小。路面已损坏的不平坦道路,滚动阻力系数会成倍地增加。

由于影响滚动阻力系数的因素较多,所以滚动阻力系数 f 的变化范围较大。表 6-3 给出了在车速 50 km/h 以下的不同路面上滚动阻力系数的大致数值。

表 6-3 滚动阻力系数 f 的数值

路面类型	滚动阻力系数	路面类型	滚动阻力系数
良好的沥青或混凝土路面	0.010～0.018	压紧土路:雨后的	0.050～0.150
一般的沥青或混凝土路面	0.018～0.020	泥土路(雨季或解冻期)	0.100～0.250
碎石路面	0.020～0.025	干砂	0.100～0.300
良好的卵石路面	0.025～0.030	湿砂	0.060～0.150
坑洼的卵石路面	0.035～0.050	结冰路面	0.015～0.030
压紧土路:干燥的	0.025～0.035	压实的雪路	0.030～0.050

三、车辆重心

重力在车辆上的作用点称为车辆重心。设车辆处于水平位置时,重心距地面的高度为 h(单位:m),距前轮中心线的水平距离为 x(单位:m),后轮上的支反力为 R_x(单位:N),右侧车轮上的支反力为 R_z(单位:N),轴距用 d(单位:m)表示,轮距用 b(单位:m)表示。车辆重量用 mg 表示(单位:N)。当后轮单独升高 y(单位:m)时,作用在后轮上的支反力为 R_R(单位:N),参看图 6-2 和图 6-3。

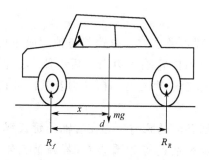
图 6-2 纵向车辆水平位置

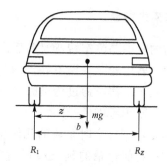
图 6-3 横向车辆水平位置

当车辆处于水平位置时，对前轮与地面的接触点取矩有

$$mgx = R_R d \tag{6-3}$$

由此可得

$$x = \frac{R_R d}{mg} \tag{6-4}$$

参看图 6-3，当车辆处于水平位置时，对左侧车轮与地面接触点取矩有

$$mgz = R_Z b \tag{6-5}$$

由此可得

$$z = \frac{R_Z b}{mg} \tag{6-6}$$

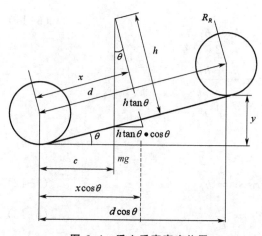
图 6-4 重心垂直高度位置

参看图 6-4，当车辆处于前倾状态时，对前轮与地面的接触点取矩有

$$mgc = R_R d \cos\theta \tag{6-7}$$

由几何关系知

$$c = x\cos\theta - h\tan\theta \cdot \cos\theta \tag{6-8}$$

$$\tan\theta = \frac{y}{\sqrt{d^2 - y^2}} \tag{6-9}$$

将式(6-7)、式(6-8)和式(6-9)联立求解可得

$$h = \frac{mgx - R_R d}{mgy}\sqrt{d^2 - y^2} \tag{6-10}$$

由此可知，要想确定车辆重心的位置，必须称出下列重量：①车辆的总重；②车辆处于水平状态时，其后轮所受的重量；③将后轮顶起到预定高度时，它所受的重量；④车辆一侧的前轮和后轮所承受的重量。

四、车辆内轮差

汽车的内轮差是汽车转弯时前后内轮的圆半径之差。内轮差与轴距成正比,轴距大,内轮差也大。若内轮差掌握不好,会在转弯时后内轮陷入边沟或后内侧车挡板碰及其他障碍物或行人等。汽车通过弯道时,行驶速度较低,离心力和横向力及其由此而产生的轮胎横向滑移可不予考虑。

图6-5是汽车转弯时车轮的几何位置,回转时的瞬时中心在后轴的延长线上,前轮向右转弯时,左、右前轮轴的延长线通过后轴延长线的点为瞬心 O,若调整前轮转向角 S_1(右)和 S_2(左),可以改变回转半径 R_0。

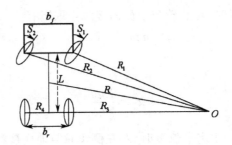

图6-5 转弯时车轮的几何位置

设前后4轮的回转半径分别为 R_1,R_2,R_3,R_4,可用式(6-11)表达:

$$\begin{cases} R_1 = \dfrac{L}{\sin S_1} \\ R_2 = \dfrac{L}{\sin S_2} \\ R_3 = R_1 \cos S_1 - \dfrac{b_r - b_f}{2} \\ R_4 = R_2 \cos S_2 + \dfrac{b_r - b_f}{2} \end{cases} \tag{6-11}$$

式中 L——轴距;
b_r、b_f——分别为前后轮的轮距。

由图6-5的几何关系可得

$$R_2 \cos S_2 - R_1 \cos S_1 = b_f \tag{6-12}$$

$$\cot S_2 - \cot S_1 = \frac{b_f}{L} \tag{6-13}$$

一般认为 $b_f = b_r$,则可求得内轮差

$$\Delta R = R_1 - R_3 = R_1(1 - \cos S_1) = \frac{L}{\sin S_1}(1 - \sqrt{1 - \sin^2 S_1}) \tag{6-14}$$

若 $\sin S_1 = S_1$(例如:$S_1 = 30° = 0.524$ 弧度,而 $\sin 30° = 0.5$,相差5%以下),则

$$S_1 = \frac{L}{R} \tag{6-15}$$

$$\Delta R = R_1 \left(1 - \sqrt{1 - \left(\frac{L}{R_1}\right)^2}\right) \qquad (6-16)$$

式中　R_1——前内轮的回转半径(m);

L——轴距值,一般采用车 2.3～2.9 m,大型货车 5～7.5 m,大型客车 4.5～6.5 m。

五、汽车事故力学解析

汽车事故大部分是汽车与汽车,或汽车与其他物体冲突而引起的。但也有少数一些事故不伴随有与其他物体的冲突,只是单纯的翻车使乘员受伤或货物受损等。对冲突事故稍加仔细观察,可发现以下基本事实。

1. 冲突事故由两种不同现象所构成

冲突事故是三个过程的连续。冲突前,驾驶员未采取措施或措施无效,导致汽车与冲突物接触;冲突瞬间,汽车与冲突物之间在接触面上进行能量交换;冲突之后,汽车与被冲突物分别描绘出自己的运动轨迹,直到最终停止。

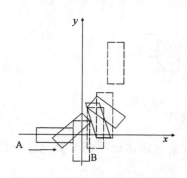

图 6-6　汽车冲突后的运动轨迹

如图 6-6 所示,冲突前 A 车沿 x 轴作平移运动,B 车沿 y 轴作平移运动。冲突后,A 车受 B 车的作用在 y 轴方向加速,B 车受 A 车的冲撞在 x 轴方向加速。因此,冲突前作平移运动的汽车由于冲突而引起回转运动。由此可见,所谓冲突现象是两物体在冲突接触的极短时间内进行能量交换,而引起物体平移与回转速度急剧变化的现象。冲突的两车所获得的新的平移与回转速度是冲突后车辆运动的初始条件。

在图 6-6 中,A 车和 B 车冲突后分开,一边平移,一边回转直到停止。在冲突中,进行新能量交换的时间是极短的,一般为 0.1～0.2 s,而冲突后的汽车运动要维持数秒钟。所以在冲突瞬间人是反应不及的,但在冲突后的运动期间,驾驶员却有足够的时间采取刹车或打舵等措施。

2. 汽车冲突为塑性冲突

皮球碰到墙壁而被弹回的是弹性冲突,粘土球碰撞墙壁后完全不被弹回的情况为塑性冲突。完全弹性冲突由于冲突后无能量损失,所以弹回速度与冲突前速度相同。而完全塑性冲突,由于冲突前的动能完全损失之故,所以回弹速度为零。

在力学上用恢复系数 e 作为衡量冲突弹塑性的参数。弹性冲突时 $e=1$;塑性冲突时,$e=0$;汽车冲突的 e 实际上是在 0～1 之间。实车试验的结果如图 6-7 所示,冲突速度小时接近弹性冲突,随着冲突速度加大而接近于塑性冲突。图中的有效冲突速度系指两物体相对速度为零

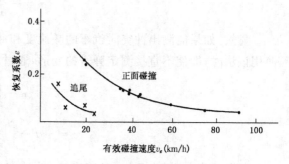

图 6-7　汽车冲突时的恢复系数

时的速度变化值。

把上述的实验结果用公式表示为

$$e = 0.574e^{-0.0396 v_e} \qquad (6-17)$$

式中　v_e——有效冲突速度(km/h)。

有效冲突速度越高，恢复系数越小，冲突越激烈，越接近塑性冲突。

第三节　典型汽车事故再现分析

一、汽车对固定物的冲突

1. 汽车对墙壁的冲突

在汽车与墙壁正面冲突时，若将墙壁当做刚体，并视冲突为塑性，则其力学模型可简化为图 6-8 所示。图中 m 代表汽车的质量，k 是与质量无关的塑性弹簧系数。

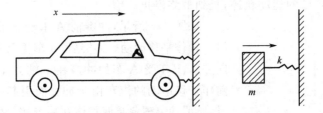

图 6-8　汽车与墙正面冲突的力学模型

根据虎克定律，物体所受弹簧的弹力 F 与弹簧的伸长量或物体以平衡位置为起点的位置 x 的关系是：

$$F = -kx \qquad (6-18)$$

式(6-18)中的负号表示力和位移的方向相反。由此可见，对静弹簧系数，只要同时测定加到弹簧上的外力 F 和弹簧的变形 x 即可求得。但对动弹簧系数，由于瞬时力 F 不易测出，故无法直接利用此式求得。然而根据牛顿第二定律有

$$F = ma \qquad (6-19)$$

将式(6-18)代入式(6-19)可得

$$a = -\frac{k}{m}x \qquad (6-20)$$

显然，如果能测出冲突时汽车的减速度和冲突端的变形量 x，也可计算出 k 值。而且使用该法时，即使不直接测定弹簧的变形，通过对减速度的两次积分也可以求得，即

$$v = v_0 - \int_0^t a \, dt \qquad (6-21)$$

$$x = v_0 t - \int_0^t \int_0^{t'} a \, dt' dt \qquad (6-22)$$

其中，v 为冲突时间中 t 的速度，v_0 为冲突前速度，t 为从冲突开始测得的时间，a 为减

速度，x 为从冲突开始位置起测得的质量 m 的移动距离，即弹簧的变形量。由此，只要测定冲突前速度和冲突中的加速度变化率便可算出弹簧系数。

汽车对墙壁冲突的试验表明，由于冲突使车体以多种形式振动，但减速度却呈类似的变化，而且，由变形产生的抗力变化是不连续的。除此以外，因为车体构造的变形不一致，有些力加上后引起弯曲，还有些部位由于折断使抵抗力突然变小之故。但若将这些变形除去，则可认为对于车体前部变形的弹簧特性是线性的，冲突是完全塑性的。另外，单位汽车质量的弹簧系数，即对应变形量减速度的增加率，几乎与车种无关。这意味着车体前部的变形强度与车重量成正比增加。在实验冲突速度范围内，单位质量的弹簧系数与冲突速度无关。

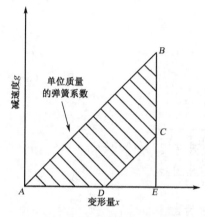

图 6-9　由于车体变形而引起的减速度

将以上实验结果归纳简化后，可得塑性弹簧呈单向线性，如图 6-9 所示。图中 CD 一小部分为弹簧的弹性回复部分。阴影面积 $ABCD$ 为由于塑性弹簧的变形而损失的单位质量的能量，应与冲突前的机械能相等。单向线性弹簧的单位质量弹簧系数约为 $41\ \mathrm{kg/m}$。

当弹簧为线性时，冲突车辆的运动规律可通过简单的解析方法求得。若不计弹性回复部分，则由式(6-20)知，车辆质心的运动方程为

$$\begin{cases} m\dfrac{\mathrm{d}^2 s}{\mathrm{d}t^2} = -ks, & \dfrac{\mathrm{d}s}{\mathrm{d}t} > 0 \\ m\dfrac{\mathrm{d}^2 s}{\mathrm{d}t^2} = 0, & \dfrac{\mathrm{d}s}{\mathrm{d}t} \leqslant 0 \end{cases} \tag{6-23}$$

将初始条件 $t = 0$，$s = 0$，$\dfrac{\mathrm{d}s}{\mathrm{d}t} = v_0$ 代入方程(6-23)可得

$$\begin{cases} s = \dfrac{v_0}{\sqrt{c}}\sin\omega t, & 0 \leqslant \omega t \leqslant \dfrac{\pi}{2} \\ s = \dfrac{v_0}{\sqrt{c}}, & \omega t > \dfrac{\pi}{2} \end{cases} \tag{6-24}$$

式中，$c = \dfrac{k}{m}$，v_0 为冲突前速度。

显然，在汽车对刚体墙壁的碰撞过程中，其质心的最大位移为

$$s_{\max} = \dfrac{v_0}{\sqrt{c}} \tag{6-25}$$

由于冲突为塑性，故车体的塑性变形量 x 应等于车辆质心的最大位移量 $s_{\max}$，则有

$$x = \dfrac{v_0}{\sqrt{c}} \tag{6-26}$$

由此可见，汽车碰撞墙壁后，在车体上残留下来的变形与车辆冲突前的速度成正比，

与单位车辆质量的弹簧系数成反比。

国外用发动机装于前部的普通轿车进行了大量的实车试验,并根据试验结果找出汽车前部的塑性变形量与冲突前速度的具体关系

$$\begin{cases} x = 0.009\,5v_0 \\ v_0 = 105.3x \end{cases} \quad (6\text{-}27)$$

式中　v_0——冲突前的速度(km/h);
　　　x——塑性变形量(m)。

图 6-10 表示车体前部在碰撞后的塑性变形情况,阴影部分为破损处,其塑性变形量 x 可按式(6-28)和式(6-29)计算:

$$x = \frac{x_1 + x_2}{2} \quad (6\text{-}28)$$

$$x = \frac{y_1}{y_0} \cdot \frac{x_1 + x_2}{2} \quad (6\text{-}29)$$

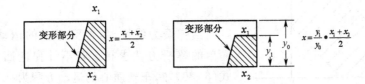

图 6-10　车体前部的塑性变形方式

汽车向刚体墙壁作斜向冲突时,车体前部斜向变形,此时的变形阻力,即弹簧系数较正向冲突要小,如图 6-11 所示。由于目前这方面的实验很少,故还无法建立起像正面冲突那样的变形与冲突速度间的关系式。

2. 汽车对圆柱体的冲突

汽车与照明灯柱、道路标志杆、大树等刚体圆柱发生正面冲突时,车体前部不是像正面碰撞墙壁那样平着变形,而是在撞击点处被柱子顶进去,如图 6-12 所示。若碰撞位置不在车体的纵向中心线上,则汽车还要受到一力矩的作用,而发生回转。

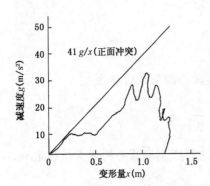

图 6-11　与墙斜向冲突时的减速度
(冲突角与法向成 20°,冲突速度为 60 km/h。
车种为 1966 年型福特斯坦达特)

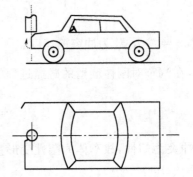

图 6-12　汽车与刚体圆柱的正面冲突

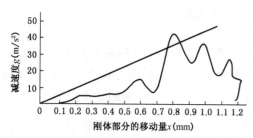

图 6-13　汽车与刚体圆柱的正面冲突时的减速度

（冲突位置为汽车中心线，圆柱的直径约 30 cm，冲突速度为 60 km/h，车种为 1966 年型福特斯坦达特）

汽车与刚体圆柱正面冲突时的减速度和变形量之间的关系，如图 6-13 所示。由图可知同刚体墙冲突相比，变形处的弹簧系数相当小。

国外用普通轿车对 25 cm 厚的混凝土电杆作正面冲突试验后，得到经验公式(6-30)：

$$v_0 = 67\,x \tag{6-30}$$

式中　v_0——冲突前的速度(km/h)；

　　　x——汽车变形深度(m)。

汽车与圆柱体等固定物冲突时，由于车体受荷重的面积较小，故在相同速度冲突下与正面冲突相比变形量（凹损部深度）较大。

汽车与圆柱体等固定物冲突时的变形量要比汽车与汽车正面冲突时变形量大 1.6 倍，其关系为 $x = 0.0149\,v_0$。

在汽车与圆柱等冲突时，汽车前部变形后很快就触及刚性较高的发动机。因此，在触及发动机后，发动机的后移及车体的变形并不与冲突速度的增加成比例。

另外，同样撞击圆柱，但由于圆柱固定方法不同，发动机和圆柱所吸收的能量也有差异。如果圆柱的基础差而位移较大，即或是同样的冲突速度，汽车的变形量也较小。当汽车和圆柱的碰撞点偏离汽车的重心时，则会引起车辆的回转。轮胎与路面的摩擦和本体与周围物体的二次冲突均要吸收能量，这样也会使车体的变形减小。

二、汽车间的正面冲突

1. 正面冲突速度的推算

正面冲突是发生在汽车纵轴上的冲突。虽然在冲突的瞬间，车体会出现绕前轴的旋转运动，即车体前部向下低，后部向上翘，但其运动量甚小，可忽略不计。因而在此处，将正面冲突按一元冲突处理，仅考虑在冲突过程中，汽车沿其纵轴方向的运动。

现从图 6-14 所示的情况着手，分析一下在一条直线上的两个运动物体，发生一元正面冲突时的速度变化。由于在冲突过程中，两物体除相互间有力作用外，不再受其他外力作用，故两物体的总动量始终保持不变。

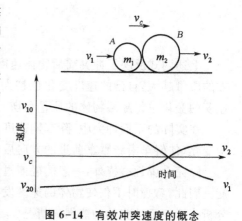

图 6-14　有效冲突速度的概念

冲突开始时，两物体间存在相对速度，使它们互相挤压，发生变形，直到接触处法线方向无相对速度为止。设此刻两物体的共同速度为 v_c，物体 A、B 的质量分别为 m_1、m_2，冲突前的速度分别为 v_{10}、v_{20}，依动量守恒定律有

$$m_1 v_{10} + m_2 v_{20} = (m_1 + m_2) v_c \tag{6-31}$$

即
$$v_c = \frac{m_1 v_{10} + m_2 v_{20}}{m_1 + m_2}$$

根据有效冲突速度的定义，它等于物体由冲突前速度变化到共同速度 v_c 时的变化值。如图6-14，我们可以取在以速度 v_c 移动的 C-C 面上为参照系，并进行相应的坐标换算后，则可认为 A、B 两物体分别以速度 $v_{e1} = v_{10} - v_c$ 和 $v_{e2} = v_c - v_{20}$ 向固定不动的 C-C 面冲撞。因此。物体 A 和 B 的有效冲突速度分别为

$$v_{e1} = v_{10} - v_c = \frac{m_2}{m_1 + m_2}(v_{10} - v_{20}) \tag{6-32}$$

$$v_{e2} = v_c - v_{20} = \frac{m_1}{m_1 + m_2}(v_{10} - v_{20}) \tag{6-33}$$

当两物体间的相对速度为零，变形达到最大值时，若冲突为塑性冲突，则两物体将不再分开，而以共同速度 v_c 一道运动；若冲突为弹性冲突，则两物体将在相互的弹性力作用下，逐渐分离，使变形由大变小，直到两物体彼此离开，设相碰物体 A、B 离开后的速度分别为 v_1、v_2，根据动量守恒定律有

$$m_1 v_{10} + m_2 v_{20} = m_1 v_1 + m_2 v_2 \tag{6-34}$$

由于恢复系数被定义为两物体碰撞前后相对速度大小的比值，即

$$e = \frac{v_2 - v_1}{v_{10} - v_{20}} \tag{6-35}$$

将式(6-33)、式(6-34)联立解之得

$$v_1 = v_{10} - \frac{m_2}{m_1 + m_2}(1+e)(v_{10} - v_{20}) \tag{6-36}$$

$$v_2 = v_{20} + \frac{m_1}{m_1 + m_2}(1+e)(v_{10} - v_{20}) \tag{6-37}$$

上述两式反映了冲突前后物体速度的变化。在同一冲突中，恢复系数越大，或者是对方的质量越大，自己的速度变化也越大。在不同冲突中，即使冲突前的速度差完全一样，速度的变化也将随两物体的质量和恢复系数的不同而不同。

在实际的正面冲突中，除车辆速度的大小会发生变化外，车辆速度的方向通常也会发生变化，使轻车沿着重车前进的方向后退。

除完全弹性碰撞外，一般的碰撞过程都伴有动能的损失，它转化为热能或其他形式的能。因此，碰撞时不仅使物体的速度发生有限改变，而且还会发生能量的转化。下面我们分析一元正面冲突的动能损失情况。

设冲突前两物体的总动能为 E_{k1}，冲突后的总动能为 E_{k2}，则有

$$E_{k1} = \frac{1}{2}m_1 v_{10}^2 + \frac{1}{2}m_2 v_{20}^2 \tag{6-38}$$

$$E_{k2} = \frac{1}{2}m_1 v_1^2 + \frac{1}{2}m_2 v_2^2 \tag{6-39}$$

故冲突过程中的动能损失 ΔE_k 为

$$\Delta E_k = E_{k1} - E_{k2} = \frac{1}{2} \frac{m_1 m_2}{m_1 + m_2}(1-e^2)(v_{10}-v_{20})^2 \qquad (6\text{-}40)$$

显然,在完全弹性冲突中 $e=1$,$\Delta E_k = 0$,无动能损耗。

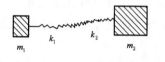

图 6-15　汽车正面冲突的力学模型

以上分析了冲突前后的速度和动能的变化情况,下面讨论冲突车辆的变形。汽车正面冲突的力学模型如图 6-15 所示。

图中 m_1、m_2 为车体质量,k_1、k_2 为车体前部塑性弹簧系数,由于在此力学模型中两个弹簧是串联的,所以总的弹簧系数为

$$k = \frac{k_1 k_2}{k_1 + k_2} \qquad (6\text{-}41)$$

因为汽车前部单位质量的弹簧系数与车种无关,并可表达为 $c = \dfrac{k}{m}$,于是有

$$\begin{cases} k_1 = cm_1 \\ k_2 = cm_2 \end{cases} \qquad (6\text{-}42)$$

将式(6-42)代入式(6-41)有

$$k = c \frac{m_1 m_2}{m_1 + m_2} \qquad (6\text{-}43)$$

若认为冲突是塑性冲突,恢复系数等于零,两车的变形量分别为 x_1、x_2,则在冲突过程中损失的动能必定等于塑性弹簧变形时所消耗的功,即

$$\Delta E_k = \frac{1}{2}k(x_1+x_2)^2 = \frac{1}{2}c\frac{m_1 m_2}{m_1+m_2}(x_1+x_2)^2 \qquad (6\text{-}44)$$

或

$$\Delta E_k = \frac{1}{2}k_1 x_1^2 + \frac{1}{2}k_2 x_2^2 \qquad (6\text{-}45)$$

令 $e=0$,代入式(6-40)可得

$$\Delta E_k = \frac{1}{2}\frac{m_1 m_2}{m_1+m_2}(v_{10}-v_{20})^2 \qquad (6\text{-}46)$$

将式(6-41)、式(6-44)、式(6-45)联立解之可得

$$x_1 = \frac{m_2}{m_1+m_2} \cdot \frac{v_{10}-v_{20}}{\sqrt{c}} \qquad (6\text{-}47)$$

$$x_2 = \frac{m_1}{m_1+m_2} \cdot \frac{v_{10}-v_{20}}{\sqrt{c}} \qquad (6\text{-}48)$$

对质量给定的两台汽车,不论冲突前后的运动速度如何,车体变形量的比值都是不变的,且该比值为

$$\frac{x_1}{x_2} = \frac{m_2}{m_1} \tag{6-49}$$

由上述关系式可知,变形量与冲突前的相对速度成正比,而与每台车的绝对速度无直接关系。此外,自己车的变形量与对方车的质量成正比,对方车越重,自己车的变形就越大。

若把汽车对刚体墙的冲突看成是正面冲突的一个特例,则因在冲突中墙的位置不会发生变动,故可认为墙的质量 m_2 为无限大,运动速度 v_{20} 为零,于是根据式(6-47)有

$$x_1 = \frac{v_{10}}{\sqrt{c}} \tag{6-50}$$

这与前面所求得的汽车对刚体墙冲突后的变形情况完全一致。

当汽车从正面与刚体墙冲突时,由于墙的运动速度始终为零,故冲突前的速度即为有效冲突速度。将 $m_2 = \infty$,$v_{20} = 0$ 代入式(6-47)中,也能得出同样的结论。因此,若用 v_e 表示汽车对墙冲突中的有效冲突速度,则式(6-26)可表达为

$$x = \frac{v_e}{\sqrt{c}} \tag{6-51}$$

在正面冲突中,变形量与有效冲突速度之间的关系,可通过式(6-32)、式(6-33)、式(6-47)和式(6-48)求出:

$$x_1 = \frac{v_{e1}}{\sqrt{c}} \tag{6-52}$$

$$x_2 = \frac{v_{e2}}{\sqrt{c}} \tag{6-53}$$

由此可见,在同样的有效冲突速度下,正面冲突和对墙冲突中的车体变形是完全相同的。实验表明,在经验公式 $v_0 = 105.3\,x$ 中,若用汽车的有效冲突速度代替冲突前的速度,则对正面冲突也完全适用。即有

$$v_{e1} = 105.3\,x_1 \tag{6-54}$$

$$v_{e2} = 105.3\,x_2 \tag{6-55}$$

式中 v_{e1}、v_{e2} 分别为车辆 1 与车辆 2 的有效冲突速度(km/h);

x_1、x_2 分别为它们各自的变形量(m)。

冲突后车体剩余的运动能量,要由轮胎和路面的摩擦做功来消耗,故可用下列关系式:

$$\frac{1}{2} m_1 v_1^2 = \varphi_1 m_1 g L_1 k_1$$

则

$$v_1 = \sqrt{2\varphi_1 g L_1 k_1} \quad (6\text{-}56)$$

同理

$$v_2 = \sqrt{2\varphi_2 g L_2 k_2} \quad (6\text{-}57)$$

式中 m_1、m_2——分别为车辆 1 和车辆 2 的质量(kg);

φ_1、φ_2——分别为车辆 1 和车辆 2 滑移时的纵滑附着系数;

L_1、L_2——分别为车辆 1 和车辆 2 冲突后的滑移距离(m);

k_1、k_2——附着系数的修正值,全轮制动时 $k=1$,只有前轮或后轮制动时 $k=0.5$。

由式(6-56)、式(6-57)可求得 v_1、v_2,再由式(6-54)、式(6-55)求得有效冲突速度,并将所得结果代入式(6-32)、式(6-33)、式(6-34)中,解联立方程,可求出冲突前的速度 v_{10}、v_{20}。

这样在汽车正面冲突的事故现场,只要能准确测量出车体的变形量和冲突后车体的滑移距离,即可计算出冲突前 A、B 两车的速度,此计算方法对前置式发动机的载货汽车也是基本适用的。

[例 6-1] 乘用车 A、B 发生正面冲突,冲突后两车沿 A 车的前进方向滑移,A 车滑移 4 m,B 车滑移 4.5 m(印迹明显),沥青铺装路面有点潮湿。A 车塑性变形量为 0.35 m,B 车为 0.40 m。两车的质量 A 车 1 200 kg,B 车为 1 100 kg,求 A、B 两车冲前的速度。

[解]

(1) 已知数据:

$m_1 = 1\,200$ kg, $L_1 = 4$ m, $\varphi_1 = 0.5$, $k_1 = 1.0$, $x_1 = 0.35$ m

$m_2 = 1\,100$ kg, $L_2 = 4.5$ m, $\varphi_2 = 0.5$, $k_2 = 1.0$, $x_2 = 0.40$ m

(2) 计算冲突后的速度 v_1、v_2:

$$v_1 = \sqrt{2\varphi_1 g L_1 k_1} = \sqrt{2 \times 0.5 \times 9.8 \times 4 \times 1.0} = 6.3 \text{ m/s} (22.5 \text{ km/h})$$

$$v_2 = \sqrt{2\varphi_2 g L_2 k_2} = \sqrt{2 \times 0.5 \times 9.8 \times 4.5 \times 1.0} = 6.6 \text{ m/s} (23.9 \text{ km/h})$$

(3) 计算有效冲突速度:

$v_{e1} = 105.3 x_1 = 105.3 \times 0.35 = 36.9$ km/h (10.2 m/s)

$v_{e2} = 105.3 x_2 = 105.3 \times 0.40 = 42.1$ km/h (11.7 m/s)

(4) 按 A 车的塑性变形求冲突前的速度 v_{10}、v_{20}:

$$\begin{cases} v_{e1} = \dfrac{m_2}{m_1 + m_2}(v_{10} - v_{20}) \\ m_1 v_{10} + m_2 v_{20} = m_1 v_1 + m_2 v_2 \end{cases}$$

$$\Rightarrow \begin{cases} 10.2 = \dfrac{1\,100}{1\,200 + 1\,100}(v_{10} - v_{20}) \\ 1\,200 v_{10} + 1\,100 v_{20} = 1\,200 \times 6.3 + 1\,100 \times 6.6 \end{cases}$$

$$\Rightarrow \begin{cases} v_{10} = 16.6 \text{ m/s } (60 \text{ km/h}) \\ v_{20} = -4.7 \text{ m/s } (-17 \text{ km/h}) \end{cases}$$

(5) 按 B 车的塑性变形求冲突前的速度 v_{10}、v_{20}：

$$\begin{cases} v_{e2} = \dfrac{m_1}{m_1 + m_2}(v_{10} - v_{20}) \\ m_1 v_{10} + m_2 v_{20} = m_1 v_1 + m_2 v_2 \end{cases}$$

$$\Rightarrow \begin{cases} 11.7 = \dfrac{1\,200}{1\,200 + 1\,100}(v_{10} - v_{20}) \\ 1\,200 v_{10} + 1\,100 v_{20} = 1\,200 \times 6.3 + 1\,100 \times 6.6 \end{cases}$$

$$\Rightarrow \begin{cases} v_{10} = 17.2 \text{ m/s } (62 \text{ km/h}) \\ v_{20} = -5.3 \text{ m/s } (-18.9 \text{ km/h}) \end{cases}$$

(6) 推算结果：

A 车冲突前速度 $v_{10} = 60 \sim 62$ km/h

B 车冲突前速度 $v_{20} = 17 \sim 19$ km/h（与 A 车方向相反）。

2. 冲突中的能量吸收与变形

在实际的交通事故中，车体重量越轻，冲突中的损坏就越严重，乘员的伤亡也越大，其原因是冲突能量的吸收与质量的平方成反比，如质量分别为 m_1、m_2 的汽车，冲突时吸收的能量分别为 E_1、E_2，其变形量分别为 x_1、x_2，则

$$\frac{E_1}{E_2} = \left(\frac{m_2}{m_1}\right)^2 \tag{6-58}$$

$$\frac{x_1}{x_2} = \frac{m_2}{m_1} \tag{6-59}$$

所以，冲突时对方车重若为自车重的 2 倍时，自车冲突时将吸收的能量为对方车的 4 倍；自车的变形量是对方车的 2 倍。

三、汽车间的尾撞冲突

1. 尾撞冲突的特点

尾撞冲突又称追尾冲突，它和正面冲突一样也是一元冲突。因此，正面冲突中的方程式也适用于尾撞冲突，但尾撞冲突有下列特点：

(1) 被冲突车认知的时间很晚，很少有回避的举动，因此，斜冲突少，冲突现象与正面冲突相比是单纯的。

(2) 恢复系数比正面冲突小得多，因为车体前部装有发动机，刚度高；而车体后部（指乘用车）是空腔，刚度低。尾撞冲突的变形主要是被冲突车的后部，故恢复系数比正面冲突小

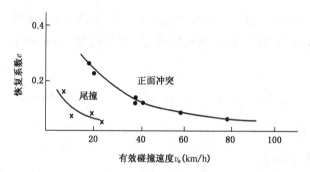

图 6-16 尾撞有效冲突速度和恢复系数的关系

得多。当有效冲突速度达到 20 km/h 时,恢复系数几乎为零,见图 6-16。

(3) 冲突车停止后,有时被冲突车还会继续向前滚动一段距离。

2. 尾撞冲突的速度推算

汽车尾撞冲突的力学关系。除两冲突车的速度方向相同时,其他和正面冲突相同。根据图 6-16 可知,尾撞冲突速度超过 20 km/h 时,恢复系数近似于零,故冲突是相当激烈的,在这种情况下,冲突后两车成一体运动。另外,冲突车驾驶员在发现有尾撞发生的可能时,必然要采取紧急制动措施,而在路面上留下明显的制动印迹。被冲突车因为没有采取制动,冲突两车的运动能量,均由冲突车的轮胎和地面的摩擦来消耗,即

$$\frac{1}{2}(m_1+m_2)v_c^2 = \varphi_{1纵} m_1 g L_1 k_1 \tag{6-60}$$

式中 m_1、m_2 ——分别为冲突车与被冲突车质量(kg);

v_c ——冲突后的速度(m/s),因为 $e=0$,两车的速度相等,由动量守恒定律可得

$$v_c = \frac{m_1 v_1 + m_2 v_2}{m_1 + m_2} \tag{6-61}$$

$\varphi_{1纵}$ ——冲突车的轮胎与路面的纵向附着系数;

L_1 ——冲突车冲突后的滑移距离(m);

k_1 ——附着系数的修正值,全制动时 $k_1=1$,只有前轮或后轮制动时 $k_1=0.5$。

由式(6-60)可得

$$v_c = \sqrt{\frac{2\varphi_1 m_1 g L_1 k_1}{m_1 + m_2}} \tag{6-62}$$

如果考虑冲突车停止后,被冲突车与冲突车分开,继续向前滚动也会消耗一部分能量,则可得式(6-63)所示方程:

$$\frac{1}{2}(m_1+m_2)v_c^2 = \varphi_{1纵} m_1 g L_1 k_1 + f_2 m_2 g L'_2 \tag{6-63}$$

式中 f_2 ——被冲突车的滚动阻力系数;

L'_2 ——与冲突车分开后,被冲突车的滚动滑行距离(m)。

由式(6-63)得

$$v_c = \sqrt{\frac{2g(\varphi_{1纵} m_1 L_1 k_1 + f_2 m_2 L'_2)}{m_1 + m_2}} \tag{6-64}$$

尾撞事故中,如果是同型车,则冲突车的减速度等于被冲突车的加速度;如果不是同

型车则与质量成反比。冲突车的前部变形很小,而被冲突车的后部则有较大的变形,故尾撞事故中的机械能损失应等于被冲突车后部的变形所消耗的能量,则根据公式(6-40)可得

$$\frac{1}{2}\frac{m_1 m_2}{m_1+m_2}(v_{10}-v_{20})^2(1-e)^2 = m_2 a_2 x_2 \tag{6-65}$$

式中　a_2——被冲突车的加速度(m/s²);
　　　x_2——被冲突车的车体最大变形量(m)。

$m_2 a_2$ 是塑性变形时的反作用力,其值取决于变形速度(即有效冲突速度),在塑性冲突中 $e=0$,则由式(6-65)得

$$\frac{1}{2}\frac{m_1 m_2}{m_1+m_2}(v_{10}-v_{20})^2 = m_2 a_2 x_2 \tag{6-66}$$

将被冲突车的有效冲突速度即式(6-33)代入式(6-66)有

$$\frac{1}{2}\left(\frac{m_1}{m_1+m_2}\right)^2(v_{10}-v_{20})^2\frac{m_1+m_2}{m_1}m_2 = m_2 a_2 x_2$$

$$\frac{1}{2}v_{e2}^2\frac{m_1+m_2}{m_1} = a_2 x_2$$

$$v_{e2}^2 = \frac{2m_1}{m_1+m_2}a_2 x_2 \tag{6-67}$$

在同型车的追尾冲突中,两车质量相等,即 $m_1 = m_2$,若设被冲突车的塑性变形量为 x_2',则有

$$v_{e2}^2 = a_2 x_2'$$

由于被冲突车的加速度在一定的有效冲突速度下为固定值,因此,当被冲突车的有效冲突速度相等时,在同型车的追尾冲突与非同型车的追尾冲突之间,必定存在下述关系:

$$x_2' = \frac{2m_1}{m_1+m_2}x_2 \tag{6-68}$$

当有效冲突速度 $v_{e2} < 32$ km/h 时,可用下式表示:

$$v_{e2} = 17.9 x_2' + 4.6 \tag{6-69}$$

在这个速度范围以上时,因车体后部空腔已被压扁,变形触及刚性很强的后轴部分,故随有效冲突速度的增加,变形并没有多大的增加。若两台车的重量不同时,由式(6-68)知,采用等价变形量 $\frac{2m_1}{m_1+m_2}x_2$ 代入式(6-69)中的 x_2' 即可。

综上,将尾撞中冲突速度推算流程总结如下:
(1)从被冲突车的变形 x_2 导出与同型车等价的变形量:

$$x_2' = \frac{2m_1}{m_1+m_2}x_2$$

(2) 从等价变形量 x'_2 推算被冲突车的有效冲突速度：
$$v_{e2} = 17.9x'_2 + 4.6$$

(3) 从滑移距离 L 导出冲突后两车的共同速度 v_c：
$$v_c = \sqrt{\frac{2g(\varphi_{1纵}m_1L_1k_1 + f_2m_2L'_2)}{m_1 + m_2}} \text{ 或 } v_c = \sqrt{\frac{2\varphi_{1纵}m_1gL_1k_1}{m_1 + m_2}};$$

(4) 解联立方程 $\begin{cases} v_{10} - v_{20} = \dfrac{m_1 + m_2}{m_1}v_{e2} \\ m_1v_{10} + m_2v_{20} = (m_1 + m_2)v_c \end{cases}$，求出冲突前速度 v_{10}、v_{20}。

以上的分析仅适用于乘用车之间的尾撞冲突，对于载货汽车由于结构的不同而有所不同。

[例 6-2] 重 1 300 kg 的乘用车 A，向重 850 kg 的乘用车 B 车尾撞，A 车驾驶员紧急制动滑行 4.2 m 后停止，B 车在 A 车前 4 m 处停止。变形主要是在 B 车的尾部，变形量深为 0.4 m，求冲突时 A 车和 B 车的速度（路面是新铺装的沥青路面，有些潮湿）。

[解]
(1) 已知数据：
$m_1 = 1\,300$ kg，$L_1 = 4.2$ m，$\varphi_1 = 0.5 \sim 0.8$，$k_1 = 1.0$
$m_2 = 850$ kg，$L'_2 = 4$ m，$f_2 = 0.01$，$x_2 = 0.4$ m

(2) 计算冲突后两车的速度：
$$v_c = \sqrt{\frac{2g(\varphi_{1纵}m_1L_1k_1 + f_2m_2L'_2)}{m_1 + m_2}}$$

当 $\varphi_{1纵} = 0.5$ 时
$$v_c = \sqrt{\frac{2 \times 9.8 \times (0.5 \times 1\,300 \times 4.2 + 0.01 \times 850 \times 4)}{1\,300 + 850}} = 5.0 \text{ m/s (18.0 km/h)}$$

当 $\varphi_{1纵} = 0.8$ 时，同理得
$$v_c = 6.3 \text{ m/s (22.8 km/h)}$$

(3) 计算有效冲突速度：
$$x'_2 = \frac{2m_1}{m_1 + m_2}x_2 = \frac{2 \times 1\,300}{1\,300 + 850} \times 0.4 = 0.48 \text{ m}$$
$$v_{e2} = 17.9x'_2 + 4.6 = 17.9 \times 0.48 + 4.6 = 13.2 \text{ km/h}$$

(4) 计算冲突前速度：
当 $\varphi_{1纵} = 0.5$ 时
$$\begin{cases} v_{10} - v_{20} = \dfrac{m_1 + m_2}{m_1}v_{e2} \\ m_1v_{10} + m_2v_{20} = (m_1 + m_2)v_c \end{cases} \Rightarrow \begin{cases} v_{10} - v_{20} = \dfrac{1\,300 + 850}{1\,300} \times 3.7 \\ 1\,300v_{10} + 850v_{20} = (1\,300 + 850) \times 5.0 \end{cases}$$

解之得：

$v_{10} = 7.4 \text{ m/s} (26.6 \text{ km/h})$

$v_{20} = 1.3 \text{ m/s} (4.68 \text{ km/h})$

当 $\varphi_{1纵} = 0.8$ 时，同理可得

$v_{10} = 8.7 \text{ m/s} (31.3 \text{ km/h})$

$v_{20} = 2.6 \text{ m/s} (9.36 \text{ km/h})$

(5) 推算结果：

A 车冲突前速度 $v_{10} = 26.6 \sim 31.3 \text{ km/h}$

B 车冲突前速度 $v_{20} = 4.68 \sim 9.36 \text{ km/h}$

四、汽车间的斜冲突

汽车的正面冲突和尾撞冲突可按一元冲突来说明。直角侧面冲突也有一定量的实验数据。但是，在实际交通事故中，较多的并非是一元冲突和直角侧面冲突，而是斜冲突。斜冲突的形成有下列三种情况：

(1) 在正面冲突中，冲突车在超越中心线或返回本车道的过程中，多形成斜冲突。

(2) 在直角侧面冲突中，冲突车的驾驶员总是力图摆脱事故的发生而急剧打方向盘，从而形成斜冲突。

(3) 在左转和左转冲突中，多数也形成斜冲突，但在这种情况下被冲突车多数是处于停止或处于近似停止的缓慢行驶。

斜冲突是二元冲突，汽车平面运动的方向不是确定的。在冲突中，除冲击力外尚存摩擦力，两者都产生力矩，故冲突车和被冲突车除平移运动外，还有回转运动，且冲突点不是固定的，冲突后的作用点将随车辆的损坏而变化，这些均使汽车的运动更为复杂。

1. 斜冲突中的受力关系

如图 6-17 所示，A 车和 B 车发生正面的斜冲突。A 车作用于 B 车的冲击力 P_1，方向与 A 车的行驶方向相同，根据牛顿第二定律，B 车给 A 车一个反作用力 P'_1，两者大小相等方向相反。同理 B 车作用于 A 车的冲击力 P_2，方向与 B 车的行驶方向相同，A 车给 B 车的反作用力 P'_2，两者大小相等方向相反。因此，A 车受到的力是 P_2 和 P'_1 的合力 P_3 的作用，B 车受到的力是 P_1 和 P'_2 的合力 P_4 的作用，两者也是大小相等方向相反。

此外，两车的接触表面还要受摩擦力的作用。作用到 A 车的摩擦力 F_1 等于摩擦系数 μ 和 P_3 的法向力 P'_3 的乘积；作用到 B 车的摩擦力 F_2 等于摩擦系数 μ 和 P_4 法向力 P'_4 的乘积。即

$$F_1 = \mu P'_3 \quad (6-70)$$

$$F_2 = \mu P'_4 \quad (6-71)$$

作用力的方向如图 6-18 所示。P'_3 和 P'_4，F_1 和 F_2 都是大小相等方向相反的力。

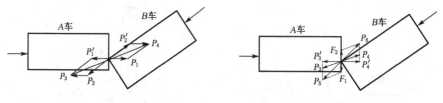

图 6-17　斜冲突受力关系(1)　　　　图 6-18　斜冲突的受力关系(2)

结果是：作用在 A 车上的力是 P_3 和 F_1 的合力 P_5，作用在 B 车上的力是 P_4 和 F_2 的合力 P_6。

把 P_5 分解为作用到 A 车重心的分力 P'_5 和使 A 车回转的力矩 $P''_5 L_1$。L_1 是 A 车重心到接触点的距离。把 P_6 分解为作用到 B 车重心的分力 P'_6 和使 B 车回转的力矩 $P''_6 L_2$。L_2 是 B 车重心到接触点的距离，如图 6-19 所示。

冲突后，A 车和 B 车都向右回转，A 车向右上方移动，B 车向右方移动。

图 6-20 是乘用车与载货车的斜冲突，若载货车向着乘用车的重心冲击时，也不一定引起回转。

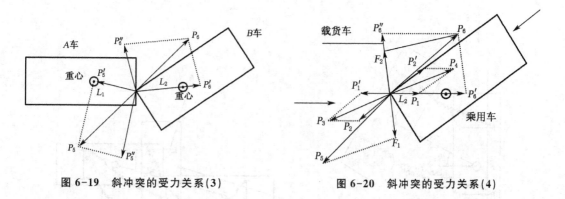

图 6-19　斜冲突的受力关系(3)　　　　图 6-20　斜冲突的受力关系(4)

载货车的冲击力 P_1 和乘用车冲击力 P_2 的反力 P'_2 合成 P_4，P_4 再和摩擦力 F_2 合成 P_6，P_6 再分解为使乘用车向右移动的 P'_6 和使乘用车回转的力矩 $P''_6 L_2$。故此时的乘用车一边向右移动，一边向右回转。

如果 P_6 指向乘用车的重心，则乘用车只有平移运动而无回转，如图 6-21 所示。此外，合力 P_6 作用在重心的左侧，乘用车向右转，作用在乘用车重心的右侧时，则向左回转。

2. 斜冲突的速度推算

斜冲突的车，一般在冲突后有纵滑、横滑和回转的复杂二元运动，运动中轮胎与路面摩擦，耗尽其运动能量后才最终停止下来。这些运动又是重叠进行的，为此给事故分析带来一定的困难，但不管怎样，在做定量分析之前，应首先进行充分的定性分析，对冲突车的运动有一个概括地了解。

图 6-22 是下行直线行驶的 A 车与 B 车发生斜正面冲突的实例。

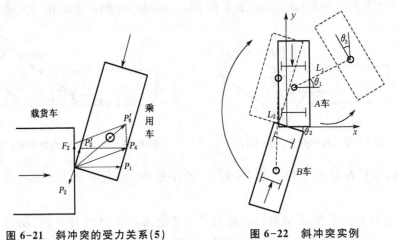

图 6-21　斜冲突的受力关系(5)　　　　图 6-22　斜冲突实例

B 车对 A 车用 θ_2 的冲突角进行斜正面冲突,结果是 A 车向右上方以 θ_1 角滑移 L_1 的距离,并向左转 θ_3 角才停止。B 车右转 $180°$ 滑移 L_2 距离停止。

图 6-23 是根据冲突形式和最后停止位置,而推测出 A 车冲突后的运动轨迹。

图 6-24 是 B 车冲突后的运动轨迹,而实际 B 车的回转速度是逐渐下降的。

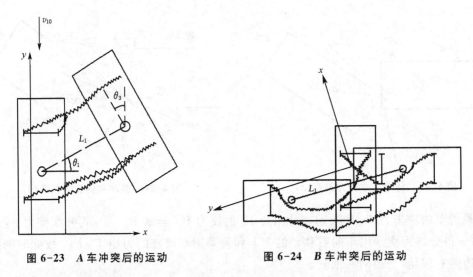

图 6-23　A 车冲突后的运动　　　　图 6-24　B 车冲突后的运动

由图 6-22 可知,B 车是差不多冲向 A 车的重心,故 A 车的回转运动少,前轮的滑移距离长,后轮的滑移距离短,平均约滑移 L_1,A 车冲突后的速度:

$$v_1 = \sqrt{2g\varphi L_1} \qquad (6\text{-}72)$$

v_1 在 x 轴、y 轴上的分量:

$$v_{x1} = v_1 \cos\theta_1 \qquad (6\text{-}73)$$

$$v_{y1} = v_1 \sin\theta_1 \qquad (6\text{-}74)$$

v_{y1} 使 A 车的冲突速度 v_{10} 下降(两者方向相反),同时以 v_{x1} 速度横向滑移。A 车在 y

轴上的动量为 $(v_{y1}+v_{10})m_1$，在 x 轴上的动量是 $m_1 v_{x1}$。A 车的冲突力作用在 B 车重心的右侧，故 B 车一边向右回转，一边滑移，出现复杂的运动轨迹。这时 B 车的重心是沿 y 轴移动的。B 车的动量 $m_2 v_2$ 在 x 轴上的分量是 $m_2 v_2 \sin\theta_2$，A 车在 x 轴上的动量是 $m_1 v_{x1}$，可列出如下的动量平衡方程式：

$$m_2 v_{20} \sin\theta_2 = m_1 v_1 \cos\theta_1$$

所以

$$v_{20} = \frac{m_1 v_1 \cos\theta_1}{m_2 \sin\theta_2} \tag{6-75}$$

B 车的动量 $m_2 v_{20}$ 在 y 轴上的分量是 $m_2 v_{20} \cos\theta_2$，其中一部分作用到 A 车上，其值是 $(v_{y1}+v_{10})m_1$，剩余部分消耗在 B 车的滑移 L_2 上并向右回转 $180°$。

假设，冲突后 B 车没有引起回转，B 车冲突后沿 y 轴的速度为

$$v_{y2} = \sqrt{2g\varphi L_2} \tag{6-76}$$

则

$$m_2 v_2 \cos\theta_2 = m_1(v_{y1}+v_{10}) + m_2 v_{y2} \tag{6-77}$$

由式(6-75)、式(6-76)、式(6-77)得

$$v_{10} = v_1 \left(\frac{\cos\theta_1}{\tan\theta_2} - \sin\theta_1 \right) - \frac{m_2}{m_1} v_{y2} \tag{6-78}$$

然而，这种情况是忽略了 B 车的回转运动。如果要考虑到 B 车的回转运动，则 v_{10} 应是比上式计算小的数值。

现在考虑车一边滑移、一边回转的情况。设四个轮胎的印迹总长是 L_2 的 1.3 倍，这时只要把 $1.3L_2$ 代替式(6-76)中的 L_2，进行计算即可：

$$v'_{y2} = \sqrt{2g\varphi \times 1.3L_2} \tag{6-79}$$

把式(6-79)代入式(6-78)计算即可求出 v_{10}。斜冲突不像一元冲突那样有固定的解法，要根据具体事故来分析确定。

五、汽车的单独事故

汽车的单独事故多是由于操作失误而造成的，最有代表性的操作失误主要有：紧急制动时左右轮制动效果相差过大，使汽车驶向路外；超速急转弯时，由于离心力作用，车向外滑，外侧车轮抵住缘石或掉进边沟引起倾翻；由于回避障碍物，急打方向盘，速度过高也易引起车辆驶出路外或倾翻；受横风作用，过度打方向盘也易引起驶出路面事故；机件失灵等。

汽车的单独事故主要有坠落、跳跃、侧滑、侧翻等几种形式。本节分别对这几种形式进行讨论。

1. 坠落

车辆由于某种原因（如在弯道处速度过大）而驶离道路时，将在重力作用下做抛物体

运动。若设车辆离开道路时的速度为 v_0（m/s），车辆水平抛出的距离为 s（m），垂直落下的距离为 h（m），车辆离开道路处质心轨迹的切线与水平面成 α 角（该角使车辆向水平面上离去为正，向水平面下离去为负），则依运动学的基本方程可求得

$$s = vt\cos\alpha \tag{6-80}$$

$$h = \frac{1}{2}gt^2 - vt\sin\alpha \tag{6-81}$$

从上述两式中消去时间 t 有

$$v_0 = \sqrt{\frac{gs^2}{2(h+s\tan\alpha)\cos^2\alpha}} \tag{6-82}$$

令 $\tan\alpha = i$，因 α 通常很小，可认为 $\cos\alpha = 1$，于是有

$$v_0 = \frac{2.21s}{\sqrt{h+si}} \tag{6-83}$$

式中，i 通常为道路坡度，用百分比表示，使车辆逐渐升高取正值，反之取负值，如图 6-25 所示。将 v_0 的单位由 m/s 换算成 km/h 后可得

$$v_0 = \frac{7.97s}{\sqrt{h+si}} \tag{6-84}$$

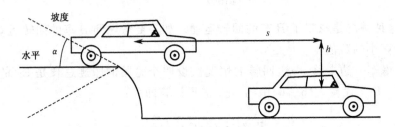

图 6-25 车辆驶离道路的抛出角

如果车辆离去处的路面是水平的，则式（6-84）可简化为

$$v_0 = \frac{7.97s}{\sqrt{h}} \tag{6-85}$$

在使用上述方法推算车辆速度时，不必考虑其第一次落地后滑过或滚过的距离。但所有测量都应尽可能地从车辆离去处的质心位置到第一次落地时的质心位置。

[**例 6-3**] 车辆通过弯道时，因速度过高而沿切线方向驶离道路，在离去点下方水平距离 12 m，垂直高度 3 m 处第一次落地。测量的部位为车辆质心，离去处的坡度为 -8%。试估算车辆离开道路时的速度。

[**解**] 因为 $s=12$ m，$h=3$ m，$i=-8\%$，所以

$$v_0 = \frac{7.97s}{\sqrt{h+si}} = \frac{7.97 \times 12}{\sqrt{3+12\times(-8\%)}} = 67 \text{ km/h}$$

因此,车辆离开道路时的速度大约为 67 km/h。

2. 跳跃

车辆碰撞比其质心位置低一些的坚固物体时,如果它的速度足够大,则将在碰撞点发生翻转,并从道路上跃起,在空中飞行一段距离后,以顶部或侧面着地。这种跳跃事故常发生在车辆与物体正面碰撞(如图 6-26)或滑向路边时(如图 6-27)。

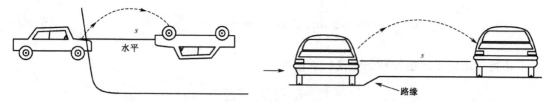

图 6-26 汽车正面碰撞障碍物的跳跃情形   图 6-27 汽车滑向路边时的跳跃情形

由抛物体运动规律可知,对一定的抛出距离,抛射角为 45°时,所需的初速度最小。因此,将 $\alpha = 45°$ 代入下式

$$v_0 = 3.6\sqrt{\frac{gs^2}{2(h+s\tan\alpha)\cos^2\alpha}} \tag{6-86}$$

便可求得在跳跃事故中,车辆离开道路时的最低初始速度。即

$$v_0 = \frac{11.28s}{\sqrt{h+s}} \tag{6-87}$$

式中　v_0——最低初始速度(km/h);

　　　s——水平抛出距离(m);

　　　h——垂直升高或落下距离(m),升高时取负值,落下时取正值。

如果车辆离去和落地时的质心位置在同一水平面上,则式(6-87)可简化为

$$v_0 = 11.28\sqrt{s} \tag{6-88}$$

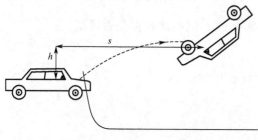

图 6-28 车辆跳跃示意图

[例 6-4] 车辆驶入道路交叉口后,因驾驶员操作失误,汽车前部撞到路缘石上,而引起跳跃事故,见图 6-28。车辆在离去点上方 3 m 处以顶部着地,水平抛出距离为 14 m,测量的部位为车辆质心。试估算车辆碰撞物体时的最低初始速度。

[解] 由于车辆碰撞固定物后,将先绕碰撞点翻转,然后再被抛出,故碰撞时的速度必高于抛离时的速度。因此。车辆碰撞物体时速度的下限值为

$$v_0 = \frac{11.28s}{\sqrt{h+s}} = \frac{11.28 \times 14}{\sqrt{14+(-3)}} = 48 \text{ km/h}$$

所以,车辆碰撞物体时的最低初始速度大约为 48 km/h。

3. 侧滑

汽车在弯道高速行驶时,常因离心力的作用而产生侧滑。若设路面的横向坡度角为 θ(路面向弯道内倾斜时取正值,向弯道外侧倾斜时取负值),则汽车通过有超高的弯道面不产生侧滑的条件是:

$$m\frac{v^2}{R}\cos\theta - mg\sin\theta \leqslant \varphi_{横}\left(mg\cos\theta + m\frac{v^2}{R}\sin\theta\right) \tag{6-89}$$

由此可求得不产生侧滑的最高行驶速度为

$$v_{\max} = \sqrt{\frac{gR(\varphi_{横} + \tan\theta)}{1 - \varphi_{横}\tan\theta}} \tag{6-90}$$

令 $e = \tan\theta$,因 μ_s、e 非常小,可忽略,于是有

$$v_{\max} = \sqrt{gR(\varphi_{横} + e)} \tag{6-91}$$

将 $g = 9.8 \text{ m/s}^2$,代入上式,并将 $v_{\max}$ 的单位换算成 km/h 后,即可得到汽车通过有超高的弯道而不发生侧滑的临界最大车速为

$$v_{\max} = 11.28\sqrt{R(\varphi_{横} + e)} \tag{6-92}$$

式中 $v_{\max}$——汽车转弯时的临界最大车速;

R——转弯半径(m);

$\varphi_{横}$——横向附着系数;

e——弯道超高(路面向内侧倾斜时取正值,反之取负值)。

[例 6-5] 汽车高速驶入纵向附着系数为 0.8、超高为 +5% 的弯道后发生侧向滑动,留下长 75 m 的侧滑痕迹,使用侧滑痕迹的 $\frac{1}{3}$ 段(长 25 m)作为圆弧线,测得其弦长为 20 m,弦高为 2 m,肇事驾驶员自供转弯车速为 20 km/h,试问此数据是否可信。

[解] 道路的横向附着系数为

$$\varphi_{横} = 0.6\varphi_{纵} = 0.6 \times 0.8 = 0.48$$

转弯半径为

$$R = \frac{C^2}{8m} + \frac{m}{2} = \frac{20^2}{8 \times 2} + \frac{2}{2} = 26 \text{ m}$$

将已知数据代入 $v_{\max} = 11.28\sqrt{R(\mu_s + e)}$ 即可得

$$v_{\max} = 11.28 \times \sqrt{26 \times (0.48 + 0.05)} = 42 \text{ km/h}$$

在此例所列条件下,汽车不产生侧滑的最高行驶速度是 42 km/h,20 km/h 的速度不

可能产生侧滑。因此，驾驶员自供的数据不实。

4. 侧翻

汽车沿弯道行驶时，如果速度过高，而所受横向力又较大，则将在离心力的作用下，以外侧轮胎着地点为转轴，发生侧向翻转，此时车辆的受力情况如图 6-29 所示。

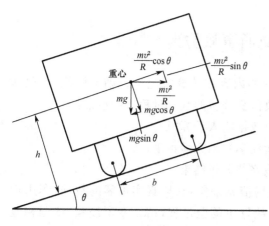

图 6-29　车辆侧翻时的受力情况

由图 6-29 可见，车辆在有超高的弯道上不发生侧翻的条件为

$$\left(m\frac{v^2}{R}\cos\theta - mg\sin\theta\right)h \leqslant \left(mg\cos\theta + m\frac{v^2}{R}\sin\theta\right)\frac{b}{2}$$

由此可求得不产生侧翻的最高行驶速度为

$$v_{max} = \sqrt{\frac{gR(b+2h\tan\theta)}{2h-b\tan\theta}} \tag{6-93}$$

将 $e = \tan\theta$，$g = 9.8 \text{ m/s}^2$，代入上式，并将 v_{max} 的单位由 m/s 换算成 km/h，便可得到汽车通过有超高的弯道而不产生侧翻的临界车速：

$$v_{max} = 11.28\sqrt{\frac{R(b+2he)}{2h-be}} \tag{6-94}$$

式中　v_{max}——临界车速(km/h)；

R——转弯半径(m)；

e——弯道超高(路面向内侧倾斜时取正值，反之取负值)；

h——汽车重心高度(m)；

b——汽车轮距(m)。

汽车在水平路面上发生侧翻事故时，式(6-94)可简化为

$$v_{max} = 7.98\sqrt{\frac{Rb}{h}} \tag{6-95}$$

[例 6-6]　车辆在侧滑过程中遇到路面障碍物，使外侧轮胎受阻，从而引起侧向翻转。由现场勘查知，弯道超高为 +5%，转弯半径为 26 m，汽车重心高度为 1.2 m，轮距为 1.74 m。试求车辆侧翻时的速度下限。

[解]　根据公式(6-94)有

$$v_{max} = 11.28\sqrt{\frac{R(b+2he)}{2h-be}} = 11.28 \times \sqrt{\frac{26 \times (1.74+2\times1.2\times0.05)}{2\times1.2-1.74\times0.05}} = 52 \text{ km/h}$$

由此可见，侧翻车辆的行驶速度不会低于 52 km/h。

第四节 道路交通事故仿真

道路交通事故计算机仿真是指将事故再现的内容在计算机上进行动态模拟,形象地显示道路交通事故的真实过程。道路交通事故仿真分析的基本过程一般包括:

前处理——绘制事故现场图并将各种参考数据输入计算机;

事故再现——利用模型的分析计算进行运动学和动力学再现;

后处理——通过图示和动画仿真等给出最终的分析结果。

其中,通过人工摄影测量方法进行事故现场信息采集,获取真实可靠的数据,利用事故再现模型准确计算出各种未知参数,再现事故发生的全过程,结合专家经验,依照相应法律法规对道路交通事故责任进行认定。

道路交通事故仿真分析软件的开发和应用,主要集中在欧美和日本。比如美国的 SMAC、CRASH 等软件;奥地利的 PC-Crash 软件,法国 INRETS 的 ANAC;日本 JARI 的 J2DACS 软件等。现有的各种碰撞模型和事故仿真软件仍需不断改进和完善。

一、道路交通事故仿真软件的应用

由于道路交通事故仿真软件能够分析计算各种道路交通事故,并将整个事故过程动画模拟,所以它的应用广泛,主要有以下几个方面。

1. 为道路交通事故处理提供技术支持

道路交通事故的处理首先需要明确事故发生的原因、事故发生前后车辆的运动状态、事故车辆行驶速度、事故碰撞点平面位置等要素,进而才能认定肇事人应负的责任。道路交通事故仿真软件就能够快速准确地分析计算上述要素,为公安交通管理机关和法院的事故处理工作提供依据。

2. 为道路交通管理提供理论依据

交通管理的基本目标是要保障交通畅通和安全,通过道路交通事故仿真,可以发现道路交通事故发生的规律和原因,为道路交通安全管理和安全改善提供技术依据。

3. 为车辆被动安全设计提供参考

道路交通事故仿真过程中需要输入大量与车辆相关的技术参数。这些参数会影响事故的发生和事故的严重程度,通过对这些参数的分析,可以为车辆安全设计提供很多参考意见。

4. 为道路交通安全教育提供技术支持

对驾驶员、行人和乘客等的安全教育至关重要,通过道路交通事故仿真可以发现交通参与者在事故发生过程中的作用和行为特性,有利于交通管理部门开展有针对性的道路交通安全教育;同时还可以提供技术数据说明,纠正人们的一些错误观念。

二、道路交通事故仿真软件的构成

道路交通事故仿真软件除主程序模块外,主要包含以下系统:

(1) 数据输入子系统(前处理系统);

(2) 分析计算子系统；

(3) 动画模拟子系统(后处理系统)。

另外，还必须备有各种数据库，例如车型数据库、系数数据库、计算参数和结果数据库，以及用于制作三维动画的动画库等。

下面是三个计算子系统的组成。

1. 数据输入子系统

数据输入子系统为计算分析和用户事后查询取证提供服务，分为两个模块：

(1) 事故基本信息输入模块

该模块主要包括事故发生的基本信息，如事故发生的时间、地点、当事人信息(包括姓名、年龄、性别、职业、心理生理状态指标等)、车辆信息(包括车辆类型、车牌号、出厂日期、技术参数、装载情况等)、路面信息(包括路面材料、磨损等)、天气情况(包括雨、雪、雾及能见度等)、交通流状态、交通管理与控制信息(包括信号灯控制、交通标志和标线等)。

(2) 事故计算参数输入模块

根据计算需要输入肇事车的质量、轴距、轮距、碰撞点坐标、行驶方向、滑行方向、滑行距离、路面附着系数、摩擦系数等。

2. 分析计算子系统

分析计算子系统是道路交通事故仿真的核心内容，它针对各种事故碰撞形态建立相应的数学模型并求解车辆速度矢量。求解过程包括各种优化过程，例如碰撞点坐标优化、停车位置距离优化、行驶方向优化、参数优化等，分为下面 12 个计算模块。

(1) 单车制动；

(2) 单车坠落；

(3) 单车侧翻与侧滑；

(4) 单车撞固定物；

(5) 两车正面碰撞(一维、二维)；

(6) 两车追尾碰撞(一维、二维)；

(7) 两车侧面碰撞(二维)；

(8) 两车同向与对向刮擦(一维、二维)；

(9) 汽车与摩托车相撞(三种撞击形式)；

(10) 汽车与自行车相撞(三种撞击形式)；

(11) 汽车撞人(四种撞击形式)；

(12) 其他。

3. 动画模拟子系统

根据分析计算子系统得到的碰撞前后车辆行驶的方向和轨迹，动画模拟子系统可以通过动画(二维和三维)把整个碰撞过程形象地显示出来，包括下面 5 个模块。

(1) 车辆模块：分为大货车、小货车、大客车、小客车、拖拉机、挂车、三轮车、摩托车；

(2) 道路模块：分为交叉口、直线道路、弯道、隧道、桥梁、地下通道；

(3) 环境模块：分为建筑物、绿化带、障碍物；

(4) 散落物模块：分为单散落物和多散落物；

(5) 模拟模块：包括模拟比例设置、载入事故现场图、设置碰撞点、车辆瞬时运行速度和角速度显示以及模拟的开始、暂停和重放等。

三、仿真技术难点

进行事故再现可以有两种途径，一种叫"反推法"，另一种叫"正推法"，鉴于它是仿真技术的难点，有必要进一步加以说明。所谓反推法就是根据碰撞后速度求碰撞前速度，而"正推法"是根据碰撞前速度求碰撞后速度。一般只有对二维非对心碰撞外，才会用到"正推法"，二维非对心碰撞数学公式为

$$[A_0]\{X_0\} = [A]\{X\}$$

式中　$\{X_0\}$——碰撞前两车六个速度和角速度分量矩阵；

　　　$\{X\}$——碰撞后两车六个速度和角速度分量矩阵；

　　　$[A_0][A]$——六阶系数矩阵。

要用"反推法"求碰撞前两车六个速度和角度分量$\{X_0\}$，需要解决两个问题：一是撞后两车六个速度和角速度分量$\{X\}$求解方法的问题；另一个是六阶系数矩阵$[A_0][A]$中还可能出现力矩恢复系数k_m的问题。目前"反推法"常用的解决方法如下：

(1) 假定碰撞后两车平动和转动都是等减速的，而且同时开始、同时停止从而可以根据碰撞后留下的制动拖印，求解碰撞后两车六个速度和角速度分量$\{X\}$。

(2) 将二维面碰撞转化为点碰撞、将力矩恢复系数k_m转换为分布系数e，并通过碰撞点坐标的优化自动地解决e的确定问题。

此外，考虑到参数μ和k的选取有很大的主观随意性，用"反推法"求解时可以把它们作为未知量，而把较容易确定的碰撞前两车角速度作为已知量。

四、道路交通事故仿真软件简介

到目前为止，国外已推出了多种道路交通事故再现仿真软件，本节简单介绍了几种应用较为广泛的交通事故仿真软件，包括 SMAC、CRASH、PC-Crash。

(1) SMAC

SMAC 软件是模拟类软件的代表，主要使用牛顿第二定律的数值积分求解。在碰撞过程的任一时刻，将接触面分成很多小块，根据此刻的变形情况计算此刻微元上的接触力，将接触力矢量合成，计算此刻汽车的加速度，根据数值积分计算整个碰撞过程的加速度变化，积分可得速度曲线。

SMAC 软件能够比较精确地模拟碰撞过程的速度变化曲线，在事故仿真领域中应用较为广泛。SMAC 属于"开放"型软件，较费时，且 SMAC 的判断逻辑复杂，需要汽车的变形特性，改变初始值后结果不一定更优。

(2) CRASH

CRASH 软件所应用模型的原理是用碰撞前后的能量守恒和动量守恒求解碰撞过程。在 CRASH 模型中，假定挤压力与汽车的前端变形有线性关系，建立起有效碰撞速度和车辆头部塑性变形平均深度之间的线性关系。碰撞中没有回弹，忽略碰撞前后汽车的

旋转动能,忽略变形以外的噪声、热能等能量损失,碰撞过程结束时接触面有相同的速度。

由于 CRASH 软件在事故仿真领域中应用非常广泛,但所做假设较多,因此 CRASH 的精度一直是关注的焦点,CRASH 也一直在不断地完善发展中。

(3) PC-Crash

PC-Crash 应用的碰撞模型属于动量模型。该模型的功能强大,在事故仿真领域非常流行。PC-Crash 属于模拟类软件,需要用户确定碰撞过程的摩擦系数、回弹系数、碰撞中心位置、接触面角度等参数,模拟事故的整个过程。PC-Crash 模型假设:等效冲量通过碰撞中心,碰撞中心位置已知。需要用户确定接触面回弹系数和摩擦系数的值。

基于 PC-Crash 软件进行事故仿真研究,最重要的就是合理选取输入参数。通过敏感参数的选取、各敏感参数的不确定度确定病态分析,是进行仿真的关键。

复习思考题

6-1 简述道路交通事故现场勘查的内容与主要方法。

6-2 什么是道路交通事故再现?简述道路交通事故再现的过程。

6-3 典型的汽车事故冲突有哪些?分别有什么特点?

6-4 1 500 kg 重的乘用车 A,向重 1 000 kg 的乘用车 B 车尾撞,A 车驾驶员紧急制动滑行 5.0 m 后停止,B 车在 A 车前 3.5 m 处停止。变形主要是在 B 车的尾部,变形量深为 0.5 m,求冲突时 A 车和 B 车的速度(路面是新铺装的沥青路面,潮湿)。

6-5 车辆在侧滑过程中遇到障碍物,外侧轮胎受到阻碍,引起侧向的翻转。现场勘查可知,弯道超高为 $+4\%$,转弯半径为 30 m,汽车重心高度为 1.5 m,轮距为 1.75 m。试求车辆侧翻时的速度下限。

6-6 简述交通事故仿真软件的构成及仿真技术的难点。

第七章 道路交通事故统计分析

统计分析方法是交通事故分析方式之一,依靠能够客观反映事实的数据资料(如交通事故次数、死亡、伤人、损失、原因、地点、时间、道路、车辆、驾驶员、骑自行车人、行人等数据资料)来客观地反映事实,据此做出科学推理、判断,从而将包含在数据中的规律性揭示出来,及时采取措施,解决问题。本章主要论述道路交通事故统计分析过程中,数据采集的内容和方法、事故统计分析的指标和方法、事故的分布规律以及事故多发点鉴别和成因分析方法。

第一节 数据采集与管理

一、数据采集内容

1. 事故数据

事故数据是道路交通安全分析时最基本的数据,主要包括事故发生的时间、地点、事故形态、事故类型、事故原因等。事故数据的采集内容(见表7-1)主要包括下面几点。

(1) 事故时间

事故时间应记录:年、月、日、时刻。时刻需记录到"分"。

表7-1 交通事故基本信息调查表

		基本信息						
1	事故时间	□□□□年□□月□□日□□时□□分						
2	事故地点	路号	□□□□□		3 人员死伤情况	当事人总数	□□	当场死亡人数	□□
		路名/地点				抢救无效死亡人数	□□	下落不明人数	□□
		公里数(路段/路口)	□□□□	米数	□□□		重伤人数	□□	轻伤人数	□□
		在道路横断面	1—机动车道 2—非机动车道 3—机非混合道 4—人行道 5—人行横道 6—紧急停车带 9—其他						□□
4	事故涉及(车辆和行人数量)		机动车	□□□辆		非机动车	□□□辆	行人	□□□人
5	事故形态	车辆间事故	11—碰撞运动车辆 12—碰撞静止车辆			车辆与人	21—刮撞行人 22—碾压行人 23—碰撞后碾压行人 29—其他		
		单车事故	31—侧翻 32—翻滚 33—坠车 34—失火 35—撞固定物 36—撞非固定物 37—自身摺叠 38—成员跌落或抛出						□□

续　表

		基本信息		
6	车辆间事故	碰撞角度	1—追尾碰撞　2—正面碰撞　3—侧面碰撞(同向)　4—侧面碰撞(对向)　5—侧面碰撞(直角)　6—侧面碰撞(角度不确定)　7—同向刮擦　8—对向刮擦　9—其他角度碰撞	☐
7	单车事故（碰撞）	碰撞固定物	11—中央隔离设施　12—同向护栏　13—对向护栏　14—交通标识支撑物　15—缓冲物　16—直立的杆或路灯柱　17—树木　18—桥墩　19—隧道口挡墙　20—建筑物　21—山体　29—其他	☐☐
		碰撞非固定物	31—动物　32—作业/维修设备　39—其他	
8	现场形态		1—原始　2—变动　3—驾车逃逸　4—弃车逃逸　5—无现场　6—二次现场　7—伪造现场	☐
9	是否载运危险品		1—是　2—否	☐
10	危险品事故后果		1—爆炸　2—气体泄漏　3—液体泄漏　4—辐射泄漏　5—燃烧　6—无后果　9—其他	☐
11	事故初查原因	违法	违法行为代码(参见违法行为代码表) 5981—未设置道路安全设施　5982—安全设施损坏、灭失　5983—道路缺陷　5989—其他道路原因	☐☐☐☐☐
		非违法过错	9001—制动不当　9002—转向不当　9003—油门控制不当　9009—其他操作不当	
		意外	9101—自然灾害　9102—机件故障　9103—爆胎　9109—其他意外	
		其他	9901—其他	

		其他基本信息				
12	直接财产损失	（元）				
14	能见度	1—50米内　2—50～100米　3—100～200米　4—200米以上	☐	13	天气	1—晴　2—阴　3—雨　4—雪　5—雾　6—大风　7—沙尘　8—冰雹　9—其他　☐
15	逃逸事故是否侦破	1—是　2—否	☐	16	路面状况	1—路面完好　2—施工　3—凹凸　4—塌陷　5—路障　9—其他　☐
17	路表情况	1—干燥　2—潮湿　3—积水　4—漫水　5—冰雪　6—泥泞　9—其他				☐
18	交通信号方式	1—无信号　2—民警指挥　3—信号灯　4—标志　5—标线　6—其他安全设施				☐☐☐☐
19	照明条件	1—白天　2—夜间有路灯照明　3—夜间无路灯照明　4—黎明　5—黄昏				☐
20	事故认定原因	违法	违法行为代码(参见违法行为代码表) 5981—未设置道路安全设施　5982—安全设施损坏、灭失　5983—道路缺陷　5989—其他道路原因			
		非违法过错	9001—制动不当　9002—转向不当　9003—油门控制不当　9009—其他操作不当			☐☐☐☐
		意外	9101—自然灾害　9102—机件故障　9103—爆胎　9109—其他意外			
		其他	9901—其他			

(2) 事故地点

事故发生的位置分为路口、路段两大类,路口包括三路交叉口、四路交叉口、环形交叉、立体交叉等,路段包括隧道、桥梁、正常段等。事故地点的记录通常可以以"线"和"点"两种方式作为索引,以线作为索引即是以道路里程桩号作为定位标志,确定事故发生的位置,这种方法使用最为普遍,一般路段事故都采用这种方法;以点作为索引是以道路上的一些特征位置作为定位标志,最常见的有平面和立体交叉口、道路的出入口、路线上的特征点等。

(3) 事故主因分布

机动车因素:制动失效、制动不良、转向失效、灯光失效、其他机件故障。

机动车驾驶人因素:酒后驾车、疲劳驾车、超速行驶、逆向行驶、违章超车、违章会车、违章转弯、违章装载、违章倒车、违章停车、违章掉头、违章滑行、违章变更车道、不按规定让行、违章占道行驶、违章使用灯光、纵向间距不够、疏忽大意、判断错误、措施不当、违章操作、违反交通信号、违反交通标志标线等。

非机动车及行人因素:醉酒驾车、违章装载、突然猛拐、攀扶行驶、逆向行驶、抢道行驶、追逐曲折竞驶、违章占用机动车道、非法占用挖掘道路、畜力车驭手其他违章、违章穿行车行道、违章拦车扒车、违章跳车等。

道路:视距不足、路拱不符、超高不符、路面光滑、防眩光设施欠缺等。

(4) 事故按气候特征分布

在雨、雪、雾、晴、大风、阴和其他等天气状况下,事故发生起数。

(5) 形态分布

正面相撞、侧面相撞、尾随相撞、对向刮擦、同向刮擦、碾压、翻车、坠车、失火和撞固定物等各种事故的发生起数。

(6) 按路面情况分布

路面在潮湿、积水、漫水、冰雪、泥泞、翻浆、泛油、坑槽、塌陷、路障、平坦和其他等情况下,事故发生起数。

(7) 事故严重程度

事故死亡人数、受伤人数和直接经济损失。

2. 道路数据

(1) 路面结构:路面类型、路面平整度、路面抗滑性等。

(2) 道路横断面结构:车道数、车道宽度、路肩宽度、分隔带等。

(3) 道路线形:弯道(半径、长度等)、直线段长度、线形组合。

(4) 坡道:坡度、坡长等。

(5) 交通安全设施:交通标志、标线、快速救援系统、导向岛及导流岛设置等。

(6) 交通控制方式:民警指挥、信号灯、标志标线、民警及信号灯、信号灯及标志标线等。

(7) 交叉口:交叉口位置、交叉口类型、交叉口管理与控制方式、交叉口渠化状况等。

(8) 路段类型:隧道、桥梁、窄路、高架路段、变窄路段、正常路段、集镇化路段、一般郊区路段、傍山路段、沿河路段等。

(9) 沿线土地利用状况:土地利用类型、沿线集镇化程度。
(10) 道路绿化:路中绿化、路侧绿化等。
(11) 排水设施:路面排水、路边排水等。
(12) 道路照明:夜间有、无路灯照明。

3. 交通数据

交通数据来自于道路某一观测站的交通流量观测资料,包括年平均日交通量、最高小时交通量、车辆平均运行时速、车辆混合度等。公路交通数据收集年份过长,增加分析的工作量;收集年份太短,不利于全面、准确地反映历史年份内公路交通变化状况。采集年份为1～3年比较合理。采集内容如表7-2所示。

表7-2 交通数据采集表　　　　年份

项　目		年平均日交通量	最高小时交通量	车辆平均运行时速
机动车	小货			
	中货			
	大货			
	小客			
	大客			
机动车	拖挂			
	小拖			
	大中拖			
	绝对数			
	折算数			
非机动车	畜力车			
	人力车			
	自行车			
	折算数			
混合交通量折算合计				

二、数据采集方法

事故数据、道路数据、交通数据的采集,总体上可采用历史数据采集和现场勘查的方式获得。

1. 历史数据采集

公路交通事故历史数据采集对于道路交通事故分析具有十分重要的意义,它为交通事故分析提供大量的先验知识和数据准备,并有针对性地进行事故的现场勘查。

(1) 数据采集阶段划分

公路交通事故历史数据采集可分为采集准备、采集实施、数据收集与整理三个阶段。

第一阶段,采集准备:

采集准备阶段主要是针对道路交通事故分析研究的需要,制订交通事故历史数据采集内容、采集方法,设计调查表格,明确调查程序等。此阶段是事故数据采集的基础阶段,也是最重要的阶段,事故数据采集内容、采集方法、调查表格设计的正确与否直接关系到调查工作量的大小、所采集数据的可利用程度以及事故分析研究的全面性与准确性。

第二阶段,采集实施:

采集实施阶段是根据第一阶段所制订的事故数据采集内容和程序,与相关部门取得联系并进行数据调查、发放调查表格。此阶段的工作量和难度较大,故应尽量请求交通、公安部门的协助。

第三阶段,数据收集与整理:

此阶段是针对采集实施阶段所发放的调查表格进行收集、数据回收以及相关数据的拷盘、整理,为以后的事故分析作必要的数据准备。

(2) 数据来源

事故数据主要来源于公安交通管理部门统一填报的《道路交通事故登记表》,除此之外,还可以从保险公司、医院等处获得一些数据,这些来源的数据都有各自的特点,侧重点不完全相同,在交通事故研究中可以一种为主,其他作为补充。道路数据、交通数据主要来自道路勘测部门或交通部门。

① 交警的事故记录

交警是交通事故的第一处理者,事故记录是交通事故数据的主要来源,事故现场的勘测、记录、责任的初步认定工作都由交警负责。交警部门是唯一能够得到第一手资料的部门。

为了使事故数据记录规范统一,我国公安部规定了事故记录表格和事故信息处理系统的使用方法。从事故记录表设置的项目可以发现,交警部门的事故记录主要是为了区分事故责任、处理事故赔偿和违章处罚,因此其数据记录不能完全满足交通安全研究的需要。

交通事故现场一般有 2~3 名交警处理,而现场所需处理的紧急情况较多,现场记录不可能很完善,信息损失较多。此外,发生轻微事故时,驾驶人往往私下处理,在交警的事故记录中无法反映出来。因此,在对道路交通事故分析的过程中,交警的事故记录可以是数据的主要来源,但仍必须还有其他的数据作为补充。

② 保险公司的交通事故记录

国外车辆保险是非常普遍的,我国的车辆保险工作也在逐步完善,几乎所有的投保车辆在事故发生后都会向保险公司申报,以获得事故损失的部分或全部赔偿费。因此,保险公司有大部分的事故记录资料。有些轻微事故在交警的事故记录中没有反映出来,但保险公司则有可能记录在案,保险公司的记录可以起到与交警记录相互补充的作用。然而,保险公司事故记录的缺陷是显而易见的,保险公司首先所关心的是事故的损失及与理赔有关的一些问题,而与安全相关的一些数据保险公司并不关心,因此,保险公司的事故数据可以作为交警事故数据的补充。

③ 医院的事故伤亡档案

医院的职能主要是救死扶伤,只有事故的伤亡者才会在医院留下记录,在大多数情况下,医院不会对交通事故的伤亡作专门的统计,因此,来自医院的交通事故记录只对交通事故的伤亡专项研究及交通事故赔偿有作用,对事故多发路段研究的作用很小。

除了交通事故数据之外,还包括交通量数据、道路条件数据及车辆运行速度数据。我国的国道都设有交通量预测站,从那里可以得到较完整的交通量数据。道路条件数据主要由道路的竣工资料获得,现场勘测数据作为补充。车辆运行速度数据主要由现场调查获得。

交通安全研究所需资料及数据很多,在单独一个部门难以得到全部完整的资料,加上各部门内部及各部门之间组织、管理及协调方面存在的一些问题,使交通安全研究的数据调查更加困难。

2. 现场勘查

现场勘查的形式可分为间接法和直接法两种。间接法,到当地交通规划、管理部门进行咨询,了解相关路段的道路交通事故以及道路状况的实际情况。直接法,乘车对全线进行走访,对公路沿线道路、交通状况进行勘查,对典型路段进行拍照、描述以及初步分析。其中事故信息现场采集大致经历了两个阶段:第一阶段,由交警在事故现场根据事故情况填写纸质采集表,事故处理完毕后,通过人工将事故信息录入数据库系统。第二阶段,随着电子计算机、无线传输技术的普及,研发出了基于车载电脑平台的事故信息采集系统。具有代表性的信息采集技术包括:电子事故信息采集表、GPS定位技术、芯片/条形码阅读器、激光测量仪器、全站仪、近景摄影测量技术、汽车行驶记录仪。第二阶段主要在一些发达国家使用。

(1) 电子事故信息采集表

交警在事故现场以车载电脑为事故信息采集平台,事故信息通过人工或电子设备按照一定顺序逐项录入电子采集表,信息录入完毕后系统通过自检功能提示采集表中潜在的错误以便更正,更正完毕后交警便可通过无线网络将电子采集表上传至上级部门做进一步审核,审核通过后即可导入当地事故数据库系统。采用电子格式采集表好处在于系统具备自检功能且省去了后期人工键入信息这一环节,因而同纸质相比电子采集表具备较低的信息出错率,并且节约人力资源。

(2) GPS定位技术

交警基于车载电脑对照GIS地图可直接获取GPS经纬度坐标,无需记录文字信息,在GIS地图上可进行修改、确认等操作。

(3) 芯片/条形码阅读器

采用电子读取设备,如芯片阅读器或条形码阅读器,可以自动将人名字符、驾驶员驾照数字、车辆识别码等信息录入电子采集表中,保证了信息采集的准确度,也为交警现场开展其他勘查工作节省了时间。

(4) 激光测量仪器、全站仪

激光测距仪和测角仪造价远低于全站仪,便携性好,操作方便,可精确测得距离信息及纵断面角度信息,配合专业绘图软件便可以绘制出事故现场图,但在大型事故现场存在目标点超出了人眼识别范围而无法使用激光测量仪器的情况,这时便需借助全站仪,通过事先确定基点便可获取事故现场任一特征点的三维空间坐标,同样再借助专业绘图软件即可绘制出事故现场图。全站仪的缺点在于造价昂贵、携带不便、且影响交通容易引发二次事故。

(5) 近景摄影测量技术

近景摄影测量技术是一项新型的具有巨大应用前景的事故场景三维建模技术,使用数码相机从不同角度拍摄事故场景照片,根据所得的照片通过特殊算法可以将坐标点生成三维数字模型,最后应用CAD内置实体模型(车辆、人员、道路、树木等)即可将三维数字模型转换成事故现场三维图。

(6) 汽车行驶记录仪

汽车行驶记录仪在道路安全研究领域是一项具有较大发展前景的技术,它可以记录并储存车辆在事故发生前后车辆、驾驶人、乘客的某些特定信息,包括事故时间、事故地点、车速、车辆制动数据、行驶方向、乘客数、乘坐位置、安全带及气囊数据等众多事故信息。

以下为现场勘查记录表的示例(见表7-3~表7-6):

表7-3 无信号控制交叉口现场勘查表

交叉口名称_____ 位置桩号_____ 相交道路等级_____
调查日期/时间_____ 天气_____ 调查员_____

序号	项目	结果	备注
1	平面交叉口位置	是否设置在视野开阔的区域:是( )/否( )	
2	交叉口间距	前一个交叉口距离_____m 后一个交叉口距离_____m	
3	交叉口视距	足够( )/不足( )	障碍物是_____
4	交叉角度	直 角( ) 小锐角( ) 中锐角( ) 大锐角( )	0~30°为小锐角,30~60°为中锐角,60~90°为大锐角
5	交叉口面积	主路宽_____m,进口宽_____m 次路宽_____m,进口宽_____m	
6	交叉口标志	是否提前设置:是( )/否( )	
7	路权分配	有( )/无( ) 标志是否清晰、明确:是( )/否( )	
8	路面情况	交叉口路面质量:坑槽( )网裂( )平坦( ) 次路路面:土路( )水泥路( )沥青路( )	
9	交叉口渠化	有( )/无( );是否合理:是( )/否( )	
10	事故多发原因初判		

交叉口示意图

注:利用地点车速调查法,调查各入口处车辆的运行车速,计算平均车速、v_{85}车速和车速方差。调查各入口的交通量,并计算出各车型比例。

表 7-4　信号控制交叉口交通安全现场勘查表

交叉口名称_____　　位置桩号_____　　相交道路等级_____
调查日期/时间_____　天气_____　　　调查员_____

序号	项目	结果	备注
1	平面交叉口位置	是否设置在视野开阔的区域：是（　）/否（　）	
2	交叉口视距	足够（　）/ 不足（　）	障碍物是_____
3	交叉口面积	东进口：____车道，宽____m 西进口：____车道，宽____m 南进口：____车道，宽____m 北进口：____车道，宽____m	
4	交叉口渠化设计	有无右转弯车道：有（　）/无（　）； 有无分离右转车辆的三角形安全岛：有（　）/无（　）	
5	地面标线是否清晰	清晰（　）/ 不清晰（　）	
6	信号相位		
7	事故多发原因初步判别		

交叉口示意图

注：调查各入口的交通流量和转弯流量。

表 7-5　路段道路条件现场勘查表

道路名称_____　　位置桩号_____　　道路等级_____
调查日期/时间_____　天气_____　　调查员_____

道路线形	路基路面		车速
路段所处线形： 　一般弯（　） 　一般坡（　） 　急弯（　） 　陡坡（　） 　一般弯坡（　） 　急弯陡坡（　） 　一般坡急弯（　） (1) 平曲线 　曲线半径____m 　曲线偏角____度 (2) 纵断面 　纵坡坡度____度 　坡长____m 　坡顶竖曲线半径 　　____m (3) 横断面 　双向____车道 　单车道宽____m 　路肩宽____m 　横坡为____ 　断面有无突变 　有（　）；无（　） 　中央有无分车带 　有（　）；无（　） 　中央分车带宽 　　____m	(1) 路面状况 路面类型： 　水泥混凝土（　） 　沥青混凝土（　） 　沙石（　） 　土路（　） 路损情况： 　坑槽（　） 　网裂（　） 　平坦（　） (2) 路基情况 路侧是否有障碍物： 　是（　）；否（　） 障碍物是 离路边缘____m	(4) 路侧有无护栏 　有（　）；无（　） 护栏端头处理方式是否合理 　是（　）；否（　） (5) 中央分隔带有无必要设置防眩设施 　有（　）；无（　） 防眩设施是： 　植物（　）；防眩板（　）	利用地点车速调查法，调查通过路段各车辆的运行车速，计算平均车速、v_{85}车速和车速方差
	交通安全设施	视距	车流量及交通构成
	(1) 标志是否齐全 　是（　）；否（　） 　缺 　位置设置是否合理 　是（　）；否（　） 　可视性如何 　好（　）；差（　） (2) 标线是否清晰 　是（　）；否（　） (3) 标志标线信息是否一致 　是（　）；否（　）	(1) 有中间带时能否满足停车视距的要求 　能（　）；否（　） (2) 无中间带时能否满足超车视距的要求 　能（　）；否（　） (3) 不能满足时，影响视线的障碍物是_____	利用交通流量调查法调查路段的交通量，并计算出各车型比例
		沿线土地利用类型	事故多发原因初步判别
		(1) 沿线土地利用类型是 　农林用地（　） 　村庄（　） 　集镇（　） 　城市（　） (2) 公路穿越城镇形式 　直线绕越（　） 　环形绕越（　） 　内部穿越（　）	路段示意图

表 7-6 环形交叉口现场勘查表

交叉口名称_____		位置桩号_____		相交道路等级_____
调查日期/时间_____		天气_____		调查员_____
序号	项 目	结 果		备 注
1	平面交叉口位置	是否设置在视野开阔的区域:是( ),否( )		
2	交叉口视距	足够( ) / 不足( )		障碍物是
3	有无提前设置环岛标志	有( ) / 无( )		
4	是否设置了"让"标志	是( ),否( );位置是否合理:是( ),否( )		
5	交叉口面积	东进口:_____车道,宽_____m 西进口:_____车道,宽_____m 南进口:_____车道,宽_____m 北进口:_____车道,宽_____m 环 内:_____车道,宽_____m		
6	限速标志	有( )/无( );限速_____km/h 位置设置是否合理:合理( )/不合理( )		
7	环交口渠化	有( )/无( );是否合理:是( )/否( )		
8	事故多发原因初步判别			
交叉口示意图				

注:利用地点车速调查法,调查各入口和环道处的运行车速,计算平均车速、v_{85}车速和车速方差。调查各入口的交通量。

三、交通安全数据标准化

交通安全数据标准不统一,往往导致不同地区和部门间数据共享困难,并且易引起交通事故统计分析、交通安全措施评价结果的不一致,进而可能导致交通安全管理决策出现失误。因此,道路交通安全数据标准化是保障数据完整性和规范性的客观需要,是建设道路交通安全数据管理系统的必要前提,是保证系统可操作性、可扩展性、可持续性的重要基础。

交通安全数据标准化得到了发达国家的高度重视,1998年美国启动了《Model Minimum Uniform Crash Criteria(MMUCC)》的制定和应用,2005年,随着相关法案的生效,要求对交通安全数据管理系统进行升级,MMUCC得到完善并推广,另一指南《Model Inventory of Roadway Elements(MIRE)》得到了联邦政府的大力支持。目前,MMUCC已于2012年公布了第四版,MIRE也在2010年完成了第一版的制定。

MMUCC包含了描述交通事故所需的最小数据元素集,以及其他关联数据(驾驶员信息、医院伤亡记录、道路信息等),共110个数据元素,其中,77个直接从事故现场采集,10个可间接推算得到,23个需从其他数据库导入;数据元素被分为事故、车辆、人、道路四大类,并且对每一类数据元素描述包括定义、来源、属性及用途/重要性。此外,MMUCC推荐了交通事故上报的条件:

(1) 所有涉及死亡、受伤、或财产损失大于等于1 000美元的交通事故均需上报并录入全州范围内的数据库;

(2) 所有涉及交通事故的人员均需上报,无论受伤与否;

(3) 全州范围内应采用统一的事故上报条件。

MIRE是对MMUCC的补充,是道路设施、交通流等道路交通安全相关数据的标准指南,当前版本的MIRE几乎包含了与道路交通安全相关的所有道路设施、交通流的数据元素,共计 202 个。MIRE 数据元素分为三大类,分别为道路路段数据、道路线形数据及道路节点数据,对每一类数据元素的描述包括定义、属性、重要性及关联程度。MIRE 中提到为了进行安全决策还需要其他关联数据库的数据,包括路侧固定物、交通标志、速度、限制设施、土地利用、桥梁、公路—铁路交叉口、已有交通安全改善措施等数据。

我国在交通安全数据标准化方面,与发达国家仍有较大差距,尚未系统开展研究和制定相关标准和指南。

四、交通安全数据管理系统

交通安全数据采集后需要对其进行分类、存储及分析,开发交通安全数据管理系统能够达到该目的。典型的交通安全数据管理系统有道路安全信息系统(Highway Safety Information System,简称 HSIS)、国家机动车事故抽样系统(National Automotive Sampling System,简称 NASS)、死亡事故分析报告系统(Fatality Analysis Reporting System,简称 FARS)。

1. 道路安全信息系统 HSIS(Highway Safety Information System)

美国联邦公路局主导开发的 HSIS,旨在为道路交通安全的研究、项目决策、实施与评价等提供必要的数据支撑,其系统整合了美国多个州的交通事故、道路、交通流、交通控制设施的信息,最早的事故数据可追溯到 20 世纪 80 年代,根据各州上传的数据,每年更新一次数据库。HSIS 包含事故、交通流、几何线形、道路特征、交叉口等文件,可提供多种数据形式,如 Excel,Access,dBase,ASCII 等,还可以转成统计分析的文件格式,如 SAS 等。用户在提交数据申请后,可通过 CD-ROM、FTP、E-mail 等方式获取所需的数据。

2. 国家机动车事故抽样系统 NASS(National Automotive Sampling System)

NASS 采集事故数据便于政府、科学家及工程师进行事故分析,具有不同严重程度交通事故的样本,包含两个子系统 the Crashworthiness data system(简称 CDS)和 the General Estimates System(简称 GES)。CDS 侧重小汽车关联的交通事故,包括车辆制动痕迹、燃料泄漏、玻璃破损、护栏受损情况等信息,旨在为车辆安全性能的改善提供数据支撑;GES 包含了不同类型、不同严重程度的交通事故信息,主要用于分析导致交通事故的影响因素,交通或事故数据每周更新一次。

3. 死亡事故分析报告系统 FARS(Fatality Analysis Reporting System)

FARS 包含了整个美国范围内的交通事故数据,与 GES 系统相辅相成,主要为交通事故数据的统计分析提供数据基础。用户可以根据不同需要,查询不同时间、地点、设施发生的交通事故信息,系统提供基于图表、GIS 地图的数据查询和展现。

第二节 事故统计分析方法

一、统计分析指标

由于道路交通事故的复杂性,因此需要用一系列的事故指标来反映事故总体各方面的数量特征,揭示事故总体的内在规律,道路交通事故分析指标主要有绝对指标、相对指标、平均指标、动态指标等。

1. 绝对指标

绝对指标是用来反映事故总体规模和水平的绝对数量。根据所反映的时间状况不同,绝对指标可分为时点指标和时期指标。前者反映某一时刻上的规模和水平,例如某一年的汽车拥有量、人口总数等;后者反映某一时间间隔的累积数量,例如某一年内或某一月份内的事故次数、事故伤亡人数等。绝对指标是认识事故总体的起点,又是计算其他相对指标的基础,在事故统计分析中具有重要意义。我国目前在交通安全管理上常采用的绝对指标有交通事故次数、死亡人数、受伤人数和直接经济损失,即交通安全四项指标。

2. 相对指标

绝对指标虽然可以反映事故总体的概况,但不能显示总体内部的规律性,而且有些绝对指标由于没有共同基础而难以直接进行对比,为此就要建立相对指标。

相对指标是通过对事故总体中的有关指标进行对比而得到的。利用相对指标可深入地认识交通事故的发展变化程度、内部构成、对比情况、事故强度等。此外,还可把一些不能直接进行对比的绝对指标放在共同基础上来分析比较,如车公里事故率、公里事故率、车事故率、人口事故率等。

(1) 结构相对数

事故结构即事故总体的组成状况,为部分数与总数之比。为了从结构方面认识事故总体,就需要建立结构相对指标。通常在事故类别分组中,用以表明各类构成占总数量的比值,说明各构成的比例。

$$结构相对数 = \frac{总体中某部分的数值}{总体全部数值} \times 100\% \qquad (7-1)$$

(2) 比较相对数

比较相对数有两种类型:一种是将同一总体中有联系的两个指标相对比,如负伤人数与死亡人数的相对比。另一种是同类现象在同一时期内的指标数在不同地区间进行对比,如通过两地区在同一时期内汽车正面相撞事故数的对比,可以比较两地此类事故的发生程度。

$$比较相对数 = \frac{A 地某种指标值}{B 地同种指标值} \times 100\% \qquad (7-2)$$

(3) 强度相对数

强度相对数是两个性质不同但有密切联系的绝对指标相互对比,用以表现事故总体中某一方面的严重程度。如事故死亡人数与机动车保有量之比、事故死亡人数与车辆总运行里程之比等等。事故统计分析中所用的事故率(次/万车)、伤人率(人/万车)、死亡率(人/万车)、经济损失率(千元/万车)即为强度相对指标。

$$强度相对数 = \frac{某一绝对指标值}{另一有联系而性质不同的绝对指标值} \times 100\% \qquad (7-3)$$

3. 平均指标

平均指标是事故总体的一般水平的统计指标,其数值表现为平均数。平均数可以使总体各单位之间的同类指标数的差异抽象化,将共同性因素显现出来,以便于观察总体的一般水平。平均数可分为算术平均数、调和平均数、中位数、几何平均数等。算术平均数又可分为简单算术平均数和加权算术平均数。

(1) 简单算术平均数

$$\bar{x} = \frac{\sum_{i=1}^{n} x_i}{n} \tag{7-4}$$

式中　$\bar{x}$——简单算术平均数；
　　　x_i——总体中第 i 个单位的某种指标数；
　　　n——总体中单位总数。

(2) 加权算术平均数

$$\bar{x} = \frac{\sum_{i=1}^{n} x_i f_i}{\sum_{i=1}^{n} f_i} \tag{7-5}$$

式中　$\bar{x}$——加权算术平均数；
　　　x_i——总体中第 i 个单位的某种指标数；
　　　f_i——总体中第 i 个单位的权术。

(3) 几何平均数

$$\bar{x} = \sqrt[n]{\prod_{i=1}^{n} x_i} \tag{7-6}$$

式中　$\bar{x}$——几何平均数；
　　　x_i——总体中第 i 个单位的某种指标数。

4. 动态指标

为进一步认识事故现象在时间上的发展变化规律，需要一些动态分析指标。在交通事故统计分析中，常采用的动态分析指标有动态绝对数、动态相对数和动态平均数。

(1) 动态绝对数

① 动态绝对数列

动态绝对数列就是将反映交通事故的某一绝对指标在不同时间上的不同数值，按时间先后顺序排列起来形成的数列。

② 增减量

增减量是指交通事故指标在一定时期内增加或减少的绝对数量。由于使用的基准期不同，增减量可分为定基增减量和环比增减量。前者在每次计算时，都以计算期前的某一特定时期为固定基准期(一般取动态绝对数列的最初时期作为固定基准期)，用以表明一段时间内累积增减的数量；后者在计算时，都以计算期的前一期为基准期，用以表明单位时间内的增减量。

(2) 动态相对数

动态相对数是同一事故现象在不同时期的两个数值之比，动态相对数指标主要有事故发展率和事故增长率。

① 事故发展率

事故发展率是指本期数值与基期数值之比值，用以表明同类型事故统计数在不同时期发展变化的程度。事故发展率又可分为定基发展率和环比发展率两种。

定基发展率是本期的统计数与基期统计数的比率，即

$$K_g = \frac{F_C}{F_E} \times 100\% \tag{7-7}$$

式中　K_g——定基发展率；
　　　F_C——本期统计数；
　　　F_E——基期统计数。

环比发展率是本期统计数与前期统计数的比率，即

$$K_b = \frac{F_C}{F_B} \times 100\% \tag{7-8}$$

式中　K_b——环比发展率；
　　　F_B——前期统计数。

② 事故增长率

事故增长率表明事故统计数以基期或前期为基础净增长的比率，分为定基增长率和环比增长率。

定基增长率(j_g)是定基增减量与基期统计数的比率，即

$$j_g = \frac{F_C - F_E}{F_E} \times 100\% \tag{7-9}$$

环比增长率(j_b)是环比增减量与前期统计数的比率，即

$$j_b = \frac{F_C - F_B}{F_B} \times 100\% \tag{7-10}$$

(3) 动态平均数

动态平均数包括平均增减量、平均发展率和平均增长率。

① 平均增减量是环比增减量时间序列的序时平均数，可用简单算术平均数计算。

② 平均发展率是环比发展率时间序列的序时平均数，采用几何平均算法。

③ 平均增长率可视为环比增长率的序时平均数，但它是根据平均发展率计算的，而不是直接根据环比增长率计算。

上述各项事故分析指标中，绝对指标是基础，相对指标、平均指标和动态指标都要通过绝对指标来确定；反过来，相对指标、平均指标和动态指标更确切地反映了通过绝对指标难以反映的事故规律。

二、事故频数统计

1. 基本概念

(1) 交通事故频数

交通事故频数指在一定时间内，某一地点、道路设施或路网发生的交通事故次数，是

进行交通事故统计分析的基本参数。

美国道路安全手册给出的交通事故频数计算公式为：

$$F_{\text{crash}} = \frac{N_{\text{crash}}}{n} \tag{7-11}$$

式中　F_{crash}——交通事故频数；

　　　N_{crash}——交通事故发生次数；

　　　n——年数。

（2）期望交通事故频数

期望交通事故频数指某一地点、道路设施或路网，在给定的道路几何、交通量和时间段条件下，长期、稳定的平均交通事故频数。在条件恒定的情况下（如稳定的交通量、道路条件等），长期、稳定的交通事故频数是可以直接由观测数据获得，然而，现实中恒定条件是不存在的，因此，长期、稳定的交通事故频数需估计获得，即期望交通事故频数。

（3）交通事故频数估计

交通事故频数估计（也称交通事故频数预测），指针对某一地点、道路设施或路网，在给定的道路几何、交通量和时间段等条件下，估计期望平均事故频数，涉及任何用于计算得出交通事故频数的方法，包含三类情境：①现有道路和条件下，在过去或未来时段内的交通事故频数；②现有道路不同条件下，在过去和未来时段内的交通事故频数；③新建道路、给定条件下，未来的交通事故频数。

2. 交通事故频数估计方法

（1）基于观测数据的交通事故频数估计

基于观测数据的交通事故频数估计的优点是便于理解，符合多数人的直观感受；容易接受，多数人易倾向于认为观测到的趋势会持续存在；简单明了，只要存在观测数据，则可以得到交通频数的估计值。缺点是观测数据不足时，估计结果可能与实际交通安全水平不符，甚至错误判断交通安全的发展趋势；无法反映土地利用、交通量、天气、驾驶员人口等条件改变对于交通事故频数的影响；无法估计新建道路可能发生的交通事故次数。

（2）间接估计方法

在缺乏观测交通事故数据条件下的替代方法，如道路设施尚未投入运营使用或运营时间相对较短、未采集交通事故数据、特殊的道路交通设施等。主要包括两类方法：基于"近似交通事故事件"的分析方法，如交叉口冲突点法；假设某种因果联系的方法，如认为系安全带的驾驶员比例与发生交通事故严重程度存在关系。间接估计方法对交通事故数据的需求较低，但也难以有效证明间接观测内容与直接产生的交通事故之间是否存在关系或关系是否正确。

（3）统计预测方法

多采用基于回归分析的统计模型，可有效考虑随机波动性、交通/道路条件变化等因素的影响，得出更为可靠的期望平均交通事故频数。

统计模型的可靠性取决于模型构建、参数标定、基于特定研究对象的调整三大关键环节。常用的交通事故频数统计方法有线性回归法、增长曲线法、对数抛物线模型、多元逐步回归模型、基于灰色系统理论的模型、生成数列回归分析法等。

① 线性回归预测法

影响道路交通事故的因素往往不只是一个而是多个,线性回归预测多数是利用多元线性回归方程,通过寻找与因变量具有较强关联的因素作为自变量,计算回归系数,并经过相关分析和显著性检验后,最终确定回归预测方程。

② 增长曲线预测法

交通事故的发展规律往往类似于生物的自然增殖过程,可以用一条近乎 S 形的曲线来描述:预测对象数值随时间推移而逐步增长,发展初期增长速度较慢,一段时间后,增长速度会逐渐加快,到接近于某一增长极限时,增长速度又会放慢。常用作预测的 S 形增长曲线模型有戈伯兹曲线和逻辑曲线。

A. 戈伯兹曲线预测模型

戈伯兹曲线如图 7-1 所示,其数学模型为

$$y = ka^{b^t} \tag{7-12}$$

式中　y——预测函数值;
　　　　t——时间变量;
　　　　a、b——模型参数。

如果通过对时间序列数据的观察分析,认为可以用戈伯兹曲线拟合,可按如下步骤计算 k、a、b 等三个待求参数。

a. 进行时间序列,第一年 $t=0$,第二年 $t=1$,依次类推;

b. 将时间序列数据分为三段,每段 n 年,计算各时间段内实际数据之对数和:

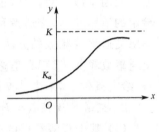

图 7-1　戈伯兹曲线

$$\begin{cases} \sum_1 \lg y = \sum_{t=0}^{n-1} \lg y_t \\ \sum_2 \lg y = \sum_{t=n}^{2n-1} \lg y_t \\ \sum_3 \lg y = \sum_{t=2n}^{3n-1} \lg y_t \end{cases} \tag{7-13}$$

式中　y_t——第 t 年的实际数据。

c. 计算 k、a、b

$$b^n = \frac{\sum_3 \lg y - \sum_2 \lg y}{\sum_2 \lg y - \sum_1 \lg y} \tag{7-14}$$

$$\lg a = \left(\sum_2 \lg y - \sum_1 \lg y\right) \cdot \frac{b-1}{(b^n-1)^2} \tag{7-15}$$

$$\lg k = \frac{1}{n}\left(\sum_1 \lg y - \frac{b^n-1}{b-1}\lg a\right) \tag{7-16}$$

B. 逻辑曲线预测模型

逻辑曲线如图 7-2 所示，其数学模型为

$$y = \frac{k}{1-be^{-at}} \quad (7\text{-}17)$$

式中 y——预测函数值；
　　t——时间变量；
　　k——渐近线值；
　　a、b——模型参数；
　　e——自然对数的底。

可按如下步骤计算 k、a、b 这三个待定参数：

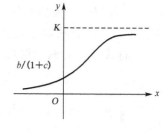

图 7-2　逻辑曲线图

a. 将时间编序，第一年 $t=1$，第二年 $t=2$，依次类推。

b. 将时间序列数据分为三段，每段 n 年，计算各时间段内实际数据的倒数之和，分别记作 s_1、s_2、s_3 设：

$$\begin{cases} s_1 = \sum_{i=1}^{n} \frac{1}{y_t} \\ s_2 = \sum_{i=n+1}^{2n} \frac{1}{y_t} \\ s_3 = \sum_{i=2n+1}^{3n} \frac{1}{y_t} \end{cases} \quad (7\text{-}18)$$

$$\begin{cases} D_1 = s_1 - s_2 \\ D_2 = s_2 - s_3 \end{cases} \quad (7\text{-}19)$$

c. 计算 k、a、b

$$k = \frac{n}{s_1 - \dfrac{D_1^2}{D_1 - D_2}} \quad (7\text{-}20)$$

$$a = \frac{1}{n}(\ln D_1 - \ln D_2) \quad (7\text{-}21)$$

$$b = \frac{kD_1}{C(D_1 - D_2)} \quad (7\text{-}22)$$

式中 $C = \dfrac{e^{-a}(1 - e^{-na})}{1 - e^{-a}}$。

将求得的 k、a、b，代入式(7-17)，即可得逻辑曲线预测模型。

③ 对数抛物线预测模型

对数抛物线是一种特殊的增长曲线，与 S 形增长曲线不同的是，戈伯兹曲线与逻辑曲线预测对象数值随时间推移而逐步增长，而对数抛物线的预测对象在增长到一定程度后，数值会逐渐下降。数学模型为

$$y = ae^{bt+ct^2} \quad (7\text{-}23)$$

式中　y——预测函数值；
　　　t——时间变量；
　　　a、b——模型参数；
　　　e——自然对数的底。

将式(7-23)两边取对数，得到

$$\ln y = \ln a + bt + ct^2 \tag{7-24}$$

令 $y' = \ln y$、$a_0 = \ln a$、$x_1 = t$、$x_2 = t^2$，则得到二元线性回归方程：

$$y' = a_0 + bx_1 + cx_2 \tag{7-25}$$

运用二元线性回归的方法，可求出 a_0、b、c 三个参数，在经变换后即可求得对数抛物线预测模型。

④ 多元逐步回归预测模型

多元逐步回归预测是按照自变量对因变量作用程度的大小来决定该变量是否引入或剔除，自动地从大量可供选择的变量中，选择重要的变量，以建立回归方程的预测方法。

逐步回归预测法，是自变量对因变量作用程度的大小来决定该变量是否引入或提出的。为了衡量一个自变量对因变量作用的大小，定义 D_i 为"贡献"系数，来表示自变量对因变量的"贡献"。

$$D_i = \frac{r_{iy}^2}{r_{ij}} \tag{7-26}$$

式中　r_{iy}、r_{ij} 为

$$r_{ij}^{s+1} = \begin{cases} r_{ij}^{(s)} - r_{ik}^{(s)} r_{kj}^{(s)} / r_{kk}^{(s)} & i \neq k \quad j \neq k \\[6pt] \dfrac{r_{kj}^{(s)}}{r_{kk}^{(s)}} & i = k \quad j \neq k \\[6pt] \dfrac{r_{ik}^{(s)}}{r_{kk}^{(s)}} & i \neq k \quad j = k \\[6pt] \dfrac{1}{r_{kk}^{(s)}} & i = j = k \end{cases} \tag{7-27}$$

由于逐步回归预测是对自变量逐步进行的，每次计算中的"贡献"系数记为

$$p_i^{(t)} = \frac{(r_{iy}^{(t)})^2}{r_{(ij)}^{(l)}} \tag{7-28}$$

其中，l 表示第 l 次计算。

在逐步回归预测中，一方面要引入贡献最大的自变量，另一方面要剔除贡献最小的自变量，其标准用 F 检验值来确定。假定显著性水平 α，然后查 F 检验表得到 F 检验临界 F_α，F_α 亦可人为确定。

在第 l 步计算中，如果有第 k 个自变量的"贡献"：$p_k^{(l)} = \max\{p_i^{(l)}\}$，$i$ 为未被引入的

变量序号,则要用 F 检验来判断该自变量是否被引入,即计算该变量第 l 步的 F_{in}:

$$F_{in} = \frac{[n-(l+1)-1] \cdot p_k^{(l)}}{r_{yy}^{(l-1)} - p_k^{(l)}} \quad (7\text{-}29)$$

式中　n——样本个数;

　　　l——已计算步数;

　　　$p_k^{(l)}$——第 k 个变量第 l 步的"贡献"系数;

　　　r_{yy}——按式(7-27)计算的因变量自相关系数。

如果 $F_{in} > F_\alpha$,则在显著性水平 α 意义下,该自变量可以被引入,否则不能被引入。

如果在 l 计算中,对第 k 个自变量有 $D_k^{(l)} = \min\{D_i^{(l)}\}$,$i$ 为已引入的自变量序号,也要用 F 检验来判断该自变量是否应该剔除,即计算该变量的 F_{out}:

$$F_{out} = \frac{(n-l-1) \cdot D_k^{(l)}}{r_{yy}^{(l-1)} - D_k^{(l)}} \quad (7\text{-}30)$$

当 $F_{out} \leqslant F_\alpha$ 时,即在显著性水平 α 意义下,该自变量应该被剔除,否则应该保留。

所以,逐步回归分析中,每计算一步都要用自变量的"贡献"系数选择引入或剔除的自变量,并用 F 检验来判断是否引入或剔除。

⑤ 基于灰色系统理论的预测模型

应用灰色系统理论,在数据处理上提出累加或累减生成的方法,通过生成使数据列的随机性弱化,从而转化为比较有规律的数据列,将随机过程转化为便于建模的灰过程。

如给定数据列:

$$[x^{(0)}(t_i)] = [x^{(0)}(t_1), x^{(0)}(t_2), \cdots] \quad (7\text{-}31)$$

是随机过程,不稳定,若作数据累加生成处理,令

$$[x^{(1)}(t_1)] = \sum_{k=1}^{i} x^{(0)}(t_i) \quad (7\text{-}32)$$

得到新的数据列:

$$[x^{(1)}(t_i)] = [x^{(1)}(t_1), x^{(1)}(t_2), \cdots] \quad (7\text{-}33)$$

新数据列随机性将被弱化(可进行 n 次处理),新数据列绘制曲线多逼近指数式曲线。

灰色动态模型 $GM(n, h)$,n 为微分方程阶数,h 为变量的个数。一般采用 $GM(1, 1)$ 模型形式:

$$\frac{dx^{(1)}}{dt} + ax^{(1)} = \mu \quad (7\text{-}34)$$

式中　a, μ——建模过程中待辨识的参数和内部变量;

　　　$x^{(1)}$——原始数据 $x^{(0)}(t_i)$ 经过累加生成处理得到新数据列。

$GM(1, n)$ 模型计算程序框图如图 7-3 所示。

参数辨识过程如下:

A. 构造数据矩阵 B

$$b = \begin{Bmatrix} -\frac{1}{2}[x^{(1)}(1)+x^{(1)}(2)] & 1 \\ -\frac{1}{2}[x^{(1)}(2)+x^{(1)}(3)] & 1 \\ \vdots & \vdots \\ -\frac{1}{2}[x^{(1)}(n-1)+x^{(1)}(n)] & 1 \end{Bmatrix} \quad (7-35)$$

B. 构造数阵向量 y_n

$$y_n = [x^{(0)}(2), x^{(0)}(3), \cdots, x^{(0)}(n)]^T \quad (7-36)$$

C. 作最小二乘法计算,求参数 a, μ

$$\hat{c} = \begin{bmatrix} a \\ \mu \end{bmatrix} = (B^T B)^{-1} B^T y_n \quad (7-37)$$

D. 建立时间响应函数

方程式(7-38)的时间响应函数:

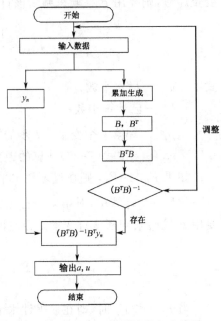

图 7-3 $GM(1, n)$ 模型计算程序框图

$$\hat{x}^{(1)}(t) = \left[x^{(1)}(0) - \frac{\mu}{a}\right]e^{-ak} + \frac{\mu}{a} \quad (7-38)$$

[例 7-1] 灰色系统模型示例。

某城市 2003 年至 2008 年交通事故发生次数的数据列如表 7-7 所示,使用灰色系统理论建立交通事故预测模型。

表 7-7 某城市交通事故次数历年数据列

序号(k)	0	1	2	3	4	5
年份	2003	2004	2005	2006	2007	2008
事故发生次数 $x^{(0)}(k)$(百次)	11.28	12.86	8.65	8.7	13.75	15.55
累加次数 $x^{(1)}(k)$(百次)	11.28	24.14	32.79	41.49	52.24	70.79

[解] 本题 $y_n = [12.86, 8.65, 8.7, 13.75, 15.55]^T$;

$$b = \begin{Bmatrix} -\frac{1}{2}[11.28+24.14] & 1 \\ -\frac{1}{2}[24.14+32.79] & 1 \\ -\frac{1}{2}[32.79+41.49] & 1 \\ -\frac{1}{2}[41.49+52.24] & 1 \\ -\frac{1}{2}[52.24+70.79] & 1 \end{Bmatrix} = \begin{bmatrix} -17.71 & 1 \\ -28.47 & 1 \\ -37.14 & 1 \\ -46.87 & 1 \\ -61.52 & 1 \end{bmatrix}$$

可得: $a = -0.1012$ $\mu = 7.9601$

时间响应函数为

$$\hat{x}^{(1)}(t) = \left[x^{(1)}(0) - \frac{\mu}{a}\right]e^{-ak} + \frac{\mu}{a}$$

令 $x^{(1)}(0) = x^{(0)}(0) = 11.28$,则

$$\hat{x}^{(1)}(t) = \left[11.28 - \left(\frac{7.9601}{-0.1012}\right)\right]e^{-(-0.1012)t} + \left(\frac{7.9601}{-0.1012}\right)$$
$$= 89.9371e^{-(-0.1012)t} - 78.6571$$

将上式离散化,得

$$\hat{x}^{(1)}(k) = 89.9371e^{-0.1012k} - 78.6571$$

上式为交通事故发生次数预测模型,可由上式求得 $x^{(1)}(k)$ 值后,累减还原可得到预测数据 $x^{(0)}(k)$,由于计算误差较大,还需要进行修正,建立生成数据残差模型。

计算生成数据残差数据列:

$$q^{(0)}(k) = x^{(1)}(k) - \hat{x}(k),$$

式中　$x^{(1)}(k)$——实际原始数据累价值;

$\hat{x}^{(1)}(k)$——由时间响应函数计算得到的数据列预测值。

计算得到的残差数据如表 7-8 所示,在表中进行残差数累加生成处理,得到输出结果。

表 7-8　残差数据列表

序号(k)	0	1	2	3	4	5
年份	2003	2004	2005	2006	2007	2008
实际事故次数累加值 $x^{(1)}(k)$	11.28	24.14	32.79	41.49	52.24	70.79
预测值 $\hat{x}^{(1)}(k)$	11.28	20.8581	31.4562	43.1381	53.1581	70.5164
残差 $q^{(1)}(k) = x^{(1)}(k) - \hat{x}^{(1)}(k)$	0	3.2819	1.3338	−1.6481	−0.9181	0.2736
第一次累加 $q^{(1)}(k)$	0	3.2819	4.6157	2.9676	2.0495	2.3231
第一次累加 $q^{(2)}(k)$	0	3.2819	7.8976	10.8652	12.9147	15.2378

将 $q^{(2)}(k)$ 输入计算机得到输出结果为

$$a = 0.2927$$
$$\mu = 5.9848$$

时间响应函数为

$$\hat{q}^{(2)}(t) = \left[q^{(2)}(0) - \frac{\mu}{a}\right]e^{-at} + \frac{\mu}{a}$$
$$= \left[3.2819 - \frac{5.9848}{0.2927}\right]e^{-0.2927t} + \frac{5.9848}{0.2927}$$
$$= 20.4469 - 17.1649e^{-0.2927t}$$

将上式离散化得:

$$\hat{q}^{(2)}(k) = 20.4469 - 17.1649e^{-0.2927(k-1)}$$

将 $\hat{q}^{(2)}(t)$ 求灰导数，与 $\hat{x}^{(1)}(k)$ 相加可得到该城市用灰色系统理论建立的交通事故预测模型（累加值）：

$$x^{(1)}(k) = 89.9371e^{-0.1012k} - 78.6571 + 5.0242(-e^{-0.2927(k-1)} - e^{0.2927(k-2)})$$

修正后模型经过精度检验、残差大小检验和后检差检验，均得到较好的结果。

如对该城市 2022 年交通事故进行预测：

a. 由 $\hat{x}^{(1)}(k)$ 的计算式求得：

2021 年 $k = 121 - 108 = 13$；2022 年 $k = 122 - 108 = 14$

$$\hat{x}^{(1)}(13) = 89.9371e^{-0.1012 \times 13} - 78.6571 = 256.537$$
$$\hat{x}^{(1)}(14) = 89.9371e^{-0.1012 \times 14} - 78.6571 = 292.235$$
$$\hat{x}^{(0)}(14) = \hat{x}^{(1)}(14) - \hat{x}^{(1)}(13) = 292.235 - 256.537 = 35.698 \text{ 百起}$$

b. 由 $\hat{q}^{(2)}(t)$ 的计算式得：

2020 年 $k = 12$；2021 年 $k = 13$；2022 年 $k = 14$

$$\hat{q}^{(2)}(12) = 20.4469 - 17.1649e^{-0.2927(12-1)} = 19.761$$
$$\hat{q}^{(2)}(13) = 20.4469 - 17.1649e^{-0.2927(13-1)} = 19.935$$
$$\hat{q}^{(2)}(14) = 20.4469 - 17.1649e^{-0.2927(14-1)} = 20.065$$

第一次累减：

$$\hat{q}^{(1)}(13) = \hat{q}^{(2)}(13) - \hat{q}^{(2)}(12) = 19.935 - 19.761 = 0.174$$
$$\hat{q}^{(1)}(14) = \hat{q}^{(2)}(14) - \hat{q}^{(2)}(13) = 20.065 - 19.935 = 0.130$$

第二次累减：

$$\hat{q}^{(0)}(14) = \hat{q}^{(1)}(14) - \hat{q}^{(1)}(13) = 0.130 - 0.174 = -0.044$$

所以，2022 年交通事故次数为

$$x = \hat{x}^{(0)}(14) + q^{(0)}(14) = 35.698 - 0.044 = 35.654 \text{ 百起}$$

或直接代入 $\hat{x}^{(1)}(k)$ 式计算

$$\hat{x}^{(1)}(13) = 89.9371e^{-0.1012 \times 13} - 78.6571 + 5.0242[-e^{-0.2927(13-1)} - e^{0.2927(13-2)}]$$
$$= 256.486$$

$$\hat{x}^{(1)}(14) = 89.9371e^{-0.1012 \times 14} - 78.6571 + 5.0242[-e^{-0.2927(14-1)} - e^{0.2927(14-2)}]$$
$$= 292.197$$

$$x = \hat{x}^{(0)}(14) = \hat{x}^{(1)}(14) - \hat{x}^{(1)}(13) = 292.197 - 256.486 = 35.711 \text{ 百起}$$

⑥ 生成数列回归分析法

生成数列回归分析法运用灰色系统的基本理论对影响因素进行关联分析，定量地找

出主要影响因素,并建立因变量、自变量的生成数列,据此进行一元或多元回归分析,得到生成数列回归预测模型。其主要步骤如下:

A. 关联度分析

关联度分析的基本思想,是根据曲线间的相似程度来判断关联度,两曲线几何形状愈相似,其关联程度愈大,因素间的关系愈密切。关联度分析的目的是为了找出影响预测对象的主要因素。

设参考数列(预测对象的原始数据列)为 x_0,被比较数列(影响因素的原始数据列)为 $x_i(i=1, 2, \cdots, m)$,且

$$x_0 = \{x_0(1), x_0(2), \cdots, x_0(n)\}$$
$$x_i = \{x_i(1), x_i(2), \cdots, x_i(n)\}$$
$$i = 1, 2, \cdots, m$$

则称 $\xi_i(t)$ 为曲线 x_0 与 x_i 在第 t 点的关联系数。

$$\xi_i(t) = \frac{\min\limits_{t}\min\limits_{t}|x_0(t)-x_i(t)| + \rho \max\limits_{i}\max\limits_{t}|x_0(t)-x_i(t)|}{|x_0(t)-x_i(t)| + \rho \max\limits_{i}\max\limits_{t}|x_0(t)-x_i(t)|} \tag{7-39}$$

式中 $|x_0(t)-x_i(t)| = \Delta_i(t)$ 称为第 t 点 x_0 与 x_i 的绝对差;

$\min\limits_{t}\min\limits_{t}|x_0(t)-x_i(t)|$ 称为两极最小差;

$\min\limits_{t}|x_0(t)-x_i(t)|$ 是第一级最小差;

$\max\limits_{i}\max\limits_{t}|x_0(t)-x_i(t)|$ 是两极最大差;

ρ 为分辨系数,在 0～1 之间取值,一般取 $\rho=0.5$。

曲线 x_i 与曲线 x_0 的关联度为 r_i,其值为

$$r_i = \frac{1}{n}\sum_{i=1}^{n}\xi_i(t) \tag{7-40}$$

对于单位不同,或初值不同的数列作关联度分析时,一般要做处理,使之无量纲化,即用 $x_0(1)$ 去除 $x_0(t)$,用 $x_i(1)$ 去除 $x_i(t)$。

关联系数大的因素 $x_i(t)$,对预测对象 $x_0(t)$ 的影响大,一般应作为主要影响因素。根据实际情况,可选择 1～3 个关联度大的因素作为自变量进行回归分析。

B. 生成数列回归模型

设因变量的原始数列为 $y^{(0)}(t)$,其一次累加生成数列为 $y^{(1)}(t)$,即

$$y^{(0)}(t) = \{y^{(0)}(1), y^{(0)}(2), \cdots, y^{(0)}(n)\}$$
$$y^{(1)}(t) = \{y^{(1)}(1), y^{(1)}(2), \cdots, y^{(1)}(n)\}$$

应当注意,原始数列 $x_i^{(0)}$ 和 $y_{(t)}^{(0)}$ 应是连续若干年份的数据,若某一年的数据缺乏,应进行数据修补。

对生成数列进行常规的回归分析,建立生成数列的回归预测模型,用相关系数等进行回归模型的精度检验,根据回归模型逐年计算出预测年限内的生成预测值。

对生成预测值进行累减还原,即得所求预测对象的预测值,可用预测值的离差等反映预测精度。

[例 7-2] 生成数列回归分析法示例。

已知预测变量、自变量的原始数据如表 7-9,用生成数列回归分析方法进行预测。

表 7-9 原始数据表

t	1	2	3	4	5
$y^{(0)}(t)$	2.88	2.67	4.73	5.44	5.97
x_1	5.729	7.364	8.649	9.865	11.461
x_2	18.978	20.9766	23.5862	26.551	28.761
x_3	101.7775	104.7008	106.354	105.394	107.2519
t	6	7	8	9	10
$y^{(0)}(t)$	6.37	6.06	6.99	8.02	7.77
x_1	11.019	13.303	15.692	17.155	19.518
x_2	31.3789	34.7431	39.6518	42.5518	47.6818
x_3	107.3935	112.2696	118.5068	121.6828	123.3535

[解] 自变量对因变量的关联度分别为

$$r_1 = 0.79189$$

$$r_2 = 0.72043$$

$$r_3 = 0.53517$$

根据关联度的大小,知 x_1、x_2 对 y 的影响是主要的,可以建立二元线性回归方程。如采用三元线性回归,对表 8-8 中的数据进行一次累加生成处理,再进行多元线性回归,得到以下预测模型:

$$y^{(1)} = -2.2339 - 0.5555 x_1^{(1)} + 0.4152 x_2^{(1)} - 0.0047 x_3^{(1)}$$

$$R = 0.99959$$

为了进一步检验精度,表 7-10 中列出了预测计算结果,并与一般的回归方法进行了比较。比较结果是,生成数列回归预测法的离差为 4.6102,一般回归方法的预测离差为 5.543,前者较后者减少了 16.8%,显然提高了预测精度。

表 7-10 预测结果

$y^{(0)}(t)$	2.88	2.67	4.37	5.44	5.97	6.37	6.06	6.99	8.02	7.77
$\hat{y}^{(1)}(t)$	2.04	6.17	10.66	15.72	20.80	27.20	33.71	40.91	48.48	56.86
$\hat{y}^{(0)}(t)$	2.04	4.13	4.49	5.06	5.08	6.40	6.51	7.20	7.57	8.38
一般回归 $y^{(0)}$	2.32	2.96	3.76	5.08	5.91	6.07	6.00	7.21	8.12	9.89

(4) 美国道路安全手册交通事故频数预测方法

美国道路安全手册提供的交通事故频数预测方法是目前较为典型和通用的方法,其以大量的交通设施、地点交通事故数据样本为基础,有机结合选取研究对象的特点和实测交通事故数据。

① 理论模型

期望平均事故频数预测模型如(7-41)所示:

$$N_{predicted} = N_{SPFx} \times (CMF_{1x} \times CMF_{2x} \times \cdots CMF_{yx}) \times C_x \qquad (7-41)$$

式中 $N_{predicted}$——某类道路设施 x 在特定期限的事故频数预测值(单位:次/a);

N_{SPFx}——道路设施 x 在基准条件下由安全性能函数计算得到的平均事故频数预测值(单位:次/a),安全性能函数指预测某类道路设施在基准条件下平均事故频数的回归公式,是年平均日交通量和道路路段长度的函数,双向两车道公路安全性能函数在基准条件下的计算公式为 $N_{SPF} = (AADT) \times (L) \times (365) \times 10^{(-6)} \times e^{(-0.4865)}$,$AADT$ 为年平均日交通量(单位:辆/d),L 为路段长度(单位:英里);

CMF_{yx}——道路设施 x 在不同条件下的事故修正系数,如车道宽度、路肩类型及宽度、平曲线、路侧设计等修正系数,基准条件下取值都为1;

C_x——道路设施 x 在特定环境下的校准因子。

② 基于经验贝叶斯的加权方法

将理论模型预测的平均事故频数与实际观测值进行结合处理,可以有效提高期望平均交通事故频数预测的可靠性。经验贝叶斯方法根据安全性能函数的过离散系数确定理论值与观测值的加权系数,具体如下:

$$N_{expected} = w \times N_{predicted} + (1 - w) \times N_{observed} \qquad (7-42)$$

式中 $N_{expected}$——研究期限内期望平均事故频数;

W——安全性能函数预测值的权重,具体为 $w = \dfrac{1}{1 + k\left(\sum\limits_{研究期限内} N_{predicted}\right)}$,$k$ 为安全性能函数的过离散系数;

$N_{observed}$——研究期限内观测事故频数。

三、统计分析方法

交通事故统计分析的方法主要有统计表法和统计图法。

1. 统计表法

根据不同的分析目的,将统计分析的结果编成各种表格,即统计表,其内容包括各种必要的绝对指标和相对指标,是交通事故统计中常用的一种方式。按照统计数字或统计指标的不同特点,统计表可分为静态统计表和动态统计表。

仅列出同一时期事故统计数的表格称为静态统计表。从时间状态上看,表上的统计数是静止的,从而便于对不同地区或不同性质条件的事故现象进行相互对比。静态表中可同时列出相对数和绝对数。

将不同时间事故统计数字列成表格,就称为动态统计表,可用于反映交通事故随时间变化或分布的情况。

2. 统计图法

利用一些几何图形或象形图形等,将统计数字或计算出的统计指标形象化,从而反映事故现象的数量关系和发展变化趋势。统计图法的主要作用是:表明现象之间的对比关系;反映事故现象的发展变化趋势;表明事故总体的内部结构;表明事故的分布情况;揭示事故现象之间的相互依存关系等。作为数字的语言,统计图比统计表更鲜明、更直观、更生动有力。但图形只能起示意作用,数量之间的差距往往又被抽象化了。因此,在实际工作中,统计图常常与统计表、文字分析结合应用。

常用的统计图有条形图(直方图)、圆形图(扇形图)、散布图、排列图和统计地图等。

第三节 事故的分布规律

一、事故类型分布

某一级公路交通事故的类型如图7-4所示,从事故严重程度来看,一级公路重特大事故占了事故总数的70.45%,其中特大事故占25.77%,重大事故占44.68%,由于事故数据记录方面的原因,轻微事故常没有登记在案,导致轻微事故所占比例很低。

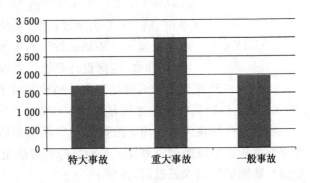

图 7-4 事故类型分布

二、事故形态分布

事故形态的分析对于道路交通事故的研究至关重要,事故形态一方面反映了事故发生的过程,同时,通过对事故形态的分析有助于了解事故发生的原因、探寻事故的形成机理,抓住其中具有共性的问题,而且对于事故的预防也具有指导意义。

图 7-5 为某年全国道路各类事故形态分布,总体上而言,道路交通事故主要的事故形态是正面相撞、侧面相撞、尾随相撞,这三种事故形态总和占道路事故总数的 80%,因此,这反映出道路主要的事故是机动车之间的碰撞事故,这对于事故成因分析及事故预防具有参考价值。

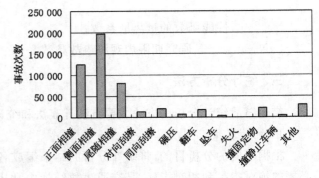

图 7-5 事故数按事故形态分布

三、事故原因分布

事故原因分为机动车、机动车驾驶人、非机动车驾驶人、行人和乘车人、道路和其他等六大类,根据对某一级公路的事故数的统计,机动车驾驶人所占比例最高,所有事故中属机动车驾驶人原因的占90%,这一方面说明机动车驾驶人是事故多发的主要原因,另一方面,这里统计的事故原因仅仅是根据公安交警的事故统计原始资料,与公安交警部门现场记录有关,存在一个责任认定的问题,因此还需要对事故成因进一步分析(见表7-11)。

表 7-11 某一级公路事故原因分类

事故原因	事故数	所占比例(%)	事故原因	事故数	所占比例(%)
机动车	201	2.99	行人乘车人	126	1.88
机动车驾驶员	6 096	90.75	道　路	7	0.10
非机动车驾驶员	218	3.25			

四、时间分布

交通事故的时间分布是指事故随时间变化的统计特征。由于公路交通事故的根本原因在于道路交通环境与行车条件之间的不协调,而交通事故与交通活动、道路交通环境密切相关,交通活动、道路交通环境的时间变化规律非常明显,因而交通事故的时间分布特征应该更具有一般性。

1. 月分布

图 7-6 为我国某年全国道路交通事故按月份统计的结果。从图中可看出,各月份发生的事故数较为均匀,1月份交通事故较多,5月份交通事故较少。若有各月份的交通流量数,从而计算出交通事故的相对指标,则统计结果能更加全面地反映出一年中交通事故的月份分布规律。

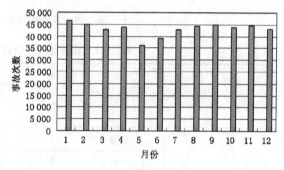

图 7-6　事故数月分布

2. 星期分布

图 7-7 为我国某年全国道路交通事故按星期统计的结果,其中周六、日事故数相对高一点,这与人们周末出行活动相对较多、路上交通量也相对较高有关。

3. 小时分布

图 7-8 为某年全国道路交通事故按小时分布的统计结果。从图 7-8 中可看出,16:00~20:00,即黄昏时段的事故次数明显高于其他时段。

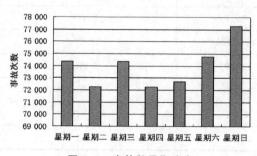

图 7-7　事故数星期分布

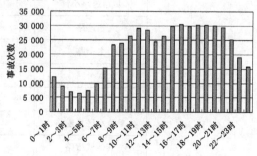

图 7-8　事故数小时分布

五、空间分布

交通事故的空间分布是指交通事故在城市、农村和各种类型道路上,以及在具体路段、交叉口上的分布情况,见表7-12。

六、交通控制方式分布

图7-9为某年我国各种控制方式下的交通事故情况,可以明显看出,在标志标线和无控制的情况下,交通事故占了绝大部分。

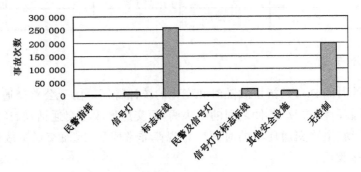

图7-9 事故数按交通控制方式分布

表7-12 我国各种类型道路上的交通事故分布

	合 计	次 数	
		数 量	占总数(%)
		517 889	100
公路	公路小计	309 949	59.85
	高速	24 466	4.72
	一级	41 404	7.99
	二级	109 128	21.07
	三级	79 342	15.32
	四级	28 455	5.49
	等外	27 154	5.24
城市道路	城市道路小计	207 940	40.15
	快速路	17 757	3.43
	主干路	114 802	22.17
	次干路	32 519	6.28
	支路	13 949	2.69
	单位小区自建路	1 256	0.24
	其他城市路	27 657	5.34

七、天气与照明分布

1. 天气

根据对全国道路在不同天气状况下事故数的统计,如图7-10所示,晴天发生交通事故占绝大部分,各级公路约占事故总数的70%,其次为雨天和阴天,均在10%左右。

2. 照明情况

根据对全国道路在不同照明情况下事故的统计,如图7-11所示,可见白天发生的事故占60%,夜间在无路灯照明情况下发生的事故占25%左右。

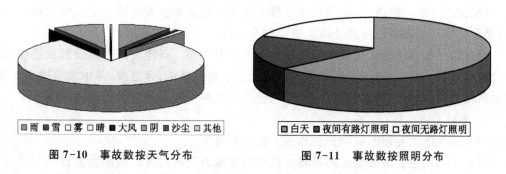

图 7-10　事故数按天气分布　　　　图 7-11　事故数按照明分布

第四节　高速公路及特大交通事故特征分析

一、高速公路交通事故特征分析

与国外发达国家相比,我国的高速公路发展历史短,许多驾驶员不适应在高速公路上驾驶车辆,从而导致高速公路上的交通事故要比普通道路严重很多。以2012年为例,我国高速公路通车里程为92 000 km,占全国公路通车里程的2.2%,而事故次数、死亡人数、受伤人数、直接财产损失这四项指标则占同年全国相应总数的4.36%、10.24%、5.48%、29.11%(见表7-13)。按说,高速公路设施好、全封闭、横向干扰少,交通事故应该比普通道路少才正常,而实际上,高速公路交通事故的发生率是普通道路的3~5倍。其中,固然有高速公路流量大的影响因素在内,但高速公路本身在设计、配套设施等方面一定程度上也存在着某些问题。

表 7-13　我国高速公路交通事故四项指标

年份	事故次数		死亡人数		受伤人数		直接财产损失	
	绝对数	百分比(%)	绝对数	百分比(%)	绝对数	百分比(%)	绝对数(亿元)	百分比(%)
2007	12 364	3.78	6 030	7.39	14 628	3.85	3.65	30.48
2008	10 848	4.09	6 042	8.22	13 768	4.52	3.36	33.31
2009	9 147	3.84	6 028	8.90	1 278.	4.65	2.93	32.10
2010	9 700	4.42	6 300	9.66	13 739	5.41	3.15	34.10
2011	9 583	4.55	6 448	10.33	13 007	5.48	3.45	31.97
2012	8 896	4.36	6 144	10.24	12 298	5.48	3.42	29.11

1. 事故原因

超速行驶是高速公路交通事故发生的一个主要原因。高速公路的主要特点是全封闭,全立交,横向干扰少,而且目前我国高速公路上的交通流量相对较低,这些都给车辆高速行驶乃至超速行驶创造了条件。一旦遇到紧急情况,超速车辆的驾驶员来不及采取措施,就会导致交通事故。我国高速公路一般的时速限制为 120 km,而高速公路上时速超过此限速的情况屡见不鲜。超速行驶的另外一种情况是速度过快,速度虽然没有超过交通管理部门颁布的限制速度,但由于天气恶劣等原因,超过了安全行车的速度要求。

连续的高速行驶,容易导致轮胎的温度过高,轮胎内的空气急剧膨胀,很容易导致爆胎,引发交通事故。据统计,沪宁高速公路上所发生的交通事故有近一半是由于爆胎引起的,充分说明轮胎爆裂是高速公路交通事故发生的另一个重要原因。

疲劳驾驶是高速公路交通事故发生的重要原因之一。高速公路上疲劳驾驶造成交通事故的情况明显多于普通道路,是因为高速公路上景观单调,弯道少,基本没有横向干扰,驾驶员极易疲劳;且在高速行驶状态下,驾驶员的精神长时间高度紧张,也容易疲劳。

2. 事故形态

单车事故的主要形态有撞护栏和翻车这两种情况。

多车事故的主要形态是追尾事故。我国已建成通车的高速公路绝大部分是双向四车道,驾驶员在横向基本上没有闪避危险的空间余地,而速度又很快,来不及刹车就会撞上前面的车辆导致交通事故。我国车辆的性能较差,长时间高速行驶极易发生故障,尤其是大中型货车,这些故障车辆停在路肩上,必然会占用行车道,给正常行驶的车辆造成影响,是事故的隐患。追尾事故中的冲撞停驶车辆,大多是在这种情况下发生的。再生事故,也就是撞停在路上已发生事故车辆的事故,是高速公路交通事故的常见形式。部分车辆如大货车、全挂车的车速过低,是引发行驶车辆追尾事故的一个主要原因。

行人进入高速公路、故障车驾乘人员下车拦截车辆求助和乘车人下车观光等造成交通事故的情况虽然不是很多,但其后果是严重的。

3. 事故时间

高速公路交通事故的 24 h 分布曲线,有早、晚两个高峰,与交通流量的经验曲线相吻合,印证了交通流量对交通事故的影响。我国高速公路交通事故的星期分布没有明显的差异,呈均匀分布的态势。而月分布,则差异很大,8、11、12 这三个月为事故高发月。

4. 交通方式

高速公路交通事故肇事车辆的主要车型是大型货车,一是因为大货车大多为国产车,在长时间高速行驶时容易出故障;二是因为高速公路上货车的比重高,这是由我国交通运输的特点决定的,铁路运输占据主导地位,中长距离的客运主要是依赖铁路,高速公路主要用于中长途的货物运输。

二、特大交通事故特征分析

交通事故的类型,是以事故造成的人员伤亡和直接经济损失这两个指标为衡量标准来确定的。发生一起特大交通事故,一般都要造成几人、十几人甚至更多人的伤亡,社会影响极大,是社会的不稳定因素。

从事故原因、形态等方面来说，特大交通事故与普通交通事故没有根本区别，只是在事故所造成的后果上有些差别，因此，其表现出来的特征应该说与普通交通事故不会有根本性的差异。

1. 事故时间

特大交通事故的月份分布明显表现出了气温对其的影响：天气酷热的7、8月份和天气寒冷的12月份是特大交通事故高发期。2月份，则是我国的传统节日春节，旅客出行明显多于往日，造成公路客运流量明显增长，因此，事故率才相对高些。

特大交通事故的周分布，显示了休息日事故高于平均水平的反常现象，主要是因为休息日执勤交警的人数一般要少于工作日，路面控制能力有所下降，从驾驶员这方面来说，也会从主观上认为休息日路上没有（至少比平常少）警察，导致超速、超载等违章行为增多，诱发特大交通事故。

2. 地形和道路线形

特大交通事故大多发生在山区道路，其原因是显而易见的：同样一种原因造成车辆翻车，在平原地区可能造成几个人轻伤，甚至无人身伤亡、无经济损失，但在山区很可能是车辆坠下几十米深的山崖、翻入几十米深的山下河流中，造成数十人的伤亡而成一起特大交通事故。

受自然条件的限制，山区道路的弯、坡较多而且坡陡弯急，在这种道路上稍有疏忽或发生制动失灵、转向失效等机械故障，特大交通事故的发生就在所难免了。

3. 交通方式

大客车是发生特大交通事故的最主要车型，在翻车、坠崖、坠河等事故中容易导致大量死伤。另外，拖拉机、农用运输车等车辆违章进行客运而造成特大交通事故的情况也不在少数。在一些边远山区，交通不便，一天难得有几趟公共汽车，有的甚至几天才有一趟，拖拉机和农用运输车就成了农民主要的中、远途交通工具。这些车辆对人体基本没有保护，一旦发生事故，尤其是翻车，乘客极易受到伤害，严重的导致死亡。

4. 事故原因

人的主观因素是造成特大交通事故的主要原因。人是交通参与者，在人、车、路、环境等交通要素中是唯一的能动因素。从驾驶员本身来说，疲劳驾驶、超速行驶、违章超车、违章会车、违章占道行驶等造成特大交通事故最多的违章情节都带有主观性质。

从直接原因来说，机械故障引发特大交通事故的情况也很严重。在山区道路上行车，制动失灵、转向失效等机械故障是十分危险的，十有八九会造成车辆翻下山沟，其后果比撞车、追尾事故要严重得多。

5. 事故形态

翻车、坠车是特大交通事故的主要形态，因为这两种事故形态容易造成人身伤亡，酿成特大交通事故，2009年一次死亡10人以上的24起特大道路交通事故中，12起属于这两种情况。

6. 单位所属行业

公路运输和个体运输是发生特大交通事故最多的两个行业。个体运输业的蓬勃发展，是经济高速增长、人员频繁流动的产物，为了抢时间、抢客源、抢货源、多赚钱，个体运输车辆的超速、超员、超载、强超抢会、占道行驶、随意停车、疲劳驾驶等严重影响行车安全的违章情节十分严重。公路运输部门现在实行承包,其情况与个体行业基本类似,而且由于车不是自己的,开病车等现象有时更为严重。

第五节　事故多发点鉴别与成因分析方法

从单个道路交通事故来看,其发生具有很大的偶然性,虽可找到最直接的诱因,但实际往往是驾驶人、车辆、道路和环境等诸多因素综合作用下的结果。如果说事故与道路因素无关,则事故的发生地可以认为是随机的。而实际上,虽然不能说道路上零星分布的事故与道路无关,但如果在道路的某些段落或路段事故呈现集中的特点(特别是某一类事故呈集中的特点),则可以肯定地说这些事故与道路显然存在某种联系。道路交通事故多发点,即是在多种因素共同作用下道路交通事故集中爆发的某些点或者段。

一、事故多发点的含义

事故多发点是指在一个较长的时间段内,发生道路交通事故数量或特征与其他正常路段相比明显突出的某些位置,其内涵主要有如下几点:

(1)"点"可以是一个点、一个路段、整个一条道路或一个区域,其中"路段"和"点"是最常研究的。"区域"仅在特殊条件下才进行,其鉴别方法大多以经验为主,如英国规定 $1\ km^2$ 范围内,1年发生过40次以上事故,称为事故易发地区。"道路"的鉴别主要是在对路网安全状况进行评价时,要判别某一条路为事故多发道路时会用到,其鉴别方法以质量控制法为主。

(2)事故多发点对评价的时间段有一定要求,即"较长一段时间",这主要是为了避免事故统计的偶然性,通常为1~3年。

(3)定义中的道路交通事故数量是一个广义的概念,它不仅可以指事故的绝对次数,也可以指死亡人数、受伤人数、各种事故率、死亡率、事故损失等不同指标。

(4)定义中的"正常"和"突出"是事故多发点分析的关键点,也是安全评价的主要内容之一。"正常"与"突出"是相辅相成的,没有"正常"就无"突出";"正常"值的取得通常都来自于事故的历史资料,可以是研究对象本身的历史资料,也可以是相似道路的历史资料。

因此,公路交通事故多发点定义为:受道路条件、交通条件、气候环境等因素的影响,在一个较长的时间段内(通常为1~3年),发生交通事故的数量和特征与其他正常点相比明显突出或者存在潜在安全隐患的点。

鉴别事故多发位置是公路的设计和交通管理部门特别关心的问题,对事故多发点进行排查和整治,能以最小的投入、最大限度地降低公路交通事故率,取得较大的社会和经济效益。尤其在资金不足的情况下,优先改善事故多发点的交通安全状况很有意义。

二、事故多发点鉴别方法

1. 改进的事故频数法

(1)事故频数法优缺点

选取一临界的事故次数作为鉴别标准,如果某路段的事故次数大于临界值,则被认为是事故多发点。该方法的优点是计算与选择方便、简单；缺点是未给出临界事故次数的确定方法，在实际操作中，鉴别标准究竟取多大或如何选取、路段如何划分往往是基层交通管理工作人员关注的重点。

(2) 方法的改进

按式(7-43)计算单元路段平均事故次数 λ：

$$\lambda = \frac{\sum m_i}{n} \tag{7-43}$$

式中　m_i——路段 i 的事故次数（次）；

　　　n——路段单元总数。

取置信水平为 95%，则事故次数临界值 R 为

$$R = \lambda + 1.96\sqrt{\lambda}, \tag{7-44}$$

将路段在统计年度内实际的事故次数与临界值 R 对比，若大于 R 则该路段为事故多发点。

2. 综合影响强度事故率法

通过引入各因素对事故率 R 的综合影响强度 ρ，及综合影响强度事故率 C 作为选取事故多发点的参数指标，构建鉴别公路交通事故多发点的综合影响强度事故率法。

(1) 交通事故率标准化

采用综合加权的方法对绝对事故数进行标准化，实现各路段交通事故严重程度的可比性。即

$$P = \sum_{i=1}^{n} f_i P_i \tag{7-45}$$

式中　P——标准化后的绝对事故数；

　　　i——事故等级的序号；

　　　f_i——第 i 级事故的加权系数；

　　　P_i——第 i 级事故发生数；

　　　n——事故分级数。

加权系数 f_i 可通过如下方法确定：根据目标线路所在区域内一定期间内各级事故所造成的经济损失总量与相应等级事故数的比值（即各级事故的单位事故直接经济损失（元/起）），取轻微事故加权系数为 1，其他等级事故的加权系数由其单位事故直接经济损失与轻微事故的单位事故直接经济损失比较结果加以确定。

交通量的标准化通过车辆换算系数，把各种车型折算为标准小汽车，综合加权后得到标准化后的路段交通量 Q。标准事故率 R（事故起数/百万辆标准小汽车）可由 $R = \dfrac{P}{Q}$ 计算得到。

(2) 综合影响强度事故率的确定

① 分影响强度 ρ_{kij} 的确定

在分析各路段影响因素中的指标对交通事故率的影响强度时,由于交通事故的不可实验性,不可能把某一分析目标路段孤立出来,以实验的方法分析各影响因素对交通事故率的影响强度(影响系数)。不过可以对交通事故统计数据进行统计分析,通过与其他相同或相似路段交通事故率进行比较分析,确定各参数指标对相应路段事故率的影响强度。为了确定所分析路段各影响因素中因素对事故率的影响强度,可以将所分析路段的事故率除以不含该因素而其他条件相同或相似的路段的事故率,所得商即为因素对所分析路段事故率的分影响强度,即

$$\rho_{kij} = \frac{\text{影响因素 } K_{ij} \text{ 的事故率 } R_k}{\text{不含影响因素 } K_{ij} \text{ 而其他条件相同或相似的路段的事故率 } R'_k} \quad (7-46)$$

式中 ρ_{kij}——所分析路段各影响因素中因素 K_{ij} 对事故率 R_k 的分影响强度(K_{ij} 为路段 k 第 i 类因素中的第 j 个子因素);

R_k——路段 k 影响因素 K_{ij} 的事故率;

R'_k——不含影响因素 K_{ij} 而其他条件相同或相似的路段的事故率。

② 更高层次综合影响强度 ρ_{ki} 和 ρ_k 的确定

鉴于各参数指标只是各大类影响因素中典型的少量指标,在得到各分类影响因素对交通事故率的影响强度后,为了分析给定路段某一次大类(如道路条件特征)对交通事故率的总体影响程度,需要确定各次大类影响因素对交通事故率的综合影响强度。综合影响强度的确定可以先通过德尔菲法(Delphi)确定各分影响因素指标 ρ_{kij} 的权重 A_{kij},然后采用加权平均的方法计算各单元路段次综合影响强度 ρ_{ki} 值,即

$$\rho_{ki} = \frac{\sum_{j=1}^{m} A_{kij} \cdot \rho_{kij}}{\sum_{j=1}^{m} A_{kij}} \quad (7-47)$$

其中 m 随 i 变化,即各次大类因素所包含的指标个数。如 $i = 1$ 时,则 $m = 3$(即道路条件特征 K_1 所包含的指标个数)。

按照以上同样的方法确定各路段 k 的综合影响强度 ρ_k,用综合影响强度 ρ_k 作为比较各路段因素对交通事故率影响强弱的综合指标,依据综合指标的大小,便可鉴别各路段因素对交通事故率的影响强弱。

③ 综合影响强度事故率 C'_k 的确定

考虑到若按单位综合影响强度事故率 R_k/ρ_k,数量级过小,不利于比较分析,因此,按式(7-16)计算相应路段 k 的综合影响强度事故率 C'_k。即

$$C'_k = \rho_k \times R_k \quad (7-48)$$

(3) 事故多发点鉴别

采用类似于事故率质量控制法的方法,确定各路段 k 的综合影响强度事故率临界值,即

$$C_k^+ = A + \alpha \sqrt{\frac{A}{Q}} + \frac{1}{2\overline{Q} \times 10} \quad (7-49)$$

$$C_k^- = A - \alpha\sqrt{\frac{A}{\overline{Q}}} + \frac{1}{2\overline{Q} \times 10} \tag{7-50}$$

式中 C_k——路段 k 综合影响强度事故率临界值，C_k^+ 为上限值，C_k^- 为下限值；

A——包含路段 k 的全线平均综合影响强度事故率；

α——统计常数，若取 95% 置信度，则 $\alpha = 1.96$；

$\overline{Q}$——全线调查期间的平均交通量，以百万车辆计。

若路段 k 综合影响强度事故率 C_k' 大于上限 C_k^+，就作为事故多发点，上下限之间 (C_k^-, C_k^+) 为一般，小于下限 C_k^- 为低事故点。

3. 灰色评价法

灰色评价法最基本的评价指标包括事故次数、死亡人数、受伤人数、直接经济损失，由于直接经济损失与事故次数、死亡人数、受伤人数线性相关，可排除。

因而可选取事故次数、死亡人数、受伤人数这三项绝对指标，或其相对指标如亿车公里事故率、亿车公里死亡人数、亿车公里受伤人数作为评价指标。

对于某一条路的事故多发点段的鉴别采取三项绝对指标，对于某一区域或路网中事故多发点段的排查，考虑到指标的可比性应采用三项相对指标。

主要鉴别步骤如下：

(1) 给出评价对象个数 n，评价指标项数 m，评价灰类数 k

假设将某条道路以 1km 为划分单元分为 n 段，即评价个数为 n，代表道路的 n 段，根据评价指标的选取，$m = 3$。

评价灰类可采用概率统计的方法确定，具体做法是将评价指标的实际数据，经无量纲处理，分析数据的累积百分频率，绘制累积频率曲线，在曲线上确定不同特定累积百分频率所对应的处理数值，作为各灰类特征值。

评价等级拟定三级灰类，$k = 3$，即事故多发段（事故多发点段）、事故次多发段、正常路段。选取 30%、50%、70% 累积百分频率特征点来定事故多发点段、事故次多发段、正常路段。三个累积百分频率点所对应的 A_{j1}、A_{j2}、A_{j3} 分别为指标 j 属事故多发点段、事故次多发段、正常路段的特征值，如图 7-12。

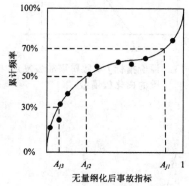

图 7-12 评价指标（经过无量纲化）灰类特征值的累积频率图

(2) 给出路段 i 关于评价指标 j 的原始样本矩阵 D^0

D^0（式 7-51）在此即事故数、死亡人数、受伤人数三项指标，或其相对指标。

$$D^0 = \begin{bmatrix} d_{11}^0 & d_{12}^0 & \cdots & d_{1m}^0 \\ d_{21}^0 & d_{22}^0 & \cdots & d_{2m}^0 \\ \vdots & \vdots & & \vdots \\ d_{n1}^0 & d_{n2}^0 & \cdots & d_{nm}^0 \end{bmatrix} \tag{7-51}$$

(3) 事故指标的无量纲化

为保证无量纲化后的指标在(0,1)之间,可按式(7-52)计算,得到处理后的矩阵 D。

$$d_{ij} = \frac{d_{ij}^0}{\max\limits_{1 \leqslant j \leqslant n}\{d_{ij}^0\}} \tag{7-52}$$

$$D = \begin{bmatrix} d_{11} & d_{12} & \cdots & d_{1m} \\ d_{21} & d_{22} & \cdots & d_{2m} \\ \vdots & \vdots & & \vdots \\ d_{n1} & d_{n2} & \cdots & d_{nm} \end{bmatrix} \tag{7-53}$$

(4) 确定各评价指标灰类的白化权函数

道路交通安全评价指标的白化权函数,是用来描述某项评价指标灰数(经无量纲处理后的指标集)对其取值范围内数值的"偏好"程度。事故各项评价指标的灰数在(0,1)之间,其白化权函数 $f(x) \in (0,1)$。其中白化权函数 $f(x)$ 曲线的转折峰值点对应的 A_{ij} 值,即是前面确定的评价指标的特征值之一。特征值代表了特定灰类的本质,是该灰类的核心值。所以,某项评价指标属特定灰类时,其指标灰数的白化值越接近特征值,则所取该灰类的权值就越大($\leqslant 1$)。

在此,事故指标的白化权函数曲线,转折点间以直线连接便能说明问题,满足研究的需要,并使取权值简捷,计算方便。

评价指标灰类属事故多发点段、事故次多发段、正常路段的白化权函数分别如图7-13、图7-14、图7-15,这样,黑点鉴别的评价标准模式已建立。

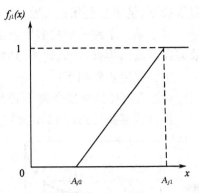

图 7-13 评价指标 j 灰数属事故多发点段的白化权函数

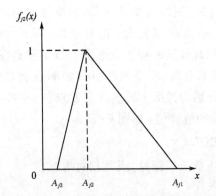

图 7-14 指标 j 灰数属事故次多发段的白化权函数

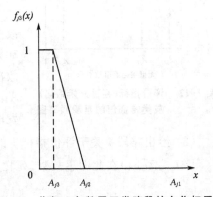

图 7-15 指标 j 灰数属正常路段的白化权函数

(5) 求各项评价指标关于每种灰类的聚类系数

$$u_{jt} = \frac{A_{jt}}{\sum\limits_{j=1}^{m} A_{jt}} \tag{7-54}$$

式中　u_{jt}——第 j 项评价指标将评价对象归入 t 种灰类内的聚类系数；

A_{jt}——第 j 项评价指标属于第 t 种灰类的特征值；$j=1,2,\cdots,m$；$t=1,2,\cdots,k$。

（6）求评价对象综合各项指标关于每种灰类的聚类值

$$\sigma_{it} = \sum_{j=1}^{m} f_{it}(d_{ij}) \times u_{jt} \tag{7-55}$$

式中　σ_{it}——路段 i 归属于第 t 种灰类的聚类值；

$f_{it}(d_{ij})$——第 j 项评价指标属第 t 种灰类的白化权函数在白化值的函数取值；

$i=1,2,\cdots,n$；$j=1,2,\cdots,m$；$t=1,2,\cdots,k$。

（7）对各路段进行聚类，鉴别事故多发点

$$\sigma_{it}^* = \max_{1 \leqslant t \leqslant k}\{\sigma_{it}\} \tag{7-56}$$

其中 $i=1,2,\cdots,n$；$t=1,2,\cdots,k$。

对所有的 σ_{it}^* 进行归类，便可确定事故多发点段、事故次多发段和正常路段。

三、事故多发点成因分析方法

1. 模糊聚类法

在公路交通事故多发点成因分析中，一些成因（尤其是道路、环境等非人为因素）对交通事故的影响具有一定的模糊性，采用经典数学模型来确定事故多发点成因，很难得到准确合理的分析结果。因此，如何对众多的事故影响成因进行合理的空间划分、影响程度等级归类，找出一定路段上导致事故多发的主要因素、诱导因素以及潜在的事故隐患，以便采取相应的事故治理和防范措施；如何对成因分析结果的合理性和准确性进行评价是交通安全工作者面临的关键问题。

通过运用模糊 c^- 划分空间方法，对事故多发点成因进行空间划分，采用模糊聚类方法确定模糊划分矩阵和成因各特征指标聚类中心，并进行事故多发点成因聚类分析；利用划分系数 $F_c(U)$ 对聚类效果进行评价。通过运用基于模糊划分的模糊聚类方法，能准确、合理地实现对公路交通事故多发点成因的聚类分析，从而有利于交通安全工作人员针对一定条件下的事故多发点成因归类结果，采取相应的道路改善和交通管理措施，对公路交通事故进行治理和防范。

（1）成因划分空间的确定方法

某一特定路段或点之所以事故频发，往往是多种因素综合作用的结果，而各成因对事故的影响，具有一定的模糊性，很难用经典的数学模型加以描述。因此，为了确定各成因在公路交通事故多发点上的等级归属，以便于对各成因的聚类分析，采用模糊 c^- 划分的方法对公路交通事故多发点成因进行合理的空间划分。即：

设公路交通事故多发点所有成因 $X=\{x_1,x_2\cdots,x_n\}$ 为一有限集，则它的模糊 c^- 划分空间为 X 的 c 个子集：

$$A = \{A_i \mid i=1,2,\cdots,c\}, 2 \leqslant c \leqslant n \tag{7-57}$$

满足：① $A_i \cap A_j = \varnothing$，$i \neq j$，$i,j=1,2,\cdots,c$

② $\bigcup_{i=1}^{c} A_i = X$

③ $\sum_{i=1}^{c} \mu_{A_i}(x_k) = 1, \forall x_k$

式中 c——事故多发点成因分类数；

$\mu_{A_i}(x_k)$——成因 x_k 属于 A_i 类的程度，即隶属度。

事故多发点成因集 X 的模糊 c^- 划分可以用一个 $c \times n$ 模糊矩阵 $U = (u_{ki})$ 表示。即

$$u_{ki} = \mu_{A_i}(x_k), 0 < \sum_{k=1}^{n} u_{ki} < n, \forall i \tag{7-58}$$

元素 x_k 属于 A_i 类的隶属度 u_{ik} 可采用如下模糊统计方法加以确定：

让参与评价的 N 位专家将各成因元素 $\{x_1, x_2, \cdots, x_n\}$ 分配到事先规定的模糊 c^- 划分空间的各子空间 $\{A_1, A_2, \cdots, A_c\}$，然后依次统计各成因元素 $x_k(k = 1, 2, \cdots, n)$ 属各子空间 $V_i(1, 2, \cdots, c)$ 的频数 n_{ki}，即

$$u_{ki} = \frac{n_{ki}}{N} \tag{7-59}$$

式中 N——专家人数；

u_{ki}——表示成因 x_k 隶属于 A_i 等级的隶属度。

(2) 成因聚类

根据公路交通事故多发点各成因（各划分空间元素）对应于 A_i（$0 < i \leqslant c$）的隶属度，确定 $A = \{A_i \mid i = 1, 2, \cdots, c\}$ 的聚类中心 $V = \{v_1, v_2, \cdots, v_c\}$，然后对各划分空间元素进行聚类分析，经反复修正，实现对公路交通事故多发点成因的模糊归类。具体如下：

设公路交通事故多发点成因集合 $X = \{x_1, x_2, \cdots, x_n\}$ 中元素有 m 个特征，即

$$x_i = (x_{i1}, x_{i2}, \cdots, x_{im}) \tag{7-60}$$

另设公路交通事故多发点成因共有 c 个聚类中心 $V = \{v_1, v_2, \cdots, v_c\}$，其中：

$$v_i \in \{v \mid v = \sum_{i=1}^{n} \alpha_i x_i, \alpha_i \in R, x_i \in X\} \tag{7-61}$$

公路交通事故多发点成因的最佳划分矩阵通过求以下目标函数值最小的 U 得到，即

$$J(U, V) = \sum_{k=1}^{n} \sum_{i=1}^{c} u_{ki}^r (d_{ki})^2 \tag{7-62}$$

式中，$u_{ki} = \mu_{A_i}(x_k)$；r 为待定参数，$r \geqslant 1$，参数 r 的选取是否恰当，将直接影响到聚类效果，当 $r \to 1$ 时，最终分类的模糊性较小，当 $r > 2$ 逐渐增大时，最终分类的模糊性增大；d_{ki} 为样本 x_k 与聚类中心 v_i 的欧氏距离，即

$$d_{ki} = \| x_k - v_i \| = \left[\sum_{j=1}^{m} (x_{kj} - v_{ji})^2 \right]^{\frac{1}{2}} \tag{7-63}$$

第一步，取定 $c: 2 \leqslant c \leqslant n$，取初值 $l = 0$，$U^{(0)} \in M_{fc}$

$$M_{fc} = \left\{ \begin{array}{l} U \in V_{cn} \mid u_{ki} \in [0,1], \forall i, \forall k; \\ \sum_{i=1}^{c} u_{ki} = 1, \forall k; 0 < \sum_{k=1}^{n} u_{ki} < n, \forall i \end{array} \right\} \tag{7-64}$$

第二步,计算聚类中心 $V = \{v_i^{(l)}\}$

$$v_i^{(l)} = \frac{\sum_{k=1}^{n}(u_{ki}^{(l)})^r x_k}{\sum_{k=1}^{n}(u_{ki}^{(l)})^r} \tag{7-65}$$

第三步,修正 $U^{(l)}$

$$u_{ki}^{(l+1)} = \sum_{j=1}^{c} \frac{1}{\left(\frac{||x_k - v_i||}{||x_k - v_j||}\right)^{\frac{1}{r-1}}}, \forall i, \forall k; \tag{7-66}$$

第四步,判断迭代是否停止

用一个矩阵范数 $||\cdot||$ 比较 $U^{(l)}$ 与 $U^{(l+1)}$,对取定的 $\varepsilon > 0$,若 $||U^{(l+1)} - U^{(l)}|| \leqslant \varepsilon$,则停止迭代,否则 $l = l+1$,转向第二步。

第五步,模糊归类

$\forall x_k \in X$,若 $||x_k - v_{i_0}|| = \min\limits_{1 \leqslant i \leqslant c} ||x_k - v_i||$,则将 x_k 归入第 i_0 类,其中 v_{i_0} 是第 i_0 类的聚类中心。

(3) 聚类效果评价

经过聚类分析,可得到在一定条件下的局部优越解,若改变条件,如分类数 c、迭代初值 $U^{(0)}$ 等,则可得到许多局部优越解。如何确定所得聚类结果是否为"最好"的解,则需要有一个鉴别模糊划分聚类的标准,依据该标准评价模糊划分的聚类效果。采用划分系数作为评价聚类效果的标准,评价模糊划分的聚类效果。

划分系数 $F_C(U)$ 定量地描述模糊划分的不确定性程度,$F_C(U)$ 按式(7-67)计算,即

$$F_C(U) = \frac{1}{n} \sum_{k=1}^{n} \sum_{i=1}^{c} u_{ki}^2 \tag{7-67}$$

划分系数 $F_C(U)$ 愈接近1,最终分类的模糊性就愈小,聚类效果愈好。

2. 基于主因素的灰色关联分析法

(1) 基于主因素的灰色关联分析法思路

对于事故多发点的成因分析,其问题可以描述为:针对一段路,或一条路的某一段,选取能比较全面反映对事故具有影响的 n 个因素作为初始因素,通过对一段时期内所发生事故的事故数据的分析,结合事故的形成机理,采用一定的模型、算法来确定各初始因素对事故的影响程度,即综合指标 Y,如表7-14所示,并最终根据 Y 的大小来确定事故成因,这实际上是一个多因素的评价问题。

表 7-14　宏观事故成因分析问题描述

初始因素	事故指标				
	事故次数 X_1	死亡人数 X_2	受伤人数 X_3	经济损失 X_4	综合指标 Y
因素 1					
因素 2					
因素 3					
⋮					
因素 n					

灰色系统理论认为,人们对客观事物的认识具有广泛的灰色性,即信息的不完全性和不确定性,因而由客观事物所形成的是一种灰色系统,即部分信息已知、部分信息未知的系统。

道路交通系统是由人—车—路—交通环境组成的动态系统,道路交通系统可以看成是一个动态的灰色系统,系统既有人们已知确定的信息(比如道路、交通设施构成等),也存在一些未知和不确定的信息(比如某时刻道路交通状况、驾驶人员心理状况以及道路交通系统内部各因素作用机理等)。而对于交通事故成因而言,存在一定的确定性和极大的不确定性,因此,可以运用灰色系统的理论和方法来研究道路交通事故成因。

在微观事故成因分析方法的基础上,从道路交通系统整体考虑,采用基于主因素的灰色关联分析方法进行宏观事故成因的分析。首先从道路交通系统的机动车及驾驶人、非机动车及行人、道路、环境四个子系统出发,选取对事故影响较为显著的因素进行分析,对每类因素选取主要元素进行事故指标的统计,最后对每类因素采用灰色关联分析方法确定各类因素集中相应主元素的灰色关联度,以此来确定综合指标,从而达到界定事故成因的目的。

这其中主因素有三层含义,其一,由于不同的事故形态其事故的形成机理不同,因而其事故成因应有所差异,主因素分析的思路首先就是选取主要的事故形态的事故进行分类统计;其二,对于每类事故形态,选取机动车及驾驶人、非机动车及行人、道路、环境中的各主要因素进行分析;其三,对选取的每类主要因素,再确定因素集中的主要元素,比如某路段发生事故中对环境的分析选取了天气这一因素,天气元素集中晴天占 55%、雨天占 25%、雾天占 15%、阴天 2%、其他 3%,因而对于天气这个因素的统计则为晴天、雨天、雾天,而阴天和其他则不予考虑。

主因素分析是从机动车及驾驶人、非机动车及行人、道路、环境整个道路交通系统出发,可以做到对路段发生事故成因的系统把握,同时通过对四个子系统中主因素的选择,以及每类因素中主要元素的提取,这实际上是剔除了偶发性的小概率事件,排除了交通事故的随机性、偶然性的影响,从而更有利于把握交通事故的内在规律,以便于确定事故成因。

(2) 主因素集的确定

① 主因素的确定

类似于微观事故成因的分析,按道路系统、机动车及驾驶人系统、行人及非机动车系统、交通环境系统四个子系统,根据对事故的影响程度,并依据交通事故数据具体情况,来确定道路交通系统四个子系统的主因素,一般主因素大致可以如表 7-15 所示。

表 7-15 事故主因素一览

因素分类	主因素	主元素序号	主元素
机动车及驾驶人	驾驶人状态	1	正常
		2	驾驶疲劳
		3	酗酒
	机动车车况	1	正常
		2	失常
	机动车状态(驾驶人操作)	1	正常
		2	超速
		3	违章运行
非机动车及行人	状态	1	正常
		2	违章
道 路	路面	1	平坦
		2	潮湿
		3	积水
		m	……
	横断面	1	正常
		2	中央分隔带不完善
		m	……
	道路线形	1	平直
		2	一般弯
		3	一般坡
		m	……
	附属设施	1	标志标线完善
		2	标志不完善
		3	标线不完善
	视距	1	满足
		2	不足
环 境	天气	1	晴
		2	雨
		3	阴
		m	……
	发生时间及照明情况	1	白天
		2	夜间有照明
		3	夜间无照明
	干扰情况	1	正常无干扰
		2	路面侵占受到干扰
		m	……

② 主元素的确定

对主因素 i 中的元素 j 按下式计算元素 j 在主因素集中所占比例 p_{ij}：

$$p_{ij} = \frac{a_{ij}}{\sum_{j=1}^{m} a_{ij}} \times 100\% \qquad (7-68)$$

式中 p_{ij}——主因素 i 的第 j 个元素所占的百分比(%)；

a_{ij}——主因素 i 的第 j 个元素发生的事故数(起)；

m——主因素 i 的元素总数。

在此基础上，采用概率统计方法确定各主因素的主元素，将 p_{ij} 由大到小排列，并对元素按 p_{ij} 从大到小选取，直到所选出的元素累计 p_{ij} 达到 80%~90% 为止。

(3) 灰色关联分析在事故成因分析中的应用

灰色关联分析是一种多因素统计分析方法，它是以各因素的样本数据为依据用灰色关联度来描述因素间关系的强弱、大小和次序的。灰色关联分析对数据要求较低且计算量小，便于广泛应用，其核心是计算关联度。其计算步骤如下：

① 确定分析序列

在对所研究问题定性分析的基础上，确定一个因变量因素和多个自变量因素，设因变量数据构成参考序列 X'_0，各自变量数据构成比较序列 $X'_i (i=1,2,\cdots,n)$，$n+1$ 个数据序列形成如下矩阵：

$$(X'_0, X'_1, \cdots, X'_n) = \begin{bmatrix} x'_0(1) & x'_1(1) & \cdots & x'_n(1) \\ x'_0(2) & x'_1(2) & \cdots & x'_n(2) \\ \vdots & \vdots & & \vdots \\ x'_0(N) & x'_1(N) & \cdots & x'_n(N) \end{bmatrix}_{N \times (n+1)} \qquad (7-69)$$

其中，X'_i 表示主元素，由于统计指标为事故的四项基本指标，故 $N=4$，即矩阵 (7-69) 的行代表事故指标，列代表主元素，矩阵本身表示一个主因素。

② 事故指标的统计及指标的无量纲化

对于每种事故形态，分别统计每个主因素确定的各主元素的事故数、死亡人数、受伤人数、直接经济损失四项指标，并按式(7-70)进行无量纲化计算。

$$x_{ij} = \frac{x'_{ij}}{\sum_i x'_{ij}} \qquad (7-70)$$

式中 x_{ij}——主元素 i 的第 j 个事故指标的无量纲化结果；

x'_{ij}——主元素 i 的第 j 个原始事故指标；

$\sum_i x'_{ij}$——对应于该事故形态的原始事故指标 j 的总和。

这样无量纲化后的指标是有意义的，反映的是事故指标 j 在该事故形态中总的比例，即可以看作对事故的影响程度。无量纲化后各因素序列形成如下矩阵：

$$(X_0, X_1, \cdots, X_n) = \begin{bmatrix} x_0(1) & x_1(1) & \cdots & x_n(1) \\ x_0(2) & x_1(2) & \cdots & x_n(2) \\ \vdots & \vdots & & \vdots \\ x_0(N) & x_1(N) & \cdots & x_n(N) \end{bmatrix}_{N \times (n+1)} \quad (7-71)$$

③ 确定参考序列

对于每个主因素，可选最优样本数据作为参考序列，其关联度越大表示与事故越相关。其中第 i 个主元素为 $X_i = (x_i(1), x_i(2), \cdots, x_i(N))^T$，$i = 1, 2, \cdots, n$，构造最优样本：

$$X_0 = (x_0(1), x_0(2), \cdots, x_0(N))^T \quad (7-72)$$

其中

$$x_0(j) = \max_{1 \leqslant i \leqslant n} \{x_i(j)\}, j = 1, 2, \cdots, N \quad (7-73)$$

④ 求差序列、最大差和最小差

计算式(7-69)中第一列(参考序列)与其余各列(比较序列)对应值的绝对差值，形成如下绝对差值矩阵：

$$\begin{bmatrix} \Delta_{01}(1) & \Delta_{02}(1) & \cdots & \Delta_{0n}(1) \\ \Delta_{01}(2) & \Delta_{02}(2) & \cdots & \Delta_{0n}(2) \\ \vdots & \vdots & & \vdots \\ \Delta_{01}(N) & \Delta_{02}(N) & \cdots & \Delta_{0n}(N) \end{bmatrix}_{N \times n} \quad (7-74)$$

其中

$$\Delta_{0i}(k) = |x_0(k) - x_i(k)|, i = 1, 2, \cdots, n; j = 1, 2, \cdots, N \quad (7-75)$$

绝对差值矩阵中最大数和最小数即为最大差和最小差：

$$\Delta(\max) = \max_{\substack{1 \leqslant i \leqslant n \\ 1 \leqslant k \leqslant N}} \{\Delta_{0i}(k)\} \quad (7-76)$$

$$\Delta(\min) = \min_{\substack{1 \leqslant i \leqslant n \\ 1 \leqslant k \leqslant N}} \{\Delta_{0i}(k)\} \quad (7-77)$$

⑤ 计算关联系数

对绝对差值矩阵中数据作如下变换：

$$\xi_{0i}(k) = \frac{\Delta(\min) + \rho \Delta(\max)}{\Delta_{0i}(k) + \rho \Delta(\max)} \quad (7-78)$$

得到关联系数矩阵：

$$\begin{bmatrix} \xi_{01}(1) & \xi_{02}(1) & \cdots & \xi_{0n}(1) \\ \xi_{01}(2) & \xi_{02}(2) & \cdots & \xi_{0n}(2) \\ \vdots & \vdots & & \vdots \\ \xi_{01}(N) & \xi_{02}(N) & \cdots & \xi_{0n}(N) \end{bmatrix}_{N \times n} \quad (7-79)$$

式中分辨系数 ρ 在 $(0,1)$ 取值,一般情况下依据式(7-79)中的数据情况多在 0.1 至 0.5 取值,ρ 越小越能提高关联系数间的差异,关系系数 $\xi_{0i}(k)$ 是不超过 1 的正数,$\Delta_{0i}(k)$ 越小,$\xi_{0i}(k)$ 就越大,它反映第 i 个比较序列 X_i 与参考序列 X_0 在第 k 期的关联程度。

⑥ 计算关联度

比较序列 X_i 与参考序列 X_0 的关联程度是通过 N 个关联系数来反映的,一般关联度的计算采用求平均即可得到 X_i 与 X_0 的关联度:

$$r_{0i} = \frac{1}{N}\sum_{k=1}^{N}\xi_{0i}(k) \quad (7\text{-}80)$$

四项事故指标事故次数、死亡人数、受伤人数、直接经济损失,若采用取平均值的做法难以反映对事故频数和事故严重程度的影响,因而可以考虑采用加权平均来求关联度,各指标的权重采用德尔菲法或层次分析法等确定,计算公式如式(7-81):

$$r_{0i} = \sum_{k=1}^{N} w_k \xi_{0i}(k) \quad (7\text{-}81)$$

式中　w_k——指标 k 的权重。

(4) 综合指标计算

根据灰色关联分析可确定相关主因素的主元素的灰色关联度 r_{0i},当然,对于不同的事故形态可以算得不同的灰色关联度 r_{0i},最后对于主元素 i,其综合指标可以根据各事故形态算得的灰色关联度加权计算得到,如式(7-82):

$$Y_i = \sum_{k=1}^{m} w_k r_{0i}(k) \quad (7\text{-}82)$$

式中　Y_i——主元素 i 的综合指标;

　　　k——事故形态,$k = 1,2,\cdots,m$;

　　　w_k——事故形态 k 的权重,在此不妨取事故形态 k 占总事故数的比例。

根据以上计算得到的各主元素的综合指标 Y,除去正常情况,按照初始确定的主因素分别确定事故成因。

复习思考题

7-1　交通事故统计分析的指标有哪些?

7-2　简述常用交通事故估计模型、优缺点及适用条件。

7-3　试述交通事故多发点的定义及内涵。

7-4　某地区主干道道路网,年平均事故率为 40 次/亿车公里,其中某路段长 12 km,每年有 55 次事故,年平均日交通量为 3 900 辆/d,试分析该路段是否为事故多发地点。

7-5　甲乙两地 2005 年至 2010 年道路交通事故及机动车拥有量资料如下表所示。试分析计算甲乙两地道路交通事故的动态分析指标,比较两地的事故率。

2005 年至 2010 年道路交通事故及机动车拥有量

项　　目	年份	2005	2006	2007	2008	2009	2010
事故次数（次）	甲	8 135	7 712	7 336	7 519	8 257	6 122
	乙	10 078	8 397	7 500	7 622	7 524	4 518
机动车拥有量（万辆）	甲	317 805	360 833	404 157	439 406	472 580	512 820
	乙	176 159	203 907	195 865	211 930	228 841	267 154

第八章　道路交通安全评价

道路交通安全可以通过客观的安全程度和主观的安全感受进行评价。安全程度可以选取合适的评价指标，采用各种量化方式，用以客观反映发生交通事故的情况，它是改进道路交通安全、评价交通安全管理水平的重要手段。

第一节　道路交通安全评价指标与方法

道路交通安全评价是指以一个地区或一条道路为研究范围与对象，通过收集资料、事故调查、现场测量等手段获得与研究范围内研究对象的相关信息，通过事故指标、隐患指标及风险指标等，应用合适的评价方法对研究范围进行安全程度的评价。

道路交通安全评价按研究对象分可以分为宏观评价与微观评价。宏观评价主要是研究较大范围的问题，往往是以国家或省、市为对象，其目的在于研究交通安全水平与经济发展、机动车保有量、人口及其构成等相关因素的关系，对被评价对象的交通安全状况做出客观的判断，并在此基础上制定技术和政策方面的道路安全性改善对策。

微观评价法主要是研究局部的具体问题，如一条或一段道路、一个交叉口等。评价着重研究道路、车辆、交通及环境等因素与交通事故的关系，从不同角度分析影响道路安全、引发交通事故的各种具体因素，为改善道路交通安全状况制定技术与政策措施。

一、道路交通安全度评价指标

交通安全可用交通安全度来表征。交通安全度即交通安全的程度，是使用各种统计指标，通过一定的运算方式来评价客观的交通安全情况。道路安全度是改进道路交通安全、考察交通管理部门水平的一个重要评价依据。

1. 绝对指标

交通安全度评价的绝对指标有四项，即事故次数、死亡人数、受伤人数、直接经济损失。这四项指标是安全评价的基础资料，可用于同一地区或同一城市交通安全状况的考核与分析，也可用于同一地区或同一城市不同时期交通安全状况的比较，但无法对不同地区或不同城市的交通安全状况进行横向比较，即缺乏可比性。此外，这四项指标也不能对事故的影响因素、事故数量和事故严重程度等做出全面的评价，缺乏系统性。

2. 相对指标

除四项绝对指标外，可采用适当的相对指标来评价道路交通安全状况。

（1）万车交通事故死亡率

万车交通事故死亡率是一定时期内交通事故死亡人数与机动车保有量的比值，是反映交通事故死亡人数的相对指标,侧重于评价机动车数量对交通事故死亡人数的影响。

(2) 万人交通事故死亡率

万人交通事故死亡率是一定时期内交通事故死亡人数与人口数量的比值,也是反映交通事故死亡人数的相对指标,侧重于评价人口数量对交通事故死亡人数的影响。但若用于不同的地区或国家,因交通环境相差较大,其可比性较差,不适用于像我国人口多、机动车少、路网密度低的国家。

(3) 亿车公里事故指标

亿车公里事故指标包括亿车公里事故率、亿车公里受伤率、亿车公里死亡率,侧重于评价交通量对交通事故的影响,这是一组评价指标,可综合反映交通工具的先进性、道路状况及交通管理的现代化,也是国外评价交通安全的常用指标之一。

(4) 交通事故致死率

交通事故致死率是一定时期内交通事故死亡人数与交通事故伤亡总人数的比值,它可以综合反映车辆性能、安全防护设施、道路状况、救护水平等因素的影响,是衡量交通管理现代化及交通工具先进性的一个重要指标。

(5) 综合事故率

综合事故率是万车死亡率和万人死亡率的几何平均值(或万车死亡率和亿车公里死亡率的几何平均值),它同时考虑了两个参数对交通安全的影响。

(6) 交通事故预测指标

交通事故预测指标一般是对交通事故死亡人数或事故次数进行的预测。它是根据历史统计资料整理出回归方程求出预测年度交通事故死亡人数或事故次数的预计值。将此预计值和当年实际值进行比较,可以对安全状况的改善程度进行评价,在这些回归方程中,最著名的是英国斯密德(R. J. Smeed)模型。此外,还有特里波罗斯模型、奥尔加模型和北海道模型等,这些回归方程考虑的影响因素各不相同,往往对同一地区具有较高准确性。

二、道路交通安全度评价方法

1. 宏观评价方法

(1) 绝对数法

用事故次数、死亡人数、受伤人数及直接经济损失四项绝对指标评价安全度,是目前我国用得最普遍的方法。它比较简单直观,但由于不涉及影响交通事故发生的主要因素的差异,因而不能揭示交通安全的实质。

(2) 事故率法

常用的三种事故率法为人口事故率法、车辆事故率法和运行事故率法。其中,人口事故率法和车辆事故率法能够反映交通安全的不同侧面,运行事故率法较为科学,但目前交通运营量难以及时掌握,一般采用估算值。

① 人口事故率

$$R_p = \frac{F}{P} \times 10^5 \tag{8-1}$$

式中　R_p——道路交通事故 10 万人口死亡率（人/10 万人口）；
　　　F——道路交通事故死亡人数（人）；
　　　P——统计区域的常住人口数（人）。
　② 车辆事故率

$$R_v = \frac{F}{V} \times 10^4 \qquad (8-2)$$

式中　R_v——道路交通事故万车死亡率（人/万车）；
　　　V——统计区域机动车保有量（辆）。
　③ 运行事故率

$$R_t = \frac{F}{T} \times 10^8 \qquad (8-3)$$

式中　R_t——道路交通事故亿车公里死亡率（人/亿车公里）；
　　　T——统计区域内总运行车公里数。

（3）模型法

现行模型法有两类，一类是统计分析模型，利用多元回归法建模；另一类是经验法建模。前者国外应用较多，后者国内应用更为广泛。

① 统计分析模型

模式 1：斯密德模型

$$D = 0.000\,3\sqrt[3]{NP^2} \qquad (8-4)$$

式中　D——交通事故死亡人数；
　　　N——机动车登记数（辆）；
　　　P——人口数（人）。

模式 2：意大利特里波罗斯多元回归模型

$$y = 58.770 + 30.322x_1 + 4.278x_2 - 0.107x_3 - 0.776x_4 - 2.87x_5 + 0.147x_6$$
$$(8-5)$$

式中　y——人口事故率（死亡人数/10 万人）；
　　　x_1——交通工具机动化程度（km/km²）；
　　　x_2——平均每平方公里道路长度；
　　　x_3——居住在大城市中的人口比例（%）；
　　　x_4——19 岁以下青少年所占人口比例（%）；
　　　x_5——65 岁以上的老年人口比例（%）；
　　　x_6——小客车与出租汽车在车辆中所占的比例（%）。

② 经验法模型

经验法常用的安全度评价模式：

$$R = \frac{D_d}{365 \times K_1 \times 10^3} \qquad (8-6)$$

式中　$D_d = D_1 + a_1 D_2 + a_2 D_3 + a_3 D_4$；

D_1——交通事故直接死亡人数；

D_2——交通事故轻伤人数；

D_3——交通事故重伤人数；

D_4——交通事故直接经济损失(万元)；

K_1——经换算后的辖区道路长度内车辆运行公里数；

a_1、a_2、a_3——轻伤、重伤、经济损失与死亡的当量换算系数。

(4) 事故强度法

① 综合事故强度分析法

$$K = \frac{M \times 10^4}{\sqrt{RCL}} \qquad (8-7)$$

式中　K——死亡强度指标，K 越小，安全度越高；

M——当量死亡人数，M＝死亡人数＋0.33 重伤人数＋0.10 轻伤人数＋2 直接经济损失(万元)；

C——当量汽车数，C＝汽车＋0.4 摩托车和三轮车＋0.3 自行车＋0.2 畜力车；

R——人口数，$R = 0.7 P$（P 为人口总数）；

L——不同道路条件下的修正系数，如表 8-1 所示。

表 8-1　不同道路条件下的修正系数 L

公路等级	里程(km)				
	<50	50～500	500～2 000	2 000～10 000	10 000
一	0.8	0.9	1.0	1.1	1.2
二	0.9	1.0	1.1	1.2	1.3
三	1.0	1.1	1.2	1.3	1.4
四	0.9	1.0	1.1	1.2	1.3
等外	0.8	0.9	1.0	1.1	1.2

② 当量事故强度

当量综合死亡率指标结构为

$$K_d = 10^3 \frac{D_d}{\sqrt[3]{PN_d L}} \qquad (8-8)$$

式中　K_d——当量综合死亡率；

D_d——当量死亡人数；

N_d——当量车辆数；

P——人口数(人)；

L——公路里程(km)。

K_d 采用了当量值，且考虑的因素全面，基本概括了人、车、路对交通事故的影响。但当量死亡人数、当量车辆数、道路里程的标准化问题尚需研究。

(5) 概率-数理统计法

$$Z = \frac{Y - \tilde{Y}}{\sqrt{\bar{Y}}} \qquad (8-9)$$

式中　Y——事故的数目；

$\tilde{Y}$——事故理论允许值；

$\bar{Y}$——事故发生次数的估计值；

正常事故数：$-1.96 \leqslant Z \leqslant 1.96$；

异常事故数：$Z < -1.96$ 或 $Z > 1.96$。

Z 值越小表明越安全。

(6) 四项指标相对数法

四项指标相对数法是把不同类型道路交通事故的四项绝对指标的绝对数占总数的百分比作为一个相对指标，利用此相对指标可深入地认识各种道路类型交通事故的对比情况，判断各种道路类型交通事故发生的比例，计算公式为

$$\eta = \frac{A_i}{\sum A_i} \times 100\% \qquad (8-10)$$

式中　η——指标的相对数；

A_i——不同道路类型的交通事故各项指标的绝对数；

$\sum A_i$——各种道路类型的交通事故各项指标总数。

应用四项指标相对数法可以从总体上对各种类型道路的交通事故情况进行分析，确定不同类型道路的交通事故分布比例。

2. 微观评价方法

交通安全微观评价分为路段评价与交叉口评价两方面。

(1) 路段评价

① 交通事故率法

路段交通事故率指标，以每亿车公里交通事故次数表示。即

$$AH = \frac{N}{QL} \times 10^8 \qquad (8-11)$$

式中　AH——事故率（次/亿车千米）；

Q——路段年交通量；$Q = 365 \times AADT$（年平均日交通量）；

L——路段长度（km）；

N——路段内发生的交通事故次数。

交通事故率表征了某一路段发生交通事故的危险程度。它与交通参与者遵章行驶的状态有关，与交通流量紧密相连，是较为科学的路段安全评价指标。

② 绝对数-事故率法

绝对数-事故率是将绝对数法和事故率法结合起来评价交通安全度的方法。以事故绝对数为横坐标,以每公里事故率为纵坐标,按事故绝对数和事故率的一定值,将绝对数-事故率分析图划出不同的危险级别区。Ⅰ区、Ⅱ区、Ⅲ区分别代表不同的危险级别,Ⅰ区为最危险区,亦即是道路交通事故数和事故率均为最高的事故多发道路类型,据此,可以直观地判断不同路段的安全度,如图 8-1 所示。

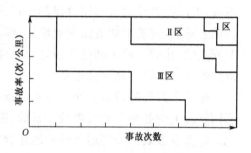

图 8-1 绝对数-事故率分析图

③ 事故率系数法

1956 年在原联邦德国道路技术标准(RAL-Q)中评价横断面的方法,是第一个也是最典型的评价方法。该标准用事故率系数评价了各种不同行车道路横断面的道路交通事故或然率,这个事故系数表示与四车道、有分隔带和停车路肩加固带的道路的事故数相比,即与当时最完善的道路上的事故数相比,该道路事故数量的增加。

对于不同的横断面,事故系数可按式(8-12)确定:

$$u = u_0 u_1 u_2 u_3 \tag{8-12}$$

式中 u_0——上述四车道道路的事故系数;
u_1——考虑车道数与具有路肩加固带的系数,取 1~3;
u_2——考虑交通组成中自行车、轻便摩托车与行人的系数,取 1.2~2.8;
u_3——考虑行车道宽度的系数,取 1.0~1.5。

此评价系统没有考虑交通量,每一种横断面的特性都是相对于达到它的全部通行能力的时刻而言的,当道路超负荷工作时,事故率系数应具有较大的值。

④ 概率法

在所有长度同样安全的道路上,发生事故是偶然事件。如果忽略驾驶员的疲劳随着行程的增加而增长的影响,则在个别路段之间的事故分布应当符合概率论的规律,这时如道路交通事故资料的分析所指出,在道路的不同公里内通过 1 百万辆汽车发生的事故数(1 百万车公里的事故数),符合泊松分布规律。在任一路段发生 K 起事故的概率,可用式(8-13)表示:

$$P_n(K) = \frac{Y_n}{K!} e^{-Y} \tag{8-13}$$

式中 Y——1 km 路上事故的平均数;
n——分布的参数。

在通常的协调水平条件下,如果任一路段的计算事故概率 $P_n(K)$ 比实际发生的小,那么该路段就受降低交通安全性的其他附加因素的影响,路段就属于危险等级,一般协调水平采用 2.5% 或 5%。

⑤ 事故率系数线性图法

由道路平纵断面各种特征所确定的道路各组成部分对道路交通事故数量相对的影响

系数，可以在设计的或必须改建的路段上，根据平面、纵横断面的各组成部分与路旁地形的综合情况，查明增加道路交通事故危险性的原因；比较评价平行道路及其个别路段的行车安全性；比较评价个别路段消除行车危险性措施的有效性；确定不会引起道路交通事故危险性升高的最大允许交通量。

每一个路段的道路交通事故相对概率可用总计事故率系数 K 来评价，它是由在各种不同路段上的各部分相对事故率系数（影响系数或各部分的事故率系数）的乘积计算而得的。这些系数表征着交通条件的恶化程度，这个程度是由道路平纵线形、横断面及路旁地带的各组成部分对交通条件的影响情况，以及在路面宽度 7.5 m 的双车道道路上，加固路肩、粗糙路面等对交通条件的影响相对比而确定的：

$$K = K_1 K_2 K_3 \cdots K_n \tag{8-14}$$

这个计算事故率系数公式中所包含的各部分的事故率系数 K_1 至 K_n，其值可按国内外统计资料来确定，它们考虑了交通量与道路平、纵、横断面各组成部分的影响。不同道路交通条件下事故率系数 K_i 值见表 8-2。

表 8-2　不同道路交通条件下事故率系数 K_i 值

交通量（辆/天）	500	1 000	2 000	3 000	5 000	6 000	7 000	9 000	11 000	13 000	15 000	20 000
K_1	0.50	0.50	0.60	0.75	1.00	1.15	1.30	1.70	1.80	1.50	1.00	0.60
（对于有分隔带的道路，确定 K_1 时采用相应于一个方向的交通量）												
行车道宽度/m	4.50		5.50		6.00		7.50		9.00		10.50	
加固路肩时 K_2	2.20		1.50		1.35		1.00		0.80		0.70	
未加固路肩时 K_2	4.00		2.75		2.50		1.50		1.00		0.90	
路肩宽度/m	0.50		1		1.50		2		2.50		3	
K_3	2.20		1.70		1.40		1.20		1.10		1.00	
纵坡/%	2			3			5			7			8			
K_4	1.00			1.25			2.50			2.80			3.00			
平曲线半径/m	50	100	150	200~300	400~600		600~1 000		1 000~2 000			>2 000
K_5	10	5.40	4.00	2.25	1.60		1.40		1.25			1.00
视距/m	50	100	150	200	250		350		400			500
平面上的 K_6	3.60	3.00	2.70	3.25	2.00		1.45		1.20			1.00
纵断面上的 K_6	5.00	4.00	3.40	2.50	2.40		2.00		1.40			1.00
桥面与道路行车道宽度的差别	窄 1 m			相等			宽 1 m				宽 2 m		
K_7	6.0			3.0			2.0				1.5		
直线段长度/km	3		5		10		15		20			52
K_8	1.00		1.10		1.40		1.60		1.90			2.00
交叉口类型	立体交叉			环形交叉			平面交叉						

续 表

交通量(辆/天)	500	1 000	2 000	3 000	5 000	6 000	7 000	9 000	11 000	13 000	15 000	20 000
K_9	横道的交通量占两条道路总交通量的百分数											
	<10						10~20				>20	
	0.35		0.70		1.50			3.00			4.00	
平面交叉的主要道路的交通量（辆/天）	<1 600				1 600~3 500			3 500~5 000			>5 000	
K_{10}	1.50				2			3			4	
从岔路上看平面交叉口的视距	>60				60~40			40~30			30~20	<20
K_{11}	1.00				1.10			1.65			2.50	10.00
行车道的车道数	2		3		3		4		4		4	
	无路面划线		无路面划线		有路面划线		无分隔带		有分隔带		立 交	
K_{12}	1.00		1.50		0.90		0.80		0.65		0.35	
路旁建筑物至行车道边缘的距离	15~20				5~10		5以下				5以下	
	有地方行车道				有人行道		没有地方行车道				没有人行道及地方行车道	
K_{13}	2.50				5.00		7.50				10.00	
集镇段长度(km)	0.50		1		2		3		5		6	
K_{14}	1		1.20		1.70		2.20		2.70		3.00	
临近集镇的直线路段长度(km)	<0.20				0.20~0.60				>0.60			
K_{15}	2.00				1.50				1.20			
路面特性	光滑、被泥土覆盖的				光滑的		干净、干燥		粗糙		很粗糙	
附着系数	0.20~0.30				0.40		0.60		0.70		0.75	
K_{16}	2.50				2.00		1.30		1.00		0.75	
分隔带宽(m)	1		2		3		5		10		15	
K_{17}	2.50		2.00		1.50		1		0.50		0.40	

⑥ 路段交通冲突法

交通冲突指在时空上，两个或多个道路使用者彼此接近，在不改变运行状态的条件下，存在碰撞风险的观测事件。

交通冲突法是常用的一种道路交通安全度间接评价方法，是通过对发生交通事故关联事件（即冲突）的观测，来估计交通事故发生的可能性和严重性。交通冲突法适用于拟建道路设施、新建道路设施、缺乏交通安全数据或交通事故发生次数低的道路设施、新型道路设施等的交通安全度评价。

采用交通冲突法评价安全性具有以下的特点和优势：仅需要采取短期内的数据，对数据的需求量小；交通安全问题的诊断、治理、评价的周期大大缩短；可以有效考虑人的因素与交通安全的关系；在缺乏交通事故数据的情况下，亦可以有效分析设施的安全度；交通冲突的数据包含了大量传统交通事故数据不具备的信息。

交通冲突法的运用首先需要对交通冲突进行识别,通常将驾驶员为了避免碰撞采取的操作视为交通冲突。刹车、变向操作常被用来指示交通冲突的存在,当没有刹车指示灯提示的情况下,常对车辆减速状态进行观测。目前常采取视频记录和人工观测的方法进行交通冲突数据的采集,视频图像识别技术的发展,也为交通冲突的识别提供了高效、可靠的技术支撑。

交通冲突的实质是交通行为不安全因素的表现形式,其发展可导致事故发生,即事故始于冲突。事故与冲突的关系可用冲突的严重性进行描述。对交通冲突严重性的判断有两种方式,一种是基于冲突类型,比如交叉冲突比追尾冲突更为严重;另一种是基于实地观测,包括客观方法和主观方法两大类。客观方法主要是测量冲突车速(即紧急避险时的瞬时速度)与距可能肇事点的时间(TC)(即到达可能肇事点距离与冲突车速的比值)。主观方法是对交通冲突进行打分,通过冲突严重性的得分来进行判断,冲突严重性得分的标准如表 8-3 所示。

表 8-3 冲突严重性得分

TC 和 RC 得分	TC(s)	RC
1	1.51～2.00	低风险
2	1.00～1.50	中等风险
3	0.00～0.99	高风险

注:碰撞风险 RC(Risk to Collision),依靠观测者的主观判断。

路段交通冲突的评价是以判别严重冲突为基础,严重冲突可以反映路段安全度以及变化趋势。路段每天的严重冲突较好的服从泊松分布,所以对某时段 t 内的预测(期望)冲突构成的样本总体,可以从式(8-14)得到冲突值 x 出现的概率。

时段 t 内的预测冲突值 λ,根据极大似然估计,近似认为 $\lambda = x$,x 是由长期观测的冲突数据得出。根据质量控制法的原理,在确定安全状况好坏时,需要确立一个临界值。因此,在对单个路段进行安全判定时,引入冲突概率分布的 α 分位点,选择一恰当的分位点的冲突值 ξ 作为判定正常与异常的标准,ξ 称为"临界冲突值"。

当某一路段的预测冲突值 λ 大于临界冲突值 ξ 的概率大于显著水平 α 时,那么该路段就可以认为是一个"事故危险点",即

$$P\{m \geqslant \varepsilon | \lambda\} = \sum_{\xi}^{\infty} \frac{\lambda^m e^{-\lambda}}{m!} > \alpha \tag{8-15}$$

判定某路段是否为"事故危险点"的过程,就是求解冲突水平为 λ 在显著水平 α 下的临界值 ξ 的过程,对式(8-15)进行迭代求解可以得到。

当期望冲突值 λ 很大时,代入概率方程,由于其计算量很大,计算过程很复杂,为此有必要寻求一种更为一般的结论。

中心极限定理认为,如果一个随机变量 X 可以表示为任意 n 个独立随机变量的和,则当 n 充分大时,这个和具有渐进正态分布。一般情况,路段的严重冲突次数 X 比较大,根据拉普拉斯定理,随机变量

$$Z = \frac{X - np}{\sqrt{np(1-p)}} \approx \frac{X - \lambda}{\sqrt{\lambda(1-p)}} \quad (8-16)$$

它近似服从标准正态分布 $N(0,1)$(当 $X \to \infty$ 时),由于 p 是充分小的数,故随机变量

$$Z \approx \frac{X - \lambda}{\sqrt{\lambda}} \quad (8-17)$$

基于以上的假定和推理,所以,可以用式(8-18)来近似求解临界冲突值 ξ,即

$$\xi = X \approx \lambda + z_{\frac{\alpha}{2}}\sqrt{\lambda} \quad (8-18)$$

根据一般工程可靠性的要求,90%以上的可信度完全能够满足精度要求,因此选择概率分布函数的 90% 分位值 C_{90} 作为冲突是否异常的判定标准。也就是说,观测到的每天冲突值小于 ξ 的概率为 90%,如果某天观测的冲突数大于该值,那么就有理由认为该路段在安全性方面发生了显著的变化,出现了不安全因素,应当作为一个事故危险点来进行治理。

(2) 交叉口评价

① 交通事故率法

交叉口事故率是评价路口安全的综合指标。交叉口事故率用每百万台车发生交通事故的次数表示,即

$$A_I = \frac{N}{M} \times 10^7 \quad (8-19)$$

式中 A_I——交叉口事故率(次/100 万台车);
N——交叉口范围内发生的事故次数;
M——通过交叉口的车辆数。

② 速度比辅助法

速度比以通过交叉路口的机动车行驶速度与相应路段上的区间车速的比值表示,即

$$R_I = \frac{v_I}{v_H} \quad (8-20)$$

式中 R_I——速度比;
v_I——路口速度(km/h);
v_H——区间车速(km/h)。

一般在交叉路口冲突点多,行车干扰大,车速低,甚至往往造成行车阻滞。因此,速度比能够表征交叉口的行车秩序和交通管理状况。速度比是一项综合指标,并且是一个无量纲的值,它与交通事故率法结合使用,使之更具有可比性。

③ 交叉口冲突点法

交叉口的交通安全评价同样可以采用交通冲突法,此外,交叉口冲突点法也可评价其安全水平。公路交叉口的交通安全取决于相交横穿车流的方向、相对交通量、冲突点、分流点与合流点的数目以及这些交错点之间的距离,如图 8-2 所示,通过某个交错点的汽车越多则发生事故的概率就越高。

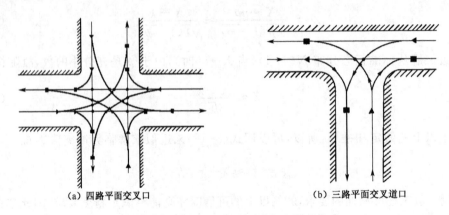

(a) 四路平面交叉口 (b) 三路平面交叉道口

图 8-2 平面交叉口与交叉道口上的交错点

●—冲突点；■—合流点；▲—分流点

车辆在交错点上的行车方向对车流相交时引起的事故的严重性起决定作用。

评价平面交叉口道路交通事故危险性的方法，原联邦德国的 T. 拉波波尔特提出整个交叉口的危险度为

$$G = \sum \frac{\alpha \beta}{10} \qquad (8-21)$$

式中　G——每一种交叉口方案的危险度；
　　　α——交叉口冲突点危险系数；
　　　β——每一个交叉点处的总和交通量。

G 愈大，则交叉口的设计对交通愈不合适，道路交通事故的概率也愈高，不同交通流相交角度与 α 值如表 8-4 所示。

表 8-4 交叉口不同车流相交角度的 α 值

交叉口的危险点	在下列两种冲突点布置时考虑相交的横穿车流方向角的系数 α	
	分散的	密集的
分流点	2	1
合流点	4	2
在下列交通下的车流交叉点		
锐角 30°	6	3
锐角 60°	8	4
直角 90°	12	6
钝角 120°	14	7
钝角 150°	18	9
在一车道上相遇的行车	20	10

前苏联 E. M. 洛巴诺夫在分析本国平面交叉口道路交通事故资料基础上，未考虑不同的车流方向、转弯半径以及车流之间的交角，提出了确定交叉口上交错点处可能发生事故数的计算公式，交错点上通过 1 千万辆汽车时可能发生的交通事故数量为

$$g_i = K_i M_i N_i \frac{25}{K_月} \times 10^{-7} \tag{8-22}$$

式中 g_i——交通事故数(次/千万辆);

K_i——交错点 i 的相对事故率;

M_i、N_i——分别为该交错点上交叉的次要道路与主要道路的交通量(辆/d);

$K_月$——年交通量月不均匀系数。

公式中的系数 25 是考虑一个月平均的工作天数,对于新设计的道路,$25/K_月$ 的比值可取 365。不同道路交通条件下的 K_i 值如表 8-5 所示。

表 8-5 不同道路交通条件下的 K_i 值

交通条件	行车方向	交叉口的特点	交叉口的 K_i 值	
			无设施	有渠化交通设施
车流合流	右转弯	$R<15$ m	0.025 0	0.020 0
		$R\geqslant15$ m	0.004 0	0.002 0
	左转弯	$R\leqslant10$ m	0.032 0	0.002 0
		10 m$<R<25$ m	0.002 5	0.001 7
车流交叉	交叉	$\alpha\leqslant30°$	0.008 0	0.004 0
		$50°\leqslant\alpha\leqslant75°$	0.003 6	0.001 8
		$90°\leqslant\alpha<120°$	0.012 0	0.006 0
		$150°<\alpha<180°$	0.035 0	0.017 5
车流分流	右转弯	$R<15$ m	0.020 0	0.020 0
		$R\geqslant15$ m	0.006 0	0.006 0
	左转弯	$R\leqslant10$ m	0.030 0	0.030 0
		10 m$<R<25$ m	0.004 0	0.002 5
两种转弯的车流	车流向两个方向分流	—	0.001 5	0.001 0
	左转弯车流的交叉口		0.002 0	0.000 5
	转弯车流的合流点		0.002 5	0.001 2

每一方案的危险度,用表征 1 千万辆汽车通过交叉口发生的道路交通事故数量的交通安全指标 K_α 来评价。

$$K_\alpha = \frac{\sum_{i=1}^{n} 10^7 g_i K_月}{25(M+N)} = \frac{\sum_{i=1}^{n} K_i M_i N_i}{M+N} \tag{8-23}$$

式中 M、N——分别为次要道路与主要道路上的交通量(辆/d)。

根据交通安全指标 K_α 值,把交叉口按照危险度划分的等级见表 8-6 所示。

表 8-6 交叉口按危险度划分的等级

交叉口危险度	不危险	稍有危险	危险	很危险
K_α 值	<3	3~8	8~12	>12

第二节 道路交通安全效果评价方法

一、概述

1. 道路交通安全效果评价的概念

道路交通安全效果评价是量化分析某一项或多项交通安全措施实施效益的过程,可为交通安全项目决策、相关政策制定提供依据。当某些地点实施了一项新的交通安全措施后,通过道路交通安全效果评价,可确定新措施是否适合在其他地点推广实施。

2. 道路交通安全效果评价包含的内容

道路交通安全效果评价包含：

(1) 针对单个项目单一地点,量化评价项目的实施效果；

(2) 针对一系列类似的项目,量化评价这些项目的实施效果；

(3) 针对一系列类似的项目,量化某一特定措施的事故修正系数；

(4) 针对一系列项目或交通措施,量化评价其效益成本。

3. 道路交通安全效果评价的量化结果

道路交通安全效果评价可以使用不同的量化结果表示安全效果,比如：交通事故发生的次数或频数下降的百分比、不同类型或严重程度的交通事故比率的转变、特定措施的事故修正值、项目或者措施取得的效益与实施成本之间的比较等。

二、评价方法

道路交通安全效果评价方法主要分为基于观测的事前/事后方法(Observational before/after studies)、基于观测的横向比较方法(Observational cross-sectional studies)以及基于实验的事前/事后方法(Experimental before/after studies)。基于观测的方法其交通安全措施的实施往往由特定的选择过程确定,符合常规的交通安全管理流程,是最为常用的方法；基于实验的方法其交通安全措施实施选取是随机的,较为适用于对一项新型安全措施的测试。这里主要介绍最常用的基于观测的事前/事后方法。

1. 使用条件

基于观测的事前/事后方法适用于一些措施已经在项目中实施的情况,而措施实施前与实施后道路事故历史数据以及项目属性的变化就被用于评价措施实施引起的道路交通安全的改变。

2. 关键任务

要评价措施实施后对道路交通安全的影响,主要是比较未采取措施和采取措施后两种情况下的事后阶段安全性差异,所以基于观测的事前/事后方法评价过程中需要解决的关键任务就是：

(1) 假设不采取措施,预测原道路交通设施事后阶段的交通安全度指标；

(2) 估计改善后的道路交通设施事后阶段的交通安全度指标。

两者之差即为提升的交通安全水平。

3. 基本步骤

首先对采用基于观测的事前/事后方法进行道路交通安全效果评价的过程中涉及的参数加以说明：

π：特定设施未采取措施时事后阶段的交通事故期望值，需要预测其取值；

λ：特定设施采取措施后事后阶段的交通事故期望值，需要估计其取值；

$\delta = \pi - \lambda$：设施采取措施后事后阶段交通事故的减少量；

$\theta = \lambda/\pi$：措施有效性的指标。

当 $\delta > 0$，说明措施是有效的；当 $\delta < 0$，说明措施反而会降低交通设施的安全性。同理，当 $\theta < 1$，说明措施是有效的；当 $\theta > 1$，说明措施反而会降低交通设施的安全性。

π 和 λ 是期望值，在实际情况中是无法知道的，但可以用观测数据进行估计，用 $\hat{\pi}$ 估计 π，用 $\hat{\lambda}$ 估计 λ。如果采集的数据准确，预测和估计的方法得当，那么 π 和 λ 的估计值与期望值之间的差距也就越小，即 $\hat{\pi} - \pi$ 与 $\hat{\lambda} - \lambda$ 的值越小。通常用估计的方差来描述估计值与期望值之间的差距，分别用 $VAR\{\hat{\pi}\}$ 和 $VAR\{\hat{\lambda}\}$ 来表示对应的估计方差。

采用基于观测的事前/事后方法进行的道路交通安全效果评价过程有四个基本的步骤，针对单个设施时，基本步骤为：

第一步：估计 λ 值，预测 π 值；

第二步：估计 $VAR\{\hat{\lambda}\}$ 和 $VAR\{\hat{\pi}\}$；

第三步：估计 δ 和 θ 的值，其中 $\delta = \pi - \lambda$，$\theta^* \approx (\lambda/\pi)/[1 + VAR\{\hat{\pi}\}/\pi^2]$；

第四步：估计 $VAR\{\hat{\delta}\}$ 和 $VAR\{\hat{\theta}\}$，其中 $VAR\{\hat{\delta}\} = VAR\{\hat{\lambda}\} + VAR\{\hat{\pi}\}$，$VAR\{\hat{\theta}\} \approx \theta^2[(VAR\{\hat{\lambda}\}/\lambda^2) + (VAR\{\hat{\pi}\}/\pi^2)]/[1 + VAR\{\hat{\pi}\}/\pi^2]^2$。

针对多个设施时，基本步骤为：

第一步：对每一个设施估计 $\lambda(i)$ 值，预测 $\pi(i)$ 值；

第二步：对每一个设施估计 $VAR\{\hat{\lambda}(i)\}$ 和 $VAR\{\hat{\pi}(i)\}$，对于综合设施，估计 λ，π，$VAR\{\hat{\lambda}\}$ 和 $VAR\{\hat{\pi}\}$ 的值，其中 $\lambda \approx \sum \lambda(i)$，$\pi \approx \sum \pi(i)$，$VAR\{\hat{\lambda}\} = \sum VAR\{\hat{\lambda}(i)\}$，$VAR\{\hat{\pi}\} = \sum VAR\{\hat{\pi}(i)\}$；

第三步：估计 δ 和 θ 的值，其中 $\delta = \pi - \lambda$，$\theta^* \approx (\lambda/\pi)/[1 + VAR\{\hat{\pi}\}/\pi^2]$；

第四步：估计 $VAR\{\hat{\delta}\}$ 和 $VAR\{\hat{\theta}\}$，其中 $VAR\{\hat{\delta}\} = VAR\{\hat{\lambda}\} + VAR\{\hat{\pi}\}$，$VAR\{\hat{\theta}\} \approx \theta^2[(VAR\{\hat{\lambda}\}/\lambda^2) + (VAR\{\hat{\pi}\}/\pi^2)]/[1 + VAR\{\hat{\pi}\}/\pi^2]^2$。

4. 方法分类

由于 π 和 λ 的值要通过观测的数据进行预测和估计，改善后的道路交通设施现状交通安全度指标，可基于实际交通事故数据进行估计；如何预测原道路交通设施在不采取措施情况下的现状交通安全度指标是关键问题。根据预测方法的不同，可将基于观测的事前/事后方法分为：简单的事前/事后分析方法、基于SPFs-EB的事前/事后分析方法和基于对照组的事前/事后分析方法。

(1) 简单的事前/事后分析方法

该方法认为"事后"未改善状态的安全度与"事前"状态一致，"事后"改善的安全度与"事前"未改善的安全度之差就是措施实施后提升的交通安全水平。但由于交通量、车流组成、天气、驾驶员行为习惯等都是随时间变化的量,与交通事故的演变趋势存在关系,所以"事前"与"事后"状态一致的假设存在缺陷。而且该方法无法辨别交通安全度的变化是由实施措施引起的,还是由其他因素导致的,所以分析出的结果往往存在偏差。

(2) 基于 SPFs-EB 的事前/事后分析方法

影响道路安全的因素可以分为两类,一类是对安全的影响可以测量或者已知的因素,另一类是对安全的影响不可测量或者未知的因素。基于 SPFs-EB 的事前/事后分析方法将可以测量或者已知的因素考虑在内,运用安全性能函数(SFPs)及贝叶斯经验法(EB)来预测"事后"未改善状态下的交通安全度,"事后"改善的安全度与"事后"未改善的安全度之差就是措施实施后提升的交通安全水平。该方法比较的是同一时期的交通安全水平,与简单的事前/事后分析方法相比,最大的不同是考虑了交通量、车流组成、天气、驾驶员行为习惯等因素对于交通事故演变发展趋势的影响,可有效减弱"选择偏差效应"的干扰,客观反映道路设施长期、稳定的交通安全水平。

(3) 基于对照组的事前/事后分析方法

如果要将不可测量或者未知的因素考虑在内,则可运用基于对照组的事前/事后分析方法。该方法选取在整个评价阶段均未采取任何措施的相似对象作为对照组,认为对照组与实施组的交通事故演变趋势是一致的。"事后"改善的安全度与"事后"对照组的安全度之差就是措施实施后提升的交通安全水平。该方法也是比较了同一时期的交通安全水平,可反映除改善措施以外的其他因素,包括与交通事故关系不明确的一些因素对于交通事故演变发展趋势的影响,但该方法可能存在"选择偏差效应"的干扰,过高估计安全提升水平。

5. 措施实施效果的可变性

通过上述方法,可以估计一个措施对单个设施或多个设施安全性的影响,但相同的措施运用于不同的场合或地点时,措施对设施安全性的影响又会不同。如果在这些场合措施的运用被认为是试验,每一个场合措施的运用对设施安全性的影响被认为是结果,则可以得到一系列措施实施对安全性影响的均值和方差。在进行关于措施实施的成本效益决策时,通常估计措施安全性影响的均值比较方便,而要估计措施安全性影响的方差则需要单独的判断,以便确定是否需要实施一些措施,以及措施实施后能提高安全性的概率。措施的实施对不同的设施具有不同的安全性影响,为了能更好的提高安全性,需要找到能使措施更加有效,更大程度提高安全性的设施属性。因此,需要增加对措施安全性影响方差的估计,拓展传统的四步骤分析方法。

估计措施实施对安全性影响方差的过程如下:

(1) 运用单个设施的基本四步骤获取每个设施的 $\theta(j)$ 和 $\widehat{VAR}\{\theta(j)\}$;

(2) 利用估计的 $\theta(j)$ 值计算样本方差:$s^2\{\theta\} = \sum[\theta(j)-\theta]^2/(n-1)$;

(3) 利用估计的 $\widehat{VAR}\{\theta(j)\}$ 值计算其均值:$\mathrm{avg}(\hat{V}) = \sum \widehat{VAR}\{\theta(j)\}/n$;

(4) 估计 $\widehat{VAR}\{\theta\}$:$\widehat{VAR}\{\theta\} = s^2\{\theta\} - \mathrm{avg}(\hat{V})$。

在运用基于观测的事前/事后方法进行设施交通安全性效果评价的过程中,如果需要考虑措施实施效果的可变性,那就需要在传统的四个基本步骤的基础上增加拓展步骤,估计 $\widehat{VAR}\{\theta\}$ 的值。

6. 其他方法

当基于观测的事前/事后方法不可实行时,比如:交通安全措施实施的日期未记录;在交通安全措施实施前,未采集交通事故、交通量等相关数据;缺乏交通安全措施"事前—事后"的实施案例;需要分析像不同的车道宽度等具有连续性特征的交通安全措施效果。这些情况下,不能采用基于观测的事前/事后方法,则可采用基于观测的横向比较方法。该方法的基本要求是两个设置点除了改善的措施不同外,其他的控制因素都要类似,需要选取具有相似特征,且未实施交通安全措施的对照组。该方法的优点是在进行措施安全性效果评价过程中仅需对照组和实施组在措施实施后的同期交通安全数据即可,但该方法不能有效地减少"选择偏差效应"的干扰,难以确定观测到的差异是由交通安全措施引起的,还是由其他因素导致的结果。

第三节 高速公路改扩建道路交通安全评价

随着社会经济的快速发展,部分高速公路出现交通量趋于饱和的态势,其技术标准已难以适应其功能地位和交通需求,对高速公路进行扩容势在必行。高速公路扩建工程阶段是其生命周期中的高危险时期,所以安全应受到特别重视。由于高速公路扩建工程各个阶段的安全关键点及要求不同,本节结合江苏省高速公路改扩建情况,分别介绍高速公路扩建工程设计、施工、运营初期各个阶段的安全性评价。

一、设计阶段安全性评价

1. 评价目标

为了保证高速公路改扩建工程的顺利实施,以及提高高速公路改扩建以后高速公路的安全性,高速公路改扩建方案的选择越来越受到重视。在决定实施方案之前,为得到最优的扩建方案,需要对高速公路扩建方案进行安全性评价。高速公路安全性影响因素包含路线、路基路面、互通式立交、桥隧和交通工程设施设计等因素,内容广泛,因此使得高速公路运营安全性评价的研究内容也很广,为集中研究精力,必须对研究内容进行筛选,集中对那些显著直接影响高速公路交通安全的设计因素进行安全性评价研究。

2. 评价指标选取

(1) 选取原则

评价指标的选取是否合理,直接影响到评价的结论。指标太多就可能存在重复性指标;指标太少,所选指标就会缺乏足够的代表性。因此,首先要从众多的指标中筛选出那些最灵敏、重要度最高、便于度量且内涵丰富的主导性指标作为评价指标。根据安全性评价与统计学的基本要求筛选评价指标应遵循以下几个原则:

① 代表性

在对高速公路设计安全性进行评价时,可能有很多相互关联的指标可供选择,分析对高速公路设计安全性有较大影响的指标,以提高评价结果的可靠性、减少评价的工作量。

② 可操作性

指标的设置要尽可能利用现有调查统计资料、公路设计资料。指标要具有可测性和可比性,易于量化。

③ 系统性

指标体系作为一个有机整体,应该比较全面反映和测度被评价高速公路设计安全性的各个方面特征。

④ 相对独立性

描述设计安全性的指标可能存在一定相关性。在选择指标时,应尽可能选择具有相对独立性的指标,从而增加评价的准确性和科学性。

(2) 评价指标

① 路线设计安全性评价指标的初选及筛选

表8-7 路线设计安全性评价指标筛选表

指标分类	指标	指标筛选	说明
平面指标	圆曲线半径	取	
	平曲线长度	舍	与圆曲线半径和转角存在相关性
	平曲线转角	取	
	直线长度	取	
纵面指标	纵坡坡度	舍	江苏省大部分面积为平原,坡度均较小
	纵坡坡长	舍	坡度较小情况下,坡长限制小
	竖曲线半径	舍	江苏省高速公路绝大部分竖曲线半径都较大,足以满足视距要求
平纵组合	平纵组合协调性	取	
横断面	横断面形式	取	
	车道宽度	舍	根据《公路工程技术标准》设计
	路肩宽度	舍	根据《公路工程技术标准》设计
线形一致性	相邻路段运行速度差	取	
视距	视距	取	

② 路基路面设计安全性评价指标的初选及筛选

表8-8 路基路面设计安全性评价指标筛选表

指标分类	指标	指标筛选	说明
路基排水	边沟沟底纵坡	舍	根据《公路工程技术标准》设计
	暗沟纵坡	舍	根据《公路工程技术标准》设计
路面平整度	国际平整度指数	舍	根据《公路沥青路面设计规范》设计
路面抗滑度	横向力系数	取	
	构造深度	舍	与横向力系数存在相关性
路面排水	路面横坡坡度	取	
	横向排水管间距	舍	根据《公路工程技术标准》设计
	集水井间距	舍	根据《公路工程技术标准》设计
路侧指标	路侧净区宽度	取	

③ 互通式立交设计安全性评价指标的初选及筛选

表 8-9　互通式立交设计安全性评价指标筛选表

指标分类	指标	指标筛选	说　明
间距	互通式立交间距	取	
型式	互通式立交型式合理性	取	
匝道	匝道设计速度	舍	根据《公路路线设计规范》设计
	匝道线形	取	
分、合流区	变车道长度	取	

④ 桥隧设计安全性评价指标的初选及筛选

表 8-10　桥隧设计安全性评价指标筛选表

指标分类	指标	指标筛选	说　明
桥隧型式	桥隧型式合理性	取	
桥隧横断面	桥隧横断面的合理设计	取	
照明、通风、排水、消防条件	照明、通风、排水、消防条件	舍	根据《城市桥梁设计规范》设计

⑤ 交通工程设施设计安全性评价指标的初选及筛选

表 8-11　交通工程设施设计安全性评价指标筛选表

指标分类	指标	指标筛选	说　明
标志、标线	标志标线设置合理性	取	
	标志标线形式结构	舍	根据《公路交通安全设施设计规范》设计
视线诱导设施	视线诱导设施合理性	舍	根据《公路交通安全设施设计规范》设计
防护设施	防护设施设置合理性	取	
	防护设施形式结构	舍	根据《公路交通安全设施设计规范》设计
防眩设施	防眩设施设置合理性	取	
	防眩设施形式结构	舍	根据《公路交通安全设施设计规范》设计
服务设施	服务区设置合理性	取	
	服务区景观	舍	根据《公路交通安全设施设计规范》设计

3. 评价方法

(1) AHP-模糊综合评价方法

① 设计安全性评价指标确定

结合设计安全性指标体系,选择5个指标,20个次指标,如表8-12所示。

② 设计安全性评价指标权重计算

对指标体系中五个指标及每个指标下的次指标综合分析其对设计阶段交通安全的影响程度,采用专家集体协商的办法,确定每两个指标间的重要程度,构造判断矩阵,得到各指标权重值。见表8-13—表8-18。

表 8-12 高速公路扩建设计安全性评价指标体系

编号	指标类型	评价指标
1	路线设计 U_1	圆曲线半径 A_1
2		平曲线转角 A_2
3		直线长度 A_3
4		平纵组合协调性 A_4
5		横断面形式 A_5
6		相邻路段运行速度差 A_6
7		视距 A_7
8	路基路面设计 U_2	横向力系数 A_8
9		路面横坡坡度 A_9
10		路侧净区宽度 A_{10}
11	互通立交设计 U_3	互通式立交间距 A_{11}
12		互通式立交型式合理性 A_{12}
13		匝道线形 A_{13}
14		变速车道长度 A_{14}
15	桥隧设计 U_4	桥隧型式合理性 A_{15}
16		桥隧横断面的合理设计 A_{16}
17	交通工程设施设计 U_5	标志标线设置合理性 A_{17}
18		防护设施设置合理性 A_{18}
19		防眩设施设置合理性 A_{19}
20		服务区设置合理性 A_{20}

表 8-13 一级指标权重值

指标 U	U_1	U_2	U_3	U_4	U_5
权重值 W	0.557 9	0.079 1	0.153 7	0.153 7	0.055 6

表 8-14 路线设计权重值

指标 A	A_1	A_2	A_3	A_4	A_5	A_6	A_7
权重值 W	0.283 4	0.283 4	0.074 7	0.160 9	0.067 2	0.039 4	0.091 0

表 8-15 路基路面设计权重值

指标 A	A_8	A_9	A_{10}
权重值 W	0.076 9	0.230 8	0.692 3

表 8-16 互通立交设计权重值

指标 A	A_{11}	A_{12}	A_{13}	A_{14}
权重值 W	0.531 8	0.185 5	0.097 2	0.185 5

表 8-17　桥隧设计权重值

指标 A	A_{15}	A_{16}
权重值 W	0.750 0	0.250 0

表 8-18　交通工程设施设计权重值

指标 A	A_{17}	A_{18}	A_{19}	A_{20}
权重值 W	0.587 1	0.218 1	0.122 7	0.072 1

③ 设计安全性综合评价

将若干备选设计方案分指标按照评价标准进行评分。对于分为宜、一般、不宜三级的指标,分别取 90、60、30 分;对于采用专家打分法打分的指标,按照实际分数进行计算。将各指标分数按照得到的指标权重带入模糊综合评价指标体系,得到最终的评价分数。将评价结果按照四级等级进行分级。若采用 100 分值分级结果如表 8-19 所示。

表 8-19　设计安全性综合评价分级

分　数	等　级	分　数	等　级
>90	优秀	60~75	合格
75~90	良好	<60	不合格

选取备选方案中分数较高或者达到优秀的一到两个方案,采用核查表法对各个指标进行详细核查。

(2) 核查表法

应用核查表法对路线设计、路基路面设计、互通立交设计、桥隧设计、交通工程设施设计五个指标中的 20 个次指标进行核查,特别对于按照评价标准评价为不宜的指标,必须强制按照改进建议进行修正。

① 路线设计

在路线设计指标安全性评价标准的基础上,应用核查表法对路线设计安全性进行核查,对于具体核查方法如表 8-20。

表 8-20　路线设计安全性核查表

评价指标	评价清单	评价结果	改善处理次序	改进建议
圆曲线半径	圆曲线半径是否过小?			若圆曲线半径过小,在可调整的情况下应该加大圆曲线半径,若不能调整,则应该在曲线前设置"急弯"警告标志,并且保证平面视距。
平曲线转角	平曲线转角是否过大或过小?			若平曲线转角过大,在可调整的情况下应该调整平曲线转角使其在合理范围内,若不能调整则应该设置线形诱导标志。若平曲线转角过小,在可以调整的情况下应该调整曲线的转角使其在合理范围,若不能调整则应该加大曲线长度,避免驾驶员误操作。

续 表

评价指标	评价清单	评价结果	改善处理次序	改进建议
直线长度	直线长度是否过长或过短?			若存在长直线,在可调整的情况下应该调整直线长度在合理范围内,若不能调整则可以通过弥补景观单调的技术措施来减轻驾驶疲劳,比如种植不同树种或设置一定建筑物,也可以通过增加交通标志提示驾驶员注意长直线。若存在断背曲线,在可调整的情况下应该加大直线的长度,若不能调整,则增加线形诱导设施提示驾驶员注意断背曲线。
视距	视距是否满足要求?			若视距不满足要求,在可调整的情况下应该调整线形和改善道路周围环境来增大视距使满足要求。若仍不能满足,则应设置合理的限速标志和警告标志。
平纵组合协调性	平纵零点位置是否错开?			若平纵零点重合,在可调整的情况下应该调整平纵零点的位置,使其错开,若不能调整,则应该设立标志给驾驶员以提示。
横断面形式	路基宽度是否满足要求?			若高速公路整体式路基或分离式路基的横断面宽度未满足要求,应按照要求进行调整。
相邻路段运行速度差	相邻路段的运行速度差是否过大?			若运行速度差过大,则应该调整路段的平纵线形,以使速度差不致过大,若不能调整,则要设置限速标志,以减小速度差。
线形拼接	平纵线形顺接、各类设施的拼接与利用是否满足要求?			如线形拼接存在安全隐患,应及时进行修改。

② 路基路面设计

在路基路面设计指标安全性评价标准的基础上,应用核查表法对路基路面设计安全性进行评价,具体核查方法如表 8-21。

表 8-21　路基路面设计安全性核查表

评价指标	评价清单	评价结果	改善处理次序	改进建议
横向力系数	横向力系数是否过小?			若横向力系数过小,在可调整的情况下应该对主要的不满足要求路段重新铺装以调整横向力系数在合理范围内,若不能调整则应该设置"小心侧滑"标志提示驾驶员注意。
路面横坡坡度	路面横坡坡度是否过大或过小?			若路面横坡坡度过大或过小,应通过对道路横断面的重新设计使其在合理范围内,若不能调整应考虑调整横向排水管间距或集水井间距使其满足整体的排水要求。
路侧净区宽度	路侧净区宽度是否过小?			在设计中应尽量考虑为失控车辆的救险提供适当的机会,当路侧净区宽度的要求得不到满足时,必须设置路侧护栏等安全设施,以提高行车安全。
分岔、合流位置	道路分幅的分岔与河流位置及车道数是否对安全有影响			道路分岔、合流位置及车道数是否满足车辆运行的要求,不满足要求应根据车辆运行特性进行修改

③ 互通立交设计

在互通式立交设计安全性评价标准的基础上,应用核查表法对互通式立交设计安全性进行评价,具体核查方法如表 8-22。

表 8-22　互通式立交设计安全性核查表

评价指标	评价清单	评价结果	改善处理次序	改进建议
互通式立交间距	互通式立交间距是否过小或过大?			根据沿线社会经济发展和工程可实施性等方面对立交间距重新进行综合考虑,若间距过小考虑设置复合枢纽,间距过大考虑在中间增设互通立交。
互通式立交型式合理性	合理性评价分数是否过低?			若分数较低,重新组织专家讨论该互通立交型式方案,可做哪些优化调整。
匝道平面线形	直线长度是否过长或过短?			若存在长直线,在可调整的情况下应该调整直线长度在合理范围内,若不能调整则可以通过弥补景观单调的技术措施来减轻驾驶疲劳,比如种植不同树种或设置一定建筑物,也可以通过增加交通标志提示驾驶员注意长直线。若存在断背曲线,在可调整的情况下应该加大直线的长度,若不能调整,则增加线形诱导设施提示驾驶员注意断背曲线。
变速车道长度	各指标是否符合要求,是否均取下限值?			渐变率、渐变段长度、主线硬路肩的宽度、分汇流鼻端半径以及分流鼻处匝道左侧硬路肩加宽避免同时取下限值,防止出现最不利组合。当受到地形和实际路况限制时,若同时有三个或三个以上同时取下限值,则渐变段长度应增加 15 m。

④ 桥隧设计

在桥隧设计安全性评价标准的基础上,应用核查表法对桥隧设计安全性进行评价,具体核查方法如表 8-23。

表 8-23　桥隧设计安全性核查表

评价指标	评价清单	评价结果	改善处理次序	改进建议
桥隧型式合理性	合理性评价分数是否过低?			若分数较低,重新组织专家讨论该桥隧型式方案。
桥隧横断面的合理设计	合理性评价分数是否过低?			若分数较低,重新组织专家讨论该桥隧横断面的合理设计方案。
桥梁拼接	桥梁拼接是否影响行车安全?			桥梁拼接可能造成纵缝和错台的位置若对行车安全造成影响,应及时修改。

⑤ 交通工程设施设计

在交通工程设施设计安全性评价标准的基础上,应用核查表法对交通工程设施设计安全性进行评价,具体核查方法如表 8-24。

表 8-24　交通工程设施设计安全性核查表

评价指标	评价清单	评价结果	改善处理次序	改进建议
标志设置合理性	合理性评价分数是否过低?			若分数较低,按照标志设置规定进行修改完善。
防护设施设置合理性	合理性评价分数是否过低?			若分数较低,按照防护设施设置要求进行修改完善。

续表

评价指标	评价清单	评价结果	改善处理次序	改进建议
防眩设施设置合理性	评价结果是否为不宜？			若评价结果为不宜，即防眩设施设置的遮光角度不正确，需要进行修改。
服务区设置合理性	评价结果是否为不宜？			若评价结果为不宜，即服务区、停车区、公共汽车停靠站三者有缺少，需完善服务区设施。

二、施工阶段安全性评价

1. 评价目标

由于扩建施工破坏了高速公路道路环境，车辆行驶在一个相对危险的环境中，因此需要通过一系列的安全措施尽量提高施工期间的安全性。高速公路扩建施工期安全性评价的目标就是对高速公路扩建施工期的安全性进行监测，保证其安全措施设置合理，满足驾驶员驾驶需求，充分发挥应有的效用，从而保证施工期间交通运行的安全。

2. 评价指标

高速公路扩建施工期安全性评价主要从四方面进行：扩建施工安全准备，区域路网层次的安全保障措施，路线层次的安全保障措施，节点层次的安全保障措施。从扩建施工安全准备的角度，关注是否有良好的安全准备工作；区域路网层次的安全保障措施，主要考虑车辆分流与交通信息预告；路线层次的安全保障措施，包括扩建高速公路沿线交通工程及应急设施的规范设置；节点层次的安全保障措施，包括施工区设置、限速的合理性、特殊节点的安全保障和事故黑点监测。高速公路扩建施工阶段安全性评价指标如表 8-25 所示。

表 8-25　高速公路扩建施工阶段安全性评价指标

层次	指标类别	评价指标
安全准备	施工工作人员	安全教育培训、安全防护用品配备
	施工技术准备	安全监测机制、应急救援机制
区域路网	扩建信息	扩建信息发布
	交通分流	分流节点设置
路线层次	交通标志	完备率、种类、识认性、不合理率、过载率、识读性
	交通标线	完备率、一般识认性、夜间识认性、特殊天气识认性
	隔离设施	完备率、稳定性、连续性
	夜间照明设施	完备率、照明性
	视线诱导设施	完备率、诱导性
	应急救援设施	应急车道、紧急停车道、保通点
节点层次	施工区区划	警告区、上游过渡区、缓冲区、工作区、下游过渡区、终止区、间距
	施工区限速	限速值
	特殊节点	桥梁、互通式立交、分离式立交
	事故黑点	事故黑点监测

3. 评价方法

(1) 常用评价方法比较

对常用评价方法进行比较,如表 8-26 所示。

表 8-26　几种典型评价方法优缺点和适用性

评价方法	优缺点	适用性
层次分析法	概念简明,对于兼有定性和定量因素的系统问题能较简明地进行综合评价和最佳方案决策;未完全摆脱人的主观意愿	适用于多因素、多层次、多方案的系统综合评价和决策
单纯矩阵法	能简化复杂问题,成果较为全面客观;未能完全摆脱人为因素的影响	同上
主成分分析法	方法简单实用,化繁为简;定性指标定量比较困难	适用于各单项指标均为定量指标和定量化方便的规划方案中
模糊评价法	考虑到了客观事务内部关系的错综复杂性和价值系统的模糊性;利用评价对象的样本数据来确定隶属函数,使评价结果更接近客观实际且提高了效率	适用于统计资料较全、定性指标较多的单层次、多方案综合评价
安全核查表分析法	简便、易于掌握,可以全面、针对性的发现危险因素,消除安全隐患;编制核查表难度大及工作量大	各类系统的设计、运行、管理等阶段
灰色评价法	技术简单易行,评价过程可以循环进行,满足复杂系统的评价要求;不能分类,且权重分配存在主观因素	可应用于多个领域,范围较广

(2) 评价方法选择

高速公路扩建施工一般规模较大、范围较广,对其安全性存在影响的因素包括人、车、路、环境四大类,每一类又可细分为很多种,每一种因素对施工期的安全性产生不同程度和不同范围的影响,所以高速公路扩建本身为一个较复杂的系统。

对高速公路扩建施工进行安全性评价,一方面涉及内容较多,且具有长期性、反复性、时变性的特点,所以采用粗糙的安全性评价方法无法得到满意的评价结果,采用复杂的安全性评价方法工作量较大,可操作性不强。故不适宜采用较为粗糙、复杂的安全性评价方法。另一方面由于影响安全性的各因素的安全性水平难以定量化,并且各因素反映的内涵相差大,各因素也难以定量统筹起来考虑,且我国在高速公路扩建期间相关数据不足,使得定量分析为主的安全评价方法也不适用。

考虑安全性评价方法的可操作性,高速公路扩建施工期间安全性评价的目的应为找出可能存在安全隐患的安全管理措施,并详细列表提供改进措施供相关管理部门进行改进,从而规范施工流程和实施办法,增强施工方案的可操作性和安全性,保证扩建施工期间的安全性,而不是去计算一条路的安全性水平。

综上所述,采用交通安全核查表分析法进行安全性评价。交通安全核查表分析方法成熟,定性与定量相结合,可操作性强,且能通过各个指标与评价标准相比较,若不满足评价标准则给出改进建议,从而达到安全评价的目的。

(3) 安全核查表

① 高速公路扩建施工安全准备工作安全核查表

在高速公路扩建施工安全准备工作评价标准的基础上,应用安全核查表对高速公路扩建施工安全准备工作进行评价,具体核查方法如表 8-27 所示。

表 8-27 高速公路扩建施工安全准备工作安全核查表

评价对象	评价指标	评价结果	改善处理次序	改进建议
工作人员	施工工作人员是否接受过安全教育培训,满足工作安全要求?			不满足要求者必须重新接受相关安全教育,进行安全技术考核,并合格上岗。同时定期进行安全考核。
	工作人员是否按规定穿戴安全防护用品?			随时检查工作人员安全防护用品的穿戴情况,及时补发所缺用品。不按规定穿戴安全防护永平的人员不得上岗。
施工技术准备	是否建立了安全监测机制?			相关单位应预先制定有安全监测机制包括流量监测、设施监测、事故黑点监测等。
	是否建立了应急救援机制?			事先成立应急系统,针对施工区常发交通安全问题做好紧急救援措施,联合多部门保证紧急救援联动的正常运行

② 高速公路扩建施工安全保障措施安全核查表

在高速公路扩建施工安全保障措施评价标准的基础上,应用安全核查表对高速公路扩建施工安全保障措施进行评价,具体核查方法如表 8-28 所示。

表 8-28 高速公路扩建施工安全保障措施安全核查表

评价对象	评价指标	评价结果	改善处理次序	改进建议
扩建信息	扩建信息是否向大众进行通报?			通过电视、广播、报纸等传媒途径向大众预先通告高速公路扩建施工的相应信息,包括:施工路段、施工时间、施工情况等。其次在施工道路周边各重要节点,如道路出入口处、互通式立交处等利用信息牌向出行车辆发布施工信息、车辆诱导信息。
分流节点	分流节点设置是否合理?			对分流节点进行调整,交通诱导点设置在高速公路改扩建工程项目影响区域外围道路网的重要节点和改扩建工程自身的出入口处;交通分流点沿高速公路改扩建工程项目及其区域内道路网的主要交叉口布设;交通管制点设置在高速公路改扩建工程沿线交通分流区域内所有互通式立交出入口。
交通标志	标志完备率是否达到Ⅱ级以上?			及时结合相关标准对不同施工区划缺少的交通标志进行补全。
	标志种类是否达到Ⅱ级以上?			及时结合相关标准对缺少的交通标志种类进行补全。
	标志视认性是否达到Ⅱ级以上?			及时对不满足视认性要求的交通标志结合相关标准进行调整。
	不合理标志使用率是否达到Ⅱ级以上?			及时对设置不合理的交通标志结合《道路交通标志和标线》(GB 5768—1999)进行调整。
	信息过载率是否达到Ⅱ级以上?			对不满足要求的标志进行调整,并再次检查,直至满足要求。
	信息识读性是否达到Ⅱ级以上?			对不满足要求的标志进行调整,并再次检查,直至满足要求。
交通标线	标线完备率是否达到Ⅱ级以上?			及时结合相关标准对不同施工区划缺少的交通标志进行补全。
	一般识别性是否达到Ⅱ级以上?			对不满足要求的标线进行调整,并再次检查,直至满足要求。
	夜间识别性是否达到Ⅱ级以上?			对不满足要求的标线进行调整,并再次检查,直至满足要求。
	特殊天气识别性是否达到Ⅱ级以上?			对不满足要求的标线进行调整,并再次检查,直至满足要求。

续 表

评价对象	评价指标	评价结果	改善处理次序	改进建议
隔离设施	隔离设施完备率是否达到Ⅱ级以上？			及时对不同施工区划缺少的隔离设施进行补全。
	隔离设施稳定性是否达到Ⅱ级以上？			对不满足要求的隔离设施进行调整，并再次检查，直至满足要求。
	隔离设施连续性是否达到Ⅱ级以上？			对不满足要求的隔离设施进行调整，并再次检查，直至满足要求。
夜间照明设施	夜间照明设施完备率是否达到Ⅱ级以上？			及时对不同施工区划缺少的夜间照明设施进行补全。
	设施照明性是否达到Ⅱ级以上？			对不满足要求的夜间照明设施进行调整，并再次检查，直至满足要求。
视线诱导设施	视线诱导设施完备率是否达到Ⅱ级以上？			及时对不同施工区划缺少的视线诱导设施进行补全。
	视线诱导性是否达到Ⅱ级以上？			对不满足要求的视线诱导设施进行调整，并再次检查，直至满足要求。
应急救援设施	合理性是否达到Ⅱ级以上？			针对不同施工阶段采用合理的应急车道形式，缺少应急车道、紧急停车道、保通点或应急救援资源的应及时进行补充调整。
施工区区划	警告区长度是否满足要求？			对不满足要求的警告区长度进行调整直至满足要求。若条件所限无法满足要求，经过专家讨论后可取它值。
	上游过渡区是否满足要求？			对不满足要求的上游过渡区长度进行调整直至满足要求。若条件所限无法满足要求，经过专家讨论后可取它值。
	缓冲区是否满足要求？			对不满足要求的缓冲区长度进行调整直至满足要求。若条件所限无法满足要求，经过专家讨论后可取它值。
	工作区是否满足要求？			对不满足要求的工作区长度进行调整直至满足要求。若条件所限无法满足要求，经过专家讨论后可取它值。
	下游过渡区是否满足要求？			对不满足要求的下游过渡区长度进行调整直至满足要求。若条件所限无法满足要求，经过专家讨论后可取它值。
	终止区是否满足要求？			对不满足要求的终止区长度进行调整直至满足要求。若条件所限无法满足要求，经过专家讨论后可取它值。
	施工区间距是否满足要求？			对不满足要求的施工间距进行调整直至满足要求。若条件所限无法满足要求，经过专家讨论后可取它值。
施工区限速	施工区限速标准是否满足要求？			结合相关标准，针对不同施工区情况调整施工区限速标准。
桥梁	桥梁前后中央分隔带开口是否满足要求？			若不满足相关要求，应及时进行修改，直至满足要求为止。
互通式立交	临时匝道质量是否满足要求？			对不满足要求的临时匝道按照《公路工程技术标准》的相关要求进行调整。若条件所限无法满足要求，经过专家讨论后可取它值。同时采用其他措施，如限速等进行管控。
	临时指引信息设置是否满足要求？			在新老匝道使用转换处前严格、合理设置信息提示板、交通标志标线等对车辆进行提示。必要时增设专门的工作人员现场指挥车辆的运行。

评价对象	评价指标	评价结果	改善处理次序	改进建议
分离式立交	分离式立交施工处是否设有防落设施保护主线交通？			对存在安全隐患处增设防落设施,防止杂物进入主线车道,保证主线交通安全行驶。
事故黑点	事故黑点是否已针对性进行了改善？			在安全监测中重点考察事故黑点,结合事故黑点的形成原因采取相应的改善措施进行改善。

三、运营初期安全性评价

1. 评价目标

扩建后高速公路路基变宽,单向车道数变多,互通立交密集,道路条件和交通运行特征的变化导致了运营初期驾驶员对新的道路环境的不适应,引发了很多安全问题。高速公路扩建运营初期安全性评价旨在分析研究扩建高速公路运营初期交通流状态,评估安全程度,预防和控制交通事故的发生,减轻交通事故的严重程度。

2. 评价指标选取

（1）基于动量的交通冲突指标

选择动量作为构造交通冲突指标的基础,原因在于它可以把距离、速度、质量等物理量联系在一起,能够全面反映交通冲突的五项属性。此外,动量属于矢量,不仅可反映出碰撞的激烈程度,还可反映冲突双方的运动方向,为交通冲突的矢量化提供了余地。在此提出最大交通冲突、累积交通冲突、平均交通冲突和统计交通冲突四项指标,从不同角度反映交通冲突的特征。

① 最大交通冲突

最大交通冲突 MMC(Max Momentum to Collision)是在观测时间内出现的最大瞬时交通冲突,记录了车辆运行过程中最危险的状态。

$$MMC = \max MC_t \quad t \in [t_1, t_2] \quad (8-24)$$

因为车辆在运动中可能会不规则地加减速,所以无法用函数推导速度 v_{1t}, v_{2t} 和 s_{0t},可对其离散化并直接观测,然后计算 MC_t 和 MMC。假设每隔 Δt 时间观测一次 v_{1t}, v_{2t} 和 s_{0t},$[t_1, t_2]$ 被划分为 n 个步长为 Δt 的时段,$n = [(t_2 - t_1)/\Delta t]$,只要 Δt 足够小,冲突的瞬时值在 Δt 内近似相等。

$$MMC = \max MC_i = \max \left[m_2 \sqrt{2a_2 \left(s_{0i} - \frac{v_{1i}^2}{2a_1} + \frac{v_{2i}^2}{2a_2} - v_{2i} t_r \right)} \right] \quad i = 1, \cdots, n \quad (8-25)$$

式中 v_{1i},v_{2i} 和 s_{0i} 分别指第 i 时段前、后车的速度和间距。

② 累积交通冲突

累积交通冲突 CMC(Cumulate Momentum to Collision)是瞬时冲突在一段时间内的累积值,可体现冲突的时间效应,例如实现对长时间微弱冲突和短时间严重冲突的危险性的比较。为了方便,CMC 的计算同样根据实际观测数据。

$$CMC = \sum_{i=1}^{n} MC_i \Delta t = \sum_{i=1}^{n} m_2 \sqrt{2a_2 \left(s_{0i} - \frac{v_{1i}^2}{2a_1} + \frac{v_{2i}^2}{2a_2} - v_{2i} t_r \right)} \Delta t \qquad (8-26)$$

③ 平均交通冲突

平均交通冲突 AMC(Average Momentum to Collision)是累积冲突 CMC 在一段时间内的平均值。它可把不同的冲突在各个时段内进行对比,同时也是检验交通冲突误差平方和、方差、平均绝对误差的基准,计算方法如式(8-27)所示。

$$AMC = \frac{CMC}{t_2 - t_1} = \frac{\int_{t_1}^{t_2} m_2 \sqrt{2a_2 \left(s_{0t} - \frac{v_{1t}^2}{2a_1} + \frac{v_{2t}^2}{2a_2} - v_{2t} t_r \right)} dt}{t_2 - t_1}$$

$$= \frac{\sum_{i=1}^{n} m_2 \sqrt{2a_2 \left(s_{0i} - \frac{v_{1i}^2}{2a_1} + \frac{v_{2i}^2}{2a_2} - v_{2i} t_r \right)} \Delta t}{t_2 - t_1} \qquad (8-27)$$

④ 统计交通冲突

统计交通冲突 SMC_N(Statistical Momentum to Collision)用冲突出现的累积概率来表示冲突的大小,即在测量时间内,有 N% 的时间,瞬时交通冲突低于 SMC_N。可指定三种基本的统计冲突指标,SMC_{15},SMC_{50},和 SMC_{85},分别对应冲突的谷值、中值和峰值。例如,$SMC_{85}=c$ 指有 85% 的瞬时冲突 MC 低于 c,而有 15% 的 MC 超过 c,所以 c 可作为峰值。SMC_N 能反映冲突起伏变化的分布情况。如果将交通冲突的连续变化用若干个离散的瞬时冲突近似表示,SMC_N 存在式(8-28)的关系。统计交通冲突可反映瞬时冲突的分布特征。

$$P(MC \leqslant SMC_N) = N\% \qquad (8-28)$$

(2) 交通事故评价指标

高速公路改扩建后运营初期交通安全评价同样需要用一系列的事故指标来反映事故总体各方面的数量特征,揭示事故总体的内在规律,主要包括绝对指标、相对指标、平均指标、动态指标等。

(3) 致因分析模型

事故黑点的形成可通过"道路交通事故致因生成过程"来加以说明。在道路交通系统中,由于受到驾驶人、汽车、道路环境因素以及三者的道路交通事件的影响,道路交通系统行为会发生变化,如果这种变化是因道路交通事件引起,即表现为道路交通不安全状态,经特定时间—空间域内状况的转化则形成道路交通事故。道路交通事故致因生成模型如图 8-3 所示。从这一模型中可以识别道路交通系统安全化功能的实现途径和道路交通事故的生成过程,即道路交通系统安全化功能的实现途径为:道路交通事件引起道路交通系统发生正常变化,表现为道路交通安全状态,这一状态一直持续在道路交通系统中即可实现道路交通系统的安全化功能;而道路交通事故的发生过程则为:道路交通事变使道路交通系统行为恶化,表现为道路交通环境不安全状态,这一状态在特定时间—空间域内持续后形成道路交通事故。

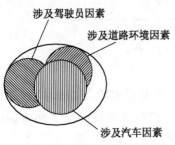 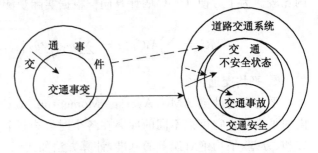

(1) 驾驶员、汽车、道路环境因素与道路交通事件、道路交通事变间的关系
注：阴影表示交通事件，非阴影表示交通事件

(2) 道路交通系统安全化功能的实现途径和道路交通事故的生成过程
注：实线箭头表示道路交通事故的生成过程，虚线箭头表示道路交通系统安全化功能的实现途径

图 8-3　道路交通事故致因生成模型

在扩建高速公路运营初期事故致因分析中，一些成因（尤其是道路、环境等非人为因素）对交通事故的影响具有一定的模糊性，可运用模糊—划分空间方法，对事故黑点成因进行空间划分，采用模糊聚类方法确定模糊划分矩阵和成因各特征指标聚类中心，并进行事故黑点成因聚类分析；利用划分系数对聚类效果进行评价。通过运用基于模糊划分的模糊聚类方法，能准确、合理地实现对事故成因的聚类分析。

3. 高速公路运营初期安全改善措施

（1）同向分离式路基段

针对同向分离式路基段，提出相应的安全对策如下：

① 结合交通组成情况和互通出口交通量制定分离式路基段的交通组织方式，当出口交通量与直行交通量相当时，可将行车方向外侧车道划为专用集散车道，服务于互通出口。在车道上方安装可变情报标志，向交通参与者实时提供车道交通组织、限速以及文字信息。

② 提前预告驾驶员路况，使驾驶员有充分的判断时间，延长主线分合流段，并加密设置标志，对车辆进行预告诱导，在距离分流三角端 3 km、2 km、1 km 和 500 m 处，分别设置 3 km、2 km、1 km、500 m 带行车方向指引的分离式路基预告标志，用于预告前方分离式路基段。

③ 为使驾驶员夜间也能易于识别开口位置，建议在分合流三角端设置太阳能黄闪灯，提醒驾驶员注意。

④ 加强分流端三角端头的防护，在三角端设置吸能式三角端防撞垫，车辆碰撞该防撞垫后，通过端头部分的变形、吸能材料来吸收碰撞车辆的能量，后背支撑用来抵抗车辆的冲力。

⑤ 采取减速措施，主线分流段前设置减速标线，提醒驾驶员减速。

⑥ 加强对分离式路基段的监控。

（2）超高过渡段

相关事故数据表明，合成坡度小于 0.5% 的路段均是易积水的隐患路段，故提出以下分级措施：

① 在工程量增加不大的情况下尽可能避免不利排水的线形组合。在超高缓和段合成纵坡较小的路段,采用增设路拱处理,即半幅路面在行车道中间增设 1~2 条路拱线。

② 注意加强排水设计,以保证雨天行车安全。

③ 有必要通过路面状况检测设备有效监测雨天情况下的道路积水、湿滑等状况,进而制定相应的雨天管理措施和救援措施。

(3) 互通区出入口

对于互通区出入口,可采取以下改善措施:

① 在距枢纽互通式立体交叉前应增加出入口预告次数,分别设置 3 km、2 km、1 km、500 m 门架式出口预告标志。大型枢纽互通的出入口、分岔等部位,应严格禁止设置广告牌等路外设施,避免其与有用信息争夺视线。

② 在视觉上加强出入口的醒目性,保证驾驶员在接近出口时能提早看到出口部分的构造及匝道走向。出口斑马线可以用彩色标线形式设置,增加醒目程度。

③ 多出口和连续分叉时,前后标志应尽可能拉开距离,避免信息过于频繁;采用归并、分散等手法,尽可能分解复杂信息的来源,减少一次性出现在驾驶员前方的信息量,同时突出有首位度的信息。

④ 匝道入口铺装减速薄层,实行匝道限速。

(4) 路侧标志遮挡

为解决路侧标志遮挡的问题,根据标志内容与版面大小以及设置高度,结合道路条件,计算车辆的行驶特点,分析遮挡概率,当存在路侧标志遮挡时采用以下改善措施:

① 在保证标志不侵入公路建筑界限内的前提下,中央分隔带和路侧双侧同时设置标志,使内侧车道及时看到信息,适用于版面较小的标志。

② 设置路面文字标记,如配合分车道、分车型限速标志,同步在路面设置文字标记,配合指路标志,在路面设置目的地信息标记和导向箭头。

③ 重复设置路侧标志,增加内侧驾驶员看到标志的概率,是解决路侧遮挡的一个方法。对于重要的出口预告标志、服务区预告标志研究重复频率,连续设置,同时保证标志间的最小间距。

④ 门架式标志能支撑较大的标志板,在复杂互通、大型车辆比例高、交通量较大的情况下能较好地视认,但也最昂贵。在枢纽互通或交通组织较复杂的路段设置门架式标志。

复习思考题与习题

8-1 国内外交通安全度评价方法有哪些?

8-2 路段和交叉口安全度如何判别?

8-3 简述道路交通安全效果评价的关键任务。

8-4 简述高速公路改扩建不同阶段的交通安全评价方法。

第九章 道路交通安全法规与管理

道路交通安全管理法规与道路交通安全教育是保障道路交通安全的两大支柱。道路交通安全法规是为提高道路交通安全水平,由国家各级立法机关和地方政府职能管理部门颁发实施的法律法规,包括道路交通运行中的机动车交通安全、驾驶员管理、道路交通秩序管理、道路交通事故处理、道路交通安全执法监督等内容。

道路交通安全教育是公安机关交通管理部门等道路交通教育主体采用一定的教育形式对教育对象或客体实施的交通安全法规、交通安全道德、交通安全知识等方面的教育。

本章重点介绍道路交通活动参与者的规定、道路交通事故处理步骤及内容、道路交通安全教育的组成部分及职责,明确道路交通安全法律法规体系、主要内容、关键要点及道路交通安全教育体系构成、教育方式。

第一节 道路交通安全法规

一、道路交通安全法规概述

1. 基本概念

道路交通安全法规是指国家各级立法机构和地方政府职能部门颁发实施的,旨在加强道路交通管理、维护交通秩序、保障人民生命财产和促进交通事业发展的一系列行政法规的总称,属于行政法范畴。关于机动车安全运行、驾驶员管理、道路交通秩序管理、道路交通事故调查与处理、道路交通安全监督、道路交通安全行政处罚等方面的法律、行政法规、规定、决定、条例、规则及标准等,都属于道路交通安全法规的范畴。

从法律层面讲,道路交通安全法规是调整在道路交通活动过程中产生的交通参与者安全与保障有关的社会关系的法律规范的总称。从规范的直接主体和目的讲,道路交通安全法规是规范交通参与者行为、维护道路交通秩序、保障道路交通安全的法律规范总称;从调整的对象讲,道路交通安全法规是规范和调整人、车、道路及环境等各要素的法律规范的总称。

2. 道路交通安全法规的特征

道路交通安全法规是国家法律法规体系中的一个重要组成部分,与其他法律法规相同,具有强制性、社会性、严肃性、告知性、科学性、适应性等特征。

(1) 强制性

道路交通安全法规是为保障道路交通安全、维护道路交通秩序而制定的法律法规,是国家意志的体现,其实施由国家来保障,具有强制性的特点。从其规范的内容来讲,道路交通安全法规是协调人、车、道路和环境等交通参与要素相互间关系的基本准则,是一切参与道路交通活动部门、单位和个人都必须遵守的规范,经过国家制定和认可的行为规范,任何交通参与者在交通活动中都必须遵守。

(2) 社会性

道路交通活动涉及社会的各个层面,与每个社会成员的工作、生活紧密相关,且道路交通活动中存在生命和财产损失的高风险性,因此,道路交通安全法规是全面规范交通参与者的法律法规,其作用和效力面向全体交通参与者,与社会各部门、单位、个人息息相关,具有广泛的社会性。

(3) 严肃性

道路交通安全法规是在深刻总结道路交通实践经验和教训的基础上运用科学的理论和方法制定而成,充分体现保卫国家社会经济发展、保护公民生命财产安全和合法权利的根本意志,其一经公布和实施,不得随意变更。对于道路交通违法行为必须予以制止和惩罚,做到有法必依、执法必严、违法必究,以维护道路交通安全法规的严肃性和权威性。

(4) 告知性

道路交通安全法规的告知性体现在其内容中规定、明确了道路交通参与者的行为标准,支持和鼓励其中必须遵守的规范行为,限制、禁止、惩戒违反道路交通安全法规的行为。

(5) 科学性

道路交通安全法规的制定必须以道路交通工程理论和现实的交通条件为基础,合理调整道路交通参与者相互之间的关系,符合社会经济的发展要求,具有很强的科学性。

(6) 适应性

道路交通法规是道路交通管理的依据,道路交通本身不断地发展变化要求道路交通法规必须随着道路交通的发展不断充实、丰富和完善。国家需要经常对道路交通法规进行修改和补充,力求不断完善,使其切实起到维护道路交通秩序、保障交通安全的作用。

二、道路交通安全法规重要性及作用

1. 道路交通安全法规的重要性

道路交通安全法规是人类社会进步和发展的产物,是长期道路交通活动中对于人、车辆、道路、环境等交通参与要素管理的实践中不断积累的经验总结,其产生和发展与社会经济发展有密切联系,同时也随着社会经济的发展而不断充实和完善。

道路交通系统的发展对于支撑和促进社会经济发展具有重要作用,而良好的道路交通秩序、安全的交通环境是保障道路交通系统高效运行的基础,也是保障社会经济发展的重要因素。道路交通安全法律对于维护交通秩序、保障道路交通安全、保持道路畅通、实现对交通参与要素的统一有序管理具有重要意义。

2. 道路交通安全法规的作用

(1) 规范交通参与者的交通行为

道路交通安全法规是关于道路交通参与者的行为规范,明确了道路交通参与者在道路交通活动中所受支持与鼓励、限制、禁止和惩戒的行为,为道路交通参与者提供了严格的行为准则,以国家强制性规范交通参与者的交通行为,引导人们自觉地将自己的行为纳入道路交通安全法律规范所确定的范围内。道路交通安全法规在规范人们道路交通行为、维护交通秩序保障交通安全方面起着重要的作用。

(2) 保护交通参与者的安全和合法权益

在交通安全法规中,保护交通参与者的人身安全,是体现以人为本的最重要原则,是强调人的生命价值至高无上的立法理念。道路交通安全法规既要保证公安交通管理部门及工作人员充分发挥职能作用,又必须保护交通参与者的合法权益,确保公民、法人和其他组织的合法道路交通权利受到法律保护,任何单位和个人不得非法侵害。道路交通安全法规规定了公民、法人和其他组织必须承担的道路交通义务,要求道路交通参与者履行交通义务,保障人们的交通权利,维护交通秩序。

(3) 为交通管理提供法律依据

为实现道路交通管理的任务和目的,需要制定明确的管理政策和法规,采取各种手段,如科学技术、教育宣传、经济和行政措施,不断总结经验,针对新的情况采取新的管理方法和措施,这些都需要法律的保障,上升为国家的意志,赋予强制的保证,才能使其得以彻底的贯彻,成为所有道路交通参与者的行为准则。道路交通安全法规为道路交通安全管理提供了具有权威性的法律依据,为充分发挥公安交通管理部门的职能作用,依法进行道路交通安全管理,以及保证道路交通管理的任务和目的的实现提供了法律保障。

(4) 规范交通警察执法行为

公安交通管理部门在道路交通安全管理中的执法行为,直接涉及公民、法人和其他组织的权益。赋予公安交通管理部门以及交通警察过大的自由裁量权,难免在执法中出现失度的现象,影响道路交通活动的正常进行,损害公民、法人和其他组织的合法权益。作为道路交通管理执法依据的道路交通安全法,对执法的适用条件、范围和程序都作出明确的规定,规范交通警察的执法行为。

三、我国道路交通安全法规体系及主要内容

1. 我国道路交通安全法规发展历程

我国道路交通安全法规最早可追溯到夏禹时代,当时中国已进入奴隶制社会,国家已经形成,奴隶主阶级为镇压奴隶阶级的反抗,制定了刑律,如《左传·昭公六年》中记载:"夏有乱政,而作禹刑"。同时,当时已设置了管理车辆的行政官职,奚仲曾任夏禹时的车正。至此,法与交通法规已开始萌芽。随着社会生产力的发展,各朝代出于国家统治、封建礼制等方面的需要,均制定了与道路、车辆管理有关的法律。如秦朝的"车同轨",汉朝的"右为入,左为出,中为御道"。

近代汽车工业的发展产生了相应的道路交通安全法规,随着汽车的进口,中国道路交通也逐渐复杂起来。1934年12月国民党政府颁布了全国统一的交通法规——《陆上交通管理规则》,中国历史上第一部较为系统、完整的道路交通安全法规。

新中国成立后,党和人民政府十分重视道路交通安全工作,1950年2月制定了《关于航务、公路工作决定》,决定中规定了登记车辆及检验公、私车辆,核发牌照,考核驾驶员以及对车辆安全检验检查等措施,在1950年3月和7月由国务院批准分别公布了《汽车管理暂行办法》和《汽车管理暂行办法实施细则》,这是新中国颁布的第一个道路交通法规,

其内容包括:行车管理、车辆检验、技术监督及驾驶员考核管理等。1951年5月公安部又颁布了《城市陆上交通管理规则》,建立了中国道路交通法规的基本框架。

为适应道路交通的发展,1955年《城市陆上交通管理规则》修订为《城市交通规则》,增加了用指挥棒指挥交通和红、黄、绿灯的通行规定。1960年交通部将《汽车管理暂行办法》分部修订为《公路交通规则》和《机动车管理办法》。1972年公安部和交通部将《城市交通规则》、《公路交通规则》和《机动车管理办法》修订为《城市和道路交通规则(试行)》,交通法规逐步趋于完善。

1984年9月交通部和有关部门对交通标志、标线进行部级统一,由国家标准局颁布施行;1988年国务院颁布的《道路交通管理条例》取代了1955年的《城市交通规则》;1991年颁布了《道路交通事故处理办法》。随着高速公路在我国的建设和使用,1994年公安部制定了《高速公路交通管理办法》。

2003年10月28日我国道路交通安全管理的第一部法律《中华人民共和国道路交通安全法》(简称《道路交通安全法》)公布,于2004年5月1日起正式付诸实施,2007年12月29日、2011年4月22日对其中的部分条款进行了修订,修订后的《道路交通安全法》于2011年5月1日正式施行。

2. 我国交通安全的法律法规体系

2004年《道路交通安全法》的施行是我国道路交通安全法制建设的一座里程碑,将道路交通安全立法提到了一个新的高度。随后国务院发布《中华人民共和国道路交通安全法实施条例》(简称《道路交通安全法实施条例》)、《道路交通安全违法行为处理程序规定》、《交通事故处理程序规定》(后修订为《道路交通事故处理程序规定》)、《机动车驾驶证申领和使用规定》、《机动车登记规定》、《高速公路交通管理暂行规则》(已废止)、《道路交通标志标线》等一系列法规、规章、标准规范,充分贯彻"以人为本"的现代司法理念,较全面的规范了车辆、驾驶员、乘客、行人、交通执法者等交通参与者的管理,明确了道路通行和各种交通主体的通行规则,建立了事故处理、道路交通违法处理的原则和程序,基本构成了交通安全的法律法规体系。

我国的交通安全法律法规体系主要由与道路交通安全有关的法律、行政法规、部门行政规章、地方性法规、地方性规章、安全标准以及其他法律法规中涉及道路交通安全的规范性条款组成。

(1) 法律

道路交通安全的法律规定是由全国人大及其常委会制定的在全国范围内普遍适用的道路交通安全管理规范性文件,由国家主席签署公布。我国目前涉及道路交通安全的现行法律主要是指《道路交通安全法》。

(2) 行政法规

道路交通安全的行政法规是由国务院制定和发布的具有较高法律效力的规范性文件的总称。我国目前有关道路交通安全的行政法规主要包括国务院《道路交通安全法实施条例》、国务院《关于改革道路交通管理体制的通知》等。

(3) 部门行政规章

道路交通安全的部门行政规章是由国务院所属职能部门依据法律和行政法规制定

的,并不得与宪法、法律、行政法规相抵触的规范性文件,我国道路交通安全的部门行政规章主要由公安部制定,包括:《道路交通安全违法行为处理程序的规定》《交通事故处理程序规定》《机动车驾驶证申领和使用规定》《机动车登记规定》《机动车维修管理规定》《机动车驾驶员培训管理规定》《机动车安全技术检验机构管理规定》等。

(4) 地方性法规

道路交通安全的地方性法规是省、自治区、直辖市和经国务院批准的较大市的人民代表大会及其常委会,根据宪法、法律以及行政法规,结合本地区的实际情况制定的,不与宪法、法律以及行政法规抵触的规范性文件,如《北京市实施〈中华人民共和国道路交通安全法〉办法》《江苏省道路交通安全法实施条例》。

(5) 地方性规章

道路交通安全的地方性规章是地方国家行政机关根据法律、行政法规和本行政区的地方性法规的规定,制定的规范性法律文件,如《北京市道路交通安全防范责任管理办法》。

(6) 安全标准

道路交通安全标准是道路交通安全法规的延伸和具体化。按标准对象特性通常分为三类:

① 基础标准:对道路交通具有最基本、最广泛指导意义的标准,具有一般的共性,是通用性较广的标准,如名词、术语等。

② 产品标准:对道路交通系统有关产品的形式、尺寸、主要性能参数、质量指标、使用、维修等所制定的标准。

③ 方法标准:关于方法、程序、规程、性质的标准,如试验方法、检验方法、分析方法、测定方法、设计规程、工艺规程、操作方法等。

道路交通安全标准有《道路交通标志和标线》《机动车安全运行技术条件》《机动车安全检验项目和方法》《道路车辆外廓尺寸、轴荷及质量限值》等。

(7) 其他法律法规中涉及道路交通安全的规范性条款

其他法律法规中涉及道路交通安全的规范性条款主要包括《中华人民共和国刑法》(简称《刑法》)对交通肇事罪的规定、《中华人民共和国公路法》中关于超限运输的规定、《中华人民共和国大气污染防治法》中关于汽车尾气排放的规定等。

3. 道路交通安全法规主要内容

我国道路交通安全法规的主要内容包括以下几个方面:

(1) 道路通行主体的安全管理

道路通行主体包括车辆、驾驶员、骑车人、行人等几个组成部分。道路交通安全法规中关于车辆安全管理的内容主要包括车辆的登记、检验、报废、保险和特种车辆的使用与管理;关于驾驶员安全管理的内容主要包括驾驶员驾驶资格、培训、考试、记分和驾驶车辆上路行驶前的要求及驾驶员证件的审验等。对非机动车规定主要车辆行驶条件、车辆登记、通行权限等内容,对乘客和行人的规定主要是交通规则的管理规定。

《道路交通安全法》作为最高准则,规范了道路通行主体的行为标准,明确了各自的权利和义务,《道路交通安全法实施条例》则辅助其说明了实施的要点,《机动车登记规定》、

《机动车运行安全技术条件》、《机动车维修管理规定》、《机动车修理业、报废机动车与回收业管理办法》、《机动车号牌生产管理办法》等规章、规范为车辆管理规范的实施提供了具体的细则和标准依据,《中华人民共和国驾驶证管理办法》、《机动车驾驶证申领和使用规定》、《中华人民共和国机动车驾驶员考试办法》、《机动车驾驶员培训学校管理办法》、《机动车驾驶员交通违章记分办法》等规章、规范则为驾驶员管理法规的实施提供了具体的细则和标准依据。

(2) 道路交通秩序管理

道路交通安全法规中道路交通秩序管理的内容主要包括道路通行条件和道路通行规定,道路通行条件是指为保障道路交通安全、有序、畅通而对道路、交通信号,交通标志、交通标线以及相关交通安全设施提出的基本要求,是保障"道路为车辆交通所用"的出发点。道路通行规定依据车辆右侧通行、各行其道、优先通行、安全通行等原则对道路通行、机动车通行、非机动车通行、行人和乘车人通行、高速公路等方面的交通活动做出规定,同时兼顾了交通参与者在各类活动中的合理解决办法。

《道路交通安全法》中的第三、第四章对道路通行条件和道路通行规定做了具体规定,《道路交通安全法实施条例》的第三、第四两章对其中的实施要点做了详细的解释。《高速公路交通管理暂行规则》和《高速公路交通管理办法》对高速公路的通行条件和通行规则做了专门的规定(现已废止,在道路交通安全法及实施条例中有全面的规定取而代之),《城市道路设计规范》、《公路工程技术标准》、《道路交通标志标线》、《公路养护安全作业规程》等规范标准为道路通行条件提供了基础标准。

(3) 交通事故调查与处理

交通事故调查与处理是公安机关交通管理部门依据有关规定对发生的交通事故进行处理的过程,主要包括道路交通事故的现场勘查、收集证据、认定事故责任、开具处罚、调解赔偿等步骤,道路交通安全法规对交通事故的认定、交通事故现场处理措施和责任、交通事故处理程序、交通事故责任认定、交通警察执法职责、交通事故赔偿方案调解、交通事故案件的解决等多方面有全面的规定。

《道路交通安全法》对交通事故的调查和处理做了总体要求,《道路交通安全法实施条例》则对应将各条予以详细解释,《道路交通事故处理程序规定》、《关于道路交通事故现场勘查工作有关问题的通知》对交通事故的调查取证、现场管理、责任认定、事故记录等做了具体的规定,对交通事故的处理更具直接指导性,《道路交通安全违法行为处理程序规定》、《机动车驾驶员交通违章记分办法》则对交通事故中的违法行为进行了相应地处理规定。

(4) 交通违法行为处理

道路交通安全法规对交通违章处理的规定一般属于行政处罚的范畴,是对违反道路交通安全法律、法规行为人应当承担法律责任的规定,但也有属于刑法范畴,如醉酒驾驶。道路交通安全法规对违章行为的处理规定主要内容有处理主体管辖范围、道路交通安全违法行为界定、处理程序、调查取证、行政处罚措施的使用等几个方面。

《道路交通安全法》、《道路交通安全法实施条例》中车辆和驾驶人管理、道路通行条件、道路通行规则、交通事故处理等内容中均有对交通违法行为的描述,《道路交通安全违法行为处理程序规定》则对道路交通安全违法行为的处理过程及具体细节予以了详细的解释和规定,《机动车驾驶员交通违章记分办法》《公安机关办理行政案件程序规定》等法规、规章也有对道路交通安全违法行为的相应的规定内容。《中华人民共和国刑法》对醉酒驾驶、肇事逃逸等严重的道路交通安全违法行为做了相应的规定。

(5) 执法监督

道路交通安全的执法监督是指道路交通安全管理相关部门、新闻媒体以及广大民众对道路交通管理部门的执法行为、执法过程、执法效果、执法公平性等方面实施的监督制度。道路交通安全执法监督属于行政执法监督,我国主要的监督方式有各级人民代表大会及其常务委员会的权力机关监督、行政机关监督、司法机关监督、社会组织的监督、舆论监督和人民群众监督几种类型。关于公安机关交通管理部门执法要求的规范主要有:加强交通警察队伍建设;明确执法原则;规范警容风纪;严格执行收费、罚款规定;实行回避制度;行政监察、监督以及内部层级监督;社会和公民的监督及检举、控告制度,以及对交通执法行为的保障等规定。

《中华人民共和国警察法》《公安机关内部执法监督工作规定》《公安机关人民警察执法过错责任追究规定》等法律法规对公安机关交通警察执法有较为明确总体要求,《道路交通安全法》《道路交通安全管理条例》《道路交通事故处理程序规定》《道路交通法行为处理程序规定》等道路交通法律法规对交通警察的执法有更为详细、具体的规定。

四、《道路交通安全法》条例内容及适用范围

《道路交通安全法》是我国第一部全面规范交通活动中参与人权利与义务关系的基本法律,是道路交通法制建设的一个重要里程碑。

1. 内容简介

《道路交通安全法》共分八章一百二十四条,包括总则、车辆和驾驶人、道路通行条件、道路通行规定、交通事故处理、执法监督、法律责任和附则。

第一章 总则(第一~七条),包括立法宗旨、适用范围、道路交通安全管理工作的原则、管理体制、各有关部门在道路交通安全方面的职责和任务、道路交通安全教育以及道路交通安全工作科研等内容。

第二章 车辆和驾驶人(第八~二十四条),包括两节内容,分别对机动车和非机动车的登记制度,机动车号牌、证照的使用,机动车安全技术检验,强制报废制度,机动车驾驶人的资格、培训、驾驶证照的审验,对机动车驾驶人的管理教育,特殊用途车辆的使用,机动车第三者责任强制保险制度等作了规定。

第三章 道路通行条件(第二十五~三十四条)对道路交通信号,道路、停车场和道路配套设施,铁路道口、占用道路设施,人行横道和盲道等道路通行条件作了规定。

第四章 道路通行规定(第三十五~六十九条),包括五节内容,主要对车辆、行人、乘车人的道路通行作出了规定。第一节"一般规定",主要有:右侧通行、分道通行、专用车道专用通行、按照交通信号通行及无交通信号通行的原则、交通管制等规定。第二节"机动车通行规定",主要有:机动车行驶速度的原则,保持安全行驶距离和超车的原则,机动车通过路口、停车排队等候或者缓慢行驶有序通行、通过铁路道口、避让行人、载物的原则,

载人载货的限制规定、使用安全带和安全头盔、道路上发生故障的处理办法、特种车辆的行驶、拖拉机上道路行驶、机动车停放等规定。第三节"非机动车通行规定",主要有:非机动车行驶、残疾人机动轮椅车和电动自行车车道及最高时速,非机动车停放及畜力车的行驶规定。第四节"行人和乘车人通行规定",主要有:行人的通行、通过路口和横过道路、行人妨碍交通的行为、儿童和残疾人的通行、行人通过铁路道口及乘车人的规定。第五节"高速公路的特别规定",主要有:高速公路通行的限制性规定,机动车在高速路上发生故障时的处理规定,禁止在高速公路上拦截检查行驶的车辆的规定等。

第五章 交通事故处理(第七十～七十七条),主要对交通事故发生后当事人的处理方法、交通事故逃逸车辆的举报、交通警察对事故处理、公安交管部门对交通事故的认定、道路交通事故损害赔偿争议的解决方式、抢救事故中受伤人员及抢救费用的支付、车辆在道路外发生事故的处理等作了规定。

第六章 执法监督(第七十八～八十六条),主要是对公安机关交通管理部门及其交通警察依法执政、文明执法和规范执法的相关规定。

第七章 法律责任(第八十七～一百一十八条),主要包括道路交通违法行为的处罚机关执法人员、处罚依据、处罚种类、具体违法行为的处罚规定等。

第八章 附则(第一百一十九～一百二十四条),道路、车辆、非机动车、机动车交通事故等名词的解释及有关问题的说明。

2. 适用范围

(1) 对道路的适用范围

《道路交通安全法》规定:道路是指公路、城市道路和虽在单位管辖范围但允许社会机动车通行的地方,包括广场、公共停车场等用于公共通行的场所。

(2) 对人的适用范围

对人的适用范围主要指机动车驾驶员、行人、乘车人以及道路上从事施工、管理、维护交通秩序以及处理交通事故的人员。此外,还有道路施工单位、交通设施养护管理部门、道路主管部门、专业运输单位等。

(3) 对车辆的适用范围

车辆主要包括机动车和非机动车。机动车是指以动力装置驱动或牵引,在道路上行驶的供人员乘用或者用于运输物品以及进行工程专项作业的轮式车辆。非机动车是指以人力或畜力驱动,在道路上行驶的交通工具,以及虽有动力装置驱动但设计最高时速、空车质量、外形尺寸符合国家有关规定的残疾人机动轮椅车、电动自行车等交通工具。

第二节 道路交通活动参与者职责

一、道路通行主体相关规定

1. 车辆管理规定

车辆是道路交通安全管理中的重要因素,车辆的使用性能、结构及技术状况直接影响交通安全状况,加强车辆管理对于保障道路交通安全具有重要意义。

道路交通安全法律法规中对于车辆管理作了详细规定,已经形成了以《道路交通安全法》、《道路交通安全法实施条例》为总纲,《机动车登记规定》、《机动车运行安全技术条件》、《机动车维修管理规定》、《机动车修理业、报废机动车回收业治安管理办法》、《机动车号牌生产管理办法》等规章、规范为指导的法律法规体系,为车辆管理提供了有利的法律依据。

《道路交通安全法》中关于车辆的管理内容主要有:

(1) 机动车注册、变更、转移、抵押注销等登记规定,包括机动车的号牌申领、登记程序、登记材料等内容。

(2) 机动车检验管理规定,包括检验时限、检验项目、检验程序等内容。

(3) 机动车报废规定,包括废旧机动车的回收单位、报废时间、报废过程等内容。

(4) 警车、救护车、消防车、工程救险车等特殊车辆的使用管理规定。

(5) 境外机动车进入我国境内的管理规定。

(6) 非机动车的登记及行驶条件等。

2. 机动车驾驶员管理规定

机动车驾驶员是道路通行的主体的核心成员之一,其驾驶行为很大程度上决定着道路交通的安全程度。道路交通安全法律法规对驾驶员的管理也形成较为系统的条文,《道路交通安全法》、《道路交通安全法实施条例》对机动车驾驶员的资格、通行权利、处罚等具有明确的规定,《机动车驾驶证申领和使用规定》、《机动车驾驶员考试办法》、《机动车驾驶员交通违章记分办法》、《机动车驾驶员培训学校(班)管理办法》等法规为机动车驾驶员的管理提供了有力的法律依据。

《道路交通安全法》对机动车驾驶员的规定主要有:

(1) 机动车驾驶证的申领资格。

(2) 机动车驾驶的注意事项,如事先学习交通安全法律法规、学习驾驶由教练陪同等内容。

(3) 机动车驾驶员违法行为的处理。

(4) 机动车驾驶证的使用。

3. 其他道路通行主体管理规定(乘车人、骑车人、行人)

对其他道路通行主体的管理规定主要包括行人的通行规则、交通行为、违法处理,对特殊群体(学龄前儿童、盲人、精神疾病患者、智障者等)的保护规则,对乘车人的行为规则规定等内容。

《道路交通安全法》第六十一条至第六十六条均是对其他道路通行主体的管理规定,如第六十一条:行人应当在人行道内行走,没有人行道的靠路边走,第六十四条:学龄前儿童以及不能辨认或者不能控制自己行为的精神疾病患者、智力障碍者在道路上通行,应当由其监护人、监护人委托的人或者对其负有管理、保护职责的人带领。盲人在道路上通行,应当使用盲杖或者采取其他导盲手段,车辆应当避让盲人。

4. 交通参与者的通行权利

交通参与者在参与交通活动中的享受的权利主要是路权,即交通参与者根据交通法规的规定,在一定时间和空间范围内在道路上进行交通活动的权利,分为通行权和先行权。

通行权是指道路通行主体根据交通法律、法规的规定在道路某一空间范围内进行交通活动的权利。道路通行主体在享受道路通行权的同时不得侵犯他人的通行权利。

有通行权的道路通行主体在通过交叉路口及借道行驶的条件下实现自己的通行权时,容易产生冲突,因此,需要设立先行权来规定道路通行秩序。先行权是建立在通行权基础之上,是指道路通行主体根据交通法律法规的规定所享有的优先使用道路进行交通活动的权利,属于"时间优先"范畴。

机动车在行驶过程中表现为在道路上的通行权利,包括通行许可权、优先通行权、借道通行权、占用道路权。行人在道路上行走过程中的权利主要体现为道路的使用权利,主要是通行许可权和优先通行权。

道路通行权、先行权的明确通常通过交通信号、交通标志标线、固定设施等道路交通管理设施来实现。

5. 道路通行条件和通行规则

道路通行主体除享受道路通行的权利,必须满足道路通行条件要求,遵守通行规则,即权利相对的"义务"。道路通行主体应尽的义务主要是保证道路交通安全,如靠右行驶、各行其道、让行遵守交通法规等义务。

《道路交通安全法》对道路通行主体规定的义务有:

(1) 根据道路条件和通行需要,道路划分为机动车道、非机动车道和人行道的,机动车、非机动车、行人实行分道通行。

(2) 按照交通信号通行,无信号时,确保交通安全,维护道路交通秩序。

(3) 机动车经过人行横道时减速避让行人。

(4) 与警车、救援车、消防车等特殊车辆的让行。

(5) 机动车驾驶遵守有关交通安全规定。

(6) 行人、非机动车遵守交通安全规定。

二、道路交通管理者的职责

道路交通管理者是保障道路交通安全、维护道路交通运行秩序、提高道路通行效率的重要因素,是道路交通的最直接参与者之一。

《道路交通安全法》、《道路交通安全法实施条例》等法律法规均十分强调公安机关交通管理部门在执法活动中的依法管理,各法律法规均有对道路交通管理者的职责说明,用"执法监督"一章以明确道路交通管理者的执法依据、违法处理等情况。《道路交通安全法》中对道路交通管理者的职责明确有:

(1) 分权限负责辖区范围道路交通安全管理工作。国务院公安部门负责全国道路交通安全管理工作,县级以上各级人民政府公安机关交通管理部门负责本行政区域内的道路交通安全管理工作。

(2) 依法实施道路交通安全监督管理工作,做到公正、严格、文明、高效。

(3) 接受行政监察机关、上级公安机关监督部门、人民群众、社会舆论等依法实施的监督。

(4) 处理交通警察的违法行为。

三、其他部门的职责

道路交通安全既需要车辆、驾驶员、乘车人等道路通行主体遵守道路交通安全通行规则，也需要公安机关交通管理部门等管理方加强道路交通执法管理，双方的相互配合是实现道路交通安全通畅的保障。《道路交通安全法》、《道路交通安全法实施条例》等法律法规明确了政府所要承担的职责：

(1) 保障道路交通安全、有序、畅通。
(2) 适应经济社会发展，制定道路交通安全管理规划，并组织实施。
(3) 进行道路交通安全教育，提高公民的道路交通安全意识。
(4) 配置统一、标准的道路交通信号，保持交通信号灯、交通标志、交通标线等交通安全设施设备清晰、醒目、准确、完好。
(5) 做好道路交通安全设施的规划、设计、建设及管养工作，根据交通需求及时调整。
(6) 加强交通警察的管理，提高交通警察的素质和管理道路交通的水平。

第三节　道路交通事故处理

一、道路交通事故处理程序

1. 道路交通事故处理

道路交通事故处理是公安机关交通管理部门对车辆在道路上因过错或者意外造成的人身伤亡或者财产损失事件的处理，包括对交通事故的现场调查、证据收集、责任认定、行政处罚、损害赔偿调解等环节。交通事故处理的依据就是《中华人民共和国道路交通安全法》、《中华人民共和国道路交通安全法实施条例》、《道路交通事故处理程序规定》，需要追究责任人刑事责任的，依照《中华人民共和国刑法》和《中华人民共和国刑事诉讼法》的有关规定处理。

2. 道路交通事故处理程序

《道路交通事故处理程序规定》中规定了两类处理程序，分为简易程序和一般程序。

(1) 简易程序

道路交通事故中仅造成轻微财产损失，并未造成人员伤亡，基本事实清楚且当事人对事实及成因无争议愿意自行处理的事故类型，适用于简易程序。

《道路交通事故处理程序规定》中第十三条规定了适用于简易程序的道路交通事故：机动车与机动车、机动车与非机动车发生财产损失事故，当事人对事实及成因无争议的，可以自行协商处理损害赔偿事宜。车辆可以移动的，当事人应当在确保安全的原则下对现场拍照或者标划事故车辆现场位置后，立即撤离现场，将车辆移至不妨碍交通的地点，再进行协商。非机动车与非机动车或者行人发生财产损失事故，基本事实及成因清楚的，当事人应当先撤离现场，再协商处理损害赔偿事宜。

道路交通事故简易程序处理可以有效提高事故处理效率、减少交通拥堵、提高道路运行效率和避免次生事故发生,对节约社会资源具有重要意义。

(2) 一般程序

对造成重大财产损失、人员伤亡等不适用简易程序处理的道路交通事故,采用一般程序处理。

根据《道路交通安全法》、《道路交通事故处理程序规定》等有关法律法规的规定,公安机关交通管理部门对道路交通事故的处理一般分为报警与受理、现场处置与现场调查、责任分析与认定、处罚执行、损害赔偿调解等步骤。《道路交通事故处理程序规定》中除第四章为简易处理程序外,其余章节均为一般程序的处理的规定。

(3)《道路交通事故处理程序规定》内容

全文分十一章,共八十七条法规条文,对道路交通事故处理的管辖主体、立案调查、现场处置、责任认定、处罚决定、损害赔偿调解、执法监督、适用条件等做了明晰的规定。

第一章 总则,主要规定了立法的目的、执法主体资格要求。

第二章 管辖,主要规定了道路交通事故处理的发生管辖地、管辖部门的处理权限。

第三章 报警和受理,规定了道路交通事故报警的情形、事故现场的基本保护、警察笔录内容等相关内容。

事故受理后一般需进行立案,是交通事故处理的前提,只有经过立案才能开展调查工作。交通事故经先期调查,凡是符合规定的交通事故案件立案条件的,应当填写《交通事故立案登记表》。

第四章 自行协商和简易程序,对适用于简易程序道路交通事故的类型、处理过程、处理方式、处理要求、记录内容等做了具体规定。

简易程序处理一般需一名警察即可,警察或当事人对现场拍照或者标划事故车辆现场位置后,当事人应立即撤离现场,将车辆移至不妨碍交通的地点,再进行协商,对应当自行撤离现场而未撤离的,交通警察应当责令当事人撤离现场。当事人自行协商达成协议的,填写道路交通事故损害赔偿协议书,并共同签名。交通警察应当根据现场固定的证据和当事人、证人叙述等,认定并记录道路交通事故各项要点。

第五章 调查,共分为四节,对适用于一般程序的道路交通事故的一般规定、现场处置与现场调查、交通肇事逃逸查缉、事故的检验与鉴定等做了具体的规定。

事故调查是交通事故受理立案后的重要内容,也是分析和处理事故的基础性工作,实际中事故调查做得越细致,对事故分析和处理越有利。现场调查与现场处置包括时间调查、空间调查、当事人生理心理状况调查、事故后果调查、车辆和交通环境调查。

第六章 认定与复核,主要是道路交通事故责任的分析和认定,对责任的类别、承担相应责任的情形、责任认定书的内容及应用、责任认定后的复核工作等做出了具体的规定,是整个事故处理过程的关键一环,应当做到程序合法、事实清楚、证据确实充分、适用法律正确、责任划分公正。

事故责任的分析和认定以案情分析为基础,根据当事人的行为对发生道路交通事故所起的作用以及过错的严重程度,确定当事人的责任,并做出《道路交通事故责任认定书》。事故责任分为全部责任、同等责任、主要责任和次要责任四个类别。

第七章 处罚执行,是在责任认定明确后,对当事人的道路交通安全违法行为依法作出处罚。

第八章 损害赔偿调解，对道路交通事故调解的情形、调解期限、调解程序、调解书内容等的具体规定。

损害赔偿调解是在交通事故原因已查明、事故责任得以认定、交通事故损失确定后，由事故处理机关对当事人有关人员协调解决事故赔偿的处理过程，一般由公安机关交通管理部门执行，按照合法、公正、自愿、及时的原则，并采取公开方式进行。调解期限一般为30天，调解次数一般为2次，经调解达成协议后公安机关制作调解终结书，各方签字后生效，不服调解的，可上述至人民法院。

第九章 涉外道路交通事故处理，主要是对外国机动车或外国人在我国境内发生交通事故的相关处理事宜规定。

第十章 执法监督，对公安机关交通管理部门、人民法院、人民检察院等执法机关、司法机关在受理道路交通事故案件时的规定和监督。

第十一章 附则，对道路交通事故处理过程中涉及的管辖地处理权限、事故处理相关文件、术语等的解释与说明。

二、道路交通事故现场调查

道路交通事故现场调查是道路交通事故处理的基础工作，对现场调查工作的深入细致程度在一定程度上决定着事故处理的结果。现场调查与现场处置包括时间调查、空间调查、当事人生理及心理状况调查、事故后果调查、车辆和交通环境调查。时间调查包括交通事故发生时间、相关车辆出车时间、中途停车时间和收车时间等。空间调查主要是对事故现场的勘察，包括事故车辆调查、散落物、尸体等各种痕迹的调查。当事人生理及心理状况调查主要包括当事人的健康状况、精神状态、饮酒及药物的情况等。事故后果调查包括人员伤亡情况、财产损失情况调查。车辆和交通环境调查包括车辆技术性能分析、道路设施调查及气象环境等内容的调查。

道路交通事故现场勘查已在第六章"交通事故再现技术分析"中有详细介绍，本章不再赘述。

三、道路交通事故责任分析与认定

道路交通事故责任认定就是公安机关交通管理部门以道路交通事故案件调查分析为基础，对交通事故当事人有无违章行为，以及违章行为与交通事故后果之间的因果关系所进行的一种定性定量描述。《道路交通安全法实施条例》第九十一条明确规定：公安机关交通管理部门应当根据交通事故当事人的行为对发生交通事故所起的作用以及过错的严重程度，确定当事人的责任。

对道路交通事故责任认定是法律赋予公安机关交通管理部门的一项重要权利，是后续工作的基础，整个处理工作的中心环节。责任人认定是否准确，直接关系到整个事故处理工作的成败。责任认定的目的，一是为了确定事故损害赔偿的责任划分，二是为了追究肇事者的责任，三是能对其他交通参与者起到教育、警戒的作用，四是研究交通事故发生的规律，制定安全有效的安全防范措施和管理对策。

1. 道路交通事故责任分类

(1) 道路交通事故责任基本概念

道路交通事故责任是指车辆驾驶员、行人、骑车人、乘车人以及其他道路交通活动相关人员违反《道路交通安全法》和其他道路交通安全的法规或因过失造成人身伤亡、财产损失所应承担的责任。

道路交通事故的构成必须具备三个条件,首先是具有交通事故责任的主体,此主体是自然人,也可以是法人;其次是事故责任的主体必须存在交通违法行为,即交通违法行为是当事人违反道路交通安全的相关法律法规中规定禁止的行为;最后是违法行为和事故的发生与损害后果之间必须存在因果关系,如果道路交通参与主体虽有违法行为,但与事故的发生并无内在必然的联系,则不能认定是道路交通事故责任。

道路交通事故责任是公安机关交通管理部门对事故责任者教育、惩戒和界定损失赔偿的依据。道路交通事故责任与法律责任有密切的联系,但道路交通事故责任本身不是法律责任,与民事责任、刑事责任、行政责任等法律责任的内涵不同,法律责任的主体必须符合法定年龄,具有法定责任能力,而道路交通事故责任主体不受年龄、精神状况的限制。

(2) 道路交通事故责任分类

在交通事故处理中,不仅要求对事故当事人是否负有事故责任进行定性的认定(即有无责任的认定),还必须对当事人的事故责任进行定量的认定(即承担多大的责任),所以交通事故的责任必须进行定量的分类。根据合理、准确、可行的指导思想,把事故责任分为全部责任、主要责任、同等责任、次要责任和无责任五类。

① 全部责任。即道路交通事故完全是由一方当事人的交通违法行为造成的,另一方当事人没有任何违法行为,或者虽然有违法行为但其违法行为和交通事故无因果联系,则应由导致交通事故发生的一方当事人负该起交通事故的全部责任,另一方当事人则不负事故责任。

《道路交通事故处理程序规定》第四十六条规定:因一方当事人的过错导致道路交通事故的,承担全部责任。从道路交通事故类型来看,承担全部责任的情形主要有:

当事人肇事后逃逸造成事故现场变动、证据灭失,导致公安机关交通管理部门无法查证交通事故事实的,逃逸当事人承担全部责任。

当事人故意破坏、伪造现场,毁灭证据的,承担全部责任。

除了以上两种情形外,承担全部责任的情形还包括机动车驾驶员不遵守交通规则导致交通事故,而另一方无过错,一方当事人承担全部责任,如机动车通过有灯控路口时,不按所需方向驶入导向车道;机动车通过路口时违反交通信号的,机动车通过路口遇放行信号不依次通过的等,具体情形可参考《道路交通安全法》、《道路交通安全法实施条例》、《道路交通事故处理程序规定》、《道路交通违法行为处理程序规定》等法规、规章。

② 主要责任和次要责任。交通事故中,双方当事人都有违反交通法规的行为存在,违法行为和交通事故发生都有因果关系,但是程度有区别,情节有轻重,有的违法是造成事故的主要原因,有的违法行为是造成事故的次要原因。则应由违法情节较严重、造成事故主要原因的一方当事人承担事故的主要责任,另一方当事人承担事故的次要责任。

③ 同等责任。交通事故当事人都有违反交通法规的行为存在,这种违法与交通事故

的发生都有因果关系,且违法的情节轻重一样,在很难分清主次的情况下,则由双方当事人负事故的同等责任,即双方各负50%的责任。

④ 无责任,即事故当事人不承担道路交通事故责任。当事故当事人均无导致事故发生的过错,属于意外交通事故的,各方均无责任。一方当事人故意造成交通事故的,他方无责任。

2. 道路交通事故责任认定原则

清楚分析导致交通事故发生的原因之后,交通事故的责任也就基本确定。"以事实为依据,以法律为准绳"是我国司法工作的基本原则之一,也是交通事故责任认定的基本原则。

路权原则和安全原则是认定交通事故责任的重要法律依据。路权包括通行权和先行权,两者是紧密相连的,有了通行权才有先行权。在道路交通事故当事人都有违法行为,并且违法行为和事故发生有因果关系,又有违反路权的行为,根据路权原则无法认定事故责任时,则根据交通法规中的安全原则来认定事故当事人的责任。

从道路交通事故责任构成的三个基本条件来看,道路交通事故责任认定条件分两个方面,其一是通过交通事故当事人行为对发生交通事故的作用进行认定,即按照当事人行为对发生交通事故所起的作用、对事故后果产生作用大小进行认定;其二是根据当事人过错的严重程度进行认定,主要是判断当事人过错属于客观过错还是主观过错,进而对当事人的责任进行认定。

(1) 道路交通事故认定定性原则

① 当事人无交通违法行为,不应付事故责任。

② 当事人有交通违法行为但与事故发生无因果关系,不应负事故责任。

③ 当事人有违法行为且与事故发生有因果关系,应负事故责任。

(2) 道路交通事故责任认定定量原则

① 当事人违法行为扰乱了正常的道路交通秩序,破坏了交通法规中路权原则,是导致交通事故的主要的直接原因,此当事人的责任相对大于对方当事人。

② 当事人违法行为在事故的发生中只是促成因素并且起着被动或只起加重后果的作用,即违法行为是交通事故次要的、间接的原因是,此当事人的责任小于对方当事人。

3. 道路交通事故责任认定方法

道路交通事故认定情形分为一般情形和特殊情形。

(1) 一般情形,指当事人未发生与事故处理相抵触的行为,如逃避处罚。

① 根据违法行为与交通事故的因果关系认定交通事故责任。如果当事人交通违法行为是导致交通事故发生的直接原因,则当事人应承担责任。

② 根据路权原则认定交通事故。通常根据通行权和先行权的实现来认定,首先判断当事人是否违反通行权,然后判断是否违反优先权的顺序来判定是否承担道路交通事故责任。

③ 根据安全因素认定交通事故责任。当依据因果原则和路权原则认定交通事故责任困难时,可根据交通法规中的有关"确保安全"的规定,通过区分事故当事人过错行为与事故发生的因果关系及其程度差异,推定事故当事人责任的大小。

（2）特殊情形，指交通事故中有关当事人为逃避事故责任及处罚而采取的恶意不法行为，导致交通事故调查取证困难或使得事故现场无法勘查，进而出现事故原因不能查清楚的情形，如肇事后当事人逃逸及故意破坏、伪造现场，毁灭证据等。《道路交通安全法实施条例》中第九十二条明确规定：发生交通事故后当事人逃逸的，逃逸的当事人承担全部责任。但是，有证据证明对方当事人也有过错的，可以减轻责任。当事人故意破坏、伪造现场，毁灭证据的，承担全部责任。

另外一种特殊情形是推定责任，即针对交通事故当事人为逃避处罚或赔偿而出现的不报案或不及时报案而导致事故现场无法勘查，事故责任认定困难的情形，依法做出的一种特殊的交通事故责任结论。当事人一方有条件报案而未报案或未及时报案致使交通事故责任无法认定的，应当负全部责任；当事人各方均有条件报案而未报案或未及时报案的，使交通事故责任无法认定，应当负同等责任。但机动车与非机动车、行人发生交通事故时，机动车一方应当负主要责任，非机动车、行人一方应当负次要责任。

4. 道路交通事故责任认定举例

（1）全部责任和无责任

[例 9-1] 上下坡车辆相撞。

如图 9-1 所示，A、B 两车相遇在一条三级公路的上下坡段，坡度 5%，在 A 车下坡之前，B 车已进入坡段，两车相遇正面碰撞，导致 B 车翻出路外，车上驾驶员及乘客全部重伤，根据《道路交通安全法》规定，在没有中心隔离设施或者没有中心线的道路上会车时，下坡车未让上坡车先行导致交通事故事件，下坡车承担全部责任，即图中 A 车承担事故全部责任，B 车无责任。

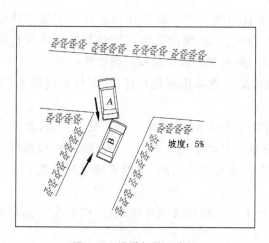 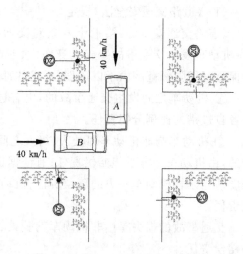

图 9-1　坡道相撞示意图　　　　图 9-2　交叉口车辆直角相撞示意图

（2）主要责任和次要责任

[例 9-2] 交叉口相撞。

如图 9-2 所示，A、B 两车通过支干不分的交叉路口时，都以 40 km/h 的速度（规定 20 km/h）行驶，B 车认为自己有优先通行的权力，A 车认为自己先进入路口，均以为对方能减速让车，距离很近时，已经措手不及，造成两车相撞，没有人员伤亡。

这次事故是因为两方判断错误,争道抢行,超过规定速度通过交叉路口,A 车没有按规定给 B 车让行,没有道路、车辆和其他方面的原因,此次事故 A 车驾驶员负主要责任,B 车驾驶员负次要责任。

(3) 同等责任

[例 9-3] 会车侧面相刮。

在路面宽 7 m,渣油路面的平直路段上,相向行驶的两辆客车,均是四挡中油门,在路中间行驶,在临近时两方刹车,减速避让,但已来不及,造成在路中心线处相刮的事故,如图 9-3 所示。

造成这次事故的原因是双方违反会车规定,应负同等责任。

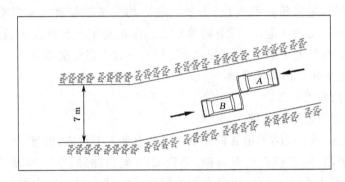

图 9-3 车辆会车侧面相刮示意图

5. 事故当事人的责任承担

(1)《道路交通安全法》规定

《道路交通安全法》第七十六条对交通事故相关当事人的责任确定给出了原则性规定:机动车发生交通事故造成人身伤亡、财产损失的,由保险公司在机动车第三者责任强制保险责任限额范围内予以赔偿;不足的部分,按照下列规定承担赔偿责任:

① 机动车之间发生交通事故的,由有过错的一方承担赔偿责任;双方都有过错的,按照各自过错的比例分担责任。

② 机动车与非机动车驾驶人、行人之间发生交通事故,非机动车驾驶人、行人没有过错的,由机动车一方承担赔偿责任;有证据证明非机动车驾驶人、行人有过错的,根据过错程度适当减轻机动车一方的赔偿责任;机动车一方没有过错的,承担不超过百分之十的赔偿责任。

交通事故的损失是由非机动车驾驶人、行人故意碰撞机动车造成的,机动车一方不承担赔偿责任。

(2) 事故当事人的责任承担

① 驾驶员违反交通规则或操作规程发生交通事故,由驾驶员负责。

② 在教练员监护下学员驾驶车辆发生交通事故,由教练员和学员共同负责。

③ 驾驶员把车辆交给无证人驾驶发生交通事故,由驾驶员负责。

④ 怂恿驾驶员违章行驶,发生交通事故,由怂恿人和驾驶员共同负责。

⑤ 迫使驾驶员违章行驶(驾驶员已提出申辩无效)发生交通事故,由迫使人负责。

⑥ 行人、乘客违反交通规则而造成事故,由行人、乘客负责。

⑦ 因道路条件不符合技术要求而引起的交通事故,由公路工程和道路养护部门负责。

⑧ 因保修质量差,以及能够检查而没有检查,发生机械故障以致肇事,由有关人员负责。

⑨ 因例行保养不好,发生机械故障以致肇事由驾驶员负责。

⑩ 因交通指挥错误,发生交通事故,由交通指挥人员负责。

四、道路交通事故处理

1. 事故当事人责任追究

公安机关交通管理部门对道路交通事故责任认定后,依据其责任的大小分别从行政、法律、经济等方面给予的处罚为事故当事人的责任追究。现行的责任追究方式包括:构成刑事犯罪的依法追究刑事责任;不构成刑事犯罪的,依照交通安全有关法律法规对其交通违法行为给予拘留或罚款、吊扣或吊销驾驶执照处罚。我国现有的处罚方式有行政处罚、民事处罚和刑事处罚。

(1) 刑事责任及其追究

对事故当事人的刑事责任追究是在交通肇事者的行为触犯了《刑法》的相关条款。《刑法》第一百三十三条规定:违反交通运输管理法规,因而发生重大事故,致人重伤、死亡或者使公私财产遭受重大损失的,即构成交通肇事罪,必须追究有关责任人的刑事责任。

交通肇事罪的构成需具备以下四个条件。

① 犯罪的主体必须是达到刑事责任年龄、具有刑事责任能力的,直接从事交通运输业、驾驶各种交通运输工具的驾驶员。

② 犯罪所侵害的客体是交通运输的正常秩序和交通运输安全。

③ 犯罪的主观方面必须是出于过失,即行为人在犯罪时的心理状态是出于过失,表现为疏忽大意的过失或出于自信的过失。

④ 犯罪的客观方面表现为从事交通运输的人员违反道路交通法规的规定而发生重大安全事故,致人重伤、死亡或者使公私财产遭受重大损失的行为。

交通肇事罪属于过失犯罪,在追究刑事责任时其处罚相对较轻。我国《刑法》第一百三十三条规定:违反交通运输管理法规,因而发生重大事故,致人重伤、死亡或者使公私财产遭受重大损失的,处三年以下有期徒刑或者拘役;交通运输肇事后逃逸或者有其他特别恶劣情节的,处三年以上七年以下有期徒刑;因逃逸致人死亡的,处七年以上有期徒刑。下面是具体的情况:

具有下列情形之一的,处三年以下有期徒刑或者拘役:

① 死亡一人或重伤三人以上,负事故全部责任或主要责任的。

② 死亡三人以上,负事故全部责任或主要责任的。

③ 造成公共财产或他人财产遭受重大损失,负事故全部责任或主要责任,无能力赔偿数额在三十万元人民币以上的。

具有下列情形之一的,可视为"情节特别恶劣",处三年以上七年以下有期徒刑:

① 死亡二人以上或重伤五人以上,负事故全部责任或主要责任的。
② 死亡六人以上,负事故同等责任的。
③ 造成公共财产或他人财产遭受重大损失,负事故全部责任或主要责任,无能力赔偿数额在六十万元人民币以上的。

交通肇事逃逸后因逃逸致人死亡的,处七年以上有期徒刑

关于醉酒驾驶。修改后的《道路交通安全法》自2011年5月1日起施行。根据新法规定,"饮酒后驾驶机动车的,处暂扣六个月机动车驾驶证,并处一千元以上二千元以下罚款。因饮酒后驾驶机动车被处罚,再次饮酒后驾驶机动车的,处十日以下拘留,并处一千元以上二千元以下罚款,吊销机动车驾驶证。醉酒驾驶机动车的,由公安机关交通管理部门约束至酒醒,吊销机动车驾驶证,依法追究刑事责任;五年内不得重新取得机动车驾驶证。饮酒后驾驶营运机动车的,处十五日拘留,并处五千元罚款,吊销机动车驾驶证,五年内不得重新取得机动车驾驶证。醉酒驾驶营运机动车的,由公安机关交通管理部门约束至酒醒,吊销机动车驾驶证,依法追究刑事责任;十年内不得重新取得机动车驾驶证,重新取得机动车驾驶证后,不得驾驶营运机动车。"《刑法》修正案(八)增设"危险驾驶罪",首次将"醉酒驾驶机动车"、"在道路上驾驶机动车追逐竞驶"等严重危害公共安全的交通违法行为纳入其中。修正后的《刑法》明确规定:在道路上驾驶机动车追逐竞驶,情节恶劣的,或者在道路上醉酒驾驶机动车的,处拘役,并处罚金。有前款行为,同时构成其他犯罪的,依照处罚较重的规定定罪处罚。

(2) 行政责任及其追究

交通安全法规属于行政法范畴,大部分的道路交通事故责任属于行政责任,对发生道路交通事故的负有责任的当事人,当其法律后果尚不够刑事处罚时,均应追究其行政责任。

行政处罚根据《道路交通安全法》规定执行,根据违法行为确定处罚方式,包括警告、罚款、吊扣驾驶证、吊销驾驶证及行政拘留等,具体情形如下(仅列几条,不限于此):

① 行人、乘车人、非机动车驾驶人

违反道路交通安全法律、法规关于道路通行规定的,处警告或者五元以上五十元以下罚款;非机动车驾驶人拒绝接受罚款处罚的,可以扣留其非机动车。

② 机动车驾驶人、机动车所有人

机动车驾驶人违反道路交通安全法律、法规关于道路通行规定的,处警告或者二十元以上二百元以下罚款。

机动车驾驶人或机动车所有人有下列行为之一的,由公安机关交通管理部门处二百元以上二千元以下罚款:未取得机动车驾驶证、机动车驾驶证被吊销或者机动车驾驶证被暂扣期间驾驶机动车的(此条可并处十五日以下拘留);将机动车交由未取得机动车驾驶证或者机动车驾驶证被吊销、暂扣的人驾驶的(此条可并处吊销机动车驾驶证);造成交通事故后逃逸,尚不构成犯罪的(此条可并处十五日以下拘留);机动车行驶超过规定时速百分之五十的(此条可并处吊销机动车驾驶证);强迫机动车驾驶人违反道路交通安全法律、法规和机动车安全驾驶要求驾驶机动车,造成交通事故,尚不构成犯罪的(此条可并处十五日以下拘留);违反交通管制的规定强行通行,不听劝阻的;故意损毁、移动、涂改交通设

施,造成危害后果,尚不构成犯罪的;非法拦截、扣留机动车辆,不听劝阻,造成交通严重阻塞或者较大财产损失的(此条可并处十五日以下拘留)。

驾驶拼装的机动车或者已达到报废标准的机动车上道路行驶的,公安机关交通管理部门应当予以收缴,强制报废。对驾驶拼装或报废机动车上道路行驶的驾驶人,处二百元以上二千元以下罚款,并吊销机动车驾驶证。

③ 客货运企业

公路客运车辆载客超过额定乘员的,处二百元以上五百元以下罚款;超过额定乘员百分之二十或者违反规定载货的,处五百元以上二千元以下罚款。

货运机动车超过核定载质量的,处二百元以上五百元以下罚款;超过核定载质量百分之三十或者违反规定载客的,处五百元以上二千元以下罚款。

有上述两款行为的,由公安机关交通管理部门扣留机动车至违法状态消除,运输单位经处罚不改的,对直接负责的主管人员处二千元以上五千元以下罚款。

④ 机动车生产制造企业、技术检验机构

机动车安全技术检验机构不按照机动车国家安全技术标准进行检验,出具虚假检验结果的,由公安机关交通管理部门处所收检验费用五倍以上十倍以下罚款,并依法撤销其检验资格。

公安机关交通管理部门对当事人实施行政处罚时,应制作《道路交通事故处罚裁决书》,分别送交当事人、被处罚人的工作单位和被处罚的机动车驾驶员现籍车辆管理部门。

(3) 民事责任及其追究

道路交通事故的民事责任追究是指由于交通事故引起当事人人身和财产受到损失而实施的责任追究。由于道路交通事故是由交通肇事者的侵权行为而导致他人人身或财产受到伤害、损失,因此肇事者应当承担侵权责任。

2. 事故损害赔偿

交通事故责任者应当按照所负的交通事故责任承担相应的损害赔偿责任。损害赔偿的总数额就是交通事故的直接经济损失,具体项目有:医疗费、误工费、住院伙食补助费、护理费、残疾者生活补助费、残疾用具费、丧葬费、死亡补偿费、被抚养人生活费、交通费、住宿费和车物损失折款。

各当事方的赔偿金额按下式计算:

$$P_i = K_i \cdot Q \quad (i = 1, 2, \cdots, n)$$

式中:P_i——当事人各方赔偿标准$(i = 1, 2, \cdots, n)$;

K_i——当事人各方的赔偿系数$(i = 1, 2, \cdots, n)$,全部责任 $K_i = 1$,主要责任 $K_i = 0.51 \sim 0.99$,同等责任 $K_i = 0.5$,次要责任 $K_i = 0.01 \sim 0.49$,$\sum_{i=1}^{n} K_i = 1$;

Q——表示直接经济损失。

《道路交通安全法实施条例》第九十五条规定:"交通事故损害赔偿项目和标准依照有关法律的规定执行"。这当然符合立法的合法性和科学性精神,但由于目前国家并未就交通事故损害赔偿项目和标准制定相应的法律,而涉及人身损害赔偿的标准只有最高人民法院颁布的《关于审理人身损害赔偿案件适用法律若干问题的解释》(简称《人身损害赔偿解释》)。因此,人民法院在审理交通事故损害赔偿案件时,确定赔偿项目及标准只能依据该司法解释。

涉及人身损害赔偿的其他案件的赔偿项目和标准主要包括以下三部分:一、农村居民与城市居民区分标准;二、道路交通事故赔偿项目的赔偿标准;三、道路交通事故财产赔偿金额的赔偿标准。

(1) 道路交通事故赔偿项目的赔偿标准

《人身损害赔偿解释》在赔偿项目方面和赔偿标准方面贯彻了全面赔偿的原则。其中赔偿项目方面增加了康复费、后续治疗费两项,并用"残疾赔偿金"代替"残疾者生活补助费"。《人身损害赔偿解释》第十七条、第十八条的规定:

① 受害人遭受人身损害的赔偿项目包括:医疗费、误工费、护理费、交通费、住宿费、住院伙食补助费、必要的营养费。

② 受害人因伤致残的赔偿项目除第①项外还包括:残疾赔偿金、残疾辅助器具费、被扶养人生活费,以及因康复护理、继续治疗实际发生的必要的康复费、护理费、后续治疗费。

③ 受害人死亡的赔偿项目包括:除第①项费用外,还包括赔偿丧葬费、被抚养人生活费、死亡补偿费以及受害人亲属办理丧葬事宜支出的交通费、住宿费和误工损失等其他合理费用。

④ 受害人或者死者近亲属遭受精神损害的慰抚金。

(2) 道路交通事故财产赔偿金额赔偿标准

① 残疾赔偿金的赔偿标准

《人身损害赔偿解释》第二十五条规定,残疾赔偿金根据受害人丧失劳动能力程度或者伤残等级,按照受诉法院所在地上一年度城镇居民人均可支配收入或者农村居民人均纯收入标准,自定残之日起按二十年计算。但六十周岁以上的,年龄每增加一岁减少一年;七十五周岁以上的,按五年计算。

残疾赔偿金的赔偿标准包括三个方面:鉴定残疾赔偿金的性质(财产损害还是精神损害赔偿)、丧失劳动力程度的认定和伤残等级的认定,分别依据《中华人民共和国侵权责任法》、《工伤保险条例》和《道路交通事故受伤人员伤残评定》(GB 18667—2002)三个法律法规。

② 被抚养人的生活费的赔偿标准

《人身损害赔偿解释》则规定以城镇居民人均消费性支出和农村居民人均年生活消费支出标准,也体现赔偿与损害的一致。同时,《人身损害赔偿解释》规定被扶养人是未成年人的计算至十八周岁,六十周岁以上年龄每增加一岁减少一年;七十五周岁以上的按五年计算。

③ 死亡赔偿金的赔偿标准

《人身损害赔偿解释》放弃了《精神损害赔偿解释》(法释[2001]7号)对死亡赔偿采取"抚养丧失说"进行解释的立场,而是以"继承丧失说"解释我国有关法律规定中的死亡赔偿制度。按照这一新的立场,死亡赔偿金的内容是对收入损失的赔偿,其性质是财产损害赔偿,而不是精神损害赔偿。死亡赔偿金按照受诉法院所在地上一年度城镇居民人均可支配收入或者农村居民纯收入标准,按二十年计算。但六十周岁以上的,年龄每增加一岁减少一年;七十五周岁以上的,按五年计算。

④ 残疾辅助器具赔偿标准

《人身损害赔偿解释》第二十六条规定,残疾辅助器具费按照普通适用器具的合理费用标准计算。伤情有特殊需要的,可以参照辅助器具配制机构的意见确定相应的合理费用标准。辅助器具的更换周期和赔偿期限参照配制机构的意见确定。

⑤ 医疗费赔偿标准

《人身损害赔偿解释》在医药费等具体损失上采取差额赔偿方式,实际支出多少即赔偿多少的原则,对后续治疗费采取定型化赔偿的标准。

《人身损害赔偿解释》第十九条规定:医疗费根据医疗机构出具的医药费、住院费等收款凭证,结合病历和诊断证明等相关证据确定。赔偿义务人对治疗的必要性和合理性有异议的,应当承担相应的举证责任。医疗费的赔偿数额,按照一审法庭辩论终结前实际发生的数额确定。器官功能恢复训练所必要的康复费、适当的整容费以及其他后续治疗费,赔偿权利人可以待实际发生后另行起诉。但根据医疗证明或者鉴定结论确定必然发生的费用,可以与已经发生的医疗费一并予以赔偿。

除以上主要的赔偿费用外,还有误工费、护理费、交通费、住院伙食补助费、营养费、丧葬费等赔偿费用,具体赔偿标准可参照《人身损害赔偿解释》。

3. 调解和终结

调解和调解终结是公安交通管理机关在事故处理中采用的两种结案方式。

(1) 调解

交通事故的调解可以通过会议的形式进行,也可以个别协商。调解取得一致意见,对经济责任及有关事宜达成协议后,形成调解协议书,当事各方签字生效。调解协议书的内容主要包括事故的简要经过、因果关系分析、违章行为及违反规定的具体条款、当事人责任的具体划分、造成的损害及经济赔偿的项目和金额、善后处理意见。

调解期限为 30 天,必要时可以延长 15 天。调解从治疗终结、定残之日、规定的丧葬结束之日或确定财产之日起计算。

(2) 调解和终结

调解终结是在结案工作条件已经基本成熟,调解期满后,但一方、双方或多方持反对意见,拒绝接受处理意见,经过反复做工作后仍不接受时,事故处理机关不再调解,当事人可以向人民法院提起民事诉讼。

调解终结书的内容除应具有调解书的内容之外,还应写明意见的分歧、裁决的依据和处理结论。

五、道路交通事故档案及统计

1. 交通事故档案

交通事故档案全部的、客观的记载着交通事故的全过程,它是分析交通事故的原始素材,通过对大量交通事故的分析,找出发生交通事故各方面的原因,诸如主观方面的原因和客观方面的原因,如行政、技术和教育方面的原因,人员、车辆、道路、环境方面的原因等,进而研究和判定减少交通事故的防范措施,做出从各方面防止交通事故的对策。事故档案还是交通安全教育宣传和预防事故教育的重要原始资料,同时也为了在一定时间内供有关部门复核案件使用,其主要内容有:交通事故处理批文;交通事故处理意见书;交通事故处理协议书或裁决书;驾驶员处分通知书;现场勘查记录;事故现场图;事故现场摄影;综合材料;车辆技术鉴定;道路技术鉴定;讯问当事人笔录;旁证材料;尸体检验记录;受伤人员诊断书;其他有关资料。

2. 道路交通事故报告

信息技术的发展为道路交通事故处理提供了新的处理方式,事故处理信息系统的应用成为事故处理的重要手段。为保障全国统一的道路交通事故处理信息系统(简称事故处理系统)安全、可靠、高效运行,规范道路交通事故处理工作,公安部根据《道路交通安全法》及其实施条例、《道路交通事故处理程序规定》等法律法规及规章制定了《道路交通事故处理信息系统使用规定》(简称《系统使用规定》),于2009年7月1日起施行。

《系统使用规定》要求各级公安机关交通管理部门处理道路交通事故应当使用事故处理系统,并保证系统的安全运行。在事故处理过程中,区市、县级公安机关交通管理部门应当在事故现场勘查结束后24小时内将事故快报信息录入事故处理系统,并在事故处理过程中,及时更新事故基础信息和事故处理相关业务信息。对于因客观原因导致网络不通的,应当及时填写24小时事故信息快报上报设区市级公安机关交通管理部门,由设区市级公安交通管理部门进行远程录入。事故基础信息分为适用一般程序处理的事故信息和适用简易程序处理的事故信息。事故处理相关业务信息包括案件受理信息、现场勘查信息、车辆及物品扣押和返还信息、调查取证信息、事故认定信息、损害赔偿调解信息、结案归档信息、刑事案件信息、协查通报信息、事故认定撤销信息、相关案卷文书信息。各级公安机关交通管理部门应当通过事故处理系统定期汇总、审核、编制道路交通事故统计报表,定期分析和研判道路交通事故情况,提出预防事故对策,按照规定定期向有关部门通报道路交通事故情况,及时提供道路交通事故信息。

(1) 道路交通事故处理信息系统一般根据事故处理流程开发和使用,其功能模块包括简易程序、一般程序、归档管理、系统监控等。

(2) 事故处理信息系统由公安机关交通管理部门管理,相关人员有唯一的用户名和密码登录。

(3) 简易程序功能模块用于录入简易程序处理的事故信息,包括相关人员信息、车辆信息、环境情况、责任人过错等,最后根据交通事故基本信息和调解结果生成《事故认定书》。

(4) 一般程序分为调查取证、事故认定、事故调解、扣留扣押管理、其他文书、刑事案件及结案管理等几个主要子模块。

① 调查取证阶段信息系统管理首先是受理案件登记,自动生成报警信息,然后是现场图、现场勘查笔录、现场照片、询问笔录等现场勘查信息的录入,最后是提请立案审批登记,审批领导做出是否审批决策,对于不立案事故,制作不立案通知书。对于未能及时录入的信息处理,一般设立补录信息。因抢救受伤人员需要保险公司或社会救助基金支付(垫付)抢救费用的,公安机关交通管理部门制作《交通事故抢救费支付(垫付)通知书》通知保险公司或社会救助基金,并对相关的事故证据图片、检验鉴定、尸检处理等信息进行录入,生成相关处理证书。

② 事故责任认定的信息管理事故调查报告书的制作、事故认定文书制作等内容,需

录入事故发生时间、地点、当事人信息、责任认定书、事故报告书等内容,自动生成《交通事故调查报告书》、《交通事故认定书》和《交通事故证明》。调查取证必要步骤已经处理完,提请领导审批是否同意调查报告结果,审批同意以后,结束调查取证流程。若交通事故处理中止,则填写制作《呈请事故认定中止报告书》。

③ 事故调解过程中由交警根据申请人的申请书录入调解信息,制作《交通事故调解记录》,调解事宜完成后,录入调解结果信息,制作《交通事故损害赔偿调解书》、《交通事故损害赔偿调解终结书》,若不予以调解,则说明理由,制作《交通事故处理(不予调解)通知书》。

④ 事故处理过程中需扣留扣押车辆、物品的,需登录信息系统对扣留扣押的车辆物品基本信息进行登记,生成《扣押物品清单》,返还扣留扣押物品时,需录入扣押物品返还的时间和接收人的信息等。

⑤ 一般程序的其他文书处理包括事故认定书的送达回执、交通事故处理通知书、交通事故处理工作记录等,在处理完相关事宜后填写记录,自动生成。

⑥ 交通事故刑事案件的信息录入除事故基本信息外,还需录入刑事立案日期,和拘捕、取保候审等信息。对事故责任人实施终身禁驾的录入生效日期、处罚机关、发证机关等信息,选择领导审批。

⑦ 事故结案的信息管理首先根据信息系统自动生成的已经完成事故认定的事故,检查系统制作的各类文书是否齐全,生成《交通事故案卷目录》,确认结案。

(5) 对于已经结案的交通事故,相关人员需进入系统进行事故归档,录入档案编号、归档日期等内容,由系统自动分类归档。

(6) 对于逃逸事故的信息管理需单独管理,记录逃逸事故的协查通报,查询其余地区协查通报情况等。

(7) 交通事故的统计、查询等也是事故处理信息系统的重要功能,其子模块一般包括处理案件查询、案件时限查询、退回案件查询、处理案件统计、刑事案件查询、扣留物品查询等。

(8) 为防止录入及处理过程的失误,信息系统各模块中有"删除/修改记录"等功能,但须专职人员操作。

事故处理系统在事故统计系统的基础上,实现了事故处理的快速化、事故管理的自动化、事故文档的电子化、事故处理程序的规范化,是提高工作效率,加强对工作的指导、监督,实施规范化管理的重要措施。

六、交通事件管理

1. 交通事件管理的定义

美国交通事件管理手册(Traffic Incident Management Handbook 2000)定义交通事件为引起道路通行能力降低或者交通需求突增的非周期性事件。典型的交通事件包括交通事故、车辆抛锚、货物洒落、道路养护施工、极端天气等。

大多数的交通事件可归类为车辆抛锚事件,约占总量的80%。交通事故仅占所有事件总量的10%,大多数为轻微事故,较严重交通事故仅占所有事故总量的5%~15%,重大交通事故(如运输化学品泄漏)则更少。

据美国联邦公路局统计,在城市路网中,与交通事件相关的车辆延误超过总量的

50%,其中的25%是由交通事故、车辆抛锚、道路杂物、货物抛洒引起;约18%的高速公路致死交通事故是由二次事故导致的;在2002年,约50%的公职人员(警察、消防员、医护人员)殉职事件与交通事件存在直接关联。

交通事件管理(TIM)包括了交通事件检测、响应、处置和清除等一系列经周密组织计划、由多部门协作进行的管理活动,旨在交通事件发生后,尽可能快速、安全的恢复正常交通运行。有效的交通安全管理可减少交通事件的持续时间和负面影响,提升交通事件影响区域的安全水平,保障交通事件受害者和处置人员的安全。

2. 交通事件管理的参与者

(1) 交通警察

交通警察主要承担的职责有保障事件现场的安全、提供必要的医疗救助、保护个人财产、勘查交通事故现场、指挥交通事件处置、监管事件现场的清除工作、帮助受伤的驾乘者、指挥事件现场的交通运行等。

(2) 消防部门

消防部门主要承担的职责有保护交通事件现场、灭火及防止火灾、提供必要的医疗救助、危化品的初步处置及防止扩散、营救受困的事故受害者、协助交通事件清除、在交警未到时进行必要的交通控制等。

(3) 医疗救护部门

医疗救护部门主要承担的职责有提供现场医疗救助服务、确定重伤者的转送地点和交通方式、协助交警和消防进行疏散、为救治中心提供第一手信息、清除事故现场的医疗垃圾等。

(4) 交通指挥中心

交通指挥中心主要承担的职责有交通事件检测与验证、执行交通事件管理策略、事件影响区域的交通控制、交通事件信息的共享和交互、交通信息发布与诱导、道路设施损坏评估、各部门之间的协调和指令传达等。

(5) 其他相关部门

在重大事件下,如自然/人为灾害、危险物质泄漏等,政府应急部门负责多部门之间的协调,以充分利用救援资源,保障大范围人员疏散的安全;拖吊和清障部门承担从事件现场移除车辆、保护受害人财产和车辆、移除抛洒物的职责;危化品处理部门负责组织专业团队将有毒、易挥发的危险物质进行清除;大众媒体可通过网站、电台、手机客户端向公共及时发布交通事件信息。

3. 交通事件管理的基本流程

(1) 事件检测和验证

事件检测为识别潜在事件的过程,事件验证为确认事件及其类型和位置。常用的事件检测手段有路径巡逻、接处警和路侧救援电话、交通事件自动识别方法、视频监控等。

(2) 事件响应

基于不同交通事件的处置预案,合理调度和派遣人物力资源处置交通事件。交通警察通常担负确认事件、评估处置方法、请求必要援助等任务,并在整个事件处置过程中,起到指挥协调的作用。在发生重大事件的情况下,还需要各地交通指挥中心之间协同运作。

（3）事件清除

指救援队伍处理受伤人员，封闭车道，直到移除车辆和碎片后离开现场的这段时间，合理调度和使用清障设备、设施，有利于快速、安全的清除交通事件。

（4）事件恢复

交通事件清除后，车辆排队开始消散直到交通流恢复到正常交通状态，防止交通拥堵的进一步加剧，避免对路网其他区域造成显著影响。

4．现场交通管理

现场交通管理是在交通事件发生地点进行交通管理的一系列策略、规程和步骤。

（1）制定事件响应和清除的规程政策

① 制定分工明确、层级清晰、指令统一的交通事件指挥命令体系；

② 推广数字摄影测量等先进技术的应用加快交通事故现场勘查进度；

③ 制定不同危险物质和泄漏程度的处置规程、对处置人员进行培训和考核；

④ 制定相关法律法规，避免权责不明确影响事件处理进度；

⑤ 对拖吊服务进行专业认证，特别是大型货车翻覆的事故；

⑥ 装备可独立处置一般交通事件的多功能巡逻车辆，加强巡逻服务。

（2）保证响应人员的安全

① 规范化事件地点及周边区域交通管理；

② 确保响应人员经过相关方面的充分培训和严格训练，可规范使用各类交通控制设备、紧急灯光、正确停靠救援车辆等；

③ 确保所有人员穿着具有明显反光标识的服装。

（3）保证驾驶员的安全

① 对事件发生地和车辆排队末端进行交通控制；

② 规范使用交通控制设备与设施；

③ 合理调配救援和清障设施的分段到达；

④ 正确使用警示灯光。

（4）制定重大事件的处置规程

重大交通事件的处置往往能持续长达多个小时或甚至更久，包括危化品泄漏、极端天气、多车连环事故等。减小重大交通事件影响的基本策略包括：

① 对不同严重程度的交通事件，采取不同的措施和处置流程；

② 由不同部门资深和具备高执行权限的成员组成重大事件响应团队；

③ 有效掌握事件处置所需的各类人物力资源信息，形成资源清单；

④ 优化设备部署地点，使事件处理能够快速有效。

第四节　道路交通安全管理规划

一、规划目的

道路交通安全管理规划是政府及其职能部门为了在规划期内实现降低道路交通事

故、人员伤亡和财产损失的目标,在人、车、路、环境和管理等方面确定应采取的交通安全行动措施及其实施时序。其规划目的分为以下几个方面:其规划目的主要为现有的道路交通设施进行安全指导;对规划建设的道路交通设施进行安全评价;协调道路交通安全管理系统实现最大化的整合,以实现最大的管理效率和最有目标。《中华人民共和国道路交通安全法》(简称《道路交通安全法》)总则第四条明文规定:"县级以上地方各级人民政府应当适应道路交通发展的需要,依据道路交通安全法律、法规和国家有关政策,制定道路交通安全管理规划,并组织实施。"

二、规划层次

根据道路交通安全工作的特点及规划范围和规划侧重点的不同,道路交通安全管理规划一般可细分为道路交通安全管理战略规划、道路交通安全管理实施行动规划和道路交通安全专项整治规划,一般规划年限分别为5~10年、3~5年和1~3年。

在同一行政区域内,道路交通安全管理实施行动规划应服从于道路交通安全管理战略规划,道路交通安全专项整治规划应服从于道路交通安全管理实施行动和道路交通安全管理战略规划。地方政府可根据实际需要,单独编制某个层次的规划,或者根据不同规划期的需求,将各个层次的规划融合在一起编制。

三、规划流程

道路交通安全管理规划通过对历史和现状的道路交通安全状况的调查,全面掌握规划区域内道路交通安全的现状,提出其存在的主要问题;建立指标体系对各项主要影响因素进行评价,确定城市的道路交通安全水平;科学预测道路交通安全的发展趋势,明确道路交通安全的发展目标;以发展目标为指导,制定具体的规划方案,并进行评价和优化,如图9-4所示。

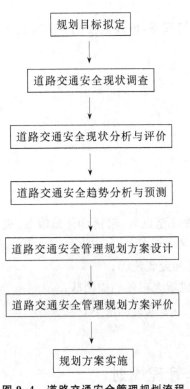

图9-4 道路交通安全管理规划流程

四、道路交通安全现状调查与分析

1. 道路交通安全现状调查内容与资料收集

道路交通安全现状调查是编制道路交通安全管理规划的基础,规划目标的确定以及规划方案的生成都要以道路交通安全现状调查为出发点。现状调查要达到以下目的:第一,了解规划区域中交通安全存在的问题,为交通安全管理方案的制定提供依据;第二,掌握规划区域交通事件的发生及发展规律,为交通安全发展水平预测提供依据;第三,为建立交通安全管理信息数据库提供基础资料。因此,调查内容也要满足道路交通安全管理规划的编制要求,主要包括下列几个方面。

(1) 道路交通安全影响因素

影响道路交通安全的各项软、硬件因素都属于道路交通安全现状调查的对象。常见的道路交通安全影响因素包括社会经济发展、土地利用、道路交通运行、道路交通基础设施建设、道路交通安全设施建设及维护、驾驶员的数量、机动车保有量等。

(2) 道路交通安全管理水平

道路交通安全管理水平的调查内容主要包括：道路交通安全管理法律规范、公安机关交通管理部门的警力配置及装备水平、道路交通事故信息系统的建设、道路交通安全管理机制、道路交通安全管理预案、道路交通安全宣传教育、驾驶员管理、车辆管理等。

(3) 道路交通事故数据

道路交通事故数据的调查内容包含道路交通事故处理系统中所涉及的大部分数据，例如，道路交通事故起数、死亡人数、受伤人数、直接财产损失、道路交通事故的主要原因、道路交通事故的时间特点、道路交通事故的空间特点、道路交通事故肇事者信息、道路交通事故肇事车辆信息、道路交通事故伤亡人员信息等。

道路交通安全现状调查资料的收集主要通过对道路交通安全调查对象进行筛选，选择对道路交通安全、道路交通安全管理起到主要影响作用的对象，建立交通安全信息数据库。道路交通安全现状调查资料主要包括交通事故资料、规划资料、社会经济资料、道路交通运输资料、道路交通安全设施资料和交通安全管理资料等。

2．道路交通安全管理评价

通过对地理位置、社会经济和道路交通情况、道路交通安全和安全管理状况的分析，综合评价规划区域的道路交通安全水平和交通安全管理水平。

(1) 道路交通安全评价指标体系

道路交通安全评价指标体系包括十万人口死亡率、百万车公里死亡率（或万车死亡率）和交通事故致死率三个指标，同时也可以包括百万车公里事故率（或万车事故率）等其他指标。详见本书第八章第一节。

(2) 交通安全管理评价指标体系

道路交通安全管理评价指标体系中，除了上述道路交通安全指标外，重点是各种管理类指标，如交通安全管理体制和政策、交通安全管理资金投入、交通安全管理设施（交通标志、标线、信号灯和隔离设施等）设置率和正确性、交通事故多发点或段整治率、交通事故接出警时间、交通肇事逃逸案件侦破率、机动车定期检验率和初检合格率、交通安全宣传教育状况、交通安全法律法规普及率、道路交通事故统计分析系统建设情况、道路交通安全执法情况、道路交通安全违法情况等。

五、道路交通安全趋势分析与预测

道路交通安全趋势分析与预测主要是分析社会、经济发展的特点和趋势，预测规划期内社会、经济发展水平，研究国家现有或未来可能采取的政策对未来道路交通安全的影响，阐明道路交通安全的发展特点。

1．社会经济及道路交通发展趋势分析

(1) 社会经济发展趋势分析

社会经济发展趋势分析主要是对规划区域城镇和人口分布、经济结构、产业结构和运输结构等进行相关分析,并分析社会经济发展的趋势和规划区域内可能产生的新变化和新特点对道路交通安全的影响。

(2) 道路交通发展趋势分析

道路交通发展趋势分析主要是对规划区域内机动车保有量、交通量、交通组成、交通时空分布等进行趋势分析,采用多种方法预测规划期机动车保有量水平。

2. 道路交通安全发展预测

道路交通安全发展预测主要是分析规划期内交通事故特征的变化趋势,提出规划期内道路交通事故的起数、死亡人数等指标预测水平。

道路交通安全发展预测应以社会经济发展规划和综合交通运输发展规划为依据。当规划区域无明确的社会经济发展规划和综合交通运输发展规划时,应对规划区域社会经济的发展和综合交通运输的发展进行分析预测,但预测的结果需经有关部门认可或专家咨询后才能使用。

道路交通安全发展预测主要是对道路交通事故进行预测分析,一般可采用专家法和模型法,专家法是采用专家系统的经验为依据,对预测指标及其预测结果进行判断,并根据专家意见进行修正,直至基本满意为止。模型法的介绍详见本书第八章第二节。

六、道路交通安全管理规划方案设计

1. 道路交通安全管理战略规划

道路交通安全管理战略规划主要任务是:通过深入的调查、必要的实地勘测和科学的定量定性分析,在剖析、评价道路交通安全和安全管理现状,揭示其内在矛盾及预测、分析道路交通安全发展趋势的基础上,提出规划区域规划期的交通安全水平和交通安全管理目标,及确保实现规划目标的道路交通安全管理战略及相应的实施行动。

(1) 道路交通安全管理规划的目标制定

制定合理的道路交通安全管理目标是道路交通安全管理战略规划的主要内容。其制定主要是根据规划年的交通安全趋势的分析结果,针对规划地区交通事故的特点,并与当地社会经济发展水平相适应,从而制定交通安全管理的总体目标。总体管理目标一般为交通事故死亡人数减少的数量或下降的比例,也可以针对各相关职能部门对各项规划内容细化管理目标,分别提出相应要求。

(2) 道路交通安全管理规划的战略制定

道路交通安全管理战略应在充分吸取国内外交通安全战略(计划)的实践经验和教训的基础上,结合道路交通安全特征、交通安全管理状况和道路交通安全发展趋势优选确定,应从人、车、路、环境、管理等环节综合采取行动措施。道路交通安全管理战略由各类道路交通安全管理实施行动组成,主要包括关联因素的控制(汽车保有量、交通量)、事故防治、道路用户行为规范、控制与紧急救援系统建设等方面。

① 交通参与者的交通素质方面:提出全民交通安全宣传教育战略,制定出针对重点机动车驾驶员、交通弱者和特定交通参与者(公路沿线村民、外来务工者等)的交通安全管理战略和行动措施等,以通过改变道路使用者的行为,提高交通参与者的交通素质。

② 车辆的安全性能方面:保证和提高新生产车的制造质量及在用车辆(尤其是大型

客车、大型货车等商用车辆)的运行安全技术性能,提供可见度好、防撞和智能型的车辆及改进车辆乘员的安全保护。

③ 道路的安全性方面:通过采取交通安全隐患路段排查、道路交通事故多发点或段交通安全整治、完善交通安全设施、提高交叉口和人行横道处的运行安全水平、减少路边危险、实施道路安全审查等措施,在道路规划、建设和运营环节提高道路的安全性。

④ 交通安全管理方面:包括提高交通安全管理人员的素质和应增加的交通安全执法装备、建立完善的交通事故统计分析系统、提高路面管控能力、针对重点交通安全违法行为(如无证驾驶、酒后驾驶、不系汽车安全带驾驶、超速行驶、疲劳驾驶等)开展交通安全整治、加强道路施工作业区交通控制、制定恶劣天气情况的道路交通管理预案等。

⑤ 交通安全政策和法律法规方面:包括推行安全的运输模式、鼓励使用机动车的替代交通方式、推进安全装备的使用及改善道路使用者之间的公正性等。

⑥ 事故发生后的紧急救治方面:包括建立道路交通事故抢救点网络及增强紧急医疗救护能力、建立快速响应机制、整合救援机制、行动预案机制和救援预案机制等。

⑦ 交通安全科学研究方面:包括研究建立与当地情况相适应的道路交通安全评价指标体系和道路交通安全管理评价指标体系、研究并应用国内外交通安全管理实践行之有效的交通安全管理战略和行动措施、研究并应用可降低人为失误的新技术等。

2. 道路交通安全管理实施规划

定性定量分析不同实施行动的预期实施效果,根据道路交通安全特征和交通安全管理状况提出实施行动的重点,以达到总体最大效益,安排道路交通安全管理实施行动的重点和实施顺序,概算所需资金并提出相应的保障措施。

3. 道路交通安全专项整治规划

道路交通安全专项整治规划是针对道路交通安全管理某一环节制定的实施行动规划,主要包括事故多发点的鉴别和整治、道路交通安全设施的完善和专项执法实施等。

(1) 事故多发点鉴别和整治

考虑到道路交通事故的实际特点,应按照城市道路、公路交通事故分别进行交通事故多发点的鉴别和整治。事故多发点的鉴别和成因分析方法详见本书第七章第五节。

(2) 道路交通安全设施的完善

对现状分析中明显存在安全缺陷的交通安全设施进行完善;对不合理的交通组织、管理措施进行改善。

(3) 近期执法重点实施方案

针对近期的事故特征和交通违章特点,进行专项执法实施方案设计;重点加强对在交通事故逃逸案件较多的地区的专项执法实施方案设计。

七、道路交通安全管理规划方案评价

道路交通安全管理规划方案评价主要是研究建立道路交通安全评价指标体系和评价方法,分析规划内容对道路交通安全的影响,对道路交通安全管理规划方案进行综合评价,包括技术评价、经济评价以及规划方案实施后可能产生的社会效益评价,提出评价中存在的问题和建议,并反馈于方案制定环节。并根据调整了的规划内容和实际需要列出资金预算和实施时间表,以利于规划的顺利执行。

1. 技术评价

道路交通安全管理规划的技术评价是评价规划方案实施后的安全状况。通过对道路交通安全管理规划方案的定量化评价,道路交通安全管理规划实施前分析该方案实施的效果,以避免交通安全管理规划的决策失误,对安全管理方案的最终确定和滚动调整起着决定性的作用。一般的评价方法有价值函数法、层次分析法、模糊综合评价方法、数据包络分析法以及运用神经网络进行评价等。具体的指标体系可以从体制、政策、安全技术、道路安全设施、交通安全管理的措施、安全法规教育、交通秩序状况、交通安全状况以及信息化服务的水平等方面进行选择。

2. 经济效益评价

道路交通安全管理规划的经济效益评价的根本目的和重要原则之一,是要以最少的投资获得交通系统的最佳安全效果和经济效益。通过比较各规划方案的建设、运营成本和效益,并结合规划期未来资金供需分析,对方案的经济合理性进行分析论证。

3. 社会环境评价

道路交通安全管理规划社会环境评价是分析规划方案对规划区域社会环境方面的作用和影响。包括促进国土和自然资源的开发利用、水土保持和环境保护条件的改善以及对区域政治、经济、文化古迹及风景名胜等方面的影响。相对技术评价和经济评价,社会环境评价具有宏观性、长期性、多目标性、间接效益多、指标定量难等特点。

第五节　道路交通安全教育

一、道路交通安全教育概念及特征

1. 道路交通安全教育基本概念

道路交通安全教育是指公安交通管理部门为搞好道路交通管理,保障道路安全与畅通,依靠行政、社会、部门的力量,通过新闻宣传等多种形式,对广大交通参与者进行交通法规、交通道德、安全常识等多方面的教育。

道路交通安全教育包括教育主体、教育客体、教育内容及教育形式四个组成部分,在我国,道路交通教育主体通常为政府管理部门,如公安机关交通管理部门,公路交通管理部门等;教育的客体即教育对象,包括不同年龄段、不同行业的群体、个人;教育内容包括道路交通法规教育、安全常识教育等;教育的形式包括社区宣传、影视教育、媒体宣传等。

从道路交通系统的构成要素来看,道路交通是由人、车、路(环境)三个基本要素构成的。人是交通安全最重要的因素,是交通安全的核心。所以,做好对交通参与者的宣传教育,提高全民遵守交通法律、法规的意识,使广大交通参与者能够自觉遵守交通公德,自觉遵守交通法律规范,才能保证交通秩序井然有序,最大限度地减少交通事故的发生。

2. 道路交通安全教育的特征

(1) 启发性

交通安全教育是为了启发群众遵守和维护交通秩序的自觉性,促使人们自觉地采取符合交通安全目标的行为,是非强制性的,只能采取说服的方法,启发和引导人们遵守交通法律、法规。

(2) 思想性

交通安全教育坚持以人为本,把提高人的交通安全意识作为开展工作的出发点和落脚点,通过多手段、多途径、多层面的教育,努力做到从源头上预防和减少交通事故,具有很强的思想性。进行宣传教育时,要注意观念的创新,从全局性、前瞻性、战略性的角度思考、筹划、部署工作,充分发挥人的积极性、主动性、创造性。转变过去形成的安全教育工作的思维定式和教育模式,要认真研究安全教育工作面对的新情况、新特点,逐步认识和正确把握其规律,在实践中实现创新,不断改进安全教育工作的方式和方法。

(3) 广泛性

衣食住行是人的基本需求,"行"是其中不可或缺的组成部分,也决定了社会生活中的每个人都是道路交通的参与者,其行为都会对道路交通安全产生影响。道路交通安全教育的广泛性表现在教育主体的广泛性、教育对象群体的广泛性及教育形式的广泛性。

(4) 灵活性

不同的交通参与人,由于性别、年龄、个性和职业等的不同,在交通中也表现出不同的行为习惯和特征,表现出交通参与者的差异性。因此,交通安全宣传教育具有很强的针对性,针对不同群体、不同个体制定不同的教育方案,采取不同的教育方式,从多个侧面、多个角度采用群众易于接受、喜闻乐见的多种方式,使群众在学习了交通法律、法规后,能内化为自觉的行动,从而提高教育的效能。

(5) 长期性

人们的长期形成的交通观念和交通习惯具有相对稳定性,短时间内难以改变,短期的宣传教育难以达到相应的效果,提高人们的交通法治观念和交通安全意识,使人们自觉遵守交通安全法律规范,具有长期性和艰巨性的特点。

3. 道路交通安全教育的作用

(1) 交通安全教育是交通安全管理工作的先导

交通安全管理工作是一个复杂的系统工程,交通安全宣传教育是这个系统工程中各项工作的先导。各项道路交通安全法律规范的公布实施,都必须做好宣传教育工作,使大家明确法律规范的意义,了解法律规范的内容,掌握法律规范的精神,以便更好地执行法律规范。否则就难以增强人们的法制观念和遵守法律规范的自觉性,难以收到制定法律规范的预期效果。随着道路交通的迅速发展,管理规范和管理方式的不断改善,也要求人们的交通安全法制观念同步发展。有效的安全教育在提高人们的交通安全法制观念方面,具有不可替代的决定作用。

(2) 交通安全教育是交通安全管理工作的保障

交通安全基础设施设备、交通安全法律法规及道路交通安全教育是道路交通安全管理的三大支柱,交通安全基础设施设备的完善是道路交通管理的硬件,是构成整个交通管理事业的基石;交通安全法律法规是进行交通管理的外部机制,是交通管理顺利进行的制约方式,而交通安全教育则是交通管理存在和发展的根本保障,是社会整体交通权益的实现方式。

(3) 交通安全教育是预防交通事故的前提

交通安全教育的内容包括交通安全法规教育、交通道德教育、安全常识教育等内容，可以使交通参与者充分了解交通安全知识、认识到交通事故的危害性及自身行为对于预防交通事故的重要性，全面提高公民交通安全素质，能够有效减少交通事故的发生，是防止交通事故发生的前提。

二、道路交通安全教育工作的主体及责任

道路交通安全管理涉及社会的各个方面，是社会性很强的工作，它不应仅依靠公安机关，而必须依靠各级政府、各单位的重视和支持，依靠全社会的共同努力。《道路交通安全法》第六条从法律的高度规定了广泛的交通安全教育工作主体，即各级政府，公安机关交通管理部门，机关、部队、企事业单位、社会团体及其他组织，都有进行道路交通安全教育活动的义务。

《道路交通安全法》第六条对各道路交通安全教育主体及其责任义务做了明确的规定：

各级人民政府应当经常进行道路交通安全教育，提高公民的道路交通安全意识。

公安机关交通管理部门及其交通警察执行职务时，应当加强道路交通安全法律、法规的宣传，并模范遵守道路交通安全法律、法规。

机关、部队、企业事业单位、社会团体以及其他组织，应当对本单位的人员进行道路交通安全教育。

教育行政部门、学校应当将道路交通安全教育纳入法制教育内容。

新闻、出版、广播、电视等有关单位，有进行道路交通安全教育的义务。

三、道路交通安全教育工作客体及内容

1. 道路交通安全教育工作的客体

道路交通安全教育具有社会广泛性的特点，教育工作的客体即教育对象十分广泛，按照参与交通活动的角色来分，分为驾驶员、乘车人、行人、骑车人、交通管理者等；按照年龄段来分，可分为老年人、成年人、青年驾驶员、青少年、小学生及学龄前儿童及特殊群体等；按照地区属性，可分为农村居民、城郊居民、社区居民及流动人口等。

2. 道路交通安全教育的内容

(1) 交通法律、法规教育

交通安全教育的目的是使所有的交通参与者都能遵守交通法律法规、自觉维护道路交通秩序。交通法律、法规的教育是交通安全宣传教育工作的重要内容，及时把交通法规及有关规定传达给每个交通参与者，增强道路交通安全意识，提高道路交通安全水平。

(2) 交通道德教育

人们的交通道德水准直接关系着交通秩序和交通安全。必须加强对全社会的交通道德宣传教育，提高全社会的交通道德水准，特别是驾驶人的职业道德对交通的安全、畅通、有序具有重要影响，应成为交通道德宣传教育的重点，包括：①驾驶人应以高度负责的精神安全驾驶车辆；②驾驶车辆应当安全礼让；③爱护车辆、爱护旅客和爱护装载的物资；

④维护驾驶人员职业的荣誉等。

(3) 交通安全知识教育

交通安全是一门科学,让交通参与者掌握必要的科学交通知识,对减少事故的发生具有重要的作用。交通安全宣传教育工作应当根据不同的宣传对象,采取不同方式,有重点地将交通安全知识传授给每一个交通参与者,使他们在不同的情况下,采取正确有效的措施,避免交通事故的发生。

(4) 交通安全心理教育

道路交通安全心理宣传教育,是向人们传授道路交通安全心理知识,培养人们良好的心理素质和道路交通适应能力。人的交通活动要受其心理支配,从心理学的角度看,由于受人体身心功能的限制,人们在道路交通活动中,辨别各种目标物,获取有关信息,进行准确判断,作出适当反应的能力是有限的,特别是在紧急情况下,回避危险的能力更是有限,为了保证交通的安全就需要将人们的交通行为调节在一般常人的能力可以确保交通安全的范围内。道路交通安全法律规范中很多条款都体现了对人们交通行为的合理规定。通过道路交通心理宣传教育,能使广大交通参与者深入了解道路交通安全法律规范和交通管理措施,达到真正理解并自觉遵守交通法律规范。

3. 重点教育对象及内容

(1) 对驾驶员的教育

从交通事故的统计分析中看出,驾驶员违章造成的事故,占事故总数的70%左右。所以提高驾驶员的交通道德、思想和技术素质,对预防交通事故有非常重要的意义。对驾驶员的教育,主要是职业道德教育和安全教育。

职业道德教育主要是从不断提高驾驶员对安全行车的认识,提高交通道德水平、礼貌行车、保护交通弱者,树立安全质量第一的思想,增强遵章守法、安全行车的自觉性。

安全教育主要是学习交通规则对保证交通安全、畅通的意义和作用。学习安全行车常识、交流安全行车经验,分析事故的原因和隐患,逐步掌握安全行车规律,取得安全行车的主动权,学习技术业务,熟悉车辆构造性能,会维修保养,会排除故障,驾驶操作准确、熟练,对复杂交通情况应变能力强,判断正确,措施得当,保证行车安全。

(2) 对骑自行车人的教育

我国城镇的自行车数量很大,对交通安全的影响也很大。据局部统计,骑自行车人因交通事故死亡的人数,占总死亡人数的40%左右,所以对骑自行车人的安全教育是很重要的一方面。

对骑自行车人的教育,主要是解决违章行驶的问题,即走机动车道、与机动车抢道、截头猛拐和违章驮物等。同时,使他们认识到违章的危险性,增强他们遵章行驶的自觉性,加强交通法规观念。

四、道路交通安全教育工作措施

1. 道路交通安全教育网络

交通安全宣传教育必须构造一个涵盖城市和农村、纵横交错、贯穿全国的网络体系才能实现提高每个公民的道路交通安全素质、改善道路交通安全水平的目的。道路交通安全教育网络应以公安交通管理部门为主体,依托综合治安防范体系,以家庭、学校、单位、社区、乡镇等为基本单元,通过新闻媒体辐射至每个人,形成有机的社会化交通安全宣传网络。

(1) 家庭

家庭教育是道路交通安全教育的根本,对于提高公民交通安全意识具有持续性、长效性作用。从教育的根本出发,依靠家庭教育对儿童、青少年产生的深远影响,使交通安全的思想意识伴随个人终生,从而提高全民交通安全素质。

(2) 学校

学校是道路交通安全教育网络的基础,对于完善网络具有重要意义。从心理学的角度看,意识和习惯形成的最佳时期是幼儿和少儿时期。道路交通安全宣传教育应当以幼儿和少年儿童为重点。学校采取持续的道路交通安全教育,可显著增强学生道路交通安全意识,提高学生的道路交通安全素质,进而为将来道路交通参与者的整体素质提高奠定基础,为道路交通安全水平提高提供有力保障。因此以学校为基础实施道路交通安全教育,是道路交通安全的可持续发展战略。

(3) 单位及其他组织

单位和其他组织由众多的交通参与者组成,是道路交通安全网络的重要组成部分,也是道路交通安全教育工作的客体之一。单位和其他组织的成员基本素质较高,坚持不懈地抓好道路交通安全教育工作,提高各成员交通安全意识,将会对整个社会的道路交通安全宣传教育工作起到巨大的推进作用。

(4) 城市社区

城市社区交通安全教育是城市道路交通安全的重要保障,直接影响着整个城市交通的运行,是当前交通管理的一项紧迫任务,可以结合城市文明社区建设,将交通安全宣传工作纳入文明社区建设目标管理中去。城市中政府机构、各种团体组织等比较健全,新闻媒体发达,信息畅通,城市交通安全宣传网络应该充分利用各级组织和新闻媒体,为每个社区配备兼职宣传民警,定期下社区开展交通安全宣传工作。

(5) 农村乡镇

农村交通安全教育网络建设必须以农村交通的特点为依据,以地区性、群众性、社会性、公益性为工作切入点,因地制宜,依靠乡镇党政的领导建立交通安全办事机构,设专职或兼职交通安全管理干部,形成以乡镇党组织为核心、村党组织为基础,村民积极分子为主体的宣传工作格局。

2. 道路交通安全教育措施

道路交通安全教育的实施要依托道路交通安全教育网络,确立"政府主管,部门协调,全民参与,普及提高"的工作思路,通过"五进"广泛深入开展交通安全宣传,即安全教育进社区、进农村、进学校、进单位、进家庭。道路交通安全教育措施分为正规严格的学校教育和灵活性较强的社会教育。

(1) 学校教育

学校教育是做好交通安全教育工作最根本的途径。《道路交通安全法》第六条规定:"教育行政部门、学校应当将道路交通安全教育纳入法制教育的内容。"各级教育行政部门和各级各类学校都应依照该法,尽快开展道路交通安全教育。学校交通安全教育可以有两种途径:一是国民教育序列学校开展交通安全教育,二是社会力量办学进行交通安全教育。

① 国民教育序列学校的交通安全教育。学生时期是一个人意识观念养成的重要阶段,此时受到的教育和熏陶会影响人们的一生,国家有关部门依据小学、中学、大学相应的侧重点,编撰出版相应层次的教学大纲和专用教材,安排专职教师和固定教学时间,进行正规化教学。在有条件的大中城市建立儿童交通公园,对中小学生进行更为直观、形象的交通安全教育。

② 社会力量办学进行交通安全教育。社会力量办学进行交通安全教育可以看做社会交通安全教育与学校教育融合的一种形式,是为了保证教育效果而在学校实施,使之更加系统和规范。

(2) 社会教育

社会教育的内容较为广泛,包括道路交通安全教育主体单独或联合社区基层组织及其他部门到社区、街头、单位、农村乡镇等人口集聚地区宣传,利用新闻媒体进行全民教育及定期召开交通安全工作会议。

复习思考题

9-1 阐述我国道路交通安全法规体系及主要内容。

9-2 简述道路交通活动参与者的职责。

9-3 阐述道路交通事故处理的基本步骤。

9-4 简述道路交通事故责任分类、认定原则及方法。

9-5 针对你所在地区周边某一类道路交通安全问题,如行人违章、机动车乱停等,阐述道路交通安全教育主体及其责任、教育客体及内容,提出相应的道路交通安全教育措施。

第十章 道路交通事故防治工程技术

为了减少交通事故的次数,减轻事故产生的后果,必须采取相应的交通事故防治工程技术,从各方面完善交通设施,最大限度地确保道路安全畅通。本章从道路设施、平面交叉口、交通安全管控措施、交通稳静化设计和工程措施的经济分析等几个主要方面详细介绍了交通事故防治工程技术的应用条件、主要措施及作用。

第一节 道路设施安全改善设计

一、不良线形路段安全改善设计

1. 单个急弯

符合下列条件之一的转弯路段称为单个急弯:
(1) 设计速度 40 km/h 且半径<125 m。
(2) 设计速度 30 km/h 且半径<60 m。
(3) 设计速度 20 km/h 且半径<30 m。

对于设计速度大于或等于 60 km/h 的公路,有些路段平曲线半径较小、视距受限,也可以借鉴急弯路段的处置采取一定的措施。

单个急弯存在的主要安全隐患一般是视距不良或车速过快,易造成两车相撞、单车碰撞山体或车辆驶出路外。可采用以下措施之一或综合采用以下措施:
(1) 设置向左(右)弯路或事故多发路段等警告标志。
(2) 设置限速标志,并根据需要设置限速解除标志。如果超速现象严重,且是造成事故频发的主要原因时,可在进入弯道前一定距离设置 20~30 m 的块石路面,或设置其他强制减速设施。
(3) 设置禁止超车标志,并根据需要设置解除禁止超车标志。
(4) 路侧设置线形诱导标或轮廓标。
(5) 设置中心实线或物理硬分隔设施,减少因视距不良车辆越过中心线发生的对撞事故。
(6) 弯道处外侧路面加宽。
(7) 根据路侧危险程度和历史事故资料在弯道外侧设置护栏。
(8) 根据事故资料和弯道处实际车速,确定是否需要增加超高。

2. 连续急弯

设计速度小于 60 km/h,连续有三个或三个以上小于下列半径(R)的平曲线,且各曲线间的距离(L)小于下列长度的路段称为连续急弯路段。

(1) 设计速度 40 km/h,R<125 m,L<50 m。

(2) 设计速度 30 km/h,R<60 m,L<35 m。

(3) 设计速度 20 km/h,R<30 m,L<25 m。

连续急弯存在的安全隐患与单个急弯路段类似,但交通事故的发生率一般更高。因此,除可选择单个急弯采取的处置措施外,还可采取以下两个措施或其中之一:

(1) 设置"连续弯道,超速危险"警告标志,还可以加设辅助标志说明前方连续弯路的长度,或使用告示牌,说明前方连续弯道。

(2) 设置限速标志,可以设置限速解除或使用一块辅助标志说明限速路段长度。

3. 桥头接小半径曲线段

桥头接小半径曲线路段存在的安全隐患事故形态以碰撞桥头和冲到桥下为主,因此具有更高的严重程度。除采用急弯路段处治措施外,还可重点考虑降速和被动防护措施。可采取以下措施之一或综合采用以下措施:

(1) 桥头设置警示标,曲线外侧设置视线诱导设施。

(2) 根据路侧危险程度可以设置护栏,并注意桥头路基上设置的护栏与桥梁护栏之间的过渡。

(3) 在车速较快的桥头路段可采用强制性减速设施。

4. 陡坡路段

纵坡 i(%)大于下列数值的路段称为陡坡路段。

(1) 设计速度≥80 km/h 时,i>4。

(2) 设计速度≥60 km/h 时,i>5。

(3) 设计速度≥40 km/h 时,i>6。

(4) 设计速度≥30 km/h 时,i>7。

(5) 设计速度≥20 km/h 时,i>8。

下坡路段存在的主要安全隐患一般是车速过快或连续刹车导致车辆制动失效,易造成追尾或对撞事故。方案设计时,可采用以下措施之一或综合采用以下措施:

(1) 设置下陡坡警告标志或其他文字型警告标志。

(2) 设置限速标志、减速设施和视线诱导设施。

(3) 根据路侧危险程度和历史事故资料设置护栏。

(4) 如果设置了避险车道,应在坡道起点处设置避险车道的告示牌,在避险车道前至少设置两处预告标志。

上坡路段存在的主要安全隐患一般是占道行驶或违章超车造成与下坡车辆发生对撞事故。方案设计时,应重点以标志和标线(实线)为主要措施进行处置,提醒驾驶员禁止超车。

5. 连续下坡路段

连续里程大于 3 km、多个连续下坡且平均纵坡 i(%)大于下列数值的越岭路段称为连续下坡路段。

(1) 相对高差为 200~500 m 时,i>5.5。

(2) 相对高差大于 500 m 时，$i>5$。

连续下坡路段的长度越长，危险性越大。

连续下坡路段主要安全隐患与陡坡路段类似，但由于下坡的长度较长，因此交通事故发生率较高且事故较严重。方案设计时，可采用以下措施之一或综合采用以下措施：

(1) 设置连续下坡告示牌标志，根据情况可以辅助标志标明连续下坡长度，或使用告示牌，说明"前方连续下坡××m，超速危险"。

(2) 设置限速标志、禁止超车标线、减速设施。

(3) 在因刹车失灵造成事故频发的路段，可根据地形条件设置避险车道；如果设置了避险车道，应在坡道起点处设置避险车道的告示牌，在避险车道前至少设置两处预告标志，修建避险车道应注意：

① 连续下坡或陡坡路段接小半径曲线路段，在车辆驶入小半径曲线前，宜沿曲线切线方向设置。

② 宜设置在连续长下坡的下半部。

③ 避险车道受地形条件限制，不能满足失控车辆的制动要求时，应在避险车道端部设置柔性防撞设施。

(4) 根据路侧危险程度和历史事故资料设置护栏。

6. 急弯陡坡路段

由于下陡坡路段的车速比较快，因此急弯陡坡路段除具有单个急弯的安全隐患外，还容易产生因车速过快、视距不良等综合因素造成车辆侧翻、对撞或冲出路外事故。除可选择单个急弯采取的处置措施外，还可采取以下措施之一或综合采用以下措施：

(1) 在急弯前的直线路段就设置限速标志，宜结合设置其他减速设施，逐步控制车速，使车辆能以较安全的车速通过小半径曲线。

(2) 如果路侧较危险且事故较多，可考虑设置护栏及强制减速措施。

7. 视距不良路段

会车视距（L）不满足设计速度要求的路段称为视距不良路段。

(1) 设计速度≥80 km/h 时，$L<320$ m。

(2) 设计速度≥60 km/h 时，$L<220$ m。

(3) 设计速度≥40 km/h 时，$L<150$ m。

(4) 设计速度≥30 km/h 时，$L<80$ m。

(5) 设计速度≥20 km/h 时，$L<60$ m。

视距不良路段主要安全隐患一般是车辆占用对向车道时易造成对撞事故。可采用以下措施之一或综合采用以下措施：

(1) 设置鸣喇叭标志、限速标志、禁止超车标线。

(2) 设置线形诱导设施、强制减速设施。

(3) 根据路侧危险程度和历史事故资料设置护栏。

(4) 修剪、处置弯道内侧树木，使弯道内侧通视。

8. 隧道

隧道路段由于缺乏照明设施、隧道出入口光线强度变化、驾驶者视觉对光线强度的适应性反应需求,易引起的主要安全隐患是车辆碰撞洞口、洞身以及车辆对撞、追尾等事故。解决的基本原则是提供良好的视线诱导,限制车速,禁止超车。综合采用以下措施:

(1) 隧道入口前根据隧道长度和线形、交通情况,隧道前后路段线形情况,选择设置以下标志:隧道标志、限高标志、限速标志、禁止超车标志等。如果需要,也可根据具体情况设置其他必要的标志。例如:隧道内连续下坡,可在隧道入口前一定距离设置连续下坡的警告标志或人性化图形标志。双向行车的公路隧道内应施画黄色中心实线,所有标线应采用反光标线。隧道内宜配合标线设置反光突起路标。

(2) 设置必要的视线诱导设施,如主动发光诱导设施。

(3) 隧道洞口可根据具体情况需要设置必要的安全防护设施,并做好连续过渡处理。

9. 公路条件变化路段

当公路条件发生变化时,驾驶员应根据变化的情况调整行驶车速。驾驶员对于路基变窄、宽路窄桥、路中间出现上跨桥墩等变化能够看到或感受到,而对设计速度变化等不易察觉。

公路条件变化路段主要安全隐患是驾驶员没有及时调整驾驶行为而导致车辆碰撞障碍物、对撞等事故的发生。尤其是公路条件发生了不利于驾驶变化的一个方向,如:有中央带分隔的路段变化为仅有路面中心标线的路段。因此根据实际情况给驾驶员足够的提前警告并采用以下措施之一或综合采用以下措施:

(1) 设置窄路、窄桥、路面障碍物等警告标志。

(2) 设置限速和禁止(解除禁止)超车标志。

(3) 设计良好的过渡段。

(4) 在窄桥两端设置护栏或诱导设施。

10. 公铁立交

公铁立交的主要安全隐患是失控车辆冲出路外,跌落在铁路上引起二次事故或影响铁路的正常运营。可根据实际情况采用以下措施之一或综合采用以下措施:

(1) 增设或完善公路交通标志、标线;立交及进入立交前路段应施画中心实线。

(2) 宜设置不低于 SB 级防撞护栏。

(3) 根据需要设置防护栏。

(4) 根据线形,进入立交段前设置必要的减速设施等。

(5) 根据线形,设置必要的视线诱导设施。

11. 多种不良情况组合

对于两种及两种以上不良情况组合的路段,根据事故资料,分析事故形态及事故原因,针对主要事故形态和主要矛盾,采取相应的措施。

二、道路路侧安全设计

路侧设计的目的就是为驶离路面的车辆提供合理的机会,使其重新找到并返回路面,或者找到相对安全的停靠点。

路侧安全净区是指公路行车方向最右侧车行道以外、相对平坦、无障碍物、可供失控车辆重新返回正常行驶路线的带状区域,是从行车道边缘开始,车辆驶出路外后能够安全驶回车道的一个宽度范围。该区域不应存在能导致碰撞伤害的坚硬危险物,驶出路外的车辆在该区域上不会发生倾覆,行驶在净区内的车辆能得到有效控制,并且通常能再次安全地返回行车道。

净区大小取决于设计车速、平均日交通量,更重要地取决于道路几何要素(包括平面线形、填挖断面的位置、平行坡度的数量、道路两侧的地面坡的出现或消失,以及这些坡面的坡度)。

1. 净区内障碍隐患的处理

一般可以考虑采用下列方法:

(1) 排除障碍。

(2) 将障碍至少挪到净区边缘以外。

(3) 排除险障,如将涵洞洞口建成可越式。

(4) 控制障碍,降低障碍的危险程度,如:可利用解体消能式灯杆、易断的标志杆等。

(5) 在危险区域内安装冲击衰减或再导向设备,如:安全护栏和防撞垫等。

2. 桥梁对道路使用者的危险

桥梁对道路使用者也会造成一些危险,故应考虑以下一些问题:

(1) 从路面边缘到桥墩、桥台和挡土墙间的净空应尽量扩大。

(2) 如果净空比规定的小,则须在路旁设置护栏和防撞垫。

(3) 中央分隔带较窄时,不应在里面设置高架桥墩。

(4) 两独立结构物如果靠得很近,则应将其合并成一个,以清除中央有两个护栏的潜在危险。

(5) 引道路侧护栏应与桥梁护栏设计成一体。

3. 护栏与边坡设置

边坡坡度等于1:1.5、1:2.0或1:3.0,路堤高度分别高于2 m、3 m或6 m时,就需要设立安全护栏。若边坡<1:4.0时,则无须设置安全护栏。

4. 中央分隔带护栏与边沟设置

中央分隔带护栏一般不采用单柱双面波纹板护栏。在交通量大,中央分隔带狭窄的地方,一般首选刚性的混凝土。车速超过60 km/h的路段,路缘石和边沟不应设于波纹板护栏前沿。如果不能满足这个条件,则只能使用可越式或半可越式缘石。

第二节 平面交叉口安全技术

一、平面交叉口功能区划分

1. 功能区的定义

交叉口物理区,是指交叉道路的重叠部分(见图10-1)。

交叉口功能区,是指交叉口物理区及其上游和下游车道的延伸部分(见图10-2)。车辆在交叉口所进行的识别、减速、排队、转向或穿越、加速等一系列复杂的操作都是在功能区内完成的,因此,功能区对交叉口交通运行的通畅性和安全性有着重要意义。

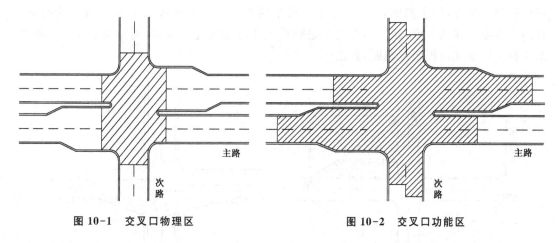

图 10-1 交叉口物理区　　　　图 10-2 交叉口功能区

2. 功能区的组成

根据车辆在平面交叉口内驶入和驶出状态的不同,将平面交叉口功能区分为上游功能区和下游功能区,驶入车道为上游功能区,驶出车道为下游功能区。

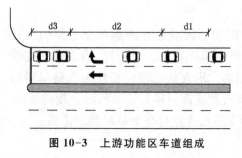

图 10-3 上游功能区车道组成

交叉口上游功能区由驾驶员发现交叉口的感知—反应时间内行驶的距离、车辆减速行驶的距离和车辆排队长度三部分组成。如图 10-3 所示。

下游功能区是交叉口功能区的下游部分,是车辆驶离交叉口物理区域后需要进行管理控制的部分。下游功能区的范围,通常由加速车道的长度和停车视距两个指标来确定。在没有加速车道的平面交叉口,下游功能区的长度由停车视距确定。

二、平面交叉口视距保障

视距是平面交叉口安全设计的一个重要参数,对交叉口的运行安全有着重要影响。在我国现行《公路路线设计规范》(JTG D20—2006)和《公路工程技术标准》(JTG B01—2003)中,均要求公路平面交叉口的视距应满足各自进口道停车视距。

1. 无控制平面交叉口

无控制平面交叉口的视距计算过程类似于交叉口进口道停车视距,即驾驶员从发现冲突交通流车辆到刹车至车辆完全停止所需要的长度。图 10-4 为无控制平面交叉口视距示例。

由于无控制平面交叉口未能在路权上明确车辆的优先权,往往会发生车辆抢行而导致的侧面碰撞事故,而且由于路权未得到明确,事故后期责任判定也比较困难,因此应尽量避免在公路上设置此种类型的平面交叉口。

2. 支路停车让行的平面交叉口

在支路停车让行的平面交叉口,支路车辆在交叉口上游功能区减速并完全停止,在确定主路无冲突车辆或主路交通流具备安全可插间隙后,再进行穿越、左转或者右转等驾驶行为。只有当主路车辆可插间隙大于临界可插间隙时,支路车辆才能安全地完成穿越或转向行为。因此,沿主路的视距长度为主路车辆在临界可插间隙时间内所行驶的距离。视距沿次要道路的长度,即支路驾驶员眼睛距主要道路边远的距离,通常为 5 m。支路停车让行平面交叉口视距示意图,如图 10-5 所示。

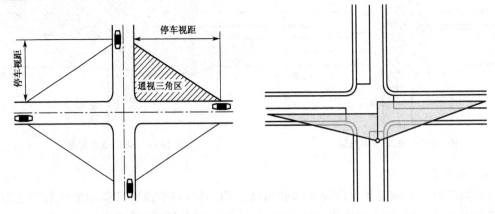

图 10-4　通车视距和无控制平面交叉口视距　　　图 10-5　支路停车让行平面交叉口视距

3. 支路减速让行的平面交叉口

在支路减速让行的平面交叉口,支路车辆在上游功能区减速并观察相交主路的交通状况,确认安全后,再进行穿越、左转或右转。同支路停车让行交叉口一样,沿主路的视距长度为主路车辆在临界可插间隙时间内所行驶的距离。沿支路的视距长度为支路车辆的减速距离,在无观测数据的情况下,可将车辆从正常行驶速度减速到正常行驶速度的40%所行驶的距离作为沿支路的视距长度。图 10-6 为支路减速让行交叉口视距示意图。

4. 信号控制交叉口

在信号控制交叉口中,各进口到车辆受信号控制,路权不会产生冲突,所以信号控制交叉口的视距要求不高,只要满足任一条车道第一辆车能够让其他车道的第一辆车看见即可。图 10-7 为信号控制交叉口视距。

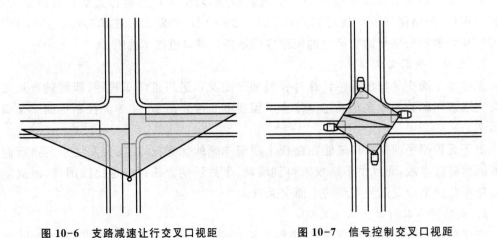

图 10-6　支路减速让行交叉口视距　　　图 10-7　信号控制交叉口视距

5. 全路停车让行交叉口

全路停车让行控制交叉口在我国比较少见,一般在相交道路等级和车道数相同或接近时才会采用全路停车让行的控制方式。交叉口各进口道车辆到达交叉口都要停车,以选择合适时机通过。全路停车让行控制交叉口视距要求等于信号控制交叉口,即只要满足任一条车道第一辆车能够让其他车道的第一辆车看见就行。

三、平面交叉口线形设计

平面交叉口是机动车、非机动车和行人之间冲突最多的地方。为了保证交通安全,平面交叉口附近道路的线形应该满足以下使用要求:

(1)保证车辆在识别距离以外清楚地看到交叉口的位置以及交叉口内车辆的运动状况。

(2)保证道路使用者能够清晰辨识交通控制设施的信息。

(3)进入交叉口范围区后能够保证视觉的平顺度,便于道路使用者对车辆进行操作。

(4)交叉口范围内的地面排水能迅速排除,防止由于路面积水带来的安全隐患。

(5)保证车行道和人行道的各点高程,能与道路两旁建筑物的地面高程相谐调,具有良好的空间感。

在进行交叉口具体安全设计时,应根据交叉口处的线形满足以下要求:

(1)平面交叉范围内两相交公路应正交或接近正交,因为斜交会导致转弯车辆需要较大区域完成转弯运动和视距受限,并且斜交增加了次要道路车辆穿越主路车辆的时间。新建公路与等级较低的现有公路斜交时,交角不应小于70度。若交角过小,则次要公路在交叉前后一定范围内应作局部改线。

(2)平面线形宜为直线或大半径圆曲线,不宜采用需设超高的圆曲线。因为超高和路面加宽使交叉口的设计变得复杂并且可能造成视距不良。

(3)应避免低等级公路与带有中分带的多车道公路在有曲线超高的地方交叉,因为这种情况很难通过调整坡度来设计合适的交叉口。

(4)由于条件限制时,停让控制交叉口的主要道路和信号控制交叉口的相交道路上,圆曲线半径也应该满足现行规范中规定的最小圆曲线半径值。

(5)在对现有道路进行改建时,对次要道路使用适当的曲线组合代替直线或单一曲线,可以很好的提高车辆在路口的运行效率和运行安全。另外一种对于小角度交叉口的改造方法,是将交叉口改造成错位交叉口,如图10-8所示。

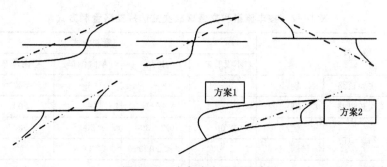

图10-8 小角度交叉口改造

四、平面交叉口控制方式选择

1. 交通控制方式的分类

交叉口交通控制,可分为无信号灯控制和有信号灯控制两大类。无信号灯控制交叉口,又可分为完全无控制交叉口,停、让控制交叉口和环形交叉口。完全无控制交叉口不设置任何导流设施,车辆经过交叉口可自由通过,故其安全性能较差,不建议使用。因此,平面交叉口的控制方式通常为停车让行控制交叉口、减速让行控制交叉口、环形交叉口和信号控制交叉口四种控制类型。

2. 交通控制方式安全性

信号控制从时间上分离了交叉口相互冲突的交通流,消除或者减少了交叉口的冲突点,从安全角度看,大大降低了交叉口范围内发生事故的可能性。由于环形控制平面交叉口降低了交通流冲突的严重程度,因此,其事故的严重程度要远远小于其他控制类型的平面交叉口,但如果环形控制平面交叉口设置不当,可能会增加事故的发生概率。

3. 选择方法

平面交叉口的设置必须满足道路功能、适应交通流量及交通安全三方面的要求,因此,平面交叉口控制方式选择也必须从这三个方面考虑。

(1) 按照道路分类选择

设置平面交叉口的道路一般分成三类:主干路、次干路和支路,根据相交道路的情况,可按表10-1选择交叉口及其管制的方式。

表 10-1 按交叉道路类型选择交通管制方式

交叉口类型	建议的管制方式	交叉口类型	建议管制方式
主干路与主干路	信号灯	次干路与次干路	信号灯,多向停车,单向停车或让路
主干路与次干路	信号灯、多向停车或单向停车	次干路与支路	单向停车或让路
主干路与支路	单向停车	支路与支路	单向停车,让路或不设管制

(2) 按照交通流和交通事故选择

根据调查交叉口各相交道路车流量、发生交通事故次数、行人稠密程度以及今后的发展趋势等资料,按表10-2选择。

表 10-2 按车流量和交通事故次数选择交通管制方式

项目			管制方式				
			不设管制	让路	单向停车	全向停车	信号灯
车流量	主要道路	辆/h	—	—	—	300	600
	次要道路	辆/h	—	—	—	200	200
	合计	辆/h	100	100~300	300	500	800
		辆/d	≤1 000	<3 000	≥3 000	5 000	8 000
每年直角碰撞事故次数			<3	≥3	≥3	≥5	≥5

除考虑上述表中各个因素,在相交公路等级较高、交通流量较大的主要交叉口,采用

支路停让控制后,支路车辆难以寻找合适的穿插间隙,往往会发生先到的车辆先通过的现象,不但影响交叉口通行效率,而且会经常发生交通冲突,在此情况下,采用信号控制交叉口,在时间上给各交通流向分配路权,能够有效提高运行效率和通行安全。

在存在明显主路与支路的平面交叉口,如果主路交通量能够满足支路穿越的需求,则应该优先选择支路停车让行或减速让行的控制方式。因为如果设置成信号控制交叉口,支路可能存在不遵守信号控制而随意穿越的行为,反而不利于平面交叉口的安全运行。

五、交叉口渠化

平面交叉口是两条或多条公路相交而形成的冲突及其影响区域,在这个区域范围内,如果不对交通流进行有效控制,则必然会引起交通混乱乃至影响交通安全。通过交叉口的合理渠化,可以限制行车轨迹,指示车辆行驶方向,明确平面交叉口区域内各部分的路权,控制行车轨迹和冲突点,保证车辆安全顺利通行,有效的庇护行人和非机动车,提高平面交叉口安全性。

1. 交通岛

交通岛是在两车道之间,用来控制车辆的行驶轨迹的设施。交通岛也可以用于庇护行人和安置交通控制设施。在交叉口内的中央分隔带或车道分离的部分都被认为是一个交通岛。从这个定义可以看出交通岛的形状并不唯一,路缘石所包围的区域、油漆或热塑性的标线所画的区域都能够称为交通岛。根据交通岛的功能,可将交通岛划分为导流岛、分隔岛和安全岛三种类型。对于具体的交通岛,其可能兼有上述三种类型中的一种或多种功能。

其中,导流岛是为指示、规定左右转弯等交通方向而设置的岛,具有规范车辆行驶轨迹、分离和固定冲突点位置、控制冲突角度、划掉交叉口多余的路面、保护行人、为交通控制设施提供设置位置等多种功能。如图10-9所示为导流岛的设置。

分隔岛是为分离同向和对向的交通(主要是直行交通流)设置的岛。分隔岛通常设在没有分隔带的公路平面交叉口。分隔岛可以起到警告的作用,提醒驾驶员前面有交叉口,还可以调整交叉口附近的交通。这些分隔岛在控制斜交交叉口的左转车辆和提供分离式右转车道时尤为有效。在四车道和交通量较大且具备拓宽条件的双车道公路上,建议使用分隔岛。

分隔岛的线性设计应该对驾驶员的引导在不知不觉中进行。可以使用加宽渐变段,但要根据设计速度来设计。在乡村道路上,车速较快,反向曲线的最佳半径应该>1 165 m。在中等速度的道路上,可以选择>620 m 的半径,具体设置如图10-10所示。

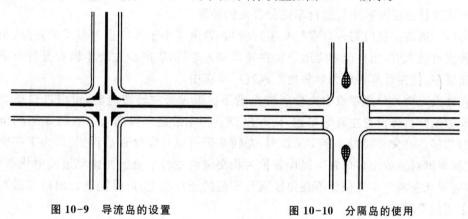

图 10-9　导流岛的设置　　　　图 10-10　分隔岛的使用

安全岛或者庇护岛是为给行人提供庇护空间设置的岛。安全岛一般是长条形或是三角形，而且一般位于车辆行驶轨迹不需要占用的地方。行人使用的安全岛设置在人行横道或非机动车道附近，在行人和非机动车穿越时提供帮助和保护。在转角处的交通岛和中心导流岛以及分隔岛都可以作为安全岛使用。安全岛可以使行人和非机动车穿越较宽的道路，帮助公共交通乘客完成换乘，或方便轮椅使用者。

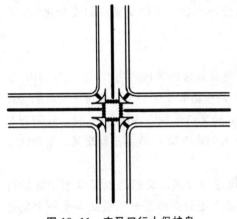

图 10-11　交叉口行人保护岛

人行横道的位置和宽度、公交换乘区的位置和尺寸都会影响安全岛的尺寸和位置。安全岛的宽度应>1.8 m，具有良好的视距，行人和非机动车视线不能被电线杆、标志杆、岗亭等阻挡。

在公路上，许多交通岛都可以作为行人使用的安全岛使用。交通岛设计的主要原则可以直接应用于设计安全岛。总的来说，安全岛的设计必须能够简单明了地显示行人和非机动车行驶路径，易于机动车驾驶员辨识。交叉口行人保护岛的设置见图 10-11。

2. 主要道路和支路的路权分配

在进行非信号控制平面交叉口渠化之前，需要在分析道路等级、交通流量、横断面宽度的基础上确定出主要道路（以下称为主路）和次要道路（以下称为支路）。坚持主路交通流优先通行原则，主路交通流在交叉口可不停留而直接通行，支路交通流需要在进入交叉口冲突区域之前停止，在具备安全通行的条件下再通过交叉口。为了明确这种路权优先顺序，就需要在支路直行和左转入口车道设置停车让行标线和停车让行标志，在支路右转路口车道设置减速让行标志和标线。对于信号控制平面交叉口，相交公路冲突交通流已经通过信号控制从时间上分离，因此，不存在主路畅通、支路停车或减速让行的问题。

3. 车道分配

根据入口各流向交通流量分配车道，在保证路段直行车道与入口直行车道位置对应的前提下，设置左转弯专用车道将左转弯车辆从直行车流中分离，设置右转弯匝道，增加右转车流通行速度并减小与直行车流分合流的角度。

出口车道的位置应与入口直行车道对应，其数量不小于入口直行车道的数量，相交道路左转流量较大时，出口应对应地设置左转弯加速车道，以减少左转车辆和直行车辆在出口的速度差，使左转车辆较为容易地汇入直行车流中。

在路段无中央分隔带或中央分隔带宽度不足以设置左转弯道时，可将进口道直行车道向外侧偏移后再设置左转弯车道，同时出口直行车道也需要随入口直行车道的位置作相应的偏移。当交叉口为十字交叉口时，左转车道可以对应设置；当交叉口为丁字交叉口时，左转车道对应的出口位置可以设置称为相交道路左转车流的加速车道或渠化岛代替。总之，应保证左转弯车道位置不在路段直行车道的延长线上，以保证直行出口车道与入口直行车道位置对应。

4. 人行横道设置

人行横道设计应能够满足以下要求：

（1）人行横道位置。人行横道位置应平行于路段人行道的延长线上并适当后退，在右转机动车容易与行人发生冲突的交叉口，应后退距离宜取 3~4 m。有中央分隔带的道路，人行横道应设在分隔带端部向后 1~2 m 处。

（2）人行横道的长度。人行横道的长度应控制在 15 m 以下，>15 m 时应考虑在中间设置行人过街安全岛，实行二次过街或多次过街。进出口机动车道达到六条时，也应在中间设置行人安全岛。

（3）人行横道的宽度。人行横道的宽度与通过的行人交通量有关，但最小不能小于 3 m，当通行交通量较大时，应以 1 m 为单位增加人行横道的宽度。

（4）行人视距的要求。行人视距指行人在人行横道行进过程中观察两侧的视野范围。行人视距必须确保行人在通过人行横道时看清两侧的车辆，以便及时避让；同时也必须确保驾驶员在进入交叉口时看清过街的行人，及时做出反应。

影响行人视距的障碍物主要是中央分隔带与侧分带的绿化植被、各种广告牌以及交叉口附近违章停驶的车辆等。在进行平面交叉口设计时，应尽量避免在人行横道外侧 15 m 范围内存在阻碍视距的障碍物。

5. 停车线设置

在信号控制的平面交叉口入口车道和没有停车让行控制的入口车道必须设置停车线。停车线宜垂直车道中心线设置。有行人横道时，亦在其后 1~2 m 处设置，在畸形交叉口或有特殊需要时，停车线应后退更大的距离。停车线位置不应对相交道路流入的交通流构成影响，当有左转弯车道，且相交道路流入的左转交通流的转弯半径较小时，其停车线位置可以较同进口道的直行车道的停车线后退 2~3 m。停车线的设置，如图 10-12 所示。

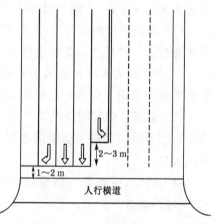

图 10-12　停车线的设置

第三节　交通安全管控措施

交通管理是指不依赖于新建道路而是对已有路网进行调整和优化以改善交通运行的所有工作。交通管理的目标包括：改善交通运行，减少交通事故，改善环境，为人和物的流动提供方便的接入。下面重点介绍接入控制、限速以及交通安全设施。

一、接入管理

美国 TRB(Transportation Research Board)《道路出入口管理手册》(Access Management Manual)给出了明确的定义：接入管理是指针对特定道路，对其接入支路的位置、间距、设计及运营，中间带开口、立交、接入的街道进行系统的控制。它也包括道路设计方面的应用,例如中间带处置、辅助车道及交通信号的适当间距的确定等。接入管理的目的是在保证道路运输系统的安全和高效的前提下,提供道路临近的土地开发区域车辆的有效接入。

接入管理技术实际应用主要涵盖四部分内容:①道路的功能分类及道路接入类别的制定;②接入口(平交口)的选位;③接入间距标准的制定;④接入点的几何设计。主要遵循下述原则:①明确道路的功能及交叉口的分类;②保持交叉口功能区的完整性;③尽可能合理地限制与主干道相交的支路数(即控制 Access);④尽可能减少交通流的冲突点数(Conflict Points);⑤将交通流的冲突区域分隔开;⑥尽量减少转弯车流对直行车流的影响。

接入管理的主要措施包括:

(1) 新的开发要仔细规划以确保接入不产生冲突,例如,提供便道来代替主路上临街的入口。

(2) 在可能的情况下,尽量减少交叉口的数量。十字路口宜用 T 形路口或交错路口替代。同样等级或者相差一个等级的道路可以相交。支路和集散道上的交通在上主干道之前要通过次干道,不能直接与主干道相交。

(3) 非信号控制交叉口,不同等级的道路相交时,对行驶在等级较高道路上的车辆给予优先权。"让"标志设置在支路上。

(4) 国家、省级或者地区道路管理部门,应拥有明确的权利去限制沿路的土地开发。所有希望开设出入口的人或单位,应从道路管理部门获得书面许可。

(5) 道路管理部门应成立一个小组专门来保证道路沿线的出入口建设,以防止将来发生重大事故。更进一步明确地说,这个小组应有权力强行关闭或拆除任何"未经许可"的出入口。

(6) 医院、商场等大型设施的停车场接入道路的出入口必须设置在离交叉口至少 50 m 远的地方。

二、限速

1. 限速及其依据

车速管理是指运用交通管制的手段,强制性地要求机动车按照规定的速度范围在道路上运行,以确保道路交通安全。对不符合设计技术标准的路段,必须严格采取限速措施以确保行车安全。

(1) 对于因受条件限制,实际通视距离不能满足最小视距要求的路段,应按实际通视距离验算该路段的限制车速。停车视距计算方法及路面在干燥和湿润状态下的制动距离及停车视距详见第四章第一节中"停车视距"部分。

对于迎面驶来的车辆,采用表 4-7 中所列停车视距值的 2 倍,即会车视距 S_h 为

$$S_h = 2D \tag{10-1}$$

在弯道、凸形竖曲线路段中间有严格实物分隔设施时,验算该路段停车视距;实际通视距离小于设计停车视距时,须按实际通视距离计算该路段应采取的限制车速;路段中间

无严格的实物分隔设施时,应验算该路段会车视距;实际通视距离小于设计会车视距时,须按实际通视距离计算该路段应采取的限制车速。

(2) 在该设而未设或不便设超高的小弯道上,应按弯道的转弯半径验算可通过的安全行驶车速作为通过该弯道的限制车速,即

$$v' = \sqrt{127(\mu - i_o)R} \qquad (10-2)$$

式中　v'——限制车速(km/h);
　　　R——转弯半径(m);
　　　μ——路面横向力系数;
　　　i_o——路面横坡度。

另外,在住宅区内道路上,为保障住宅区内居民在路上行走时的安全、维护住宅区的环境安宁、限制过境车辆穿越住宅区道路,也可在住宅区道路上规定极低的限制车速。

2. **限速措施**

(1) 车速限制

最高行驶车速的限制是指对各种机动车辆在无限速标志路段上行驶时的最高行驶车速的规定,它是由道路设计车速或实际地点车速的累计频率分布曲线上的 $v_{85\%}$ 值等因素确定的。一般以 $v_{85\%}$ 作为车速上限,$v_{15\%}$ 作为车速下限。

(2) 特殊情况下的车速限制

特殊情况下对行驶车速应有一定的限制。如在交通信号控制系统(线控、面控等)中的车辆要求以适应"绿波带"的"推荐车速"行驶;车辆运行中途发生故障(如喇叭、灯光、机体等损坏仍能行驶)时,天气条件恶劣(如遇到风、沙、雨、雪、雾天气,道路能见度在 30 m 以内,或者道路结冰、有积雪等情况)时,依据交通规则进行现场限速管理。

(3) 控制行驶车速的方法

① 法规控制。法规控制是指根据交通规则中的规定对车速加以限制,如通过交通信号、标志、标线对车速进行限速,道路上的最高限速和高速公路上的最低限速等都属于这类情形。

② 心理控制。心理控制是指利用人的心理作用对车速加以控制。如在急转弯处路面上画有斑马线、横线;在下陡坡处画有色骨刺形条纹,使驾驶人产生快速不安全感及道路条件不良感,自觉地放慢驾驶速度;在接近有横向干扰的交叉路口,有意识地使道旁树木的树梢互相靠近,从心理上给驾驶人造成道路狭窄之感,从而促使驾驶人自动减速。

③ 工程控制。工程控制是指通过道路工程设施对车速进行强制减速的控制;如在住宅区道路或高速公路、快速道路的出口处设置颠簸路面、波状路面、齿状路面、利用分隔岛(设障碍物强迫车辆减速绕行)等。

三、交通安全设施

交通安全设施指的是为保障行车和行人的安全,充分发挥道路的作用,在道路沿线所设置的人行地道、人行天桥、照明设备、护栏、标柱、标志标线等设施的总称。标志标线、照

明设施等主要交通安全设施在前面各章已进行了介绍。本章重点介绍在线形不利路段或事故多发点段进行安全改善的视线诱导设施、减速丘和避险车道。

1. 视线诱导设施

（1）轮廓线

① 在视线不良、急弯、车道数或车道宽度有变化及连续急弯陡坡等路段宜设置轮廓标，设计车速≥60 km/h 的公路宜全线设置轮廓标。

② 在气候条件恶劣、线形条件差和事故多发地段应设置反光性能高的轮廓标或采用尺寸较大的反射器。

③ 轮廓标一般设置在公路的土路肩上或附着在路侧护栏上。轮廓标形式可根据公路是否设置护栏以及所设护栏的形式，选用附着式或柱式轮廓标。隧道壁上附着的轮廓标应为双向反光。

④ 轮廓标在公路前进方向左、右侧对称设置。双车道公路上左右两侧的轮廓标都是白色。其设置间隔可按表 10-3 规定选用，也可适当加密。

表 10-3 轮廓标设置间隔

曲线半径(m)	<89	90～179	180～274	275～374	375～999	1 000～1 990	>2 000
设置间隔(m)	8	12	16	24	32	40	50

公路路基宽度、车道数量有变化的路段及竖曲线路段，可适当加大或减小轮廓标的间隔，但轮廓标最大设置间距不得超过 50 m。

⑤ 轮廓标的标准设置高度为 70 cm，最小设置高度为 60 cm。设置于混凝土基础中的轮廓标，其设置高度（指反射器的中心高度）应与附着式轮廓标的高度大致相同。

⑥ 轮廓标反射器的安装角度，无论在直线段或在曲线上，应尽可能与司机视线方向垂直。

（2）线形诱导标

在受山体、树木或房屋等阻挡，及其他使驾驶员难以明了前方线形走向，易发生交通事故的小半径弯道外侧，可视具体情况设置一定数量的线形诱导标，线形诱导标的设置数量和尺寸按《道路交通标志和标线》GB 5768 中第 8.3.23 条确定。

2. 减速丘

减速丘设置在路段上或平面交叉前，使驾驶员降低车速。减速丘一般用于双车道公路上，尤其是进入城镇、村庄前。设置时应全断面铺设，并设置相应的减速丘标志和标线。根据过城镇、村庄路段的限制车速，可以在减速丘前设置相应的限速标志。

减速丘的设置示意图如图 10-13 所示。

3. 避险车道

避险车道设置，应首选上坡制动床型避险车道。当因空间位置所限不能建造上坡制动床型避险车道时，可选择建造沙堆型避险车道，但应保持沙子松散、干燥。应根据连续长大下坡路段货车失控事故情况、坡度、坡长、货车占交通量的百分比及事故的严重程度等因素，综合考虑是否设置避险车道。

避险车道应设置在能拦住大部分失控车辆的地方，一般设置在：

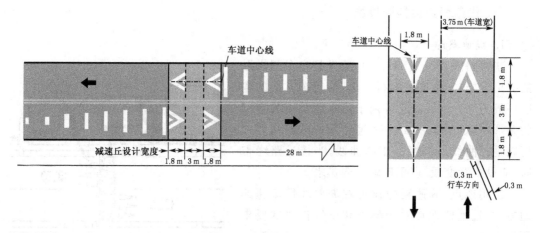

图 10-13 减速丘设置示意图

(1) 连续长大下坡或陡坡路段接小半径曲线前方(在车辆驶入小半径曲线前,宜沿曲线切线方向设置避险车道)。

(2) 连续长大下坡路段的下半部。

还应考虑设置地点的具体地形条件。

在坡顶宜提供连续长大下坡路段的坡度、坡长、平面线形和避险车道位置等信息。在避险车道之前至少设置两块避险车道预告标志(前 1 km、前 500 m),在避险车道引道入口前应设置避险车道标志,引导失控车辆驶入避险车道。在引道入口前可设置"禁止停车"标志,并设置"失控车辆专用"标志。在避险车道引道路面刻画"失控车辆专用"标志,保证只有失控车辆才能使用避险车道。

在避险车道制动床两侧可以设置护栏,并在两侧设置轮廓标。轮廓标的反光器颜色应变为红色,以区别于主线。轮廓标的间距以 15 m 为宜。

第四节 交通稳静化设计

有关交通稳静化的描述中,第一,关于交通稳静化的目标,应当涉及降低车速、促进交通安全,并且通过交通服务优化人们的生活质量;第二,关于交通稳静化的实施策略,一般认为包括"3E"领域的技术与手段,即教育(Education)、执法(Enforcement)以及工程(Engineering)措施。这是广义的交通稳静化概念和范畴,它除了教育和执法外,倡导以交通工程设施与技术作为实现稳静化目标的主要手段。也就是说,经典的交通稳静化非常强调"主动"地调整驾驶员的行为,尤其是在没有警察直接监控的居住区、学校等地。在现阶段,随着交通工程与管理科技的进步,交通稳静化的设施与技术都得到长足的发展,包括许多具有智能化控制功能的先进设施都已经应用于交通稳静化。

一般情况下,干线及其以上标准的道路上不适合进行交通稳静化,因为它们要求较高的计算行车速度;在市区集散道路上可进行适当的交通稳静化。

一、纵断面速度控制设施

1. 减速路障

减速路障(Speed Hump),通常是一个圆拱形的突出设施,它横向贯通行车道,沿行车方向的宽度一般为 3～5 m,以此区别于停车场常用的更窄的条形路障(图 10-14)。减速路障的纵断面形式可以是圆曲线、抛物线、正弦曲线,当接近路缘带时,应设置渐变段,以不影响纵向排水。

适用地点:减速路障设置在需要降低车速的地方,并且这些地点对于噪声和尾气排放的要求不能太高。

优点:通常造价较为低廉,方便行人及自行车跨越,减速效果较好。

缺点:对行车的舒适性影响较大;对于大型车辆,尤其是有悬架的车辆冲击较大;噪声和尾气污染较为严重;视觉上不美观。

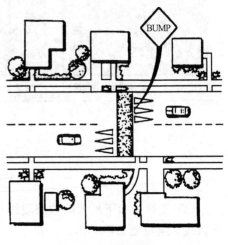

图 10-14　减速路障

2. 减速台

减速台(Speed Table)是一种平顶的路障(图 10-15)。经常采用地砖或其他的织纹材料修筑。其长度以小汽车能够完全停留在平台之上作为标准。它们在两端通过坡道与正常行车道相衔接,这个坡道通常要缓于减速路障,因此它所提供的减速效果要低于减速路障。

适用地点:减速台设置在需要降低车速,但对于大型车辆的行车顺适性也有较高要求的地方。

优点:大型车辆的行车顺适性较好;有较好的降低车速的功能(当然低于减速路障)。

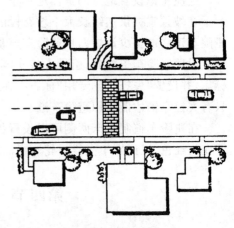

图 10-15　减速台

缺点:如果不使用织纹性材料,则其识认性与视觉、美学效果都较差,如果采用织纹材料作路面,则造价会略高;与减速路障一样会造成噪声和空气污染问题。

3. 凸起型人行横道

凸起型人行横道(Raised Crosswalk),是减速台与人行横道配套使用的稳静化方案(图 10-16)。通过将人行横道突出于正常的行车道以上,渠化过街的人流,使驾驶员更容易察觉过街行人。

适用地点:行人经常随意穿行道路,并且机动车经常超速的交叉口。

优点:同时改善了行人和机动车的交通安全;如果精心设计,则可以提供良好的视觉效果;具有较好的减速效果(但无法超过减速路障)。

缺点:如果采用织纹材料作路面,造价会略高;可能会影响路口的排水;与减速路障一样会造成噪声和空气污染问题。

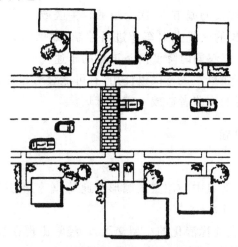

图 10-16 凸起型人行横道

4. 凸起型交叉口

凸起型交叉口(Raised Intersection),通常是一个凸起的平台式交叉口,并且在每一个进口处设置坡道与道路平面相衔接(图 10-17)。

适用地点:行人流量较大的交叉口;无法缩减停车区域的交叉口。

优点:同时改善了行人和机动车的交通安全;如果精心设计,则可以提供良好的视觉效果;同时实现两条道路的交通稳静化。

缺点:造价一般较高,这取决于选用的路面材料;可能会影响路口的排水;减速效果较之前三种措施略差。

5. 织纹路面

织纹路面,通常也包括彩色路面,主要是指采用压印图案的方法,或采用特殊的路面材料,创造一些参差的道路表面效果(图 10-18)。这种措施可以用在一条人行横道上,也

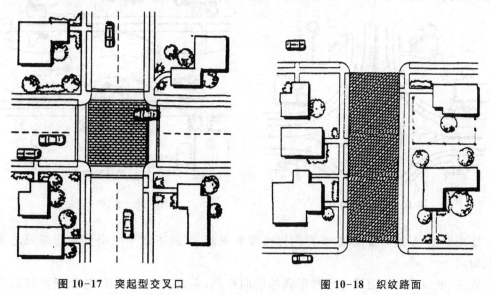

图 10-17 突起型交叉口　　　　　　图 10-18 织纹路面

可以用在完整的交叉口,在有些情况下,还被应用在整个街区的所有道路上。

适用地点:行人流量较大的城市主、次干道的相关区域。

优点:能够在一个较长的区段上对车速进行控制;如果精心设计,可以创造良好的美学效果;在交叉口使用时,能够同时降低两条道路的车速。

缺点:造价一般较高;如果在人行横道使用,有可能会对轮椅的通过制造一定的困难,也有可能会对有视力障碍的用路者造成一定的麻烦。

二、平面速度控制设施

1. 微型环岛

微型环岛是设置在交叉口中心位置的圆形交通岛,车辆沿其边缘环绕而行,它的平台之上经常进行绿化(图10-19)。

适用地点:需要进行交通稳静化的小型交叉口,经常出现在社区内部。设置的前提是交通负荷较小,而降低车速与保障交通安全是首要任务。

优点:在控制车速方面非常有效,并且显著改善了交通安全性能;如果精心设计,将成为一个很好的道路景观;可以同时控制两条道路上的车速。

缺点:大型车辆环绕非常困难;环绕行驶的车辆可能侵入人行横道;可能会减少一部分路上停车的空间;花坛需要专门的养护。

2. 曲折式行车道

在道路两侧交替出现的路缘的延伸,使行车道形成S形弯道,称为曲折式行车道(Chicane);实现行车道曲折的另一个手法是在道路两侧交替设置斜向路上停车位(图10-20)。

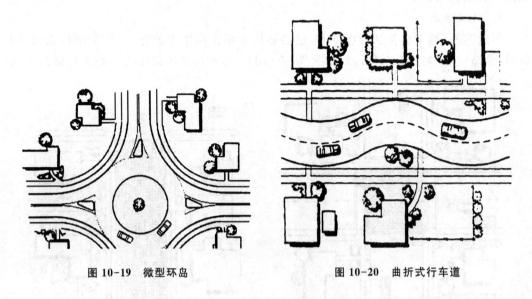

图10-19 微型环岛　　　　图10-20 曲折式行车道

适用地点:车速需要控制,噪声同样也需要限制,因此不能采用类似减速路障之类设施的地点。

优点:曲折式行车道通过限制车辆的横向空间,实现对车速控制,与纵断面控制设施相比,是一种更为平滑的方式;只要不是在交通负荷较大的环境下,它对于车辆的方向诱导都较为容易实现。

缺点:这种行车道必须精确设计,否则车辆会偏出行车道;重新布设路缘带有时造价较高。

3. 弯曲交叉口

弯曲交叉口(Realigned Intersection)应用在T形交叉口,通过主要道路上平面线形的处理,改变T形交叉口直行车流的行车方式,使其由直行改为转弯行驶,从而降低主路上的车速(图10-21)。

适用地点:T形交叉口。

优点:能够有效地降低T形交叉口的运行速度,在那些支路不易察觉的交叉口处,可以明显地提高交通安全性能。

缺点:如果采用路缘石的空间重构线形的弯曲,造价较高;对"切角绕行"的那部分车辆有可能需要额外分配一个通行路权。

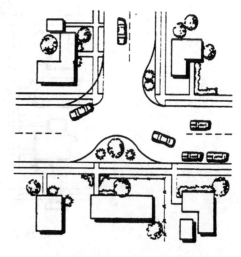

图 10-21 弯曲交叉口

三、行车道窄化设施

1. 交叉口瓶颈化

所谓交叉口瓶颈化(Neckdown),其实就是指平面交叉口转角的路缘扩展措施,这样就缩小了行车道宽度(图10-22)。这是一种"行人化"路口,使穿行道路的距离缩短,并且通过抬高交通岛,提高了对行人交通的关注。

适用地点:行人流量较大,并且噪声限制较严格的区域。

优点:扩充行人的活动空间;对于直行、左转的车辆不会造成转弯顺适性方面的障碍;可以提供出受保护的路上停车区;对右转车辆的速度控制效果明显。

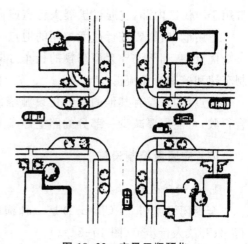

图 10-22 交叉口瓶颈化

缺点:如果不配合其他稳静化措施,则对车辆速度的限制效果较差;可能会降低右转的急救车辆和其他应急车辆的速度。

2. 中心岛窄化设施

中心岛窄化设施(Center Island Narrowing)是设置在道路中线上的凸起型交通岛,用以窄化行车道的宽度,它经常被设计成具有视觉上的愉悦感(图10-23)。

适用地点:居住区的进出口处;行人穿越流量比较大的宽阔街道上。

优点:提高了行人的安全;如果精心设计,可以成为一个道路景观;能够控制车速及断面流量。

缺点:如果没有其他的稳静化设施的辅助,该设施的降速效果比较有限;为了设置这种设施,可能会减少一部分路上停车空间。

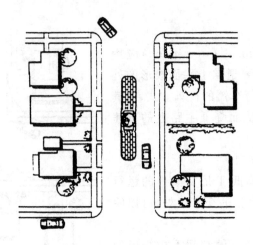

图 10-23 中心岛窄化设施

3. 人行道扩展的路障

人行道扩展的路障(Choker)是指由路缘带扩展而成的窄化行车道横断面的设施,经常用于居住区内部,它通过扩展人行道或设置绿化带来实现。

适用地点:需要进行速度控制的地点,并且该地的停车空间并不紧缺。

优点:有利于诱导大型车辆的行车方向;如果精心设计,可以成为路上的景观;可以限制车速和控制断面流量。

缺点:如果没有其他的稳静化设施辅助,在局部区段上,可能造成自行车与机动车混合行驶;可能需要减少一部分的路上停车空间。

四、交通量控制设施

1. 全封闭设施

全封闭设施(Full Closure)是一种横跨道路的隔离设施,完全阻断了过境车辆的穿行,只开放人行步道(图 10-24)。

适用地点:需要对车辆驶入实行完全控制,并在其他稳静化设施毫无效果的情况下选用。

优点:由于隔断了机动车流,因此彻底保护了行人与自行车的安全。

缺点:必须获得交通管理部门的支持;即使是居民区内部的车辆,以及救护车辆等,也必须要绕行;可能限制居住区内的商业开发。

2. 半封闭设施

半封闭设施(Half Closure)是一种使用在双向道路上的隔离设施,在一个局部路段封闭了其中一个方向的车道,以起到限制车流的作用(图 10-25)。

适用地点:交通量问题引发的安全隐患较大,并且其他的非限制性稳静化措施难以发挥作用的地点。

优点：有效地减少了交通流；允许双向自行车通行。

缺点：即使是居民区内部的车辆及救护车辆等，有时也必须绕行；可能限制居民区内商业的开发。

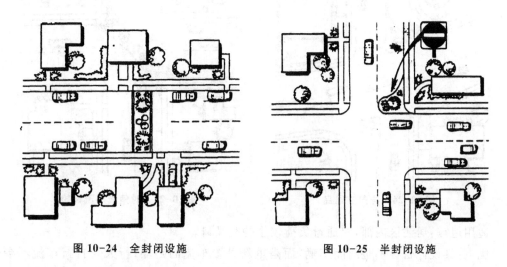

图 10-24　全封闭设施　　　　图 10-25　半封闭设施

3. 中央隔离岛

中央隔离岛（Median Barrier）是一种沿道路中线分布的隔离岛，穿越一个平面交叉口，以隔离其中一条道路的直行交通。

适用地点：支路与城市主、次干道衔接处；主、次干道与支路之间左转交通流不够安全的交叉口。

优点：通过禁止较不安全的转弯行为，提高了交叉口的安全性能；可以减少支路上的交通流。

缺点：主要道路的宽度必须充足才能设置这种设施；可能会对毗邻的居住区内的车辆及紧急救护车辆等造成不便。

4. 导向交通岛

导向交通岛（Forced Turn Island）是在交叉口处设置的，限制某一进口特定方向转弯交通的隔离设施（图 10-26）。

适用地点：支路与城市主次干道衔接，并且支路的直行交通可能造成安全隐患的交叉口；主路左转至次要道路上的交通存在安全隐患的交叉口。

优点：通过禁止较不安全的转弯行为，提高了交叉口的安全性能；可以减少支路上的交通流。

缺点：如果设计不当，容易造成车辆不遵守转弯规则的现象发生；可能会将安全隐患由一条道路转移至另一条道路。

5. 对角线导流设施

对角线导流设施（Diagonal Diverter）连接交叉口的对向转角，将一个四路交叉口分隔为两个"L"形区域，限制交通流向，引导居住区内的车辆选择迂回道路运行（图10-27）。

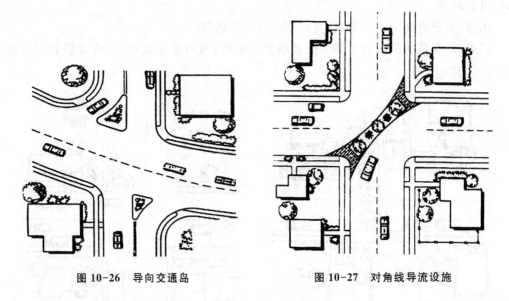

图 10-26　导向交通岛　　　　图 10-27　对角线导流设施

适用地点：居住区内部，交通量负荷较小的交叉口。

优点：其设计目标不是封闭车辆，而是重新设置车流的路径；行人与自行车流不会受到影响。

缺点：需要重新修建交叉口的转角区域；会对紧急救护车辆造成行车阻碍。

第五节　工程措施的经济分析

一、交通事故减少可能性的预测

推算和预估交通事故减少，是改造项目的可行性论证内容之一。

1. 单一改善措施的事故折减系数（AR）

进行一个单一的改善措施，期望能减少的事故数，如式(10-3)：

$$期望减少的事故数 = \frac{N \cdot AR \cdot ADT'}{ADT} \tag{10-3}$$

式中　N——未进行改善设计的期望事故数；
　　　ADT——改善前的日交通量；
　　　ADT'——改善后的日交通量。

[例 10-1]　某交叉口在 1995 年发生事故 12 起，1996 年 13 起，1997 年 14 起，1996 年的日进入量为 14 000 辆/d，现决定增加一条左转贮车道，事故减少系数估计为 0.37，若 1998 年的交通量为 17 000 辆/d，求该年事故减少数。

[解]　三年平均交通事故数平均值 $N = \frac{12+13+14}{3} = 13$ 次/a

期望减少的事故数 $= \frac{13 \times 0.37 \times 17\,000}{14\,000} = 5.84$ 次

2. 多种改善措施的事故折减系数（AR）

同一期间采取多种改善措施，如设置一个左转车道、划标线、增设交通标志和信号灯等，事故折减系数不能运用逐项相加累计的办法，因为相加累计折减系数就要大于1，而大于1等于没有事故，所以要采用式(10-4)：

$$AR_m = AR_1 + (1-AR_1)AR_2 + (1-AR_1)(1-AR_2)AR_3 + \cdots + (1-AR_1)\cdots(1-AR_{n-1})AR_n \quad (10-4)$$

式中 AR_m——多种改善措施的总 AR 系数；

AR_n——单一改善措施的 AR 系数；

n——对某一地点的改善项目数。

要注意不同措施要分别计算，如立体交叉是一回事，匝道又是一回事。

[**例 10-2**] 在例 10-1 中，考虑下列各种改善措施及其相联系的 AR 值（见表 10-4），求事故的减少数。

表 10-4 采取改善措施后 AR 值

改 善 措 施	事故折减系数（AR）
(1) 设置左转贮车道	0.37
(2) 设置交通信号灯	0.31
(3) 反光路边标线	0.04

[**解**] 分别考虑采取改善措施(1)、(1)+(2)及(1)+(2)+(3)后，在1998年的事故减少预估。采取改善措施(1)+(2)后：

$AR_m = 0.37 + (1-0.37) \times 0.31 = 0.57$

防止事故数 $= \dfrac{13 \times 0.57 \times 17\,000}{14\,000} = 9$ 次

采取改善措施(1)+(2)+(3)后：

$AR_m = 0.37 + (1-0.37) \times 0.31 + (1-0.37)(1-0.31)(-0.04) = 0.55$ 次

防止事故数 $= \dfrac{13 \times 0.55 \times 17\,000}{14\,000} = 8.68$ 次

上述两次计算结果，表明装了反光路边标线效果并不好，易使驾驶人员将狭路误认为宽路，快速行车而出事故，或者路肩宽度不够时，驾驶人员见有猫眼、反光路钮，认为反正有路肩就去多占用路肩的缘故。

另外，在计算时排列要从减少事故最多的次序排起，如例 10-2 中的 0.37, 0.31, 0.04。

3. 公路安全设计的事故折减系数

1970 年，美国公路研究院安全工程研究所根据加利福尼亚州 500 个交通安全措施方案，作出前后对比，提出表 10-5 所示的折减系数。

表 10-5　改善措施折减系数表

改善类型	平均事故减少率 （所有事故的百分率）	基本事故率 （不能小于下列数值）
① 装交通信号灯	15	1.00A/MV[a]（市区）
② 改进信号灯	10	
③ 新装信号灯和渠化	20	1.25A/MV（乡区）
④ 改进信号灯和渠化	35	
⑤ 交叉口有信号灯和左转弯渠化	15	0.80A/MV
交叉口无信号灯，但有路缘石（或有高出路面的拦阻体）	65	0.40A/MV
在市区	70	0.40A/MV
在乡区	60	0.50A/MV
涂漆渠化交通	30	0.80A/MV
在市区	15	1.00A/MV
在乡区	50	0.60A/MV
⑥ 闪光信号灯交叉口闪光设备		
四路交叉,红—黄（闪黄灯,即不让停车）（支干道—主干道）	50	1.10A/MV
三路交叉,红—黄（支干道—主干道）	50	0.70A/MV
四向,红（即四面闪红灯）	75	0.80A/MV
铁路交叉口	80	0.20A/MV
弯道和交叉口的前置警告闪光标志	30	1.00A/MV
⑦ 新装安全照明设备（夜间事故与照明有关）		
在交叉口处	75[b]	0.80A/MV[c]
在铁路交叉口处	60[b]	NA（设 1.00A/MV）[c]
在桥头引桥	50[b]	NA（设 1.00A/MV）[c]
在地道	10[b]	0.70A/MVM[c]
⑧ 道路轮廓线（即路面交通标线）		
中央分隔带或双黄线	50	0.45A/MVM
左侧路边线（即路缘线,通常不划）	2[d]	1.85A/MVM
高出路面的猫眼,反光路钮	5	NA(2.00A/MVM)
不准超车地带	65[e]	2.60A/MVM
反光导向猫眼、路钮		
在平曲线	30	1.10A/MV
在桥头引道上	40	0.10A/MV

续 表

改善类型	平均事故减少率 （所有事故的百分率）	基本事故率 （不能小于下列数值）
⑨ 护栏		
在桥栏杆两端	50	0.30A/MV
在路堤处	50	1.20A/MV
⑩ 路面打槽纹		
长度小于 804.67 m(0.5 英里)	75[f]	干燥事故率
长度大于 804.67 m(0.5 英里)	75[f]	干燥事故率
⑪ 标志		
弯道警告箭头（压划在路面上）	20	2.50A/MV
附有推荐车速前置弯道警告标志	20	1.80A/MV
四向停车推荐车速标志 　（用自由调节的可变标志）	70	0.50A/MV
平时不显示	36	2.28A/MV
附有指定车速的特殊弯道警告箭头 　（压划在路面上）（通常不做，指公路直角转弯）	75	1.3A/MV
⑫ 改建和其他措施[g]	20[h]	
长度小于 804.67 m(0.5 英里)		0.5A/MV
乡区普通道路		1.00A/MV
市区普通道路		1.33A/MV
乡区和市区的调整公路		长度大于 804.67 m(0.5 英里)[i]

注：(a) A/MV 每百万辆车的事故数；
　　　A/MVM 每百万车英里的事故数；
　　(b) 夜间事故数；
　　(c) 根据 $\frac{1}{3}ADT$ 的夜间事故率；
　　(d) 或为道路事故数的 25%；
　　(e) 或为超车事故数的 85%；
　　(f) 潮湿路面的事故数；
　　(g) 指加宽、设超高、改速、修筑路肩、增大曲线半径、增大视距等；
　　(h) 或根据各个个别事故报告研究的进行折减；
　　(i) 采用全州公路的事故率成如果道路修或高标准则用事故率的 0.8。

[例 10-3]　计划在乡区的某一无信号的交叉口增加一条涂漆的左转车道（即原道路为二车道，到交叉口处拓宽为四车道），现有的事故率为 0.98 次/MEV。如果主要公路上的日交通量为 5 000 辆/d，支路上为 1 600 辆/d，问改善措施完成后期望的事故减少数是多少？

[解]　MEV(百万辆/a) = $\frac{(5\,000 + 1\,600) \times 365}{1\,000\,000}$ = 2.41

根据表 10-5 中第⑤项中"涂漆渠化交通"，"在乡区"的平均事故的减少率为 50%，则
0.98 次/MEV×0.5=0.49<0.6（基本事故率）
改善前每年事故数=0.98×2.41=2.36 次

改善后每年期望事故数＝0.6×2.41＝1.45 次

改善后每年期望的减少事故数＝2.36－1.45＝0.91 次

这个例题说明基本事故率是起作用的,在作交通工程措施、设施时,减少后交通事故率不能低于基本交通事故率,简言之,原先的交通事故率若不是 0.98,而是 1.4,则减少 50% 还剩 50%,就是 0.7,大于基本交通事故率 0.6 就可以。所以在计算采取改善后的期望减少事故中,基本交通事故率是一个很重要的因素。

4. 共性与个性的交通事故率

在综合的改善措施中,如果某一特定改善措施只能减少一种特定类型的事故,则应使用经计算得出的平均折减系数,因为有的交通事故率是对全面交通事故讲的,具有共性。有的是对某一种交通事故讲的,具有个性,如增加照明设备,只能对减少晚上的交通事故有利;抗路面槽纹,增加摩擦力,只能对下雨天防止事故有利。为此,对某一特定的改善措施后所发生的效果,就应该使用经计算得出的平均折减系数。

[例 10-4] 计划在市区的某一十字交叉口设立一个新的交通信号灯和新的安全照明装置,主干道有交通量 10 000 辆/d,支路上为 3 000 辆/d,在过去三年有事故 23 次,而其中 8 次发生在夜间,试估算平均事故折减系数(假定夜间交通量为全天交通量的 $\frac{1}{3}$)。

[解] (1) $MEV = \frac{13\,000 \times 365}{1\,000\,000} = 4.75$

每年夜间事故数 $= \frac{8}{3} = 2.67$ 次/a

事故率 $= \frac{2.67}{\frac{4.75}{3}(\text{夜间 MEV})} = 1.69$ 次/MEV

(2) 由于照明改善而减少的事故率为

$1.69 \times 0.75 = 1.27$ 次/MEV

剩余的夜间事故率＝$1.69 - 1.27 = 0.42 < 0.8$(基本事故率)

这样由于照明改善而减少的事故率为

$1.69 - 0.8 = 0.89$ 次/MEV

减少夜间事故率＝$0.89 \times \frac{4.75}{3} = 1.41$ 次/a

每年剩余事故数＝$2.67 - 1.41 = 1.26$ 次/a

(3) 由于设置新的交通信号灯和新的安全照明

每年的事故数 $= \frac{15}{3} + 1.26 = 6.26$ 次

所减少的事故数＝$6.26 \times 0.15 = 0.94$ 次/a

剩余的事故数＝$6.26 - 0.94 = 5.32$ 次/a

剩余的事故率＝$\frac{5.32}{4.75} = 1.12 > 1.00$ 次/MEV

(4) 综合事故减少 $= \frac{1.41 + 0.94}{5 + 2.67} = \frac{2.35}{7.67} = 0.31$

二、工程措施的经济分析

要提高交通安全,减少交通事故,就得采取工程措施,如拓宽道路、装置信号灯、改善照明、修建立交、设分隔带等,成本与效益的比较,就是工程措施的经济分析。以下主要介绍三种经济分析的方法:效益成本比法、安全指数法和成本有效法。

1. 效益成本比法

(1) 事故费用

在事故费用数据里,将死亡事故、受伤事故和财产损失事故分开,这是一种简便的惯用方法,适用于以事故严重性作为最重要的有效量度的情况,缺点是缺少事故费用数据。

(2) 年度平均费用等效值

$$EUAC = I(CR_n^i) + K - T(SF_n^i) \tag{10-5}$$

式中 $EUAC$——相当年度平均费用等效值;

I——设计项目的工程费;

i——假定的利率(%);

n——估计工程措施的使用年限(a)(表 10-6);

T——回收值;

K——工程完成后的营运和保养维修费(元/a);

CR——每年的开支(元/a);

CR_n^i——当利率为 i 时,n 年投资还本系数:

$$CR_n^i = \frac{i(1+i)^n}{(1+i)^n - 1} \tag{10-6}$$

SF——每年要支付的费用;

SF_n^i——回收值,当利率为 i 时,n 年的还债基金系数 $= CR_n^i - i$(每年投入数)。

表 10-6 各种改善设施使用年限表

种 类	使用年限(a)	种 类	使用年限(a)
(一)交叉口设计		7. 整平、清除边坡	20
1. 交通渠化左转贮车道	10	(三)结构物设计	
2. 交通信号	10	1. 加宽桥梁或主要结构物	20
3. 视线改善	10	2. 重建桥梁或主要结构物	30
4. 其他交叉口设计(照明等结构物除外)	10	3. 新建桥梁或主要结构物	30
(二)横断面设计		4. 次要结构物(排出涵洞)	20
1. 加宽路面,不增加车道	20	5. 上穿或下穿人行道	30
2. 增加车道但无新建中央分隔带	20	6. 其他结构物	20
3. 新建中央分隔带的分隔公路	20	(四)铁路平交设计	
4. 路肩加宽或改善	20	1. 闪光信号	10
5. 防滑处理——路面打槽	10	2. 平交立交	30
6. 防滑处理——铺罩面	20	3. 照明	10

种 类	使用年限(a)	种 类	使用年限(a)
4. 自动启闭栅门	10	5. 标线,路边线轮廓标志	2
5. 交叉口路面改善	10	6. 照明	15
(五)路边附属建筑		7. 改善排水结构物(涵洞等)	20
1. 交通标志	6	8. 栅栏防护	10
2. 可移式标志栓或灯柱	10	9. 减冲物(缓冲器)	10
3. 路边护栏	10	10. 其他路边物	10
4. 中央隔离带上面装防护栏	15		

[例 10-5] 某地为了减少交通事故,决定装置一个新的交通信号设施,基建费用是 156 000 元,使用年限为 10 年。如果每年营运和保养维修费为 500 元,利率为 15%,问 EUAC 等于多少?(假定回收值不计)

[解] $n = 10, i = 15\%, CR = 0.199\ 3$

$EUAC = 156\ 000 \times 0.199\ 3 + 500 = 31\ 590$ 元

(3) 效益成本比

效益成本比即效益和成本支出进行对比。效益收获指社会效益,因为未发生或减少的事故实际上不可能计算数值,只能按以往交通事故的费用来计算,通常认为效益成本比等于 1 或者大于 1 的就是合算的。

[例 10-6] 有一个交叉口,平均每年发生 13 起交通事故,如果安装一个信号灯,估计可减少交通事故 31%,按以往记录的平均 1 起事故费用为 53 000 元,以及信号灯的 EUAC 为 31 590 元,试问效益与成本的比值 B/C 是多少?

[解] 由于事故减少而节约的费用 $= 13 \times 0.31 \times 53\ 000 = 213\ 590$ 元

$$\frac{B}{C} = \frac{213\ 590}{31\ 590} = 6.76$$

效益大于成本,方案可行。

(4) 净安全利益

效益成本比的计算方法是传统的经济分析法,用于交通工程方案分析时,往往会出现一种情况,即效益与成本的比值很大,但实际收入却体现不出来,为此采用净安全利益加以验证。例如在危险地段(公路上有窄桥,双车道、一上一下),公路车道 3.66 m(12ft),桥面车道 3.05 m(10ft),采取桥梁加宽和设划线、反光标志等两个改善措施(表 10-7)。

表 10-7 净安全利益计算表

改善措施	EUAC(元)	利益(元)	B/C	净利益(元)
桥梁加宽	16 300	87 070	5.3	87 070
划线、反光标志	1 400	58 940	42.1	58 940

由表 10-7 可以看出,划线、反光标志的 B/C 是 42.1,桥梁加宽的 B/C 是 5.3,前者比后者大得多,但从净利益来看,后者比前者多 28 130 元,从长远利益看,加宽桥梁是合算的,净利益大。净安全利益法表明 B/C 大,净利益不一定大,易言之,效益成本计算法的

运用不是到处适用的。

2. 安全指数法

此法适用于造价低于 100 万元的小型工程的计算方法。公式如下：

$$\text{安全指数} = \frac{\text{改善前的全部事故费用} - \text{改善后的全部事故费用}}{\text{项目设计的总费用}} \times 100\% \quad (10\text{-}7)$$

这实际上是一个修改过的 B/C 效益成本比法,因为小型工程不需要考虑 $EUAC$ 相当年度平均费用等效值,不需考虑 i 利率,但要知道工程措施的使用年限。

[例 10-7] 参见多种改善措施的事故折减系数(AR)(表 10-4),原每年平均事故 13 起,采取①设置左贮车道和②设置信号灯这两项改善措施,每年可减少 9 起交通事故,假定平均记录事故费用为 53 000 元,这两项改善措施总共费用为 506 000 元,使用年限为 10 年,试计算安全指数。

[解] $\text{安全指数} = \dfrac{9 \times 53\,000 \times 10}{506\,000} \times 100\% = 942.68\%$

通过计算,可确定哪项改善措施需先做,哪项改善措施可后做,这种方法不及效益成本比法精细。

3. 成本有效法

成本有效法是确定防止一起交通事故的费用,由于期望效益不是用价值计算,因此难以确定哪项改善措施的正确与否。公式是：

$$\text{有效费用} = \frac{EUAC}{B} \quad (10\text{-}8)$$

式中　$EUAC$——相当年度平均费用等效值;

　　　B——年平均效益,只计算减少的事故数。

[例 10-8] 某公路的一个城市交叉口,夜间交通事故率高,现在要提高照明标准,提出的改善措施费用如下：基本建设费用 40 000 元；营运和保养维修费用每年 1 000 元；期望防止受伤事故每年 7 起；利率 10%,使用年限 15 年；回收值 4 000 元。试求采取措施后每起受伤事故节约的费用。

[解]　$EUAC = I(CR_n^i) + K - T(SF_n^i)$

$n = 15$ 年

$EUAC = 40\,000 \times 0.131\,5 + 1\,000 - 4\,000 \times 0.031\,5 = 6\,134$ 元

$\dfrac{C}{E} = \dfrac{6\,134}{7} = 876.3$ 元（每件受伤事故节约费用）

提高照明标准的措施,可以用做猫眼的措施和做中央分隔带的措施,将这些措施的费用分别计算,进行比较,选择最佳方案。

三、交通安全措施的效果评价

对防止有死亡可能的交通事故,其必要性无需论证,但推测交通事故造成的损失则很难。此外,为防止道路交通事故,投入大量资金,其投资效益会逐步提高,但要具体且客观地表现其效益极其困难。如推测一般设施的投资效益,投资及其效益能用货币值比较时,

可能用数学模型处理。但在推测实施交通安全措施的效益时,投资额与其效益的比较,则不可能作出通常的论断。

通常,对用于交通安全的投资,简单地统计其前后的死亡人数的变化或事故件数的变化进行投资效益大小的推测,这种分析属于事后判断,不能成为设定计划方案时的参考。

实际上,在交通事故的安全措施方面,有许多方案,有必要从中择出有效、合理的措施。这时,以下两种方法是比较重要的。一是预测道路交通事故的方法;二是现行多方案的合理构成方法。

道路网络有明确的功能分工,随之产生的以时间损失等为主的损失项目明显,直接的交通安全措施实施费用能较正确地计算的场合,已提出了用数理规划法等合理地建立方案的方法,例如,在 N 条路线上有 J 个安全措施方案可以实施,各种方案的经济效益 b_{ij} 及其费用 c_{ij} 为已知时,用总预算 B 控制的最优方案的解集可用下列整数规划法定义:

$$\max \sum_i \sum_j b_{ij} x_{ij} (i \in N, j \in J) \tag{10-9}$$

制约条件:

$$\sum_i \sum_j c_{ij} x_{ij} \leqslant B$$
$$\sum x_{ij} \leqslant 1$$
$$x = 0, 1$$

式中　　N——路线数;

　　　　J——安全措施方案;

　　　　B——总预算;

　　　　b_{ij}——各种方案的经济效益;

　　　　c_{ij}——各种方案的费用。

然而,客观的社会费用的计算方法还未确立,一般有必要规定各个道路网交通安全措施的费用与效果。此外,如前所述,仅从工程角度考虑的道路交通安全措施并不充分,理想的是提出综合性安全措施。

复习思考题与习题

10-1　路侧安全净区的概念是什么?净区的大小由哪些因素决定?

10-2　平面交叉口渠化主要有哪几种主要措施及每种措施的设计要点是什么?

10-3　接入管理的目的及遵循的原则是什么?

10-4　交通稳静化在哪些道路上适用?试在校园内选取 1~2 条道路提出交通稳静化的具体措施。

10-5　某郊区公路弯道上三年内共发生交通事故 19 起,改善措施及对应的事故减少率如下:

改善措施	事故减少率(%)
提高照明标志级别	45
提高中心线标志的级别	17
设置边线标线	8
安装道路照明	50

这套改善措施的安装费用为 13 000 元,整套措施的使用年限为 10 年,利率为 15%,无回收值,每年的营运和维修费用为 600 元,交通量将维持不变,计算每防止一起事故的费用。

10-6 计划在市区的某一十字交叉口设立一个新的交通信号灯和新的安全照明,主干道上交通量 10 000 辆/d,次干道上为 6 000 辆/d,在过去三年内有事故 19 起,而其中 6 起发生在夜间,试估计平均折减系数(假定夜间交通量为全天的 1/6)。

第十一章 交通安全审计

第一节 概 述

一、交通安全审计的起源与发展

交通安全审计是客观审计现有道路、规划道路、交通工程及与道路使用者有关的工程。在审计工作中,具有道路安全审计资格的审计人员独立调查工程中潜在的安全隐患,提出经过充分考虑的能消除或减轻安全隐患的保证措施,并给出审计报告,使规划、设计、施工不仅技术合理、经济可行,而且安全可靠。与交通安全审计近似的概念,如"道路或交通安全审查(或称检核、核查、预审等)",它们在外延与内涵上均与交通安全审计一致,在此统一使用"交通安全审计"。

20世纪90年代中期,交通安全审计通过两种平行的方式引入我国。第一种方式,从理论体系角度引入交通安全审计的理念,并着手开展理论与应用研究。研究的重心是支持交通安全审计的各种技术方法与定量指标,获得了一系列符合我国道路状况的道路几何线形设计、交通工程设施设置与使用、交叉口设计等的道路安全微观模型。第二种方式,通过世界银行贷款项目的配套科研项目,在工程领域开展交通安全审计实践。

二、交通安全审计的目的和意义

传统的道路工程规范与道路路线技术标准是建立在汽车动力学基础上的,遵照传统的设计与建造规程,道路作为行车的载体,能够保障汽车运动的力学稳定性与行驶的基本支撑条件,具有基本的安全性能。为了提高整个交通系统的交通安全水平,需要将"交通安全审计"引入道路网的规划设计中,在规划设计阶段就重视安全因素,使道路设计能有效地控制潜在或可能事故的发生,其目的和意义在于下面三点。

1. 针对性地消除安全隐患

现有的道路除极少数路段,绝大多数都符合规范与技术标准的要求,但在运营一段时间后,往往出现事故明显集中的事故多发段和事故多发点。事故多发点(段)的存在说明道路规范或技术标准不能界定道路交通系统所有的安全问题,只有进行安全的专项分析,才能最大限度消除路段将出现的安全隐患。

2. 更全面地分析安全影响因素

传统的设计规程之外附加交通安全审计,专门针对道路安全进行深入的探讨和研究,能够设想各种车辆运营中可能的安全隐患,并且考虑道路各种设施之间的适配性及其在运营中呈现的动态特性。

3. 有效地扩展道路的安全空间和"宽容度"

交通安全审计通过对道路技术指标的回溯,能够发现碰撞风险较高的区段,然后有针对性地采用一些补救措施,从而降低碰撞发生的概率,或者减弱可能碰撞的严重程度。

三、交通安全审计的实施与监督机制

在交通安全审计的定义中,强调指出交通安全审计的实施者必须是一个独立小组。这是因为在传统的道路设计规程中,虽然已经包含了一些安全的考察指标,但交通安全审计的实施是专项的安全研究,因此它必须脱离常规的道路设计规程,设置一个专门的小组加以实施。交通安全审计在小组成员选择、组织机构、业务运作方面有下列一些必要条件。

1. 交通安全审计必须保持独立性

交通安全审计小组的成员,按照定义中所强调的,应该是独立的、训练有素的安全专家,他们通常是有多年道路工程与交通安全实践经验的资深人士。尽管许多国家规定交通安全审计应该作为一个制度化的步骤,写入道路设计的合同中,但交通安全审计小组必须是脱离道路设计或施工单位的独立机构,这样才能全面地、客观地开展交通安全审计工作。

2. 对审计人员必须实行严格的认定制度

长期和制度化实行交通安全审计工作需要有一个正规的运行机制,其中对交通安全审计员的遴选机制是保障交通安全审计质量与成效的基础。因此,交通安全审计员应该处在国家机构的监督和管理之下。例如,澳大利亚联邦交通机构认定交通安全审计员的注册应该以州为单位进行,并且注册的管理机构由州议会负责。

澳大利亚政府要求各州在交通安全审计进行一段时间后,建立交通安全审计员的认定机制,并且鼓励各州制定详细的认定系统,对交通安全审计员建立一套评审体系。

需要强调的是,交通安全审计的注册与认定对象一定是审计员个人,而不是实施审计的单位或机构。

3. 审计小组必须保持"多专业"的结构

交通安全审计的一个特有功能,就是对多方式、多层次道路交通系统中的安全问题进行集成化处置。这是传统的设计规程所不具备的。例如,从公路和铁路两种方式的路线优化中寻求公路、铁路交叉的安全;在道路网络中协调联络线与不同等级道路由于车速与现行标准差异所造成的冲突等。

上述任务的完成,要求道路审计员必须来自不同交通方式机构,具备多重专业背景,这样才可以协同考虑安全问题。通常情况下,交通安全审计员除应覆盖各种交通方式以外,还应包含道路规划、道路设计、交通组织与管理等不同部门。同时,交通安全审计的成员又要来自不同层次,能够协调微观和宏观的安全需求,将各不同层次衔接理顺。

4. 审计人员的培训

在国际通行的培训计划中,培训的核心内容都是训练有关人员对交通安全审计程序和技术的认知、领悟与掌握,并进行大量的案例分析,包括:

(1) 道路安全工程。
(2) 道路交通事故多发点(段)的鉴别与勘查技术。
(3) 路侧安全分析技术。
(4) 施工区的安全评估、组织与管理。
(5) 道路交通事故风险评估与管理技术。
(6) 交通安全审计报告的编制办法。

四、交通安全审计的流程

交通安全审计的实施,一般是由拟建项目(或现有项目)的主管部门(或业主)将项目的设计成果委托给一支审计队伍进行审计。委托方和项目的设计方将审计项目的相关资料提交给审计人员,审计人员通过对图纸资料审查和现场考察,利用安全检查表逐项鉴别设计中存在的不安全因素,提出修改建议,写成审计报告。通过和设计人员及委托方交换意见、讨论修改意见后,将审计报告提交给委托方。委托方对审计提出的修改意见做出裁决,将裁决意见反馈给审计人员和设计者,设计者按裁决意见对设计进行修改。

表 11-1 列出了交通安全审计工作八个步骤的工作内容以及相应的参与者,每个步骤中的细节内容必须与具体审计项目的性质和规模相适应。审计组提交的书面报告应当尽可能简洁,对于规模较小、交通安全问题较清楚的项目,有的步骤可以简化,但不能省略。在审计过程中,总的流程次序不能改变。整个安全审计实施流程见表 11-1。

表 11-1 交通安全审计实施流程表

步　骤	责任人
1. 选择审计人员(单位) 选择审计人员或审计单位,他们应具备合格的资质,并与设计无关,对设计审查能达到公正、公平、可靠、客观要求	委托方或设计者
2. 提供背景材料 为审计人员提供相关的报告、说明书、图纸和有关部门勘测资料,不同的审计阶段,要求的背景资料也不相同	委托方和设计者
3. 召开审查开始会议 三方责任人会见,商议审计事项和交接资料	委托方、审查人员和设计者
4. 审计设计文件、图纸、资料 利用安全核查表审计设计图纸或现有道路上是否存在不安全因素	审计人员 (此两步骤同时交叉进行)
5. 现场考察调查 考虑各种类型的道路使用者和各种可能发生的情况,辨别不安全因素	
6. 编写审计报告 逐项阐明鉴定的不安全因素,提出修改建议	审计人员
7. 召开审查完工会议 交换审计情况,提交审计报告,讨论修改建议	委托方、审计人员和设计者
8. 裁决与实施安全审计建议 委托人考虑每一项审计建议和意见,对采纳和不采纳的建议提出确认理由,将报告副本反馈给审计人员和设计者;设计者按裁决意见对设计进行修改	委托方、设计者

五、交通安全审计的各阶段及其主要内容

由于交通安全审计所要解决的问题广泛分布在道路生命周期的各个阶段,因此,世界各国一致认为交通安全审计可以在道路规划、设计、建造与运营的各个环节上介入。通常按照进程的不同,交通安全审计可以划分为规划与可行性研究阶段、初步设计阶段、详细设计(施工图设计)阶段、施工阶段、运营前的验收与运营后的审计等五个阶段。当然,各个阶段具有不同的研究内容和核心问题,也有不同的审计模式和技术。

1. 规划与可行性研究阶段

从安全的角度,考察道路网络的功能适配性、不同层次路网衔接的顺适性以及多方式交通系统转换的平滑性。在可行性研究阶段,重点评析项目的控制点、路线方案、设计标准等是否可能导致安全问题,以及备选方案的路线连续与平顺性,立体交叉、平面交叉、道路出入口分布(针对交通安全)的合理性等。

2. 初步设计阶段

初步设计阶段进行安全性能评估的对象包括平、纵线形,视距特征,平面交叉口,立体设计方案,车道与路肩宽度,路面横坡与超高值,超车道特性,停车设施,非机动车与行人设施等。其他评估对象包括设计方案与设计规范的偏差所带来的影响、预测施工中可能发生的安全问题等。这阶段的安全审计值得特别重视,因为一旦道路征地拆迁完成后,再进行大幅度的修改将变得比较困难。

3. 详细设计阶段

详细设计阶段进行安全性能审计的要素包括:标志、标线、控制信号、照明、交叉口细节设计与交通组织方案、护栏设计方案、路侧设计、路侧净距、路侧景观、施工中的交通管制方案等。

4. 施工阶段

施工阶段安全审计的重点包括施工区、施工组织与管理、施工准备与实施方案,以及与施工过程密切相关的交通疏导方案、临时交通控制设施等。另外,在该阶段应特别关注施工相关人员与车辆、经过施工区域的用路者的安全保障问题。

5. 运营前的验收和运营后的审计阶段

运营前的测试项目包括在路上驾车、骑自行车及步行进行现场试验,以保证所有用路者的安全需求都得到满足。这些现场测试应该分别在白天与夜间、晴天与雨天进行。在道路通车后,对其安全状况进行系统的监视与评估,找出安全缺陷点,以进行改进。

第二节 道路规划及可行性研究的交通安全审计

道路规划与可行性研究环节是交通安全审计介入的第一个阶段,此时安全审计的实施是在宏观层面,其对象是道路网络、路线与网络的适配性、路线技术标准的选取、新改建项目对现有路网的安全影响、路线连接、起终点与进出口设置,以及道路建设对环境等的宏观影响。

一、道路规划阶段的交通安全审计

路网规划阶段的交通安全审计是所有安全审计中的"顶层任务",主要是对规划方案进行宏观的、战略性的把握。在这个层次上开展的审计,跨越了工程的局限,目的在于从交通系统整体发展,为区域经济发展提供安全保障。

路网规划所追求的目标,除了被动的项目安全评估与弥补外,应使规划方案达到"认知安全规划"(Safety Conscious Planning)的程度。这是一种主动型的交通安全审计,即在规划之前就确定一个路网安全效能目标,并将其渗透到规划各环节的安全维护与保障进程中,确保道路具备更高的宏观安全性能。

1. 路网规划中的安全要点

(1) 采取"安全性能指标"优先的原则

路网规划中,如果仅以通行能力、负荷度、拥挤度作为预测指标,则没有达到"认知安全规划"的程度,必须使道路系统安全性能作为未来预测的一个关键指标,并判定这一规划项目是否促进和提高了系统的交通安全,而不只是在个别点与线上实施局部的安全改造。

(2) 系统考察与其他方式交通网络的节点安全

国内外广泛存在着道路网络与铁路网络交叉的问题。随着我国铁路的提速,公路铁路交叉道口,尤其是城市道路与铁路交叉道口的安全问题日益突出。在路网规划中应系统地考虑与铁路的交叉节点,使立体交叉道口、平面交叉道口服从系统的布局方案,并在道路、铁路各自系统内部新建路线的规划中相互协调与合作,以消除安全隐患。

(3) 各层次道路网络间保持安全衔接

现阶段我国在道路网规划中存在着一个突出的安全问题,即公路与城市道路衔接的不适配性。集中体现在公路与城市道路执行独立的技术标准,从而造成公路与城市道路的衔接区段行车不顺畅,产生了"速度梯度"。这就要求对路网规划实施层次衔接的安全审计,保持平滑过渡。

(4) 避免路网规划与区域开发间的安全冲突

路网规划一般服从并服务于区域的社会经济开发计划,过去只是从可达性的指标来分析路网规划,以满足其区域发展的需求。在路网规划的安全审计中,要求从安全角度考察这两方面的协调性。其中的重要指标是保证道路服务功能与其相连通区域的活动和开发性质相一致,不造成潜在的冲突。例如,社会服务型的道路应该避开军事区、高危物质的研究与生产区域等。高等级公路应尽量避免穿越动物保护区或动物频繁活动区域,如果需要穿越,则要有相应的动物通道规划与建设项目。

(5) 应急道路交通系统规划

应急道路交通系统的基本性能是能够保障在紧急状态时实施快速反应与应用,这个安全性能需要在网络规划层面上加以考虑,并作为路网规划的重要环节。

例如,对于有重要意义的干线道路,必须在规划阶段考虑其替代道路,在主线由于交通事故、自然灾害或紧急状态而不能实施其职能时,可用替代道路作为疏散和临时交通的通道。

2. 交通安全审计的实施过程

在国际上,将安全集成到道路规划阶段的实践存在着两种方式:第一种方式是从现有道路交通系统的安全问题及未来可能的安全隐患出发,制定相应的道路规划项目,从而有目的地解决这些交通安全问题;第二种是将与安全性能相关的道路技术指标,提前纳入到规划过程中,使之成为规划的控制性指标,以防止产生安全隐患。这两种方式的实施,都遵循如下步骤:

(1) 在道路规划方案制定之初,即采取措施,使道路规划的管理、投资、实施机构充分认识到安全的重要性。

(2) 鉴别、收集并分析事故数据,以便明确有突出安全隐患的地点或区域。

(3) 召集道路规划的管理、投资与实施机构,讨论系统中的安全隐患,并探讨可能解决方案的成本效益特性。

(4) 规划并实施特定的道路建设项目或发展计划,以落实安全目标。

(5) 评估项目的成效,并将规划项目实施的结果公布,进一步拓展道路规划环节实施安全审计的共识。

3. 交通安全审计的实施案例

表 11-2 所列为一项在英国实施,针对城市道路网络规划阶段的安全审计清单,以说明路网规划阶段安全审计的主要内容。

表 11-2 道路网络规划的安全审计清单

交通安全审计清单:道路网络规划	是	否
(1) 该道路网是否具有完整的层次,包括了主干道、集散道路、地区集散道路、进出支路		
(2) 主干道能否真正形成整个城市的首要道路网络,并承担绝大多数的过境交通		
(3) 当主干道每一个行车方向具有两个或更多的车道时,其双向交通是否总有中央分隔带进行划分		
(4) 地区集散道路是否只服务于一个社区、村庄或相似地区的交通		
(5) 是否所有的道路都只与其相同等级的道路相交,或只与其上一级或下一级的道路交叉		
(6) 地方的进出支路是否已经设计成不适用于过境交通		
(7) 是否所有的地方的进出支路都不长于 200 m		
(8) 是否所有的主干道与主干道的交叉口都已经渠化,或有信号灯控制,或者有环岛(当交通量很多时,它已经建立了立交)		
(9) 是否所有的主干道与集散道路的交叉口都设置了主路优先的 T 形交叉,或信号控制,或者设置了环岛		
(10) 是否所有的集散道路与进出支路的交叉口,都设置了集散道路优先的控制方式		
(11) 主干道与集散道路的交叉口,是否都已经在主干道上设置了"港湾式"的转弯车道		
(12) 主干道上的交叉口间距是否至少 250 m(交叉点的期望最大密度是每公里 3 个)		
(13) 地方停车场是否只能从地方的进出支路进入(当停车场为医院、购物中心、加油站以及其他吸引较大车流的情况下,可以例外地由集散道路进入)		
(14) 设施的进出口是否都开在了距离交叉口至少 50 m 的地方		
(15) 交叉口的标志是否可以让用路者明确地区分哪条道路具有优先通行权,并且这个标志没有视线障碍		
(16) 交通量大的主干道上是否禁止停车,或有严格地控制		
(17) 公交站点的位置是否设置在安全区域		

二、工程可行性研究阶段的交通安全审计

道路网络规划阶段的安全审计,其视角是"面上"的整体安全性能审查,而对于建设项目的工程可行性研究阶段,安全审计的视角则是"线上"的安全性能考察。

现阶段我国实施建设项目的可行性研究,主要是确认项目建设的必要性,探讨路线可能的交通走廊及走向,明确技术标准及建设规模,并初步制定项目的技术方案。包括确认起终点,确定道路各区段的技术参数、选择主要控制点、制定与节点的衔接方案等内容。因此,这个阶段的交通安全审计,伴随工程可行性研究的框架而进行,审计的主要内容包括下列几方面。

1. 技术标准

(1) 公路等级

根据项目沿线城镇及人口分布情况、预测交通量、交通组成、项目功能以及在路网中的地位等,对拟定的公路等级从适应行车安全要求方面进行评价。

(2) 设计速度

根据拟建公路项目等级,结合预测交通量及其组成、沿线地形情况等对设计速度进行安全性评价。不同设计速度的相邻路段设计速度差不宜大于 20 km/h,设计速度差大于 20 km/h 的相邻路段间宜设置过渡路段。过渡路段的长度应能够保证线形指标的过渡需要,并设置交通设施引导驾驶员调整运行速度。

(3) 路基横断面宽度

新建项目应根据预测交通量及其组成,从行车安全性角度评价新建项目路基横断面形式及其行车道、硬路肩、中央分隔带、路缘带等宽度的适应情况;分期实施项目应根据远景规划评价前期实施工程与后期预留工程对行车安全性的影响;改扩建项目应根据路基宽度和设施变化的协调性等情况,评价其对行车安全性的影响。

2. 技术方案

(1) 技术指标

平、纵面线形指标应与设计速度相适应。以大、中型货车通行为主的项目应尽量提高纵断面、横断面及平面设计指标值。分期建设的项目应注意近期工程对行车安全性的影响,改建项目应注意改建前后技术指标的协调性以及对行车安全的影响。

(2) 起讫点

根据预测交通量对路线起讫点与接续道路的连接方式、交通组织等进行评价。

(3) 平面交叉

根据地形条件、主线技术标准、相交道路状况、预测交通量等情况对平面交叉口设置的必要性、形式、交通组织及交叉口间距等进行评价,其评价标准为尽量减少行车冲突点。

(4) 互通式立交

根据路网条件、出入交通量及沿线城镇布局等情况对互通式立交设置的必要性、形式、与被交道路连接方式,相邻互通立交、互通立交与隧道等大型构造物以及其他管理服务设施的间距等进行评价。当最小间距不满足现行规范要求时,应增设辅助车道及标志标线等安全设施。

(5) 跨线桥及通道

对未能设置平面交叉或互通立交的其他路线交叉口,应评价跨线桥或通道设置的必要性及设置间距的合理性。

(6) 施工期间的交通组织

公路改建项目在施工期间不中断交通或将主线交通量分流到相关道路时,应对施工组织方案的行车安全性影响及其采取的相应安全措施进行评价。

3. 环境影响

(1) 气候

根据降雨、冰冻、积雪、雾、侧风等自然气候条件,应对工程方案中不利自然气候条件下采取的安全措施进行评价。

(2) 不良地质

根据不良地质情况,应对工程方案中不良地质条件下所采取的安全措施进行评价。

(3) 动物

根据动物活动区域及动物迁徙路线,应对设置隔离栅或动物通道的必要性进行评价。

第三节 道路设计阶段的交通安全审计

道路设计一般可分为路线设计、路基设计、路面设计、道路构造物设计和平面交叉口设计,因此,设计阶段的交通安全审计可根据不同的设计内容分开进行。

一、路线设计的交通安全审计

道路路线设计(即几何线形设计)的交通安全审计,是国内外交通安全审计的核心环节,绝大多数的数量化模型及应用程序都针对这一阶段。

这个阶段交通安全审计的基本思路是根据路线设计方案,预测车辆在方案实施后的动态运行状况。根据多年的统计研究、机理研究、实验研究的成果对道路几何线形的安全性能进行预测与评估,指出安全隐患的位置与形式,然后有针对性的消除隐患或推荐出更好的方案。

本阶段的安全审计,是根据传统设计规程初步确定道路线形方案后,再利用相关技术对这个方案进行安全性专项分析,因此它不能替代传统的设计规程,只是嵌入其中的一个增补环节。

1. 技术标准回顾与评析

理论上,所有的路线设计方案在进行安全审计前都应该满足技术标准的要求,或者说至少没有违反技术标准所规定的指标。但就实践而言,以上要求难以完全保证。在路线设计的安全审计中会发现若干违反技术标准的要素或方案,还会发现在一些技术标准中虽然没有明确条款,但却被经验或研究成果证明是不安全的设计方式。这是进行路线设计方案技术标准回顾的第一个目的。第二个目的是,如果没有出现上述情况,那么就分析路线方案中指标的取值与技术标准阈值之间的关系,它在规范允许区间内所处的位置,以及这一位置所代表的安全取向特性等。这是进行技术标准回顾的关键作用所在,并且可以在此基础上探索改变某些设计指标,评估由于方案在规范区间内的移动所产生的安全性能的波动,及其相关的成本效益分析,从而寻求更优化的方案。

2. 路线设计一致性审计

设计一致性是指道路几何线形设计既不违背驾驶员的期望,又不超越驾驶员安全操作车辆能力极限的特性。研究表明,如果道路的线形设计符合驾驶员的期望,驾驶员就很少发生驾驶错误。不一致的设计,可以被描述为道路的几何线形指标,或指标的组合方式对驾驶员的工作负荷或驾驶工作量要求异常偏高,超过了正常驾驶能力界限,致使驾驶操作紊乱失序,最终导致交通事故的发生。

道路的设计一致性评价指标采用相邻路段运行速度的差值 Δv_{85},(关于运行车速的预测方法参考《公路项目安全性评价指南》)评价标准如下:

$|\Delta v_{85}| < 10$ km/h,运行速度协调性好;

$|\Delta v_{85}| = 10 \sim 20$ km/h,运行速度协调性较好,条件允许时宜适当调整相邻路段技术指标,使运行车速的差值小于或等于 10 km/h。

$|\Delta v_{85}| > 20$ km/h,运行速度协调性不良,相邻路段需要重新调整平、纵面设计。

3. 横断面设计安全性审计

横断面设计方案中的安全审计项目有:行车道宽度(包括直线段,以及带有加宽的平曲线段的行车道宽度)、辅助车道宽度(包括爬坡车道、超车车道、左转车道、右转车道)、路肩宽度、路肩类型、标准行车道横坡坡度(审计对象为直线段的行车道横坡坡度)、标准路肩横坡坡度等。

各等级道路在横断面设计方案的安全审计在具体实践时具有不同的侧重:

根据我国公路的特点,高速公路的审计重点应当放在中间带的宽度、中央分隔带的形式选择上,以及是否设置连续的紧急停车带。山区高速公路应重点审计爬坡车道设置的必要性。

一级公路的审计重点是进出口区段。针对横断面设计的审计项目是转弯车道的必要性,转弯车道是否需要设置为港湾形式并设置交通岛。

双车道公路横断面设计的审计重点为路肩宽度和路肩形式的选择,是否存在安全隐患。山区双车道公路的审计重点为平曲线段的加宽是否设置充分。

城市道路的横断面的安全审计必须根据道路的性能加以区分。城市主干道的审计内容与高等级公路相似。针对生活性的道路,如穿越社区的道路,需要根据机动车、行人、非机动车的共同安全利益进行审计,审计的重点是对混合交通安全的考虑。

道路横断面宽度发生改变的区段,对于各等级道路都是安全审计的重点。

4. 平面线形设计安全审计

平面线形指标的审计项目包括:直线长度、平曲线半径、偏角、超高、超高渐变段、平曲线长度,以及合成坡度等。

平面线形的审计重点是直线长度和平曲线段。《公路工程技术标准》(JTG B01—2003)对直线长度没有规定量化指标,但在其说明中建议对设计速度大于或等于 60 km/h 的公路,最大直线长度以汽车设计速度行驶 70 s 左右的距离加以控制,如以 m 计,则是控制在 $20v$(v 的单位是 km/h)左右的距离为宜。同向曲线间的直线最小长度不小于 $6v$,反向曲线的直线最小长度不小于 $2v$ 为宜。对于城市道路,直线长度的安全审计应以相邻交叉口间距是否过小为准。

高等级公路和城市快速干道,以前后区段的平曲线半径的顺适性作为审计重点,另外注意审计其超高渐变段的设置,尤其是存在突变点的位置须重点分析,看其是否存在安全隐患。高速公路应加强对过长曲线段和小偏角的安全审计。山区一般等级公路除审计曲线半径外,还要注意审计未设超高或超高不足的区段,是否存在安全隐患。山区公路的另一个审计重点是合成坡度。深挖方公路路段、建筑物密集区域的城市道路,重点审计平曲线段有无视距障碍。

5. 纵断面线形设计安全审计

纵断面线形的审计项目包括纵坡坡度、纵坡坡长和竖曲线设计。审计重点是山区公路连续下坡的长度,专项评估重载车辆的行车特性。注意纵坡坡长与坡度的联合作用,避免出现坡度与坡长均未超标,但组合后形成"超级"坡道的现象。城市道路的纵坡坡度评估应考虑非机动车的行车需要。凸形竖曲线除传统的视距审计外,对于变坡点之外有支路汇入的,须重点审计其决策视距是否满足安全标准。

6. 线形组合设计安全审计

除规范中建议的线形组合设计的注意事项外,对于组合设计进行分析的直接手段是对道路方案实施三维仿真。目前的道路勘测设计一体化软件,如德国的 CARD/1 已经可以实现互动的、实时的三维模型展现,在此基础上可以进行道路三维场景、视野、景观等的分析。

二、路基设计阶段的交通安全审计

1. 审计项目

路基设计的审计项目为路基边坡、路侧净空区、路侧类型等。

2. 审计重点

此处提及的路基,特指行车道之外的路基部分,即路肩边缘之外的区域,其中最主要的是路侧区域。路基安全审计的重点为,在求取特定路段的路侧净空区的需求宽度后,对比该路段在相应的路侧宽度范围内是否有障碍物。如果有,则应清除,避免车辆驶入净空区后,与坚硬的物体碰撞而发生交通事故。

除此之外,道路区段的车辆越出行车道界线之外的风险程度,也是审计的重点,因其是路侧碰撞的根源。

3. 审计方法与规程

(1) 新建项目路基设计的交通安全审计

计算路侧净空区宽度需要考虑的影响因素有运行速度、单向道路的年平均日交通流量(AADT)、路基形式(填方与挖方)。如果道路为平面曲线段,还应附加调整系数。填方直线段的路侧净空区的测算如图 11-1 所示,挖方直线段的标准参见图 11-2,而平曲线段的路侧净空区宽度调整系数(FC)参见图 11-3,曲线的净空区宽度采用直线段净空带宽度乘以曲线调整系数 FC 而获得。

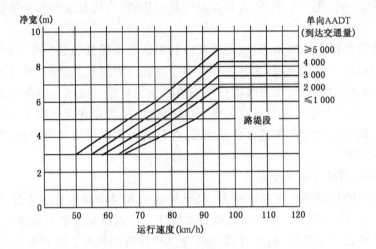

图 11-1 填方路段路侧净空区宽度

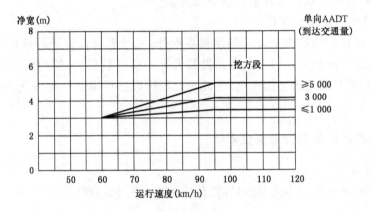

图 11-2 挖方路段路侧净空区宽度

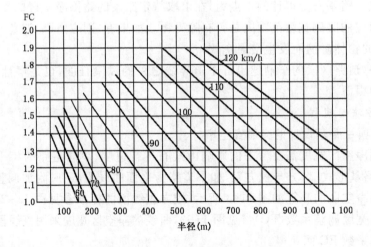

图 11-3 平曲线段路侧净空区宽度

路侧净空区的宽度还受到路基边坡坡度的影响。填方坡度陡于1∶3.5的边坡上不能行车,故该段路侧区域不能作为有效的净空区;当填方边坡在1∶3.5和1∶5.5之间时,驾驶员就有较多的机会控制车辆下坡,故可以利用1/2宽度的边坡作为净空区;当边坡坡度为1∶6或更缓时,整个坡面宽度均可作为净空区。

路侧区域在设计环节的安全特性评估,由于没有道路实体,只有依赖设计图纸和方案进行分析,因此不可能包含实地勘查,这就需要对设计要素分类、分层次进行逐个排查。

① 路缘带

路肩缘石,甚至是连续的路缘带设计,曾广泛应用于我国高等级公路的设计实践中。但国内外的安全研究结果表明,该设计类型是引起越界车辆翻覆的重要诱因,对行车安全构成比较明显的威胁,并且阻断了横向排水,严重影响了雨天的行车安全。因此路缘带的设计并不适用于公路。

② 路边护栏

路边护栏的审计原则是,如果证明路侧区域(如高陡边坡、桥梁或陡崖地段)是产生危险的重点,应以防护为主,重点测试设计方案中所采用护栏的强度和消能特性,并且以大型载重车辆为实验对象。如果证明路侧区域没有较高的碰撞风险,则应以开放设计为原则。

路边护栏的端部设计是安全审计的关键部位。应避免尖锐的端头设计,必要时增加消能设施的设计,并且考虑护栏渐变段是否存在翻车的风险。

③ 路基边坡

针对我国的工程实践,审计的重点是预防高陡边坡的频繁使用。我国形成的高等级公路采用高路堤的设计惯例,不但增加了工程数量,而且也是行车安全的隐患。在平原地区,应着重纠正这种设计趋势。

④ 边沟

铺砌的边沟,如果是矩形横断面,可能成为车辆卡塞或翻车的支点,因此在安全审计中要以重型货车为对象,考查上述现象的可能风险。

⑤ 路侧区域

根据路线设计方案与地形、地物特征,应用路侧区域危险分级标准,对路侧设计方案进行预测性的安全分级(表11-3)。

对于危险分级为4、5的路侧方案,重点考虑路侧交通标志的柱杆是否应该外移,路边护栏是否必要,以及改变路侧绿化的方案,将大型树木外移,并且在路侧区域的表面增加草本植被。

对于危险分级为6的路侧方案,考虑改变边坡坡度,或增加护栏的强度与高度,或改变护栏的材料。

对于危险分级为7的路侧方案,重点从路线与路侧联合设计的思路解决问题,减少车辆越界的概率。对于路堑区段,应增加警告标志和防撞设施。对于高陡路堤区段,如果路外是山崖或河湖水体,应考虑增设防护墙的必要性。

(2) 改建项目路基设计的安全审计

① 路基高度的调整

旧路路线经过稻田、沼泽地、塔头地等潮湿地带,如果路基高度不够,路基会长期受地

表 11-3　路侧危险分级标准表

危险等级	分级标准
1级危险	自路面边缘线以外拥有≥9 m的路侧净空区;边坡坡度缓于1:4;路侧表面可复原(有草本植被)
2级危险	路面边缘线以外的路侧净空区的宽度介于6~7.5 m之间;边坡坡度大约为1:4;冲入路侧的车辆能够返回行车道
3级危险	路侧净空区宽度约为3 m;边坡坡度为1:3或1:4;路侧表面粗糙(土质表面);路侧边界构造物允许冲入路侧的车辆返回行车道
4级危险	路侧净空区的宽度介于1.5~3 m之间;边坡坡度为1:3和1:4;可能有护栏(距离路面边缘1.5~2 m);净区间可能有树木、杆柱,或者其他物体(距离路面边缘1~3 m);路侧边界构造物不会与车辆碰撞,但增加了车辆翻覆的几率
5级危险	路侧净空区的宽度介于1.5~3 m之间;边坡坡度大约为1:3;可能有护栏(距离路面边缘0~1.5 m);路面边缘线外2~3 m处可能是路堤边缘,或者有坚硬的障碍物;冲入路侧的车辆不能返回行车道
6级危险	路侧净空区的宽度≤1.5 m;边坡坡度为1:2;无护栏;路面边缘外0~2 m范围内有坚硬的障碍物;冲入路侧的车辆不能返回行车道
7级危险	路侧净空区的宽度≤1.5 m;边坡坡度为1:2或更陡;路侧有峭壁或陡直的悬崖;无护栏;冲入路侧的车辆不能返回行车道,且有发生严重碰撞的高危险性

表水和地下水的影响。这时应提高路基高度,使路槽底80 cm范围距水位尽量远一些,以保证路基的强度和稳定性,必要时还应因地制宜,采取疏通措施或增加排水设施,以降低地下水的高度和防止地表水的渗透。

② 沿河路基的调整

对于水害严重的沿河路基路段,除采取提高线位的措施外,必要时须考虑改变横断面设计,使道路中线内移,以消除水毁威胁。

③ 边坡处理

旧路路基的边坡,由于受自然因素及人为因素的影响,常产生变形、塌方,既直接危及路基的稳定,又使其边沟阻塞。改建时,根据路段的实际情况,采用刷坡、护面、放缓边坡、增设截水沟等措施。如边沟经常出现碎落、塌方等现象,致使边沟阻塞时,应增设碎落台或放缓、加固边坡等措施。

④ 路基加宽

公路如需加宽路基时,加宽方式有单侧加宽和双侧加宽两种,各有优劣,适用于不同场合。若为山路路基,当地表横坡不大,为保证路基稳定性,通常将设计中线移向山坡上方,使用挖方地带加宽路基。

三、路面设计阶段的交通安全审计

1. 审计项目

路面设计阶段的审计项目包括路面类型、路面等级、路面排水、路面性能等指标的预测与评估。

当路面类型改变时,过渡段是安全审计的重点;旧路改建时,路面病害是安全审计的重点。

2. 审计内容、原则与方法

(1) 路面等级的选用

路面等级的选用遵循表 11-4 的原则,在审计中须将路面设计方案与该原则进行比较。

表 11-4 路面等级选用原则

公路等级	高速公路	一级	二级	三级	四级
路面等级	高级	高级	高级或次高级	次高级	中级或低级

(2) 路面面层类型的选用

路面面层类型的选用遵循表 11-5 的原则,在审计过程中,需将路面设计方案与该原则进行对比。

表 11-5 路面面层类型选用原则

面层类型	适用范围
沥青混凝土	高速、一级、二级、三级、四级公路
水泥混凝土	高速、一级、二级、三级、四级公路
沥青贯入、沥青碎石、沥青表面处理	三级、四级公路
碎石路面	四级公路

(3) 预测特殊状态下的路面制动性能

路面设计阶段,除按规范要求对路面材料和面层结构进行取样和实验室分析之外,在安全审计环节中,还应重点对特殊状态下路面制动性的改变加以分析。

采用货车作为分析对象,路面的制动距离由下式计算:

$$S = \frac{\left(\dfrac{v_0}{3.6}\right)^2}{2g(f+i)} \tag{11-1}$$

式中 S —— 大货车的制动距离(m);

v_0 —— 制动起始速度(km/h);

g —— 重力加速度;

f —— 轮胎与路面的纵向摩擦系数;

i —— 路线纵坡度(上坡为正,下坡为负)。

在极限情况下,采取紧急制动时,纵向摩擦系数可采取路面的滑动摩擦系数。在安全审计中,重点考虑有附着物路面及有冰雪路面的制动特性,这时的摩擦系数采用表 11-6、表 11-7 中的标准。

表 11-6 有附着物路面的滑动摩擦系数

附着物	干细砂	湿细砂	砂土	粉煤灰	稀泥
混凝土	0.61	0.64	0.65	0.50	0.42
沥青	0.58	0.66	0.63	0.48	0.40

表 11-7 有冰雪路面的滑动摩擦系数

铺撒物	不铺撒	铺撒碎石（粒径1.0~0.5 mm）	铺撒细砂（粒径0.04~0.02 mm）
冰面	0.15	0.28	0.43
压实积雪	0.20	0.36	0.31

以大型货车为对象计算其制动距离，根据制动距离判断路面在有附着物和有冰雪的情况下，是否存在追尾危险，并检测道路是否因此而存在视距障碍。

(4) 审计平曲线段路面的横向抗滑特性

汽车在平曲线上所受的横向力系数公式：

$$\mu = \frac{v^2}{127R} - i_b \tag{11-2}$$

式中　R——平曲线半径(m)；

　　　μ——横向力系数；

　　　v——行车速度(km/h)；

　　　i_b——横向超高坡度。

μ 值的大小反映了车辆行驶的稳定性，μ 值愈大，汽车在平曲线上的稳定性越差。汽车在平曲线上行驶，如果要避免产生横向滑移现象，需满足：

$$\mu \leqslant \varphi_\text{横} \tag{11-3}$$

式中　$\varphi_\text{横}$——横向附着系数。

由式(11-3)可知，在相同的速度下，曲线的半径越小，其横向力系数越大，越接近路面的横向摩擦系数，行车的横向稳定性越得不到保证。尤其在路面状况不好的情况下，横向摩擦系数降低，容易产生滑移现象，引发交通事故。

因此，在路面设计的安全审计中，应当结合平曲线的线形设计，考虑特定路段是否存在车辆横向滑移的危险，并且在积水、积雪的情况下，这种危险会增加到何种程度。如果必要，则需调整几何线形指标，或改变路面面层的材料与结构，增大横向附着系数。

(5) 路面过渡段

对于路面类型发生变化的区段，如由公路的沥青混凝土路面，转变为城市道路的水泥混凝土路面时，应设置路面过渡段。路面设计审计时，应预测过渡段纵向及横向摩擦系数的变化情况，总的审计原则是力求摩擦系数平滑渐变，不应有跳跃。不同类型的路面分段长度不应小于 500 m。

(6) 路面排水

城市道路中应当考察平坡的长度及其路拱横坡度，必要时应有意识地设置纵坡起伏，以利于纵向排水,减少雨天的事故隐患。

(7) 改建项目的路面设计

当车辆内外侧车轮处在不同摩擦系数的路面时,会影响正常的行车方向,从而造成危险。因此,部分路面进行重新铺装时,应当进行安全审计,避免出现路幅横向范围内摩擦系数有梯度的情况。

四、道路构造物的交通安全审计

1. 桥梁

(1) 审计项目与要点

桥梁的安全审计项目包括桥头跳车、桥面铺装、桥头接线、桥上护栏、桥梁基座的端口设计等。

检查结构物与路基的连接,是否会出现桥头跳车情况。建议搭板长度不小于 5 m,高速公路为 8 m,要求台后填料采用透水性较好的材料,采取特殊措施以保证其压实度(如粉喷桩处理)。

低等级公路的桥梁护栏必须在增加防撞强度或改变桥头接线的设计中至少具备一个条件。即,改变桥梁护栏的刚度,使其具备物理性的防撞功能,或者消除桥头接线的弯道,将桥梁的前后接线均置于直线段。

桥面铺装的材料与结构在设计阶段需进行试验,评估它与邻接道路路面的摩擦系数特性是否存在显著差异。如果有,则应改变其中之一的路面设计方案,以满足顺适的要求。

考察桥梁基座的碰撞概率,必要时应该在桥梁端头设置防撞措施。

当桥梁由于工程造价或其他技术难题导致不能设置硬路肩时,应根据行车安全需要评价设置紧急停车带的必要性及其合理间距。

根据桥梁所处位置与相邻地区的行人交通需求,考察在桥梁上设置人行步道的必要性。如果条件允许,均应将人行步道做平台式设计,使其与行车道有高差,设置人行步道的桥梁护栏,其高度要以行人的安全心理感受为准。

城市跨线桥下如有平面交叉口,应核查该交叉口的视线是否受到了桥墩及其他构造物的遮挡。

桥头或桥头接线段有凸形竖曲线的情况,其桥下接线段不宜设置平面交叉口,尤其是不能引入支线的进出口。如果受道路网的限制必须设置,则应在变坡点之前加以警告。

(2) 设计一致性检验

桥梁段设计速度按批准的项目技术标准采用;桥梁两端接线路段运行速度按两端接线路段加无桥梁状态下相同技术指标的等长度路段连续计算。并根据运行速度预测方法对接线路段的线形特点(直线起终点、平曲线起终点及中点、竖曲线变坡点)进行双向运行速度预测。

桥梁设计速度与接线路段的运行速度之差大于或等于 20 km/h,说明桥梁设计的一致性较差,需要重新设计接线路段。桥梁设计速度与接线路段的运行速度之差为 10~20 km/h,桥梁设计的一致性基本合格。条件允许时,可适当提高接线路段的平面、纵断面、横断面技术指标,条件困难时,应在接线路段设置减速措施。桥梁设计速度与接线路段的运行速度差小于或等于 10 km/h,说明桥梁设计一致性较好。

2. 隧道

(1) 一般审计项目

隧道的审计,首先要实施与桥梁审计相似的项目。具体包括隧道路面、隧道横断面设计中对行人与养护作业必要性的考察、隧道与紧急停车带或路肩的设置、隧道端口的安全防护等。

隧道的设计一致性判定,采用与桥梁设计一致性相似的方法与标准。

(2) 特殊安全审计

① 衬砌

隧道壁的衬砌划分为无衬砌、单一衬砌、复杂衬砌三种方式。需要根据隧道的长度、所处道路的等级、隧道设计方案的效益成本指标及景观效果来确定。

在项目投资允许并且成本效益指标较好(交通量大的隧道,其国民经济效益与财务效益可能较好,因此允许进行更大的投资)的前提下,复杂衬砌的安全性优于单一衬砌。对于特大型隧道,可以对衬砌方案进行三维模拟分析,评估特定方案下驾驶的工作量及用路者的行车感受,选择优化的方案。

② 通风及照明

根据隧道的位置、长度和交通量状况,评价设置通风、照明设施的必要性和合理性。其中,隧道照明必须实行亮度过渡设计。

③ 隧道内的交叉

隧道技术比较发达的西方国家,在隧道内设有平面交叉。在此情况下,隧道内的交叉口应相互拓宽,并且加强照明和标志。其中的标志须多层次、多方位、多角度地设置。

隧道内的平面交叉口必须设置信号灯,以时间分隔方式疏导相交车流。

④ 控制与服务设施

除上述隧道内的信号灯控制外,长隧道内必须设置消防与自我救援设施。特长的隧道内,需要设置拓宽的临时停车区。跨海隧道等超级隧道,须设置加油站及休息区,同时,跨海隧道还应设置备用通道。

3. 收费站

收费站的安全性能主要在于它与线形设计的适配性,在设计阶段,要根据初步拟定的收费方案,利用排队论的方法,推算收费站的排队长度,以此评估收费站的进口通道宽度、收费口数量、等候区长度等是否满足需要。

收费站进口与出口区域均需设计速度控制与车距引导方案,需分析标志、标线、速度限制以及减速路面设置的必要性。

收费站交通岛前应设置防撞设施。同时,应核查收费站设计方案中照明设施的充分性。

4. 其他交通服务设施

高速公路服务区、停车区的间距以连续行车的控制性时限为准,具体间距的把握除以规范为准外,还应对车流构成、不同通车年限内的交通流量变化水平及不同的速度区段加以定量化的推算。服务区内的进入区域、停车区域、服务区域、驶出区域必须在空间上有充分的分离,并且增强标志、标线以疏导车流。

高等级公路的观景平台必须设置为路外的港湾形式,以预测交通量为基础,以大型货车为对象分析停车区域的宽度、长度是否充分。

五、平面交叉口的交通安全审计

统计表明,不论是公路还是城市道路,平面交叉口都是碰撞风险较为显著的地点。因此对它的安全审计也是整个审计体系中的一个重点。交叉口安全审计主要对下面一些项目进行安全审计。

(1) 平面交叉形式(加铺转角、分道转弯、扩宽路口、环行、渠化)所采取的设计原则,是否能适应相交公路的交通量?

安全审计要点:平面交叉设计所采用的形式,其位置是否与地形相适应,相交角度太小时,采取了哪些技术措施,是否适应公路等级要求,以及车流流向能否达到安全畅通等,均应做出适当的评价。

(2) 平面交叉范围内的纵坡,受地形限制,采用较大纵坡时,有无安全措施?

安全审计要点:在平面交叉范围内相交道路的纵坡及竖曲线,能否满足规范要求。连接端路拱标高的变化是否平顺及排水是否通畅。紧接该段的纵坡采用较大值时所采取的技术措施是否合适。

(3) 平面交叉点前后,各相交公路的停车视距长度所构成的三角形范围内,是否保证通视?

安全审计要点:根据相交公路等级的设计车速计算停车视距绘制视距三角形,在三角形内的障碍物如土堆、建筑物等是否清除以达到通视的要求。检查相交道路的平、纵、横三面是否满足各等级公路的设计车速所需求的识别距离。

(4) 平面交叉的圆曲线半径,是否能适应相交公路的设计车速?

安全审计要点:相交公路的等级及所采用的设计车速,与采用的圆曲线半径是否相适应;按渠化设计或扩宽路口设计,车辆变速的加、减速车道长度是否能满足要求。

(5) 加铺转角边缘的圆曲线半径,是否能限制车速,达到停让的效果?

安全审计要点:加铺转角的边缘半径(如单曲线、回旋线与复曲线),对不同路基宽度所构成的圆滑弧形,是否满足设计车辆的行驶轨迹要求;对斜交的处理,是否形成平面交叉的路面过大,是否能有效地约束车辆的行驶轨迹。

(6) 交通量大,转弯车辆多,对分道转弯是否采取了相应设计措施?

安全审计要点:了解相交公路等级、交通量大小及相交角度等,是否适合分道转弯。对交通量大,转弯车辆多,所采取的设计措施能否适应车流安全出入交叉口。

(7) 附加车道的设置条件,是否能适应相交公路等级及相应交通量的需求?各项技术指标是否满足规范要求?

安全审计要点:转弯车道的车速与线形应协调。左转弯需扩展主线的渐变段长度,不致使主线车速发生偏移感。变速车道与相交公路的等级是否相适应。

(8) 渠化设计中,所采取的交通岛及分隔带设施,能否达到疏导车流的目的?

安全审计要点:检验导流岛的位置、大小及数量,以使其安全而准确地诱导交通流;导流车道的宽度是否恰当;分隔带设计的原则及效果如何。

(9) 导流岛的细部设计和端部处理,是否能安全而准确地引导交通流?

安全审计要点:导流岛的偏移距和内移距,旨在使车辆分流时避免碰撞导流岛,和发现错误分流时有返回的余地。如果主干线硬路肩大于偏移距时,也可以取硬路肩作为偏移距。导流岛的尺寸不宜过小,一般不应小于 $7~m^2$。

(10) 环行交叉处的地形,平、纵面线形及交角等条件,是否能满足环道设计要求?

安全审计要点:环形交叉的交角、平纵线形是影响环道运行及排水的主要因素,可结合地形,使其视距良好、排水通畅、行车顺适及与环境协调,并注意环道外缘的线形变化。

(11) 环形交叉中心岛的形状和尺寸、交织长度、交织角及车道数,是否能适应交通量及车速的安全行驶?

安全审计要点:对环道设计的计算,主要取决于环道设计车速,可根据相交公路等级选取,其次还取决于相交角度及岔数,依此选定环岛的形状和大小。从而检验进环、出环车辆在环道行驶时,互相交换车道所需的交织距离、交织角及环道车道数和宽度,以期适应交通量及车辆的安全行驶。

(12) 平面交叉转弯处的纵坡、横坡和标高,是否与相交公路相适应,保证路面和边沟排水流畅?相交道路路面径流和边沟水会不会流到交叉口路面上?

安全审计要点:平交转弯车道的转变端部,纵、横坡与标高应与主干道协调,否则将会影响主干道的路面平整度,造成行车颠簸的不安全感。其次由于平交处路面面积较大,应做好竖向设计,疏导路表水及径流水。

(13) 平面交叉口范围内的路面铺装,其连续性是否一致,是否影响路面整洁?

安全审计要点:当交叉口范围均为水泥混凝土路面时,对交叉口接缝的布置是否恰当;当主干道为水泥混凝土路面,交叉口为沥青路面时,其相接处的处理措施能否满足要求。

(14) 公路与铁道相交时,道口两侧的公路水平路段长度、纵坡及其视距,能否满足汽车停放和安全制动、起动的要求?

安全审计要点:公路与铁路平交时,除注意各项技术指标外,还必须设置相应的各项标志及防护措施。

第四节 道路施工阶段的交通安全审计

一、道路施工阶段交通安全审计的意义

在公路与城市道路新建、改建、扩建、重建以及维修养护项目中,施工阶段是一个十分重要的环节。对于新建道路工程,其施工阶段的交通安全问题主要发生在施工作业区范围以内。对于其他性质的施工项目,在多数情况下,施工过程中不中断原有道路的交通,施工作业区本身即成为该路段的交通障碍和事故隐患危险源。这时,施工阶段的交通安

全问题就不局限于施工作业区内,还扩展到周边区域。如图11-4所示,由于局部道路养护施工,对通行车辆造成障碍,如果没有完善的交通组织和安全设施,很容易引发交通事故。因此,有必要对道路施工阶段进行安全审计,采取完备的安全防范措施,减少交通事故的发生。

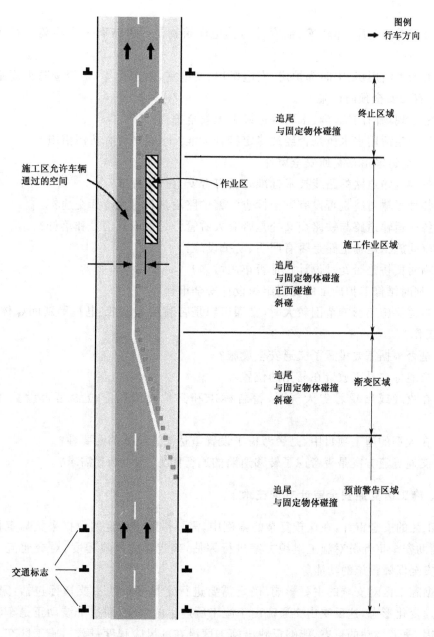

图 11-4　养护施工区的构成及典型的交通事故

二、施工阶段交通安全审计的内容

道路施工阶段的交通安全审计分为新建道路时的交通安全审计和养护施工时的交通

安全审计。审计的内容主要包括施工场地安全布置审计、工地运输道路交通安全审计以及临时维修养护施工的交通组织设计安全审计。

(1) 施工场地安全布置审计

① 施工现场的临时设施布置,是否符合防洪、防水、防雷、防泥石流、无崩塌的安全场地条件?

② 易燃易爆仓库、炸药库、油库等与其他建筑物是否保持有一定距离?有无安全防护设施?

③ 生产生活用房、临时锅炉房、发电机房、变电室、铁工房等,是否按防火规定保持安全距离?有无安全预防措施?

④ 施工现场内的坑、沟、水塘等边缘有无安全护栏?

⑤ 生产生活用水水质是否经过鉴定符合标准?水源是否有防污措施?

(2) 工地运输道路交通安全审计

① 各种运输道路的路线技术标准是否符合安全行车标准?

② 各种运输道路是否设有安全标志?繁忙路段是否有人指挥交通?

③ 各种运输道路与铁路交叉处是否有人看管?是否设有信号和落杆?

④ 夜间施工运输道路是否有照明、防护设施?

⑤ 临时便桥是否经过设计?是否牢固可靠?

(3) 临时维修养护施工的交通组织设计安全审计

① 当道路施工影响范围较大时,交通组织是否利用了报纸、电视等新闻媒体,提前做好宣传工作?

② 是否根据需要设置了交通安全设施?

③ 交通标志是否放置在易见的位置?

④ 在夜晚或出现恶劣天气时,警告标志和其他设施相应位置是否设置了闪烁警告灯?

⑤ 在大型的施工项目中,是否考虑了设置雷达测速设施的必要性?

⑥ 交通导流方案是否考虑了转移道路的通行能力,能否满足需求?

三、施工区交通安全审计支持技术

施工区的安全审计,在比较复杂的案例中,需要借助于一定的数据采集与定量化分析技术、辅助安全审计员对施工组织方案进行评估,确定它的风险程度、对交通流的干扰程度以及安全保障设施的功能等。

根据施工区对安全的主要影响,确定需要进行定量分析的主要指标包括:第一,施工区的车速变化形态,这反映出交通流由于施工所产生的波动,而这个波动正是车辆碰撞的直接诱因,速度波动的形态,能够反映出施工区潜在的风险程度;第二,施工区交通流的冲突及车道占用状况,如果能够借助一定的仪器设备,采用一定的技术,收集施工区周边地区的交通冲突现象,以及在施工区前端车道的占用情况;第三,施工区物体及人员的识认特性,从驾驶员的角度检测施工区内的车辆、设备及人员的可辨识特性;第四,对施工人员的调查分析,从施工人员角度,对施工区安全状况进行评估和分析。

1. 数据采集的方法

(1) 车速

车速数据的采集主要采用两种手段:雷达枪测速和交通流检测器。雷达枪采集的数据,用以确定通过施工区的车辆在自由流状态下的行车速度。利用在施工区不同地点所采集的数据,可以对比自由流状态下车辆的速度变化。交通流检测器用来监测在各种非自由流状态下车流的状况,包括车速及车型。通常使用的检测设备有:气压管式或压电式传感器、微波检测器、激光检测器等。在不同的地点,使用多套检测器同时运作,可以掌握施工区各点的交通流状态。

(2) 视频数据

视频数据的采集可采用两种不同的方案,检测交通流冲突及车道分布的数据。第一种是移动的视频采集,即在拖车上设置一个标杆,其上装有摄像头,在车辆运行过程中采集周边的视频信息。第二种是手持式的摄像机,用以获取近距离的影像。

在施工区进行的视频数据采集的目标有两个。第一为冲突现象,这是交通风险的最直接体现。在施工区的安全分析中,所需要关注的冲突行为包括超车冲突和变换车道冲突。第二为车道占用情况,主要是监测封闭车道的上游该车道上的车辆比例,以分析需要变换车道车辆的比重及可能造成交通紊乱的程度。

(3) 识认性检测

以驾驶员为起始点,以施工区的人或物体作为观察目标,评估它们在驾驶员视野中的方位及色彩对比等特点,进而评估施工区人员和设施的可识别性水平。

(4) 施工人员调查

直接访问施工人员,记录他们对特定设施、施工组织方案的评价,从中掌握该施工项目的安全特性。

2. 数据分析

在现场数据采集的基础上,对数据的分析一般围绕所要评估的目标开展。例如,车速数据常用于对某项限速标志的功能进行评估,首先采集标志"设置前"和"设置后"两种情况下的车速,然后以该设施上下游的"速度落差"为评估指标,对车速进行"前后对比分析"。如果设置后的速度落差显著大于设置前,说明该标志的功效明显。反之,则认为该标志的功效较差,需要对它的设置方案,如设置方位、色彩、文字、其他标志的匹配方案等进行调整。速度分析的过程需要循环进行,直到取得满意的结果。

图 11-5 为对"振动减速带"设置方案而进行的速度分析,速度数据利用压电式检测器获取。图中虚线代表设置振动减速带后的速度曲线,而实线代表设置前的情况。图 11-5 中的分析结果表明,在这个案例中,振动减速起到了非常显著的效果。在设置前,从施工区上游到标志设置地点时,速度才下降到大约 80 km/h;而设置后,在车道封闭点,车速就已经下降到了 48 km/h 左右。未设置振动减速带时,在施工标志牌之后,车速才有明显的下降,这种发生在施工作业区的车速大幅度波动正是事故风险提高的征候。因此,可以认为设置了振动减速带后,该施工区的潜在安全特性得到了改善。

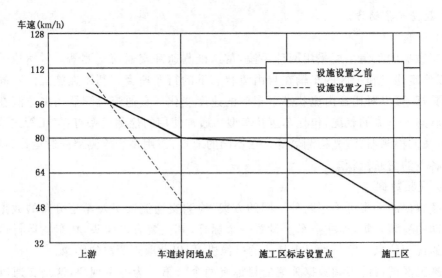

图 11-5　某施工区"振动减速带"设置前后的车速数据对比

对于施工区交通冲突等现象的评估,需要对视频数据进行统计分析。同样采用"前后对比法",评估某项安全措施应用前后冲突现象有无明显好转,冲突指标采用该项设施上游、下游冲突数目的落差。

对于施工区识认特性的判断,除进行现场检测外,也可借助图像分析技术。将现场的光度检测变为照相取样,然后利用计算机图像分析技术检测不同施工区组织方案,在相同背景下的"视觉对比"效果,以确定方案识认特性的优劣。对于规模较小的施工项目,可以简化定量化的光度检测和计算机图像分析,以人工分析图形的方法,定性地分析不同的施工标志、不同的渠化或不同的人员着装方案,最终选择视觉指标较佳的方案。

四、施工区的施工组织设计

工程开工前,施工单位必须先进行施工组织设计,施工组织设计需考虑到施工地段的地形、地质、水文、气象等情况,在编制施工组织设计时不仅要注意自身的施工安全,而且必须保证其影响范围内的交通安全。因此在施工组织设计时需注意以下几点:

(1) 施工单位必须按照规范规定,建立健全各级安全管理机构,设立专职或兼职安全核查人员。

(2) 参加施工的人员应接受安全技术教育,熟知和遵守本工种的各项安全技术规程。

(3) 施工人员在施工中必须按照规定穿戴防护用品,应明确不遵守规定者不得上岗。

(4) 施工现场必须设置足够的消防设备,施工人员应熟悉消防设备的性能和使用方法,组织起一支经过训练的义务消防队伍。

(5) 重要的安全设施必须执行与主体工程同步设计、同步施工、同步验收、同步投入使用的原则。

第五节 道路运营阶段的交通安全审计

一、道路运营前的交通安全审计与验收

在道路运营前,安全审计员须对道路进行认真地现场勘查,并且作为项目验收的必要环节之一,需纳入项目的评审报告。

道路运营前的验收周期一般较短,并且在设计环节中已经对各个安全项目进行了定量分析,因此,在道路运营前的安全审计中,不应该遵循道路设计阶段与道路施工阶段的安全审计思路,否则会造成审计活动本身的重叠,延误使用。道路运营前的安全审计,重点应以现场检验为主。

1. 路线安全检验

道路运营前,安全审计员应该分乘小汽车、大型货车在道路上实地运行,考察路线的一致性。考察的指标包括:在设计阶段经过了重点核查,并被认为可能存在的潜在隐患的路段。记录车速表上显示的车速值,并将前后区段的数值加以对比,分析在实际行车中的车速波动。

在路线勘查过程中,有条件时,安全审计员应自行驾车,完成道路试用全过程。这样,安全审计员可以记录自己驾驶工作量产生较大波动的地点,并及时停车,记录此处的驾驶感受,然后与该处的道路条件及环境条件相对照。

对于在设计阶段中没有定量化深入研究的指标,如长直线段的速度是否会上升、长下坡段的制动性能是否会衰减等进行重点体验,并且记录特定地点的车速数值。

视距特征是检验的另一个主要项目。在重点路段,可以采用模拟试验的方式,体会弯道、凸形竖曲线等特定路段是否存在视线障碍,分别体验超车、会车时的视距特征,描述道路视距的实际情况。

2. 路面及路侧净空的安全检验

在重点路段,可使用摩擦系数测量仪,测定路面的抗滑特性。如果条件和时间允许,应当在雨天对路面重新进行重点检验,确定道路在雨天的运行特性。

重点考察路侧净空区的宽度与潜在隐患。对于重点路段,需要进行精确地丈量,体会路侧的容错程度,并记录重点路段可能存在的风险。

3. 平面交叉口的安全检验

在平面交叉口未正式投入运营前,仅由审计员的车辆无法体会交叉的冲突,也难以评估设施的供需性能对比。关于这方面的特性,必须在之前的设计环节中,通过定性的方案分析和定量的模型预测,必要时结合微观仿真手段加以深入研究。而在运营前的检验中,应以体会交叉口的视距特征为主,分别从不同的转弯方向上体会交叉口的视距状况,必要时应丈量行车轨迹线与障碍物的距离。

4. 立交桥的安全检验

立交桥运营前检验重点是分流点、合流点、匝道和辅助车道,体会立交桥主线与匝道的纵坡和平曲线半径是否顺适。在北方地区,应预测其在结冰、积雪环境下的运营特性。

城市跨线桥的进出口和桥下区域的视距是检查的重点。对于进出口,应着重分析其加速车道或减速车道的长度,及其与行车道的分隔方式是否充分安全。

5. 非机动车及行人的安全检验

除驾车检验外,另外一个不可缺少的重要环节是在城市道路及公路的城镇化区段,分别进行自行车、行人的安全检验。其中行人需要分别考察穿越道路的安全性以及人行横道的安全性能。

对于城市道路,要关注弱势群体的交通需求,考察与此相关的安全隐患。考察交叉口信号灯配时方案,看其能否满足行人过街的通行需要。

6. 景观体验

道路景观与行车安全之间存在着一定的关系。因此,在道路投入运营前,应结合景观分析,考察其安全特性。重要的道路,还应对动态景观进行实验研究,必要时,可采用视频监视器,或其他设备记录驾驶员的视线和生理、心理波动等,对道路景观中存在的单调、干扰、压抑等隐患进行排查。

二、道路运营阶段交通安全审计的内容

1. 道路技术指标安全性能的监控与审计

(1) 路面平整度安全审计

检查路面平整度,可以用路面平整度测量仪进行测量,通过计算得到平整度指标,用以衡量路面平整度的优劣。具体的取值范围与所对应的路面质量如表11-8所示。

表 11-8 道路平整度安全监控

路面平整度指标(cm/km)	路面平整特性	相应措施
3~16	优质	—
16~85	合格	加强日常维护质量
>85	低劣	采取路面改造措施,或利用限速标志等手段确保行车安全

(2) 道路横坡安全审计

经过运营后,道路横坡出现下述问题应采取改造措施,保证行车安全。

① 道路横坡小于1%,或大于3%时;

② 中线产生偏移;

③ 应设超高而未设,或出现反超高时。

(3) 沥青混凝土路面的安全缺陷

① 翻浆。路面、路基湿软出现弹簧、破裂、翻浆等现象,对行车安全危害较大,在冬末春初时应特别注意。

② 波浪与搓板。路面纵向产生连续起伏,峰谷高差大于1.5 cm的变形,将使车辆产生颠簸,这种颠簸随着车辆前行而叠加、加剧,最终可能导致车辆失控。

③ 沉陷。路基、路面的竖向变形,路面下凹深度3 cm以上。沉陷是跳车的诱因,严重危及行车安全,在坡底、桥头、雨天等特定情况下影响更为严重。

(4) 水泥混凝土路面的安全缺陷

① 沉降。软土地基是产生沉降较为严重的地点，可考虑改用沥青混凝土。

② 裂缝。路面板内长于 1 m 的开裂，不同程度影响着行车安全。

③ 错台。接缝处相邻两块板垂直高差在 8 mm 以上，造成车辆侧向颠簸。

2. 安全设施的维护

(1) 设置位置

指路标志与所指地点间的距离，称为先行距离，其值影响着标志效用的发挥。先行距离必须取值合理，不合理时应予以调整。例如，平面交叉口指示标志一般超前约 30 m，预告地名一般在 300 m 左右。

安全标志柱位置与行车道横向距离过近，易引发碰撞立柱事故，应将标志位置适当外移。当收费站等处标志杆频繁受撞时，可尝试采用"摆脱式"标志柱（柱体下部铰接，车辆碰撞后标志上部脱离，可减轻事故后果）。

(2) 支撑类型

标志的支柱种类有单柱、双柱、悬臂式、门式和附着式五种。

采用门式支撑，标志位于行车道上方，识认性较强，适用于重要的指示信息。因此，识认性差的标志，可改用门式支撑。

附着式支撑，即利用支撑物如灯杆等作为标志柱，不增加路侧支柱个数，对于行车安全性比较有利。建议在易发生事故处采用适宜的附着式支撑。

3. 交通环境维持

(1) 街道化公路的处理

运营中的公路出现街道化趋势，将导致过境交通与地方交通、混合交通、横向交通干扰，从而产生安全隐患。

针对已经街道化的公路，如果非机动车交通流发展到混合干扰明显的程度，建议设置条形分隔岛或绿化带，将机动车道与非机动车道隔离。当本地交通量达到与过境交通量相近的水平时，建议修建城镇以外的公路绕行线。当公路两边街道化形成城镇规模时，应在镇中的交叉口设置信号灯。交通冲突进一步加剧时，应予以渠化处理。

(2) 支路管理

公路对区域经济的拉动作用，将促使与公路交叉的支路增多，忽略支路的管理将给公路安全运营带来不利的影响。当支路交通量形成一定规模时，应在支路上强化标志作用，提醒公路出口的位置。

注意监控道路运营期间新增加的交叉支路，以道路设计中的原则逐一对比排查，避免在运营周期内出现新的安全威胁。

(3) 道路抗滑处理

采用不同类型的沥青表面处治，可提高路面防滑力，尤其是急弯、陡坡处，每隔一定时间建议用适当粒料重新罩面，以减少事故。

已被磨光的沥青混凝土路面，用压路机适量地压入预涂沥青的石屑，可增强抗滑性；已被磨光的水泥混凝土路面，可用凿毛机横向、纵向拉毛，可提高抗滑效能。降雨、降雪天气对路面造成滑溜，易引发事故。针对一般道路，可简单地采用撒粗砂以增加路面摩擦力;对于高等级公路和重要的路段,降雪时应撒融雪剂,以促使冰雪迅速融化。

4. 事故多发点的辨别与改造

运用事故多发点的鉴别方法,排查出运营道路上的事故多发点,并运用综合的措施对事故多发点进行整治,从而消除已有事故多发点,保障交通运营的安全。

三、运营道路的交通安全改造

排查出运营道路的事故多发点后,需采取措施对其进行改造,改造措施分为完善交通工程设施和工程改造措施。

通常情况下,由于完善交通工程设施成本较工程改造低,因此最先考虑采取的安全改造措施是采用交通工程措施或交通控制设施,弥补安全缺陷,提高现有道路的安全性能,即利用"修补型"的措施来实现安全目标。在采用交通工程措施后还不能保障交通安全的情况下,才运用工程改造措施,通过道路线形的调整来提高安全性能,工程改造措施是道路安全改造最彻底的方法,也是投资最大的方法。工程改造的效益为改造后由于交通事故下降所产生的损失的减少,而要确定改造措施的效益需要比较准确地预测改造后交通事故的下降数及各类交通事故损失的国民经济计量值,为了对进一步的研究积累基础数据,应当对每一个工程改造项目的效果进行前后对比分析。

第六节 交通安全审计效益分析

一、交通安全审计的直接效益

交通安全审计以提高道路交通安全性能,发现并消除道路交通系统中的安全隐患为宗旨,它所取得的直接成效包括:

(1) 通过在规划阶段的道路交通安全审计,将道路网中特定地点要素或网络特征所引发的事故发生频率与严重程度降至最低。

(2) 能够防患于未然,避免在道路运营之后用生命或鲜血的代价去发现道路的安全性能缺陷。同时,将项目实际运营开始后所进行的安全补救工作降至最低程度。

(3) 通过预期评估与适当的投入,使项目全寿命周期(规划、设计、建设与运营期)的总成本降低。

(4) 增强项目规划、设计、施工、运营、维修各方面参与者的安全设计意识。

(5) 将多种交通方式、多层交通系统内的安全事务集成化处理。

(6) 在道路设计的各个方面都引进"以人为本"的理念。

二、交通安全审计的间接效益

道路交通安全审计的广义成效远远超出上述直接成效,其间接效益主要有:

(1) 通过道路安全审计的实践,推动道路交通事故机理与交通安全理论、方法、技术的研究与应用。陆续推出的交通安全相关模型,以及逐渐成熟的交通安全分析软件,都是道路安全审计推广所催生的科技成果。

（2）在道路安全审计的探索与应用过程中所积累的代表性成果，可以丰富与扩充道路工程的设计规范，并提高交通管理水平。其中，对于道路几何线形的组合与动态设计，以及交通工程设施设计规范的改进是最直接的成效。

（3）道路安全审计的实践与研究，能够派生出许多新设施、新材料，不仅能够带来明显的社会效益，也能够派生可观的经济效益。

（4）道路安全审计在直接带来安全成效的同时，也提高了道路交通系统的运行效率。由于交通事故是导致交通拥堵与系统效率下降的重要原因，道路安全审计在避免了一定的交通事故发生的同时，也使得交通系统的运行更加平稳和顺畅。

（5）道路安全审计的受惠者不仅是避免了交通事故的当事人，还能够提升所有用路者的安全空间，尤其在传统的道路建造与运营环节中，容易忽略的非机动车交通和行人的安全问题，通过道路安全审计，获得了关注和解决。

复习思考题与习题

11-1 简述交通安全审计的流程。

11-2 交通安全审计分为哪几个阶段？每个阶段的主要内容是什么？

11-3 开展交通安全审计的直接效益和间接效益分别有哪些？

参 考 文 献

1. 交通部. JTG D20—2006 公路路线设计规范[S]. 北京:人民交通出版社,2006.
2. 交通部. 公路安全保障工程实施技术指南[M]. 北京:人民交通出版社,2007.
3. 交通部. JTJ D81—2006 公路交通安全设施设计规范[S]. 北京:人民交通出版社,2006.
4. 交通部. JTG/T B05—2004 公路项目安全性评价指南[S]. 北京:人民交通出版社,2005.
5. 交通部. JTG B01—2014 公路工程技术标准[S]. 北京:人民交通出版社,2014.
6. 国家质量监督检验检疫总局. GB5768—2009 道路交通标志和标线[S]. 北京:中国标准出版社,2009.
7. 过秀成. 道路交通安全学(第 2 版)[M]. 南京:东南大学出版社,2011.
8. 过秀成,盛玉刚. 公路交通事故黑点分析技术[M]. 南京:东南大学出版社,2009.
9. National Highway Traffic Safety Administration. GES Acc_Aux Analytical Users Manual [R]. 2010.
10. 公安部交通管理局. 中华人民共和国道路交通事故统计年报(2009 年度)[R]. 2010.
11. 过秀成. 道路交通运行分析基础[M]. 南京:东南大学出版社,2010.
12. A George Ostensen. Saving Lives: A Vital FHWA Goal [J]. Public Roads, January/February 2003.
13. 过秀成等. 公路交通事故黑点分析技术研究报告(国家自然科学基金)[R]. 2007.
14. 裴玉龙. 道路交通安全[M]. 北京:人民交通出版社,2007.
15. 黄明,过秀成等. 江苏省高等级公路安全对策研究报告(江苏省软科学研究项目)[R]. 2003.
16. 邵毅明等. 高等级公路交通安全管理[M]. 北京:人民交通出版社,1999.
17. 王炜,过秀成. 交通工程学[M]. 南京:东南大学出版社,2011.
18. 过秀成,盛玉刚,潘昭宇,等. 公路交通事故黑点总体特征分析[J]. 东南大学学报(自然科学版),2007,37(5).
19. 肖慎,过秀成,宋俊敏. 公路交通事故黑点鉴别方法研究[J]. 公路交通技术,2003,20(2).
20. 肖慎,过秀成,宋俊敏. 公路交通事故黑点诊断技术研究[J]. 公路交通科技,2003,20(4).
21. 过秀成等. 一级公路设计安全性评价方法研究报告[R]. 2007.
22. 过秀成,卢光明,冉江宇,等. 一级公路最小接入间距研究[J]. 公路,2007(12).
23. 王健. 交通安全心理学[M]. 重庆:科学技术文献出版社重庆分社,1990.
24. 过秀成. 公路建设项目可行性研究[M]. 北京:人民交通出版社,2007.
25. 赵恩棠,刘晞柏. 道路交通安全[M]. 北京:人民交通出版社,1990.
26. (苏)巴布可夫;景天然译. 道路条件与交通安全[M]. 上海:同济大学出版社,1990.
27. FHWA and TFHRC. Interactive Highway Safety Design Model (IHSDM):Design

Consistency Module Engineer's Manual [EB/OL]. [2011-11-24]. http://www.ihsdm.org/public/html/user/dcm/dcm_em.html.

28. 段里仁等. 道路交通安全手册[M]. 北京:档案出版社,1990.
29. Dean Pomerleau et al. Run-Off-Road Collision Avoidance Using IVHS Countermeasures [EB/OL]. [2011-11-24]. http://ntl.bts.gov/lib/jpodocs/repts_tel/13342.pdf.
30. 卢光明,过秀成,盛玉刚,等. 一级公路接入管理应用初探[J]. 交通运输工程与信息学报,2008,6(1).
31. 潘昭宇,过秀成,盛玉刚,等. 灰色关联分析法在公路交通事故黑点成因分析中的应用[J]. 交通运输工程与信息学报,2008,6(3).
32. 宁乐然. 道路交通安全通论[M]. 北京:中国人民公安大学出版社,2006.
33. 翟忠民,景东升,陆化普. 道路交通实战案例[M]. 北京:人民交通出版社,2007.
34. 肖贵平,朱晓宁. 交通安全工程[M]. 北京:中国铁道出版社,2004.
35. 张殿业. 道路交通安全管理规划指南[M]. 北京:人民交通出版社,2005.
36. 公安部. 道路交通事故处理程序规定[S]. 2009.
37. 公安部交通管理科学研究所. 道路交通事故处理信息系统用户操作手册[R]. 2008.
38. (日)江守一郎,刘唏柏译. 汽车事故工程[M]. 北京:人民交通出版社,1987.
39. Hauer E and Persaud, B N. Safety analysis of roadway geometry and ancillary features [J]. Transportation Association of Canada. Ottawa, 1996.
40. FHWA and TFHRC. Interactive Highway Safety Design Model(IHSDM): Crash Prediction Module Engineer's Manual[EB/OL]. [2011-11-24]. http://www.wsdot.wa.gov/eesc/design/ihsdm/Documents/cpm_em.pdf.
41. 李杰. 道路工程经济分析与决策[M]. 北京:人民交通出版社,1995.
42. 刘运通. 道路交通安全指南[M]. 北京:人民交通出版社,2004.
43. 唐琤琤,何勇等. 《公路安全保障工程实施技术指南》解析[M]. 北京:人民交通出版社,2007.
44. 何勇,唐琤琤等. 道路交通安全技术[M]. 北京:人民交通出版社,2008.
45. Harry W. Taylor Leonard Meczkowski. Safer Roadsides [J/OL]. Public Roads, January/February 2003. [2011-11-24]. http://www.fhwa.dot.gov/publications/publicroads/03jan/03.cfm.
46. 高海龙,李长城. 路侧安全设计指南[M]. 北京:人民交通出版社,2008.
47. Institute of Transportation Engineers. Traffic Calming State of the Practice [M], 1999.
48. Transportation Reasearoh Board: Committee on Access Management. Access Management Manual. [EB/OL]. [2011-11-24]. http://www.trb.org/Main/Blurbs/152653.aspx.
49. Eugene M Wilson. Adapting the Road Safety Audit Review for Local Rural Roads [EB/OL]. [2011-11-24]. http://www.mountain-plains.org/pubs/pdf/MPCOO-114.pdf.

50. 王雪松,方守恩,乔石,等.中美两国道路交通事故信息采集技术比较研究[J].中国安全科学学报,2012,22(10).
51. National Highway Traffic Safety Administration. Model Minimum Uniform Crash Criteria[J]. DOT HS, 2012, 811: 631.
52. Lefler N, Council F, Harkey D, et al. Model inventory of roadway elements-MIRE, Version 1.0[R]. 2010.
53. National Research Council (US). Transportation Research Board. Task Force on Development of the Highway Safety Manual, Transportation Officials. Joint Task Force on the Highway Safety Manual. Highway Safety Manual [M]. AASHTO, 2010.
57. 过秀成等.江苏省高速公路扩建工程安全性评价方法研究报告(江苏省交通运输科技项目)[R].2014.
55. Farradyne P B. Traffic incident management handbook[J]. Prepared for Federal Highway Administration, Office of Travel Management, 2000.